KB036174

러시아문서보관소 자료집2_문서 모음집

모스크바 동방노력자공산대학(1921~1938)의 한인들

| 한국외대 디지털인문한국학연구소 연구총서 03 |

러시아문서보관소 자료집 2_ 문서 모음집

모스크바 동방노력자공산대학(1921~1938)의 한인들

한국외국어대학교 디지털인문한국학연구소 엮음

김혜진·방일권·배은경·송준서·신동혁·안동진·이재훈 옮김

한울
아카데미

일러두기

· 이 책은 러시아국립사회정치사문서보관소(РГАСПИ)에서 발굴한 사료 중 '동방노력자
 공산대학(КУТВ)'에 관한 기록을 모은 것입니다.
· 이 책에 나오는 구두점(.....)은 원문 그대로 표기한 것입니다.
· 원문에 표기가 되어 있으나 판독이 불가한 단어나 짧은 문장은 [...]로, 긴 문장이나 많
 은 내용이 누락된 경우 [......]로 표기했습니다.

차례

러시아문서보관소 자료집 2_문서 모음집

Ⅰ. Условия приёма и учебные планы

Ⅱ. Списки студентов и преподавателей

III. Характеристики студентов и преподавателей

IV. Планы работ

V. Доклады и заявления

VII. Постановления и Резолюции

Ⅰ. 입학 규정·교과과정

Ⅱ. 학생·교사 명부

VII. 결정·결의

　이번에 발간되는 『러시아문서보관소 자료집: 모스크바 동방노력자공산대학 (1921~1938)의 한인들』 1, 2 권은 한국외국어대학교 디지털인문한국학연구소 소속 토대연구단이 한국연구재단의 지원을 받아 2017년부터 2022년까지 5년간 추진하고 있는 연구 프로젝트의 성과물입니다.

　수집 과정뿐만 아니라 판독이 어려운 경우가 비일비재한 것으로 보아, 이 문헌을 일일이 탈초하고 해독·번역하는 과정이 그리 쉽지 않았음을 짐작할 수 있습니다. 이 자리를 빌려 자료수집부터 번역과 편집 과정에 이르기까지 지난한 작업을 수행한 연구책임자 송준서 교수를 비롯해 연구진 여러분의 노고에 깊은 감사 말씀을 드립니다.

　동방노력자공산대학은 1921년에 개교해 1938년에 폐교된 국제공산당(Comintern) 산하 공산주의 혁명가 양성 교육기관으로 소련 내의 소수민족과 일본을 포함한 동양의 여러 나라 출신 학생들이 입학했습니다. 이들은 졸업 후에 국제공산당 관련 기관이나 모국의 공산주의운동 전선에서 혁명가로 활약하도록 양성되었습니다.

　한인학생들은 동방노력자공산대학 조선학부에서 공부했는데, 1924년 당시에는 120명이 재학하고 있었다고 알려져 있습니다. 그만큼 많은 혁명적 한인청년들이 조국의 독립과 해방을 가져다줄 항일혁명운동에 헌신하고자 마르크스-레닌주의이론을 공부하고 훈련하기를 갈구했다는 것을 짐작할 수 있습니다.

　이 자료집은 동방노력자공산대학 조선학부와 관련한 문헌 대부분을 수록해 놓았습니다. 이는 국내 학계에서 처음 시도된 작업입니다. 그동안 동방노력자공산대학과 한인공산주의운동의 관계를 주제로 한 논문은 2~3편이 있었고, 특히 이 공산대학과 관련된 러시아 문헌 일부를 1차 사료로 활용한 한 편의 논문도 발표되었습니다.

역사연구에서 일반적으로 적용될 수 있는 얘기지만, 특정 시기에 해당하는 일부 자료만을 활용할 경우, 일면적으로 해석·평가하거나 심지어는 잘못된 결론이나 오류까지 낼 수 있습니다. 전 시기에 걸쳐 동방노력자공산대학 조선학부 관련 문헌자료들을 망라한 이 자료집의 발간을 통해 동방노력자공산대학 자체에 대한 총체적인 연구는 물론이고 한인공산주의운동사, 한러관계사, 해외한인사회 연구 등 다각적인 방향의 본격적인 연구를 크게 진전시킬 것으로 기대합니다.

이 자료집에 수록된 문헌들에는 동방노력자공산대학과 관련해 시기별 입학 규정, 학칙, 교과목과 담당 교원, 국가민족별 학생과 교원들의 명단 및 인적사항, 각종 회의의 주제와 쟁점들, 결정 사항, 주요 이슈를 비롯해 학생, 교원, 관련 기관 소속 간부들의 동태와 견해 등 풍부한 내용이 담겨 있습니다.

이와 관련해 개인적으로는 자료집에 수록된 문헌들에 포함되거나 언급되는 인물들, 특히 러시아혁명 이후 1920년대 전반, 초기 공산주의운동에 관계했던 인물들에 관한 내용에 주목하게 됩니다. 이 인물들과 관련해 기왕에 알려진 것 이상의 인적 사항은 물론이고, 동방노력자공산대학을 비롯해 국제공산당 관계 기관들 관련 활동 등 새로운 사실이 담고 있었습니다.

이 내용들은 기존의 해석과 이해의 폭을 크게 넓혀주는 매우 흥미롭고 귀중한 정보가 아닐 수 없습니다. 물론 이 문헌들의 서술방식이 종합적이거나 분석적이지는 않습니다. 치밀하고 세밀하게 분석한 결과는 아니지만, 이 인물들은 크게 두 부류로 나누어볼 수 있을 것입니다. 첫째는 동방노력자공산대학의 간부나 교원으로 활동했거나 학생으로 공부했던 인물들이고, 둘째는 동방노력자공산대학과 관련한 국제공산당(동방부) 소속기관의 간부이거나 국제공산당이나 러시아공산당에 제출한 문건을 작성했거나 공산대학의 여러 회의 과정에서 간접적으로 언급된 인물들입니다.

박진순, 김진, 김 아파나시, 김 미하일, 홍도(홍진의), 윤자영, 최성우, 김한, 박헌영, 김단야, 조봉암, 고광수, 박민영(니키포르), 박윤세, 주청송, 김제혜, 김정하, 이기석, 김규열, 현칠종, 강채정, 전정관, 이지택, 이민용 등이 전자의 경우이고, 조훈, 박애, 이영선, 김사국, 한명세, 슈먀쯔키, 보이틴스키, 프셰니친, 쿠시넨, 가타

야마 센, 보즈네센스키 등이 후자의 경우입니다.

동방노력자공산대학 학생들 가운데는 또 다른 관심을 끄는 인물들이 다수 포함되어 있습니다. 3·1운동 이후의 민족운동, 특히 북간도와 연해주 지역의 항일무장투쟁사에 이름을 남긴 오성륜, 마춘걸, 김규찬, 박영, 박진, 최동욱 등이나 시베리아내전 종결 후 연해주 지역의 한인사회의 사회주의화 과정에서 지도적 역할을 한 이문현, 이규선, 박동희, 김원 등이 그러합니다. 시베리아내전기 무장운동에 이름을 남긴 인물로서 국제사관학교에 재학 중이던 오하묵, 최자형, 박 알렉세이, 안기석, 박 표트르 등에 관한 내용도 흥미를 끕니다. 이에 더해 러시아식 가명을 쓰고 있어 확인할 수 없는 인물들을 포함한다면 더욱더 많은 새롭고 흥미로운 인물사적 정보들을 얻을 수 있을 것입니다.

물론 이들 외에도 이 자료집을 통해 공산주의운동사에서 알려지지 않았거나 잘 알지 못했던 인물들도 다수 등장합니다. 조선학부 학생들의 지도 그룹인 3인위원회에서 활동한 김상탁, 박인원, 김병률, 박 니키포르, 한상희, 김호반, 오창우, 박표도르 등을 비롯해 교원으로 활약한 황동육 등이 그러합니다. 이 외에도 공산주의운동사에 언급되지 않는 생소한 인물들이 적지 않습니다.

이 자료집에 수록된 문헌 가운데는 학생과 교원들에 대한 평가서들이 들어 있습니다. 이는 개별 인물의 사회적 성분, 연령, 성향, 품성, 기질, 리더십, 활동력, 과거 소속 당파와 당파성의 정도, 분파나 조직과의 관계에 관한 흥미롭고 새로운 내용들을 제공합니다. 개개 인물 연구나 조직 연구에서 소중하게 참고할 만합니다. 물론 이 문헌들을 인용할 경우 문서 작성자나 평가자의 주관이 가미되어 있을 가능성을 염두에 두어야 할 것입니다.

이 자료집에는 그동안 한국공산주의운동사 연구와 관련해 해석상으로 보완할 수 있게 하는 자료들이 다수 포함되어 있습니다. 잘 알려져 있다시피, 1925년 4월 국내에서 창립된 조선공산당은 이르쿠츠크파 계열의 화요파가 독단적으로 주도해 창당되었습니다. 이 과정에서 국제공산당이 이전의 분파투쟁을 극복하고 각파를 연합·통일해 조선공산당(고려공산당)을 조직하고자 설치했던 오르그뷰로(조직국)는 완전히 배제되었습니다. 이 자료집에 수록된 문헌들을 통해 1924년 하반기부터 1925년 초에 이르는 시기에 오르그뷰로 등 국제공산당 산하기관과 관련자들의 견해와 주장을 접할 수 있습니다. 그리하여 조선공산당 창당 과정에서 오르그뷰로가 배제된 배경의 일단을 짐작할 수 있습니다. 동방노력자공산대학 조선학부의 교수로 활약하던 상해파 자신의 출교와 관련한 박진순의 청원서및 오르그뷰로 전권위원 박애의 청원서 등이 그러한 문헌에 해당합니다.

초기 한인공산주의운동에서의 파벌, 상해파, 이르쿠츠크파, 엠엘파 등 분파와 분파투쟁 문제가 끈질기게 지속되고 있었음을 확인할 수 있습니다. 분파와 파쟁 문제는 동방노력자공산대학 학생들 간의 내부 분란과 갈등 요인으로서 여전히 남아 있었고, 전체 한인공산주의운동의 장애물로 작용하고 있었던 것입니다. 이와 더불어 우리는 국제공산당을 비롯해 각 기관과 인사들, 특히 동방노력자공산대학 학생들, 간부들과 교원들의 지속적인 자성의 노력이 있었다는 사실, 그리하여 조선공산당이 해산된 이후 1930년대에 조선공산당 재건운동에서는 분파문제가 긍정적인 방향으로 해소되고 있었고, 그 결과 공산주의운동의 질적 발전이 이루어지고 있었다는 사실을 짐작할 수 있습니다.

이 자료집에는 이 외에도 그동안 전혀 알려지지 않았던 새로운 사실이 여러 문헌에서 언급되고 있습니다. 1924년 9월 니콜스크우수리스크에서 한인 300여 명의 '혁명유격대'라는 이름으로 백위파와 연합해 한인을 대상으로 테러 공격을 감행한 사건입니다. 이 테러 공격에 가담한 이들은 민족주의 성향의 '한인유격대' 출신으로 이 가운데 19명이 피살된 사실이 상해의 민족주의자들이 간행한 잡지 ≪배달공론≫에 의해 반소·반공 캠페인의 소재로 활용되었고, 급기야는 동방노력자공산대학 한인학생 일부가 연해주 한인공산주의 조직을 공격하고 비판하기에 이르렀습니다.

이 외에도 이 자료집에는 한인공산주의운동사와 관련해 새롭게 언급되고 조명해야 할 사실들에 관한 내용이 다수 들어 있습니다. 이 자료집은 관점에 따라 다양하게 활용할 여지가 많다는 얘기입니다. 모쪼록 이 자료집이 한러 관계와 한국공산주의운동사를 연구하는 국내외 학계의 연구자들은 물론, 관심 있는 독자들이나 언론매체 종사자들에게 유용하게 활용되기를 바랍니다.

한국외국어대학교 디지털인문한국학연구소 소장, 인문대 사학과 교수
반병률

이 책은 한국외국어대학교 디지털인문한국학연구소 토대연구단이 한국연구재
단의 지원을 받아 수행한 '디지털 아카이브로 보는 일제강점기(1910~1945) 한국과
러시아 한인의 역사: 러시아문서보관소 자료를 중심으로'(NRF-2017S1A5B4055531)
의 결과물이다.

본 토대연구단은 2017년 9월부터 한국과 러시아문서보관소에 소장되어 있는
문서보관소 자료 중 일제강점기 동안 한국과 러시아에 머물던 한인에 대한 문서
를 발굴해 번역하고 데이터베이스화하여 한국사, 러시아사 전공자와 학문 후속
세대뿐 아니라 일반인들도 언어장벽으로 쉽게 접근할 수 없었던 러시아 기록을
열람하고 활용할 수 있도록 대중화를 도모하고 있다. 이를 통해 궁극적으로 그동
안 국내에 소개되지 않은 러시아의 한국 관련 기록을 제시함으로써 한국근현대사
의 공백을 메우고 일제강점기 연구의 지평을 확장·심화하며 이 주제에 대한 일반
인들의 관심을 제고하고자 한다.

이 자료집은 본 토대연구단이 모스크바 소재 러시아사회정치사국립문서보관
소(РГАСПИ)에서 발굴한 자료 중 '동방노력자공산대학(КУТВ)'에 관한 기록을 번
역해 묶은 것이다. 1921년 소비에트 정부는 소련 극동시베리아와 중앙아시아, 캅
카스 지역 등 이른바 소련의 '동방'으로 불리는 지역과 반식민상태이거나 식민 지
배를 받고 있던 아시아 국가에서 공산주의운동을 수행할 지도자를 훈련·양성할
목적으로 모스크바에 동방노력자공산대학을 설립했다. 1938년 문을 닫을 때까지
이 대학에서 교육을 받은 대표적인 인물로 중국의 덩샤오핑, 베트남의 호치민, 한

국의 박헌영, 주세죽, 고명자 등을 들 수 있다. 이 외에도 동방노력자공산대학의 교원으로 활동한 김단야를 비롯해 약 200여 명의 조선과 극동 연해주 지역 출신 한인들은 학교를 마친 후 식민 지배를 받던 조선으로 들어와 사회주의운동을 비밀리에 전개하거나 소련과 만주, 중국 등지에서 사회주의운동과 항일운동을 벌여 나갔다.

자료집에 수록된 상당수 기록은 국내에 처음 소개되는 것들이다. 1920년대 초부터 1930년대 중반에 이르기까지 한인학생들이 동방노력자공산대학에서 어떻게 공부하고 생활했는지를 비롯해 수업의 운용과 내용, 학생과 교원의 면모를 볼 수 있게 해주는 기록들을 선별하고 원문과 함께 제시했다. 자료집의 각 편별 구성과 주요 내용은 다음과 같다.

제1부는 동방노력자공산대학의 입학 규정·교과과정과 관련된 문서들을 소개한다. 이를 통해 수업이 어떻게 운용되었고, 어떤 내용을 가르쳤는지 등을 확인할 수 있다.

제2부는 학생과 교원들의 명부를 소개한다. 이를 통해 동방노력자공산대학에서 배웠던 한인학생들의 이름, 출생지, 나이 등을 확인할 수 있으며, 이 대학에서 가르쳤던 한인 교원의 명단도 확인할 수 있다.

제3부는 동방노력자공산대학의 한인학생과 교사들에 대한 평가서를 소개한다. 학생 개개인에 대한 학업 능력, 성향과 자질 평가 그리고 교원들의 강의에 대한 평가를 살펴볼 수 있다.

제4부는 동방노력자공산대학 조선학부의 학업과 기타 활동계획에 대한 내용을 소개한다.

제5부는 동방노력자공산대학의 성명서와 보고서를 소개한다. 이 대학과 코민테른, 당선전선동부 간의 교신 내용을 살펴볼 수 있다.

제6부는 한인학생 및 한인들이 등록되었던 동방노력자공산대학 조선학부와 관련한 회의록을 소개한다. 이를 통해 한인학생들 간에 발생했던 분규와 학교 측의 해결 방안 등 한인학생들이 학교생활을 하며 봉착한 문제들과 학교의 대응책 등을 파악할 수 있다.

제7부는 동방노력자공산대학과 조선학부의 결정문 및 결의문을 소개한다. 한인학생 관련 문제, 수업 관련 문제들에 대한 대학의 결정 사항을 살펴볼 수 있다.

이 자료집의 출간은 많은 분들의 오랜 기간에 걸친 노고가 있었기에 가능했다.

무엇보다도 토대연구단의 전임 및 공동연구원들은 러시아 현지 조사를 통해 국내에 소개되지 않은 귀중한 자료를 발굴해 냈다. 거의 한 세기 전의 희미한 글씨체를 해독하는 일은 번역 작업보다 훨씬 긴 시간과 노력을 요구했다. 곽동욱, 이호건 토대연구단 조교는 기록보존소의 러시아어 기록 원문을 일일이 타이핑하여 독자들이 번역문과 함께 러시아어 원문도 참고할 수 있게 만들었다. 아울러 자료집 출간에 대한 지속적인 관심으로 조언과 격려를 해주신 반병률 디지털인문한국학연구소 소장님께도 감사드린다. 마지막으로 이 자료집의 학문적 가치를 인정하고 선뜻 출간을 허락해 준 한울엠플러스(주)에도 감사의 말씀을 드린다.

2020년 8월
옮긴이를 대표하여
연구책임자 송준서

I
УСЛОВИЯ ПРИЁМА И УЧЕБНЫЕ ПЛАНЫ

1. ПИСЬМО ПЕТРОВА К Г. Н. ОТ 5 АВГУСТА 1925 Г.

Дорогой Г. Н.!

В настоящем учебном году в КУТВ предоставлено для корейцев 20 мест, из них 5 мест женщинам.

При отборе товарищей для университета мы настаиваем на соблюдении следующих обязательных условий:

1. Непременно из внутренней Кореи.
2. Ни разу не бывших в эмиграции.
3. Преимущественно рабочих или крестьян.
4. Членов КП или КСМ, активно участвовавших в работе партии или в работе среди крестьян.
5. Не моложе 20 и не старше 35 лет.
6. Обязательно грамотных на родном языке.
7. Абсолютно здоровых.

Примечание:

Все командируемые товарищи должны пройти через медицинское освидетельствование на местах перед посылкой их в университет.

Товарищи, страдающие туберкулезом, венерическими болезнями, неврастенией, глазными болезнями (в частности, трахомой) приниматься не будут и будут немедленно возвращены обратно.

Для женщин условия могут быть понижены.

Средства на отправку товарищей мы Вам высылаем, исходя из расчета по 100 (сто) рублей на товарища для проезда до Владивостока, откуда они будут перевезены по литерам за наш счет.

Считаем необходимым, чтобы товарищи прибыли сюда не позже 15 сентября.

Считаем, что через Вас нам легче получить также и филиппинцев. Для них предоставлено 5 мест. Условия для них могут быть понижены, но они также должны быть абсолютно здоровыми.

С коммунистическим приветом   Петров

[РГАСПИ, ф.495, оп.135, д.106, л.11.]

2. УСЛОВИЯ ПРИЕМА НА СПЕЦИАЛЬНЫЙ СЕКТОР КОММУНИСТИЧЕСКОГО УНИВЕРСИТЕТА ТРУДЯЩИХСЯ ВОСТОКА ИМЕНИ ТОВ. СТАЛИНА НА 1928/29 УЧ. ГОД

1. Спецсектор Коммунистического Университета Трудящихся Востока им.т.Сталина ставит своей задачей подготовку из трудящихся национальностей Зарубежного Востока и др. колониальных и полуколониальных стран высоко-квалифицированных партийных работников, умеющих методы марксизма-ленинизма на практике революционной борьбы.

2. На специальный сектор принимаются трудящиеся стран Зарубежного Востока и колониальных или полуколониальных стран члены соответствующих секций Комунистического Интернационала или нац.революц.партий и организаций с партийным стажем не менее 2-х лет, с таким же стажем практической революционной работы и в возрасте не моложе 18 лет и не старше 32 лет.

3. На первый курс /срок обучения в У-те 3 года/ принимаются по преимуществу рабочие и крестьяне, командированные соответствующими секциями К.П. или по указаниям ИККИ соответствующими нац.революц.организациями, обладающие хорошим знанием родного языка и, по возможности, удовле-творительным одного из западно-европейских языков/английский, французский, немецкий, испанский, итальянский/, а также общеобразовательной подготовкой, по возможности, на уровне средней школы своей страны. Эмигранты, не коренные жители данной страны, лица, окончившие или обучавшиеся в

Университетах буржуазных государств в КУТВ не принимаются.

4. На подговительное отделение / срок обучения в Университете 4 года/ принимаются исключительно рабочие и крестьяне, командированные соответствующими секциями К.П. или по указаниям МККИ соответствующими нац.револ.организациями хорошо грамотные на своем языке и обладающие знанием арифметики целых чисел.

5. На спецсектор принимаются только вполне здоровые товарищи, особенно в отношении легких, могущие выдержать длительный срок умственных занятий в московских климатических условиях. Признанные медицинской комиссией У-та физически слабыми, страдающие малокровием, неврастенией в клинической форме, туберкулезом и др. разными болезнями /в том числе трахомой и венерическими/ и пр. не будут приняты в У-т ни в коем случае. * Примечание: инвалидность сама по себе в формах, не мешающих умственной работе, не служит препятствием к поступленнию в Университет.

6. Товарищи, командированные в У-т от какой-либо страны, должны быть коренными жителями данной страны и владеть одним общим для всей группы языком.

7. Командированные должны прибыть в Университет не позже 1 мая.

8. В университете все студенты удовлетворяются общежитием, одеждой, постельными принадлежностями, продовольственным, содержанием, учебными пособиями, письменными принадлежностями и стипендией.

9. На прибывающих для поступления на спецсектор У-та должны быть переданы в Университет краткие сведения о возрасте, образовании, национальности, социальном положении и социальном происхождении, профессии, времени вступления в партию, и революционной работе, краткая характеристка. Прибывающий должен привезти с собой из своей страны от местных врачей, что командируемый вполне физически здоров и не болеет никакими легочными, венерическими, глазными /трахома/ и хроническими болезнями.

10. Откомандирование в течение года производится только по постановлению Правления.

11. Члены семьи командируемого не могут направляться в Университет, так как ни при каких условиях У-т не обеспечивает содержание семьи командируемого.

12. Предложить всем командирующим организациям снабдить т.т. легальными паспортами для нормального возвращения на родину после окончания Университета.

[РГАСПИ, ф.532, оп.1, д.62, лл.28-29.]

3. МЕТОДИКА И ОРГАНИЗАЦИЯ УЧЕБНОЙ РАБОТЫ НА СПЕЦСЕКТОРЕ

ОБЩИЕ ПОЛОЖЕНИЯ

Условия комплектования спецсектора, отличающиеся исключительными трудностями, лишают возможности установить твердые образовательные нормы и требования для вновь поступающих студентов.

Чрезвычайно пестрый состав студенчества в отношении политического и общекультурного развития; невозможность в первое время пользоваться русским языком, как языком преподавания; невозможность в силу целого ряда обстоятельств, поставить на должную высоту преподавание на родных языках - всё это создает чрезвычайно сложные и трудные условия в учебно-педагогической работе Спецсектора.

Несмотря на это, основным (в методическом тношении) напралением учебы всего состава для Спецсектора, как и для всего КУТВ, является курс на развернутый лабораторный план на русском языке. Однако, указанные выше особенности условий работы Спецсектора требуют установления предварительных этапов, необходимых для постепенного развертывания лабораторного плана. Нашей задачей и является оформить те подготовительные ступени учебной работы, которые предшествуют развернутому лабораторному плану на русском языке, а затем уже выяснить наиболее целесообразные, в условиях Спецгруппы, формы и методы применения лабораторного плана.

Путь к развернутому лабораторному плану будет отличаться для различного состава вновь поступающих студентов как по темпу, так и по характеру необходимых подготовительных ступеней. Поэтому, делая единую установку для всех кружков (лаборатор, план на русском языке), мы намечаем несколько ведущих к этой установке линий. Линии эти, вытекающие из конкретных условий работы, составляют определенную систему подготовительных ступеней к лабораторному плану и могут быть представлены в следующем виде.

(См. схему 'система подготовительных ступеней к развернутому лабораторному плану')

Наиболее прямолинейным путем к лабораторному плану идут кружки из подготовительного курса (Линия А целиком) путем постепенного внесения в учебную работу русской книги. Путь такого типа кружков будет состоять в основном из четырёх ступеней, соответствующих повышению самостоятельности в работе. Темп перехода с одной ступени на другую зависит от особенностей отдельных кружков, но может быть предусмотрен общими положениями.

От этого прямолинейного пути неизбежны отступления, когда некоторые из кружков должны будут дополнительно пройти одну или две ступени другой линии, основным признаком которой являются занятия с литературой на родным языке.

Однако, и эти кружки в конце концов приходят к той же работе на русской литературе (См. Схему Частичное прохождение кружками по линии А по линии В и возвращение на линию А).

Второй путь(по схеме линии В), на который вступают новые студенты, не прошедшие подготовительного курса, а также и часть кружков, прошедших подготовительный курс, заключается в прохождении кружками двух-трех ступеней работы с литературой на родном языке раньше, чем они поступают к работе на русском языке. Это, так сказать, путь через литературу на родном языке к развернутому лабораторному плану на русском языке.

Третий путь (по схеме - линия В) по своему методическому строению соответствует второму и разнится от него только тем, что вместе работы на национальном языке подразумевается работа на одном из западно-европейских языков.

Он также ведет в конце концов к лабораторным занятиям на русском языке.

Характер и методическое содержание отдельных ступеней, перечисленных в прилагаемой схеме, рассматриваются подробно ниже.

1. Ступень

А. Подготовительный курс

1. Подготовительный курс комплектуется из студентов, наиболее отсталых народностей (тувинцы, монголы и др.), а также рабоче-крестьянского состава других народностей, имеющего слабую общеобразовательную подготовку.

   Такое своеобразие в составе кружков подготовительного курса вызывает необходимость частичного специального приспособления общей для данного курса программы к каждому кружку в отдельности, на основе учета его состава и неодновременности начала занятий.

   Поэтому преподаватели, по ознакомлению с кружком, примерно через 3~4 недели после начала занятий вносят в свою предметную комиссию поправки к программе, приспособление к соответствующему кружку.

2. Основной системой занятий на подготвительном курсе, на котором преобладают общеобразовательные предметы, являются классные занятия с постепенным возрастанием момента

самостоятельных работ.

Метод проведения классных занятий должен быть по возможности лабораторно-исследовательский(имеется в виду естествознание, мироведение, математика).

Методы занятий по отдельным общеобразовательным предметам

3. Сообразно особенностям каждого предмета, занятия протекают следующим образом.

По естествознанию:

A) Краткая тематическая подготовка и планировка лабораторной работы(постановка темы)

Б) Лабораторная проработка, причём вначале преобладают демонстрации, а затем постепенно усиливаются самостоятельные работы(по группам)

B) Собеседование по поводу виденных демонстраций и сделанных практических работ, в результате чего студенты делают определенные выводы.

Г) Суммирование этих выводов преподавателем и запись их(завершение темы)

4. На экспериментальную часть обращается особое внимание. Вся демонстративная часть проводится коллективно.

5. В тех случаях, когда это подготовлено предметными комиссиями, необходимо давать студентам краткие конспекты на родных языках по курсовым темам.

6. Занятия по мироведению проводятся так же, как и естествознание, только вместо экспериментальной части ведётся работа над картой.

7. Занятия по математике включают:

а) целевую установку в виде числового примера.

б) практический пример выполнения расчета или чертежа.

в) сжатую нормулировку правила выполнения работы.

г) задание примеров самостоятельных расчетов.

Живая речь преподавателя и переводчика

8. Речь преподавателя должна быть краткой. Нужно, по возможности, обучать показом, а не рассказом.

9. Переводчик, вполне уяснив себе сущность вопроса, должен строго придерживаться переводимого текста и избегать многословия. Переводчик должен следить за тем, как его поняли и о замеченном непонимании или ошибках доводить до сведения преподавателя.

Каждый вопрос, задаваемый студентами, должен доводиться до сведения преподавателя, независимо от оценки важности его переводчиком(Дополнительно и подробно о формах речи преподавателя смотреть ниже).

Запись

10. Запись производится преподавателем на доске по-русски короткими фразами и очень четко.

Переводчик переводит дословно каждую фразу и надписывает перевод на доске.

Студенты списывают русскую запись и добавляют перевод.

В наиболее слабых кружках, где имеются неграмотные на родном языке товарищи, записывается только несколько отдельных слов и терминов.

УЧЕТ РАБОТЫ.

11. Учет работы производится: а) путем устного опроса. В начале каждого занятия уделяется 15-20 минут на спрашивание пройденного.; б) осмотром записей, рисунков, чертежей и карт; в) по математике задается письменное решение числовых примеров.

Примечание:

1. Об использовании наглядных пособий смотреть специальный тезис.
2. О методах преподавания русского языка на Спецгруппе смотреть особые тезисы, стр.[···].

B. Методы работы по общественным дисциплинам
   (первая методическая ступень)

12. В данном случае имеются в виду кружки, для которых возможность самостоятельной работы по какой-либо литературе исключена, за отутствием таковой.

    Занятия проводятся лекционно-беседным методом при помощи переводчика.

    Задание и все связанные с ним формы работы отсутствуют.

13. Каждое занятие носит, по возможности, законченный характер по какому-либо разделу темы и состоит, примерно, из следующих моментов

    а) постановка темы или подтемы, установление связи с пройденным.

    б) последовательное развитие преподавателем отдельных тезисов путем устного изложения.

    в) возможно точный пересказ переводчиком речи преподавателя.

    г) вопросы и ответы через переводчика разъяснительного характера.

    д) зачтение или запись кратких тезисов или конспектов, предварительно заготовленных соответствующей предметной комиссией.

    Каждый из указанных моментов требует особого рассмотрения.

Постановка темы

14. Вся программа разбивается на отдельные темы, продолжительностью, примерно в 2 недели каждая для 1-го курса и 4-х недельные - для 2-го курса.

15. В начале проработки какой-либо очередной темы программы студентам должен быть выдан или продиктован для записи на родном языке краткий план темы, который разъясняется устно в самых общих чертах, при чем устанавливается связь с ранее пройденным.

16. Если занятия являются продолжением ранее начатой темы, необходимо путем вопросов повторительного характера также установить связь с пройденным.

Вопросы, в виду необходимости двойного перевода, должны быть расчитаны на более краткий ответ и должны поставлены в форме наиболее благоприятной для непосредственного (без переводчика) понимания студентами.

Живая речь преподавателя

17. Живая речь преподавателя должна состоять из отдельных, последовательно переводимых отрезков, продолжительностью по возможности, не более 5 минут каждый.

По содержанию такой отрезок должен быть логически законченным развитием какого-либо тезиса или части его.

18. Преподаватель должен уделять особое внимание словарю, конструкции, лекции и темпу речи, ориентируясь с одной стороны на переводчика и, по возможности, на аудиторию в целом, в целях привлечения к активному восприятию речи преподавателя.

Поэтому к речи преподавателя должны быть предъявлены следующие требования.

А) Доступный словарь. Лектор должен избегать специфических оборотов, свойственных исключительно русской речи:

должен внимательно относиться к выбору терминов, придерживаясь исключительно обще-употребительных и уже знакомых переводчику.

Иностранные слова должен употреблять по мере возможности лишь в тех случаях, когда они представляют собой общепринятые в европейской науке термины.

Б) Простота речи. Преподаватель должен избегать употребление образных выражений (сложных метафор, символики и пр.), непонятных переводчику постольку, поскольку каждому языку свойственна своя особая система образов и символов.

В) Простота синтаксической констрекции. Речь преподавателя должна быть построена по возможности из отдельных простых предложений или сложных 1-й степени подчинения (главное, с относящимся к нему одним придаточным). Во всяком случае преподаватель должен избегать нагромождения ряда придаточных предложений различных степеней подчинения. Следует также избегать причастных оборотов, особенно страдательной формы, часто затрудняющих иностранцу понимание речи.

Г) Замедленный темп речи. Речь преподавателя должна быть произнесена замедленным темпом. Следует выдерживать более продолжительные паузы по окончании отдельной мысли и голосом отличать всякую логическую остановку.

Д) Выразительная лекция.

Работа переводчиков

19. Опыт работы с кружками, не имеющими литературы, подтверждают, что центральной фигурой учебного процесса в них является переводчик.

Самый лучший преподаватель не сможет достигнуть никаких результатов при плохом переводчике.

Поэтому вопросу о переводчиках должно быть уделено особое внимание.

20. Разрешение вопроса о переводчиках должно идти сразу по двум линиям: во-первых, в направлении подготовки преподавателей из наиболее способных представителей национальностей; во-вторых, в направлении наибольшей национализации труда существующего кадра переводчиков и систематической их квалификации.

21. Прежде всего необходимо обратить внимание на чрезвычайную интенсивность работы переводчиков: полная напряженная загрузка в течение всего учебного занятия при периодических передышках преподавателя и студентов. Напряжение усиливается ещё больше неподготовленностью переводчиков, необходимостью почти сплошь подыскивать на самом же занятии слова для перевода терминов.

    Это значительно понижает продуктивность занятий кружков вообще.

22. Необходимо добиться того, чтобы переводчик предварительно подготовился к занятиям. Подготовка эта, по возможности, должна вестись под руководством того преподавателя, в кружке которого данный переводчик работает.

    Очередной учебный материал должен прочитываться переводчиком за 2 недели до его прохождения с кружком.

23. В облегчение работы переводчиков необходимо заготовить русско-национальные словари научных терминов и наиболее употребительного лексикона, соответственно потребностям отдельных дисциплин по заявкам соответствующих предметных комиссий.

24. Необходимо привлечь переводчиков к участию в соответствующих предметных комиссиях.

25. Необходима разгрузка переводчиков от многопредметности и прикрепление их к определенным дисциплинам.

Вопросы студентов

26. Вопросы студентов служат установлению более непосредственной связи их с преподавателем.

    Они выявляют для преподавателя правильность перевода, слабые места изложения, степень усвоения пройденного, а также интересы студентов.

27. Вопросам студентов желательно отводить время после выяснения каждого тезиса.

    Необходимо при этом с одной стороны приучать студентов к заданию вопросов по существу без отвлечений в сторону с другой стороны - проявлять осторожность в отводе вопросов, выявляющих запросы студентов.

ЗАЧТЕНИЕ И ЗАПИСЬ ТЕЗИСОВ

28. При полном отсутствии литературы на родном языке является необходимым зачтение или записывание кратких тезисов по пройденному.

29. Тезисы заготовляются соответствующими предметными комиссиями и переводятся на родные языки.

    В тех случаях, когда тезисы предварительно размножены, они раздаются и зачитываются переводчиком. Отсутствие заранее подготовленных тезисов делает необходимым запись их под диктовку.

УЧЕТ РАБОТЫ

30. Учет результатов работы по линии усвоения пройденного, выявления материала для характеристики отдельных студентов, а также оценки программного материала и методов работы - в основном должен заключаться в следующем:

    а) письменные ответы студентов на контрольные вопросы по крупным разделам программы:

Этим письменные работы делаются студентами на родном языке и тщательно просматриваются преподавателем при помощи переводчика. Таких работ может быть в течение года 2-3.

б) устные ответы студентов на вопросы преподавателя по отдельным частям темы и по теме в целом.

МЕСТО ПЕРВОЙ СТУПЕНИ В СИСТЕМЕ УЧЕБНОЙ РАБОТЫ.

31. Данная ступень, характерная по ряду условий отсутствием литературы, неизбежно ведет к слабой продуктивности работы. Перед Университетом стоит задача установить способы наименьшей задержки кружков на таком типе занятий и по возжности и полной ликвидации путем ряда мероприятий занятий по вышеуказанному типу. Вопрос этот находится в за-висимости главным образом, от подготовки литературы на родных языках.

(ВТОРАЯ МЕТОДИЧЕСКАЯ СТУПЕНЬ)

32. Характеристика данной ступении. На второй методической ступении ставится задача: выработать и развить навыки работы с книгой: подготовить путем применения элементов лабораторного плана в их зачаточной форме переход к самостоятельной работе.

Эту методическую ступень мы будем рассматривать по трем линиям: 1) при занятиях с литературой на родном языке, 2) тоже с частичным применением русских текстов, 3) при занятиях на каком-либо западно-европейском языке.

Вторая методич. ступень с литературой на родном языке.

33. Основными условиями и признаками данной ступени являются:

а) наличие литературы на родном языке для данного кружка языка.

б) постоянная помощь переводчика.

в) невозможность пользоваться русской книгой, за отсутствием достаточных навыков в русской речи.

г) слабые навыки в самостоятельной работе над книгой.

34. Занятия состоят, примерно, из следующих моментов:

   а) постановка темы и установление связи с пройденным:

   б) читка имеющейся по теме литературы;

   в) беседы по отдельным частям темы, на основе прочитанного материала и в дополнение к нему.

   г) заключительная беседа по всей теме.

Постановка темы

35. Студентам выдается план-задание, которое должно иметь самое простое строение и в основном состоять из:

   1) вопросов, имеющих планирующее и проверочное значение и

   2) из указаний на литературный материал к каждому из поставленных вопросов.

   Всякого ряда методические и методологические указания в плане-задании являются на данной ступени излишними.

36. Постановка очередной по данному курсу проблемы, в смысле уяснения цели предстоящей работы, её значения, увязка её с предшествовашей работой, проводятся преподавателем в устной форме перед пользованием литературным материалом. Тут же даются разъяснения по имеющемуся у студентов плану-заданию, а также делаются необходимо указания методического характера

37. В плане-задании должна быть учтена необходимость дать в течение каждого занятия законченную часть темы.

Читка литературы

38. В зависимости от уровня подготовки и наличия навыков у студентов, читка литературы на данной ступени проводится индивидуально или коллективно. По прочтении логически законченного раздела темы, преподаватель выясняет степень

условия прочитанного, делает дополнения к литературному материалу и таким образом подводит студентов к даче исчерпывающего ответа на поставленный в плане-задании вопрос.

39. В процессе читки и руководства им внимание преподавателя должно быть обращено на выработку и развитие навыков работы с книгой в порядке нарастающей трудности этих навыков: понимание текста, умение выделить существенное, умение отвечать на вопросы по прочитанному, умение обобщать, делать сопоставления, строить выводы, оформлять устно и письменно по известным ступеням свою работу над текстом.

40. Читка литературы должна быть максимально использована для наблюдения и изучения всех особенностей самостоятельной работы студента. С этой целью она должна быть возможно более насыщена вопросами студентов и руководством преподавателя.

41. Руководство преподавателя не может ограничиться ответами и указаниями на вопросы самих студентов, но должно переходить в непосредственное вмешательство преподавателя в самостоятельную работу студента. Это вмешательство особенно необходимо в отношении отстающих студентов, обычно менее активных.

42. В тех случаях, когда в процессе самостоятельной работы выясняются затруднения, испытываемые значительной частью кружка, необходимо ввести краткое коллективное занятие.

43. В зависимости от состояния навыков, студентам рекомендуется делать выписки из прочитанного, составлять конспект или разрабатывать тезисы на родном языке по литературному материалу. Один из типов письменной работы обязателен(-на родном языке).

44. Завершением данной методической ступени должно быть усиление момента самостоятельности в работе студента [···] возможность перейти к следующей ступени.

Заключительная беседа по всей теме

45. Заключительная беседа пр всей теме строится по основным разделам плана и должно дать студентам обобщение всего прочитанного материала и детальное разъяснение вопросов, вызванных затруднения на прежних стадиях работы.
46. В заключительном слове по теме руководитель подводит итоги проработки по теме в целом и отмечает достижения и недостатки методического характера, присущие большинству кружка.

Учет работы

47. Учет результатов работы должен осуществляться путем просмотра рабочих записей студентов и в ответах студентов по прорабатываемой теме.

ВТОРАЯ МЕТОДИЧЕСКАЯ СТУПЕНЬ ПРИ ЧАСТИЧНОМ ПРИМЕНЕНИИ РУССКИХ ТЕКСТОВ

48. В данном случае подразумеваются занятия, в основном сходные с только что описаными, но отличающиеся от них тем, что наличие некоторых навыков в руской речи позволяет привнести к основной учебной литературе на родном языке еще и русскую литературу по какой-либо части проработанной темы.
49. По существу характер занятий, организация и методы почти ничем не будет отличаться от ранее описанного, за исключением того благоприятного момента, что тут непосредственная связь преподавателя с аудиторией усиливается, а роль переводчика несколько ослабевает.
50. Место, доза и характер русских текстов, отбираемых для проработки по плану-заданию, должны устанавливаться с особенной тщательностью с установкой на осторожное и постепенное их усиление. При этом необходимо считаться с особенностями кружков и дисциплин.

51. Для удобства варьирования работы с русскими текстами, необходимо иметь перевод их, позволяющим проводить параллельную проработку на родном языке.

ВТОРАЯ МЕТОДИЧЕСКАЯ СТУПЕНЬ ПРИ ЗАНЯТИЯХ НА ЗАПАДНО-ЕВРОПЕЙСКОМ ЯЗЫКЕ

52. Методически в данном случае никаких больших отличий нет. Основное заключается в том, что здесь переводчик отсутствует, что ещё более облегчает работу.
Всё, что сказано при рассмотрении второй методической ступени о построении занятий, о методах их ведения, о развитии навыков самостоятельной работы относится и сюда.

ТРЕТЬЯ МЕТОДИЧЕСКАЯ СТУПЕНЬ

53. Основными условиями и признаками данной ступени являются:
   а) наличие у студентов навыков в самостоятельной работе;
   б) наличие у студентов такого уровня навыков в русской речи, который позволяет вести на нем всю основную работу.
   в) необходимость частичного использования переводчика.
54. Занятия протекают в форме выполнения задания и состоят из следующих моментов.
   а) плановое занятие;
   б) самостоятельная работа по заданию в присутствии преподавателя.
   в) коллективные консультации;
   г) итоговая конференция.
55. Конструкция задания должна соответствовать примерно типу «А» применяемому на основном курсе.
56. Число литературных источников по заданию не должно превышать двух как с точки зрения более легкой ориентировки в материале, так и с точки зрения привычки к языковым особенностям определенного автора.

При расчете русской литературы необходимо иметь в виду, что студенты в 1 час могут проработать не более 2 страниц среднего по трудности текста.

57. Указание материала может на первых порах доходить до подчеркивания отдельных особо важных абзацев и выбрасывания таких мест, которые заключают в себе детали и побочные мысли, способные лишь рассеивать внимание студентов.

Однако, такой способ подбора материала должен постепенно отпасть, по мере развития у студентов навыков в работе с русской книгой.

58. При наличии литературы на родном языке возможно использование таковой в качестве вспомогательной, при чем необходимо держать курс на переход к русскому тексту, как на основе работы студентов.

59. Характер работы на данной стадии дает возможность индивидуализировать преподавателю работу студентов в большой степени, чем в предыдущих ступенях (количество и качество прорабатываемой литератуы, постановка отдельных запросов, характер письменной работы и т.д.). Все эти условия требуют особенной активности со стороны преподавателя.

60. Помощь переводчика особенно необходима на первых порах. Переводчик на первых порах должен присутствовать на всех занятиях. Однако, пользование переводчиком уже с самого начала должно быть ограничено случаями крайней необходимости. Заранее указать эти случаи, конечно, не представляется возможным. Во время самостоятельной работы студентов, переводчик может понадобиться главным образом, для проверки письменных работ студентов. В это же время выясняется необходимость приглашения переводчика на консультации и конференцию. При работе с переводчиком слово преподавателя должно продолжаться в среднем 5 минут. Запись переводимого необязательна. В дальнейших занятиях роль переводчика должна уменьшаться так, чтобы в конечном счете работа кружка проходила совсем без переводчика.

61. В плановом занятии центр тяжести на первых порах сосредотачивается на организационно-методической стороне. Что касается инструктажа по методологической линии, то здесь задачей является постановка и основное расчленение центральной проблемы без детализации подтем. Особенное внимание необходимо обратить на увязку этой проблемы с уже проработаными вопросами. В дальнейшем необходимо ориентироваться на перемещение центра тяжести с организ. методич. на методологическую сторону задания.

62. Во время самостоятельной работы студентов необходимо, чтобы преподаватель постепенно был в курсе работы каждого студента, готовый к руководящему вмешательству, не дожидаясь вопросов со стороны студентов.

63. В этот период являются необходимой, в зависимости от хода работы, характера проблемы и литературы, организация двух-трёх коллективных консультаций, которые лишь отчасти имеют смысл проверки, а главным образом идут по линии планового инструктажа как организационно-методического, так и, в особенности методологического характера по отдельным подтемам. Такие консультации должны проводиться в начале рабочего времени и должны быть, по возможности, кратки.

64. На конференции подлежат обсуждению все главные вопросы и задания, обыкновенно указанные в оглавлении подтем центральной проблемы.

Сравнительно слабый уровень развития и, во всяком случае, недостаточные навыки в русском языке, на первых порах ведут к захвату, выступающими на конференции всех указанных в задании вопросов в регламентированной им последова-тельности. Этот недостаток может быть изжит лишь после проработки трёх-четрёх заданий. До этого же срока фактическое обсуждение на конференции всех существенных вопросов, очевидно, не может быть уложено в обычные 3-4 академических часа. Поэтому при 2-х недельных заданиях или при месячном задании, продолжительность конференций устанавливается примерно до 4-х акад. часов, а при месячных заданиях возможно и некоторое увеличение этого времени.

4 СПЕЦИАЛЬНАЯ СТУПЕНЬ
(развернутый лабораторный план)

1. Особенностями IV-й ступени являются
1) переход всей работы на русский язык, 2) отсутствие переводчика, 3) наличие достаточных методических и методологических для работы по лабораторному плану на началах постепенного его развертывания. Таким образом система работы студентов по данной ступени должна быть построена на основе самостоятельной работы учащихся по принципу постепенного возрастания самостоятельности при переходе с работы по одному типу заданий к работе по другому типу задания и работе по другой.

2. Основными критериями для развертывания лабораторного плана в кружках IV-й ступени должны быть:

   1) наличие у студентов навыков к самостоятельной работе методических и методологических и,

   2) степень знания русского языка.

   В связи с этим дифференциация заданий по различным типам производится не только по курсам и дисциплинам, но и по кружкам в пределах одного курса.

3. Процесс самостоятельной работы студентов в первый период обучения на IV-й ступени должен быть в значительной мере регламентирован. Необходимость в этом вытекает из трудностей исследования и усвоения материалов на чужом для студентов языке. Последовательность стадий самостоятельной работы студентов регламентируется путем расчленения темы на подтемы и пункты.

4. Материал дается для каждого узлового пункта подтемы с точным обозначением количества страниц и должен быть тщательно подобран. Расположение его должно быть в такой последовательности, чтобы по возможности достигалась увязка в исследовании отдельных частей материала.

5. Наличие некоторых учебно-исследовательских и методологических навыков позволяет уже в первый период обучения на IV-й ступени

использовать классическую литературу, а также документы и другого вида сырой материал.

6. В помощь русской книге допускается вводить соответствующую книгу на родном языке, если таковая окажется.

7. Необходимо стремиться к тому, чтобы письменные работы производились исключительно на русском языке (См. тезисы о письменных работах на русском языке)

8. По данной ступени работа протекает по всем звеньям лабораторного плана, оправдавшим себя на основном отделении (задания, плановые занятия, консультация, сдача заданий и конференция).

9. Уделяя достаточное внимание по плановым занятиям в этот период инструктажу по организационно-методической линии, руководитель переносит центр тяжести в плоскость обсуждения вопросов связанных с методологическими особенностями проблемы.

10. Занятия на первых порах протекают по твердому расписанию и в присутствии руководителя, поэтому консультация проводится в процессе самой работы. Руководство преподавателей не ограничивается дачей ответов на вопросы самих студентов, но может переходить в непосредственное вмешательство в самостоятельную работу учащихся. В виду трудностей обозрения и ориентировки учащися в учебно-исследовательском материале на русском языке могут применяться на первых порах 3~4 (в зависимости от объема и характера литературы) коллективных консультаций.

Уделяя достаточное внимание организационно-методическим указаниям руководитель переносит центр тяжести консультации, как индивидуальной, так и коллективной, на методологическое руководство.

11. Содержанием конференции этого периода являются не только узловые вопросы задания, но также новые вопросы поднятые студентами в процессе учебной работы. Повестка конференции намечается на последнем занятии перед конференцией.

Продолжительность конференции при месячном задании - 4 часа.

12. Дальнейшее развертывание самостоятельной работы студентов на IV ступени проводится в направлении, соответствующем методическим формам типа заданий Б и В применяемым на основном курсе.

Примечание:

1. Вопрос о типах заданий требует ещё дополнительной проработки:
2. Все сказанное в данном разделе в основном применимо также к 4 методу ступени при работы на родном языке, либо на одном из западно-европейских языков.

ОСНОВНЫЕ ЛИНИИ МЕТОДИКИ УЧЕБНОЙ РАБОТЫ ПО РУССКОМУ ЯЗЫКУ НА СПЕЦГРУППЕ

1. Цели. Задачи преподавания русского языка на Спецгруппе сводятся к :
   а) пониманию текста (преимущественно политического и научно-публицистического),
   б) пониманию устной речи (на занятиях и разного рода собраниях).
   в) овладению устной речью (возможность участия в беседе, на лекциях, в прениях, уменье сделать доклад).
   г) овладению письменной речью.
   На втором курсе студенты должны проводить все занятия на русском языке (с 1 сем. - сильные, со 2 - слабые).
2. Метод. Исходя из тех целей, которые ставит себе КУТВ в преподавании русского языка, основным методом следует признать метод прямой. Метод прямой - это метод, при котором слушанию устной речи преподавателя, непосредственному внимание в эту речь, пониманию нового из контекста, созданию, ассоциативных связей между представлением и выражением на изучаемом языке, развитию устной речи учащихся, работе над связными текстами - отдается преимущественное значение перед

всеми другими моментами преподавания.

3. Перевод. Перевод на русском языке аудитории считается лишь подобным средством к нему следует прибегать лишь в затруднительных случаях и при чтении сложных текстов.

*ПРИМЕЧАНИЕ: Перевод занимает большее или меньшее место в преподавании в зависимости от характера аудитории.

4. Связь с родным языком, аудитории (однонациональн.) должна осуществляться на всем протяжении преподавания - это выражается в приспособления преподавания русского языка ко всем особенностям (фонет., синтаксическ. и лексическ.) языка аудитории и в расположении материала в соответствии с особенностями языка.

ПРИМЕЧАНИЕ: отсюда - желательность знания преподавателем языка аудитрии, во всяком случае знакомства с строем(фонет. синт.) языка.

5. Построение занятий. Проведение занятий по языку требует строгой последовательности в построении устных бесед, в выборе текста, в расположении грамматического материала, дабы дать возможность студенту через уже известное понимать и усваивать новое неизвестное.

6. Основные проблемы в начальном периоде изучения языка проблемы - фонетическая, лексическая и граматическая.

1) Фонетическая. Необходимо ставить четкое и ясное про-изношение, поэтому на первых уроках преимущественное значение имеют не письмо и чтение, а устная работа.

2) Лексическая. В работе над словом особенное внимание следует обратить на закрепление слов, чему служит целый ряд приемов (подробно см. подробнее в докладе). Первое время в обучении не столь важно количество усвоенных слов, сколько их прочное усвоение и умение пользоваться ими активно. Поэтому словарный материал должен быть проработан самым исчерпывающим образом и повторяться в разнообразных комбинациях и сочетаниях.

3) Грамматическая. Особенно важно на первых порах овладение

простой синтаксической конструкцией:

а) этому способствует постоянная устная проработка материала;

б) Граматические формы следует давать не изолированно, а в предложении, в связном представляющем для студентов интерес, контексте.

Основные положения грамматики излагаются догматически и затем прорабатываются на ряде практичеких упражнений и задач.

7. Содержание работы в начальной стадии обучения языку. Все виды языковой работы (и развитие устной и письменной речи, и занятие грамматикой, и элементарная работа над текстом) должны взаимно переплетаться, не получая самодовлеющего значения.

8. Формы проработки. Занятия классные с элементами лабораторности, занимающими постепенно в системе преподавания все большее и большее место.

9. Письменные работы на 1 году обучения заключаются последовательно в списывании текста, в различного рода элементарных граматических упражнениях, в составлении фраз на данные преподавателем слова, в ответах словами текста на вопросы преподавателя, в элементарном пересказе прочитанного по вопросам и без вопросов, в небольшом несложном сочинении (между прочим рекомендуется форма письма).

10. Содержание работы на втором году обучения:

1) Работа над словарем

2) Изучение грамматики (и попутно орфографии),

3) Работа над книгой,

4) Развитие речи устной и письменной.

Все указанные виды работ в системе преподавания языка и на 2 году обучения, тесно связаны друг с другом.

Но в зависимости от подготовленности аудитории по языку тот или иной вид языковой работы приобретает преимущественное значение.

Работа над словарем углубляется и расширяется. Необходим

целый ряд стилистических упражнений.

В сильных кружках преимущественное значение приобретает работа над книгой. Соответственно усложняются и формы письменных работ. (см. подробно в докладе).

11. Выбор материала. Материал для проработки выбирается преимущественно обществоведческого характера. Но и привлечение художественной литературы в небольших размерах следует считать целесообразным в интересах обогащения словарного и фразеологического запаса.

12. Практические предложения.

1) Желательно и необходимо создание однородных по знанию русского языка кружков.

2) Желательно более тесная связь преподавателей всех дисциплин одного кружка для полной согласованности в работе; это особенно необходимо для увязки работы по работе с книгой.

3) Желательно закрепление преподавателей за определенными секторами.

СИСТЕМА ПОДГОТОВИТЕЛЬНЫХ СТУПЕНЕЙ К РАЗВЕРНУТОМУ ЛАБОРАТОРНОМУ ПЛАНУ НА СПЕЦСЕКТОРЕ.

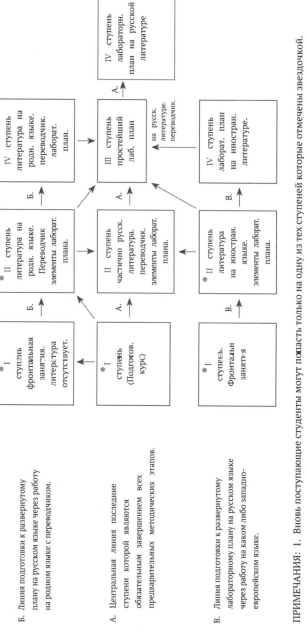

Б. Линия подготовки к развернутому плану на русском языке через работу на родном языке с переводчиком.

А. Центральная линия последние ступени которой являются обязательным завершением всех предварительных методических этапов.

В. Линия подготовки к развернутому лабораторному плану на русском языке через работу на каком либо западно-европейском языке.

ПРИМЕЧАНИЯ: 1. Вновь поступающие студенты могут попасть только на одну из тех ступеней которые отмечены звездочкой.

2. I ступень линии Б и В, обусловленная отсутствием литературы, по мере пополнения Университета соответствующей литературой, должна совершено отпасть

[РГАСПИ, ф.532, оп.1, д.65, лл.14-25.]

4. ПРЕДМЕТЫ И КОЛИЧЕСТВО ЧАСОВ ВНУТРИ- И ВНЕУНИВЕРСИТЕТСКИХ РАБОТ СПЕЦСЕКТОРА КУТВ

№ Предмет	Подг. 1 сем. (нед.)	Подг. 1 сем. (всего)	Подг. 2 сем. (нед.)	Подг. 2 сем. (всего)	Подг. Лето (нед.)	Подг. Лето (всего)	I курс 1 сем. (нед.)	I курс 1 сем. (всего)	I курс 2 сем. (нед.)	I курс 2 сем. (всего)	I курс Лето (нед.)	I курс Лето (всего)	II курс 1 сем. (нед.)	II курс 1 сем. (всего)	II курс 2 сем. (нед.)	II курс 2 сем. (всего)
1 Политграмота	8	116	8	156	8	48	4	60	3	60						
2 Газетное чтение	6	88	6	116									4	50	4	78
3 Математика	7	103	7	136												
4 Основы естествозн.	5	73	5	98												
5 Русский язык	10	146	10	192	10	60	10	146	7	136	7	42				
6 Мировед. и физ.геогр.	4	58	3	60												
7 Родной язык	3	45	4	78												
8 Экон. география							7	103								
9 И.Р.О.Ф.							8	116								
10 История ВКП							8	116	7	136						
11 Продвижение									3	60						
12 Партстроит.							4	58	4	80						
13 Совстроительство							3	45								
14 Миров. история									10	192			7	130		
15 Политэкономия									10	192			8	116	5	98
16 Экономика СССР															4	78
17 Ленинизм													8	116	8	156
18 Страноведение													5	73	5	96
19 Прогр. и тактика															8	156
20 ИСТМАТ											33	198	7	103	7	136
21 Военное дело													5	73	3	58
Итого	43	629	43	335	18	108	44	644	44	856	40	240	44	644	44	856

	подготовительный курс				Лето		I курс				Лето		II курс			
	1 семестр		2 семестр				1 семестр		2 семестр				1 семестр		2 семестр	
Резерв	3	45	3	60	7	42	3	45	3	60	3	18	3	45	3	60
Всего	46	674	46	896	25	150	47	689	47	916	43	258	47	689	47	916
А. Учебная нагрузка	34.30		34.30		18.4⁵		35.15		35		32,16		38,15		35.15	
Б.Внутриверс. парт. работа	5		5		8		5		5		8		5		5	
В.Внеуниверс. партработа													4		4	
Г.Обществ. работа	3		3		3		3		3		3		3		3	
Д.Газеты, журнал	12.30		12.30		12.15		11.45		11.45		11.46		11.45		11.45	
Всего траты умств. энергии	55		55		42		55		55		55		59		59	
Физкультура	3		3		3		3		3		3		3		3	
Отдых развлеч	38		38		48		38		38		35		34		34	
Сон	48		48		48		48		48		48		48		48	
	144		144		144		144		144		144		144		144	

[РГАСПИ, ф.532, оп.1, д.65, лл.[쪽수불명].]

5. ИСТОРИЧЕСКИЙ МАТЕРИАЛИЗМ

II. СОЦИАЛЬНАЯ ФИЛОСОФИЯ МАРКСИЗМА
(исторический материализм)

1. Произв. силы и производственные отношения, техника и географическая среда.

Обшество, как производственный аппарат. Человек, как общ. субъект. Общество и природа. Активное и пассивное приспособление. Возникновение техники. Роль техники в человеческом обществе. Техника и географическая среда.

Элементы производ. сил: Рабочая сила(обществен. производ. силы), орудия производства и продукты производства (материал. произв. силы). Материал. произв. силы – средства производства. Зависимость производственных отношений от состояния производст. сил общества (примеры: отношение между людьми в мастерской в Корее в 1900 г. и на заводе или фабрике в настоящее время)

2-3 Лекции: Классы, классовая борьба и революция.

Причины возникновения классов - частная собственность на средства производства. Понятие сословий, профессий и классов. Причины возникновения классовой борьбы. Общественные классы и политические партии. Классовая борьба и государство. Формы классовой борьбы в античном, средневековом и современном капиталистическом обществе. Класс, борьба и гармония. Промежуточный классы. Крестьянство, ремесленники и интеллигенция. Классовая борьба и революция. Революция, как результат противоречий между развиваюшимися производ-стенными силами и отсталыми формами производственных отношений. Эволюция и революция. Четыре фазы революции: идеологическая, политическая, экономическая и техническая. Современная корейская революция находится между двумя фразами революции - идеологической и политической. Разница между социальной революцией и простым дворцовым переворотом(политической революцией). Социальная революция буржуазии и пролетариата.

4. Понятие базиса и надстройки.

Базис - «совокупность производственных отношений», т.е. общественные производственные силы(классы) и их отношения (производственные отношения.) Элементы надстроек: семья, государство и различные формы идеологии. Элементы идеологической надстройки религия, литература искусство и наука (философия). Общественные динамики. Противоречия между производственными силами и производственными отношениями, базис и надстройки есть движушие силы исторического процесса. Базис есть содержание, надстройка – форма. Общественное бытие и общественное сознание. Техника и экономика. Реформа и революция. "Врастание капитализма в социализм" с точки зрения реформизма и коммунизма.

5. Государство и революция.

Государство - правовая надстройка. Буржуазия и марксизм. Теория о праве и государстве. Государство - правовая экономически господствующего класса: организация хозяйства национ. и класс. обороны. Элементы государства: территория, классовое общество, государственная власть и национальный суверенитет. Формы государства: абсолютизм и конституционная монархия, буржуазно-демократическая республика и пролетарская, советская республика. Роль революции в изменении правовых норм и государственного строя. Четыре фазы революции: идеологическая, политическая экономическая и техническая. Эти градации не противоречат ли основам материалистического пониманиея истории. На какой фазе (или между какими фразами) находится революционное движение в Корее.

Господствующие классы ответственны за судьбу своего государства. За потерю корейской независимости не виновны корейские трудящиеся массы. Хитрость идеологов, бывш. господ.

класса- […] и дворянство тормозит часть вины за потерю корейской независимости на плечи корейских трудящихся масс. Разоблачение этой хитрости: задача корейских коммунистов. "Политика, как концентрированная экономика. Этика и право. Отмирание этики, права и государство в бесклассовом обществе.

6. Обществ. психология и идеология.

Понятие идеологии. Процесс, её возникновения. Классовая борьба и борьба различных идеологических систем. Борьба христианства в Корее против конфуцианства и буддизма - отражения борьбы городской буржуазии и богатого крестьянства против дворянства за свою эмансипацию, идеология "Дон-Хак-Дан" есть отражение борьбы городских и деревенских низов ("биактен"(парин), рабы и беднейшее крестьянство) против дворянства и богатых слоев корейского общества от второй половины XIX века, до 1919 года. Корейский коммунизм - идеология корейского промышленного пролетариата. "Гомрулизм" - идеология корейского дворянства и крупной буржуазии. "Идея на испольной независимости" - идеология корейской мелкой буржуазии. Почему компартия поддерживает националистовнезависимовцев. Идеология каждой эпохи - идеология господствующено класса в данную эпоху в обществе. Наука, как систематизированный коллективный опыт. Классовый характер гумманитарной (и даже точной) науки :

7. Религия и искусство.

Религия - первая универсальная система миропонимания человечества. Раздвоение в обществ. бытии(класс эксплуататоров и эксплуатируемых) и обществ. сознании (понятие "тело" и "дух"). Религия в классовом обществе. Религия и эксплуататоры. Религия и коммунизм. Литература и другие формы искусства - отражение действительности данного общества в известную эпоху. Художественное отображение не есть фотографическое изображение данного явления. Классовый характер всякого произведения искусства в клаассовом обществе. "Искусство для искусства". «Аполитичность искусства»(надо использовать материалы из Дона Ильбо, защищать идею "искусство для искусства" и её противных органов : Чосен-Ильбо и Кайбек за период январь-март 1926 г.).

8. Проблема диалектического материализма.

Причинность и закономерность. Свобода и необходимость. Кажущаяся хаотичность исторических явлений. Последовательность общественных формаций. Распространение капитализма к тождественность его последствий во всех странах. Телеология, как религиозного миропонимания. Свобода и необходимость. Историческая необходимость и прогноз Маркса и Ленина о победе пролетарской коммунистической революции во всем мире.

9. Диалектика.

Диалектика и материализм. Количество и качество. Вещь и процесс. Связь и независимость. Борьба противоречий и прогресс. Диалектика и революция; диалектика и экология. Диалектика Гегеля. Диалектика Маркса, Энгельса и Ленина. Ленин о диалектике, как теории знания материалистической философии.

10. Идеализм и материализм.

Философский материализм и жизненный идеализм. Мещанство о «материализме». Французские материалисты 18 века. Гегель и Фейербах, Энгельс, Плеханов и Ленин. Монизм и дуализм. Эклектицизм и солипсизм. Критицизм и прогнатизм.

Литература:
1. Бухарин: «Истмат, как марксистская социология».
2.
3. Статья о литературе к искусстве в газетах ("Дона Ильбо" и "Чосен-Ильбо" за январь-февраль 1926 г.), журнал "Кай-Век" No. 64-70.

[РГАСПИ, ф.532, оп.1, д.427, лл.37-41.]

6. ОСНОВЫ МАРКСИЗМА

1. Экономическое учение Маркса:

> Примечание: Лектор должен дать слушателям основные понятия марксова экономического учения, как критику буржуазной экономической науки, вскрывая классовую ограниченность и эгоизм буржуазных ученых.

1) Простое и капиталистическое производство. Наемный труд. Товар. Деньги. Рабочая сила, как товар.

2) Теория стоимости Маркса и Бем-Баверка. Потребительская и межевая стоимость и цена. Теория предельной полезности.

3) Теория накопления капитала Маркса и буржуазных экономистов (А. Смита и др.) буржуазная теория и накопление, как результат личного "труда" и "сбережения" хозяйств, субъект. Марксистская теория и накоплении, основание на фундаменте прибавочной стоимости. Абсолют. и относительная прибавочная стоимость. Норма прибыли.

4) Марксова и буржуазная теория о капитале. Капитал(бур.) - сумма хозяйств, благ. орудий труда и накопленного труда. Капитал(Маркс.) - стоимость, производящая прибавочную стоимость. Норма эксплуатации. Основа капиталистической эксплуатации - частная собственность капиталиста на средства производства. Значение прогресса техники в росте эксплуатации развития техники и изменение органического состава капитала.

5) Рента. Определение ее. Абсолютная и дифференциальная рента. Теория о т.н. "прогрессивно-убывающего плодородия земли". Её несостоятельность. Точка зрения Маркса и Ленина.

6) Теория о рынках и кризисах Маркса и Туган-Барановского и др. Промышленные кризисы и рабочее движение. Анархия капиталистического производства, неизбежность кризисов. «Резервная армия и безработица», Кризисы и крупный и мелкий капиталы.

7) Концентрация и централизация капитала. Критика марксовой

теории буржуазными экономистами. Кривая развития сельского хозяйства и буржуазная критика, её несостоятельность.

8) Судьбы капитализма.

Значение развития капитализма для рабочего движения. Значение централизации капитала для социальной революции. Неизбежность гибели капитализма.

9-10) Лекции. Судьбы капитализма в Корее.

Причины медленного развития капитализма в настоящий момент. Средства борьбы против факторов, тормозящих развитию производственных сил в Корее. Характеристика современного корейского капитализма. Японский капитал и корейской торговый капитал (земельная аристократия и "компрадоры"). Движущие силы в современной корейской революции и задачи компартии.

Литература
1. К. Каутский: "Экономическое учение К. Маркса". (на японском языке)
2. Бай-Сен-Нион: (см. "Дона-Ильбо" июнь 1926).

[РГАСПИ, ф.532, оп.1, д.427, лл.42-43.]

7. ПРЕДСЕДАТЕЛЬСТВУ ОТ ТОВ. КУУСИНЕН

КУУСИНЕН : Это заседание мы созвали специально для обсуждения вопроса о взаимоотношениях с университетами. Других вопросов сегодня не постановлено. Слово имеет тов. Райтер.

РАЙТЕР :

Вчера мы получили проект постановления Коллегии Восточного Секретариата и Агитпропа по вопросу с взаимоотношениях с КУТВ. Наряду с этим поступило предложение относительно того, чтобы дать общую информацию о состоянии КУТВ. Поэтому я хотел бы остановиться только на некоторых моментах, которые характризуют КУТВ и особенно его слабые стороны.

КУТВ представляет собой объединенный университет, университет национальных меньшинств Советского Востока и колониальный университет, при чем эти две половины далеко не равномеры. В то время как основной сектор у нас имеет около 500 человек, на специальном секторе, в колониальном университете имеется только 203 человека и несмотря на то, что в течение уже довольно продолжительного времени нами выдвинут лозунг о том, чтобы сосредоточить центр внимания на этом специальном секторе, этого до настоящего времени добиться не удалось и не удается этого добиться, главным образом, из-за того что база специального сектора для нас чрезвычайно слаба. Главные задачи, которые стоят перед университетом в целом, перед обоими этими секторами, сводятся к тому, что по Советскому Востоку мы должны готовить наиболее квалифицированных работников для основных центров национальных республик, так как там уже имеются свои комвузы, которые практических работников готовят. На спец. секторе мы должны готовить функционеров-партийцев для Коминтерна для зарубежных братских компартий. Сейчас я хотел бы остановиться, главным образом, на спец.секторе, который ближе всего Коминтерну, который целиком полностью должен быть подчинен Коминтерну, должен исходить из тех потребностей, которые имеются у Коминтерна.

Я указывал уже на то, что база этого колониального университета для нас чрезвычайно слаба. Вот цифры, которые характеризуют эту базу. Мы имели очень большую разверстку на 207 человек с прошлого года, получили мы в течение этого года только 76 человек, при чем главным образом, получили с Дальнего Востока, но не получили из тех основных мест, откуда считали необходимым получить и вопрос о которых был раньше рассмотрен в Восточном Секретариате Коминтерна. Теперь у нас рисуется такая картина. В отношении Японии мы имеем на последнем, на третьем курсе, 6 человек, на втором курсе не имеем ни одного человека, на 1 курсе один человек, и мы в этом году получили двух японцев. Таким образом, в отношении Японии получается провал. И если мы имеем соответствующие силы, которые работают на III курсе уже в этом году, то в будущем году им нечего уже будет делать, потому что второго курса нет у нас. То же самое в отношении первого курса. С такой базой работать почти совершенно невозможно. Разверстка была большая, но мы ее не получили.

В отношении Индии дело обстоит еще хуже. На третьем курсе не имеем ни одного человека из выпускников, на II курсе тоже никого не имеем, на 1-м курсе - 3 человека, наконец, на подготовительный принято в этом году 2 человека. Таким образом, всего 5 человек, на этой базе, конечно, работать очень трудно.

В отношении Кореи дело обстоит несколько лучше. Мы выпускаем в этом году 12 человек, на II курсе имеем 4, на 1-м 6 человек, затем 9 на подготовительном. База более или менее нормальная. /КИТАЙГОРОДСКИЙ : А качество?/ На качестве я буду останавливаться потом. - это тоже чрезвычайно важный вопрос, потому что большей частью, когда мы говорим о корейцах, то нужно иметь в виду, что мы получаем их не из самой Кореи, а с нашего Советского Дальнего Востока и из Маньчжурии а из самой Кореи не имеем.

В отношении Внешней Монголии, у нас имеется 3 человека на втором курсе, 11 человек на первом. В этом году разверстки по

Внешней Монголии не было, так как организованы в связи с событиями там специальные курсы. Мы имеем 70 человек сейчас, при чем эти курсы годичные только, но мы рассчитываем из этих 70 человек взять кое-кого для основного университета.

В отношении Тибета у нас за все годы не было ни одного человека, сейчас имеется всего 1 человек, и то попавший случайно к нам вместе с монголами. В том, что необходимо было бы создать кое-какую тибетскую базу, сомневаться не приходится.

Похоже у Индонезии. Здесь совсем нехорошо дело обстоит. На третьем курсе имеем 1 малайца, на втором - 1, на подготовительном ни одного человека. Таким образом, с выпуском этого человека, мы порываем связь с малайцами и теряем базу, теряем также и тех, которые должны работать над ними, так что, когда мы впоследствии будем их получать, нам будет чрезвычайно трудно. Мы имеем также трех филиппинцев, которые находятся на 1 курсе, при чем на подготовительном мы уже опять-таки не имеем ни одного человека.

Такая же картина приблизительно по всем остальным странам, есть у нас индокитайцы, есть 5 человек негров /при чем все 5 человек на 2-м курсе/. Затем мы имеем персов. В отношении персов дело обстоит прилично. Мы выпускаем в этом году 10 человек на втором курсе, 9 на первом и 12 человек получили в этом году. О качестве придется говорить отдельно.

Арабов на 3-м курсе в этом году не имеем, никого не выпускаем, 3 человека имеем на втором и 13 на 1-м курсе. В этом году не получили никого.

Из Латинской Америки имеем 4-х человек.

Индокитайцев имеется 15 человек, при чем на подготовительное отделение в этом году никого не получили.

Здесь необходимо обратить внимание на 2 момента. Первый момент в отношении качества тех, которых мы получаем. Нужно сказать, что не всегда мы получаем достаточно доброкачественный материал, необходимо будет принять соответствующие меры, чтобы братские компартии обратили бы более серьезное внимание на подбор студентов, которые к нам посылаются. Особенно неблагополучно у нас в отношении Персии, когда к нам присылаются люди, далеко не доброкачественные, при чем, так как у нас других нет и соответствующие требования со стороны Восточного Секретариата о приеме их имеются, мы большей частью соглашаемся. Но все же это не те работники, которых мы должны были бы подготавливать. Это один момент. Второй момент, на который необходимо обратить внимание, это общая база, на которой я уже отчасти останавливался. При таком многонациональном составе, который у нас имеется, и при таких минимальных порциях, которые мы получаем, нет совершенно возможности поставить как следует работу. В связи с этим мы выдвигаем в этом году разверстку, так как прошлогодняя разверстка провалилась, на 300 человек. Это предоставит для нас очень большую и важную базу. Нужно сказать, что провал, который мы имели в этом году, когда мы получили 60 человек, вместо 200, зависит, главным образом, от той неорганизованности и тех неурядиц, которые у нас существуют здесь и очевидно в самом КУТВе и, главным образом, в Коминтерне, потому что мы должны получать работников через Коминтерн. Так оказалось, после, что были ассигнованы соответствующие средства, эти средства не были получены Коминтерном своевременно, но из-за этого мы до последнего времени этих людей не могли получать, при чем в течение последних 3-х и 4-х месяцев нас уверяли, что на разных пунктах имеется уже до 50-ти человек, подготовленных к приезду сюда. Дело оставалось исключительно за деньгами, но тем не менее этих людей мы не получили до настоящего времени. Второй вопрос, который необходимо поставить, это та материальная база, которая необходима для этого колониального университета. Ставить тех товарищей, которых мы получаем, в одинаковые условия со студентами Советского Востока, совершенно невозможно, потому что, когда мы имеем дело с индокитайцами и другими южанами, то к ним нужен особый специфический подход. У нас имеется такая печальная практика, что из 5-ти индокитайцев, которые находятся в нашем распоряжении, большинство болеет, при чем двое постоянно в больнице, в чрезвычайно тяжелом состоянии, больны туберкулезом. Здесь причиной в известной степени является то, что их не поставили в соответствующие условия, как только они приехали. Они приехали к нам здоровыми. Это говорит за то, что материальную базу в отношении колониального университета необходимо усилить, учитывая все те специфичекие сообенности, которые имеются. Это в отношении состава.

Второй вопрос, на котором я хотел бы остановиться, это вопрос о политическом и моральном состоянии этого спец.сектора. Коминтерну хорошо известен тот кризис, который был пережит в конце прошлого года, в связи с демонстрацией китайцев и неблагополучным состоянии остальных национальных кружков в КУТВе. Этот вопрос рассматривался тогда в Коминтерне так же, как и в других инстанциях. Был намечен целый ряд мероприятий, которые должны были оздоровить /обстановку/ на спец.секторе. Что мы имеем сейчас? Мы имеем как-будто морально-политическое состояние вполне удовлетворительное. В отдельных кружках мы имели неувязки. Мы имеем еще и сейчас их и очевидно будем иметь в течение продолжительного периода. Это, главным образом, упирается в вопрос нашей связи с Коминтерном. На какой почве происходят, главным образом, неурядицы в этих национальных кружках. Они происходят на почве оторванности общего руководства Университета и партийного руководства университета от кружков. Они вызываются еще тем, что все события, которые происходят в соответствующих странах, немедленно дают соответствующее отражение в этих кружках. Допустим японцы, когда начинаются массовые аресты в Японии, соответствующим образом реагируют на эти события, начинается нервирование этого кружка, дискуссии и т.д. Вследствие того, что мы недостаточно связаны с Коминтерном, вследствие того, что прикрепленные к этим кружкам являются прикрепленными партячейками ВКП, которые не знают этих стран, руководят этими кружками, не могут давать ответов на надлежащие вопросы, которые имеются у этих кружков, - мы не всегда в силах предупредить назревающие события в этих кружках. Тем не менее мы добились к данному периоду удовлетворительного морального состояния и крупных недоразумений нет. Однако, гарантированными от недоразумений более или менее мы можем быть только тогда, когда будет связь с Коминтерном достаточно налажена, когда наши партприкрепленные будут находиться в курсе политики и линии Коминтерна в соответствующих партиях и смогут эту линию проводить. Без этой увязки долго поддерживать это удовлетворительное положение, которое мы имеем сегодня на мой взгляд будет невозможно. Отсюда возникает вопрос относительно самой структуры руководства спец.сектора. В тот кризис, который сегодня представлен, рассматривается КУТВ, как единый организм, как единый колониальный университет. У нас же фактическое положение совершенно иное. Я уже указывал, что на 500 человек Советского Востока, членов ВКП, имеется 203 человека всего представителей братских компартий и народно-революционных партий. Подходить к вопросу таким образом, что ячейка может руководить также жизнью этого колониального университета, нельзя, потому что подавляющей является ячейка ВКП, которая живет жизнью ВКП, которая не знает этого спец. сектора, не знает, чем живет этот сектор. Исходя из этого, очевидно, нам придется внести некоторые коррективы в те предложения, которые здесь выдвигаются, в том отношении, что необходимо иметь еще некоторую надстройку, в виде специальной парткомиссии и соответствующего руководителя ее, с которыми должна быть установлена связь с Коминтерном, с тем, чтобы руководитель работ спец. сектора мог бы проводить линию, которую будет давать Коминтерн. С другой стороны, я считаю, что необходимо и в проекте постановления это пересмотреть, - усилить связь между Коминтерном и ректором. Нам мыслится положение таким образом, что ректор университета фактически должен являться представителем Коминтерна, целиком и полностью подчиненным Восточному Секретариату Коминтерна в проведении всей работы на этом спец.секторе. Этой увязки нам совершенно необходимо будет сейчас добиться. В отношении партприкрепленных, о которых я говорил, необходимо их будет увязать с соответствующими комиссиями Коминтерна по тем странами, которые имеются.

Наряду с чисто учебной работой, на которой я сейчас останавливаться не буду, - этот вопрос уже рассмотрен в АПО Коминтерна и очевидно, еще будет прорабатываться. Я хотел бы остановиться еще на тех учреждениях, которые имеются при университете. Помимо учебной работы ведется у нас еще научная работа. У нас имеется научно-исследовательная ассоциация, которая теснейшим образом увязывается с КУТВ и помогает в постановке всей учебной работы. Мы имели уже в течение последних двух лет две научные экспедиции в Монголию со стороны КУТВ, затем целый ряд работников, сидящих на специальном секторе, ведут научную работу в этой ассоциации. Эта ассоциация является лабораторией, помогающей университету в постановке самой учебной работы. Здесь тоже достаточной увязки с Коминтерном нет. Этой увязки нужно во что бы то ни стало добиться. У нас имеется при этой ассоциации специальный орган, журнал "Революционный восток". Сейчас мы ведем соответствующие переговоры с представителями Восточного Секретариата и АПО для того, чтобы этот орган сделать органом Восточного Секретариата, поскольку там, главным образом, освещаются вопросы, касающиеся зарубежного востока. Затем у нас этой ассоциацией издается целый ряд трудов. В настоящее время мы приступили к изданию энциклопедии, половина работы уже проделана и эта работа должна будет дополнить очень большой пробел, который имеется по Востоку. Я этим ограничиваю эти вопросы и считаю, что на сегодняшнем заседании можно будет в основном принять тот проект, который выдвигается Восточном Секретариате и АПО ИККИ с соответствующими изменениями в отношении руководства спецального сектора.

Два слова я только хотел сказать в отношении тех перспектив, которые стоят перед нами. В отношении Советского сектора перед нами стоит перспектива постепенного углубления работы, но не расширения, наоборот сужения; в связи с тем, что сейчас развиваются в национальных республиках комвузы, у нас останется только наиболее квалифицированная верхушка из нац. республик, которую мы будем подготавливать. Таким образом, вширь эта часть университета развиваться не будет. Что же касается колониального университета, то он должен развиваться вширь, при чем перспективы его развития очень большие. Речь должна идти о том, что КУТВ должен сделаться в основном колониальным университетом и при нем должен быть сектор Советского Востока. Если Коминтерн станет на эту точку зрения и действительно в ближайшем году нам удастся в отношении разверстки добиться 300 человек и получать такую же регулярную разверстку для будущих лет, тогда мы получим колониальный университет приблизительно на 1000-1200 человек, не считая китайцев; в связи с тем, что китайский университет, т.е. Сунятсеновский будет реорганизован в комуниверситет в ближайшие годы. Во всяком случае не в этом и не в будущем году, сможет стать вопрос об объединении и создании одного колониального университета с сектором китайским, довольно большим китайским сектором, но об этом объединении можно будет говорить только тогда, когда уже сам этот университет КУТВ, зарубежного востока будет иметь удельный вес, т.е. когда он дойдет до 700-800 человек, и когда его не будет поглощать китайский сектор. Если бы стать сегодня на путь объединения, тогда получилась бы такая картина, что колониальный университет состоит из 200-300 человек всех национальностей, плюс 400-500 человек одних китайцев. Это положение совершенно невозможное, но в перспективе объеднить эти университеты безусловно можно будет. Вот основные соображения, которые я хотел здесь изложить.

/КИТАЙГОРОДСКИЙ : Сколько турок у вас?/

Турок у нас всего 12 человек, на последнем курсе 1, на втором 6, на первом 1 и 4 в этом году.

/КУУСИНЕН : Вопрос о новой разверстке вы хотели тоже конкретно поставить?/

Она имеется здесь, она пришла через АПО и сводится к 312 человекам : 50 человек японцев, 50 индусов, 12 корейцев, из Внутренней Монголии 15, из Внешней - 10, из провинции Синдзян - 10, Тибет - 10/большой вопрос, удастся ли их достать/. Затем, по той разверстке, которую мы имели, здесь было 12 человек тувинцев, корейцев 10, филиппинцев 12, индокитайцев 12, афганцев 10,/до настоящего времени ни одного афганца не было. Я думаю, что последние события показали, что несмотря на препятствия ИККИ, мы должны их иметь/, персов 10, турки 20, арабов 25, негров из Южной Африки - 12, но из Америки 13, из Латинской Америки 25, итого получается 312 человек / здесь возможно будет несколько большая цифра в связи с некоторыми изменениями, которые вносились/.

/КИТАЙГОРОДСКИЙ : Во Франции имеется много сенегальцев, которые не входят в разверстку по Южной Африке желательно их было бы тоже сюда внести/.

/МИФ : В какой мере материально обеспечена возможность проведения этой разверстки, а тоже возможность некоторого дифференцирования условий для зарубежных восточников. Возможно ли в этом году провести улучшение материальных условий, или только в будущем/.

Первый вопрос, который возникает, это вопрос относительно приезда, который тоже связан с материальными средствами. У нас имеется соответствующая броня в 27,000 долларов/в иностранной валюте/, но нам потребуется еще немного менее 27,000, приблизительно до 50,000 в целом. Из тех разговоров, которые имели место в соответствующих инстанциях, мы вынесли впечатление, что, если будет соответствующее давление с нашей стороны и со стороны Коминерна, эти средства будут отпущены. Надо сказать, что в начале было ассигновано значительно более 27,000, но, так как не было людей, то их срезали. А нам понадобится только 50,000. Теперь в отношении материального обеспечения и соответствующий условий для этих студентов, больших средств не понадобится. Опыт показал, что мы сейчас тратим то же количество денег, что и на наших советских восточников, и все же удалось их поставить в несколько лучшие материальные условия. Совершенно небольшие средства понадобятся и, главным образом, внимание с нашей стороны, чтобы поставить их в лучшие условия. Тут речь должна идти о десятке тысяч рублей в советских знаках. Жилищные условия, это вопрос самостоятельный, который стоит во всей остроте. В этом году я считаю разрешимым этот вопрос в том случае, если при соответствующем нажиме отсюда нам удается добиться другого здания. Мы вошли в капитальное строительство, в пятилетку, но на это дело понадобится несколько лет, а сейчас мы нуждаемся в дополнительном здании и входим с соответствующим ходатайством в комиссию по разгрузке Москвы.

/АБУГОВ : В связи о тем, что сейчас расширяется контингент новых стран, подготовлен ли для первого года курса в смысле учебной литературы, переводчиков и т.д.?/

/ПОКРОВСКИЙ : У нас расширяется в этом отношении только Латинская Америка. Мы создали испанский кружок, только один переводчик понадобился. В остальном положение такое, как было до сих пор. Есть переводчики и преподаватели. Для испанского кружка удалось достать литературу и переводчика/.

/МИФ : Как обстоит дело с переводом учебной марксистско-ленинской литературы на соответствующие языки?/

ПОКРОВСКИЙ : Список основных пособий по кафедрам был проработан и утвержден ЦК, сейчас с помощью издательского отдела Коминтерна мы делаем переводы, с помощью заграничных переводчиков, и с помощью тов. Крепса на днях получаем первое издание из Парижа и Лондона. Мы даем субсидию и Крепс доставляет готовые переводы. По-французски, по-английски, по-японски, по-персидски, - переводы на эти языки обеспечены. Что касается монгольского, то мы могли бы это сделать сами, издавать в Монголии или Бурятии. Для индусов еще не принялись, потому что нет соответствующей базы для этого, но программа Коминтерна с помощью тов. Али и Лугани переведена на Урду и бенгальский, переведены книжки Ленина и колониальные тезисы.

Но по существу это не имеет такого важного значения. У нас так построен учебный план, что в последние два года мы переводим студентов на русский язык.

РАЙТЕР : Я бы хотел обратить внимание Восточного Сектретариата на тот момент, что эта база нам обходится чрезвычайно дорого. Имеется в кружках 1-2-3 человека и нам приходится поддерживать соответствующие организации. Вопрос ставится таким образом : или нужно ликвидировать, или нужно расширять базу, потому что дальше так существовать мы не можем.

АБУГОВ : Я в прениях еще выскажусь об этом, но я хотел бы сейчас подчеркнуть мысль относительно сокращения срока обучения. Дело в том, что все наши партии нуждаются СЕГОДНЯ в работниках. Они не могут дожидаться три года, окончания того учебного срока, который установлен в этих университетах. Первые годы тратятся преимущественно на изучение русского языка. Есть ли возможность, подготовлен ли университет к тому, чтобы в год-два выпустить целый ряд кадров наших товарищей?

РАЙТЕР : Я думаю, что качество ухудшать нельзя. Вопрос надо поставить в другой плоскости, что может быть университет должен обретать целым рядом краткосрочных курсов в зависимости от тех потребностей, которые будут ощущать братские партии. Подобно тому, как были китайские курсы, сейчас имеются монгольские курсы, могут возникнуть и другие, где программа будет иначе построена. Это вполне возможная вещь.

ПОКРОВСКИЙ : Но нет смысла сокращения срока обучения для основных кадров, потому что два года обучения, да еще с переводчиком, фактически это сводится к скверной учебной работе в течение одного года или даже нескольких месяцев. Тогда вся работа теряет смысл, в то время как создание за 3-4-летнего университета дает возможность использовать это время в смысле улучшения качества, потому что в последние два года мы переходим на русскую литературу. Следовательно, лучший выход и разрешение этого вопроса - создавать небольшие годичные или двухгодичные курсы, а основные кадры пропустить через нормальный университет. Опыт показал, что без этого никакого университета быть не может. В данный момент мы на последнем, третьем курсе занимается исключительно по-русски, на втором тоже почти все занимаются по-русски, за исключением 5-ти негров, которые продолжают работать по-английски, и на первом курсе мы имеем 3 интернациональных кружка, потому что есть ряд национальностей, как арабы, монголы, которые необычайно быстро воспринимают русский язык. Мы имеем всегда полную возможность со второго семестра второго курса целиком перевести преподавание на русский язык. Это колоссальный выигрыш в качестве.

МИФ : Может быть товарищи скажут, каков социальный состав студентов сейчас, какова картина в смысле партийности и т.д.?

РАЙТЕР : Сейчас мы имеем не вполне благополучную картину. В партийном отношении у нас имеется около 30-ти членов ВКП и кандидатов, которых можно было здесь перевести и то под нашим нажимом, остальных отказали.

Затем членов братских компартий имеется еще человек 60-70, остальные комсомольцы. Затем совершенно беспартийных, членов революционных партий, народно-революционных партий, имеется приблизительно до 50% общего состава /не читая монгольских курсов/. Из этих 207 человек 50-60 человек члены братских компартий, остальные члены народно-революционных партий. По социальному положению тоже недостаточно хорошо дело обстоит. У японцев очень хороший состав, исключительно пролетарский. В отношении персов этого сказать нельзя, очень плохой, тем не менее 13 рабочих из 32-х, есть рабочие с нефтяных промыслов юга Персии. Во всяком случае здесь дело обстоит плохо, при чем надо отметить, что у нас большой нажим со стороны эмигрантов. Наш курс - не принимает эмигрантов. Мы принимаем исключительно тех, которые связаны со своей страной и которые эмигрировали только в последнее время. В этом отношении имеется определенное давление со стороны Восточного Секретариата Коминтерна и мы часто принимаем тех, которых не следовало бы принимать. Мы просили бы в этом отношении давать материал более доброкачественный.

ПОКРОВСКИЙ : Я могу дать более точные сведения по социальному составу. У меня имеется сводка, я быстро пробегу ее : японцы 7 рабочих /все/ ; корейцы - 7 из 34-х рабочие, крестьян 12 и прочих 12 ; Внутренняя Монголия - 1 батрак, 19 крестьян ; Внешняя Монголия - исключительно скотоводы ; тувинцы - тоже ; уйгуры - 1 рабочий ; филиппинцы - все трое рабочие ; индокитайцы из 15 человек 4 рабочих, 2 крестьян, 9 интеллигентов ; индусы - 3 крестьянина, 2 прочие ; Персия - 13 рабочих, 1 батрак, 2 крестьянина, 16 прочих ; турки - 7 рабочих, 1 крестьянин, 4 интеллигента ; арабы - 12 рабочих из 16-ти, 4 прочих ; негры 4 рабочих, 1 интеллигентка ; южно-американцев - 2 рабочих, 2 интеллигенца ; дункане - 1 крестьянин ; греки-албанцы - вся четверка греков рабочие. Всего 45 рабочих, 8 батраков, 75 крестьян, 54 прочих.

ПРЕНИЯ :

КИТАЙГОРОДСКИЙ : По вопросу о разверстке я считаю, что в эту графу о неграх необходимо включить и страны центральной и Западной Африки. Как раз во Франции, во французской партии уже имеются негры из Сенегалии, партийцы. Это рассказывал тов. Барбэ. Затем в Центральной Африке, во французском Конго сейчас вспыхнуло довольно серьезное восстание. Некоторые из этих негров проникают во Францию. Надо было включить негров из этих территорий, может быть через французскую партию, и через бельгийскую партии из бельгийского Конго. Нужно держать курс на вовлечение их.

Что касается связи между Восточным Секретариатом и этим спец.сектором, то мне кажется, хорошо было бы практиковать такой метод, чтобы систематичеки заведущие и замы соответствующих секций Восточного Секретариата выступали бы с докладами перед соответствующими секторами КУТВ по вопросам партийной жизни и политического положения в соответствующих странах. Это было бы лучше, чем принцип партприкрепленных. /МИФ ; одно другого не исключает/.

Затем по вопросу о журнале "Революционный Восток". Я не знаю, насколько удобно сейчас этот журнал превращать в орган Восточного Секретариата Коминтерна. Мне кажется здесь уже и товарищи имели суждение на одном из заседаний коллегии об этом и было постановлено, что Фрайер и Мадьяр направляются в редакционную коллегию для руководства этим журналом. Это самое лучшее, что можно было бы сделать сейчас в смысле поднятия квалификации этого журнала и установления связи его с Восточным Секретариатом.

ФРАЙЕР : По вопросу связи с Коминтерном я думаю, что тов. Райтер прав, когда приписывает значительную часть затруднений тому обстоятельству, что связь недостаточна, и говорит, что эти затруднения могут изжить тогда, когда КУТВ станет к Восточному Секретариату ближе. Конечно, эта связь в основном должна проходить через соответствующие секции, потому что совершенно ясно, что никакое общее руководство КУТВ вообще не может заменить необходимости давать информацию и нужную политическую линию Коминтерна по отдельным странам для соответствующих национальных секций КТУВ. Поэтому теснейшая связь между соответствующими кружками и нашими секциями здесь по отдельным странам абсолютно необходима. Я думаю, что против этого не может быть никаких возражений.

Теперь относительно расширения университета и вовлечения новых народностей, новых сил и т. д. Должен сказать, что у меня вызывает некоторое сомнение эта разверстка. Мы уже имели по этому поводу случай говорит с руководством университета, и те новые предложения, которые вносит здесь тов. Китайгородский /поднимает ряд вопросов, которые/ заключаются в следующем можем ли мы обеспечить с научной стороны серьезную подготовку студенческого состава, если мы будем развивать университет вширь, набирая новое количество национальностей. Скажем, в этой разверстке имеется 2 новых национальности - афганцы и тибетцы, здесь предлагается еще привлечение негров из экваториальной Африки и т.д. В чем заключается главная подготовка этих работников для партий? Она заключается не столько в том, чтобы им преподать общий принцип ленинизма, она заключается, прежде всего, в том, чтобы им показать, нам нужно смотреть, основываясь на научной проработке, на политические проблемы своей собственной страны. И когда вы подходите к обще-марксистским, к обще-теоретичеким вопросам ленинизма, если вы для этого не можете эти курсы построить на материале, иллюстрирующим историю их собственных стран, тогда, конечно, половина ценностей этого курса, возможность его усвоения теряется. Поэтому вопрос научения этих стран, вопрос подготовки соответствующих курсов, должен всегда стоять перед нами, когда мы говорим о вовлечения новых национальностей. Второй момент, который связан с расширением университета, касается качественного состава. Здесь товарищи указывают на то, что все-таки в социальном отношении состав не вполне благополучен, неблагополучен по двум линиям : Прежде всего, потому что мы не обеспечили себя достаточным привлечением процента рабочих и не только рабочих, а и вообще, но в целом ряде странам необходимо привлечение значительного процента рабочих промышленности, рабочих из индустриальных промышленных центров страны. Это одно. Во-вторых, у меня имеется сомнение и в отношении партийного состава, потому что по целому ряду стран, когда говорится формально о партийном составе, когда зафиксировано, что такое-то количество принадлежит к партии, ввиду того, что партия находится не в таком состоянии, что можно доподлинно это проверить, то можно на этот счет иметь большие сомнения, действительно ли эти люди являются работниками партии, коммунистами и т.д. И когда мы говорим о расширении университета на целый ряд областей, где у нас партий не имеется, мы гарантии получения доброкачественного состава изнутри иметь не можем. В этом для нас основное затруднение. Если мы не получаем хороших индусов для университета, то только потому, что нет возможности проверить этот состав на месте, когда его посылают ; если мы не получаем хороших корейцев, причина та же. Когда вы свяжете это с этим вопросом, то окажется, что расширение университета на другие национальности будет упираться и в этот момент в то, что у нас не будет возможности проверить доброкачественность этого состава на местах, где мы не имеем служителей партий. Я не возражаю против такой постановки вопросов, чтобы французская партия, когда будет давать студентов из Африки, включила бы несколько студентов в разной национальности, разных областей, против этого нельзя возражать. Но если говорить о расширении по отдельным странам, то мне мыслится это в таком виде, что эти страны специально должны привлечь к себе внимание университета и по этим странам должна вестись соответствующая работа. Если это поставить в отношении Африки, то может образоваться кружок экваториальной Африки или кружок африканских негров за исключением Южной Африки, где будут поставлены в общем разрезе основные проблемы. Но мне думается, что мы это должны проводить через французскую компартию. Если ставить вопрос о получении афганцев и тибетцев, тогда, конечно, затруднение будет огромное. Мне кажется, нам скорее нужно было бы идти по линии увеличения состава основных стран и по линии углубления проработки проблемы этих стран, чем по линии вовлечения новых национальностей, вовлечение которых потребует значительной предварительной научно-исследовательской работы.

Теперь вопрос относительно журнала, который здесь был затронут. У нас было решение о том, чтобы я с тов. Мадьяром переговорил с руководством университета и редакцией журнала по поводу постановки этого журнала, при чем нас не выделяли вовсе для руководства этим журналом, - эту поправку необходимо сделать, - потому что имеется редакция и мы не имели в виду узурпировать права руководства КУТВ. И, во-вторых, не мыслилось вовсе, что этот журнал станет органом Восточного Секретариата. Мы говорили о том, что Восточный Секретатриат должен больше заинтересоваться научно-исследовательской работой по Востоку, что мы должны помочь организовать эту работу, и этот журнал должен стать органом, объединяющим вокруг себя эти научные силы, органом, впитывающим себя все результаты этой работы. По этой линии у нас велись переговоры с руководством университета, с тов. Райтером, с тов. Покровским и с непосредственными работниками этого журнала. Могу вкратце сообщить, к каким результатам мы пришли. Прежде всего, мы пришли к заключению, что этот журнал нужно сделать периодическим журналом. В настоящее время он выходит нерегулярно, 4 раза в год. Его нужно сделать 2-х месячным журналом с тем, чтобы он выходил регуглярно. По сообщению работников редакции журнала материальная база для этого достаточна. Сегодня я получил от товарища Райтера, печальные сведения, что на эту материальную базу производятся покушения и, может быть, со стороны Восточного Секретариата понадобится некоторый нажим. Я думаю, что необходимо помочь КУТВ обеспечить регулярный выход этого журнала. Затем намечен был план этого журнала, не знаю интересует ли это товарищей, чтобы я говорил об этом плане подробно. Если нужно будет, потом могу дать сведения. Затем намечен список товарищей, которых нужно привлечь для сотрудничества в этом журнале. Намечена возможность использования тех информационных материалов, которыми мы здесь располагаем в самом Восточном Секретариате, где под руководством Мадьяра проводятся информационные сводки, обзоры и т.д. Наконец, намечен план систематической редакции по странам всего материала, который туда посылается с таким расчетом, чтобы действительно материал, помещаемый в жунале, был доброкачественный, чтобы за него определенное лицо знающее страну, несло ответственность. Точно так же выделена, - вместо той разверстки, которая существует сейчас в журнале в связи с притоком случайного более или менее материала, - определенная группа стран, которые должны быть освещены в первую очередь, которым должно быть посвящено главное внимание журнала и намечены основные темы по странам, по которым должен прорабатываться материал. Вот что сделано в настоящее время.

КУУСИНЕН : В основном вы согласны с предложением насчет разверстки.

ФРАЙЕР : Нет, я думаю, что сейчас тибетцев и афганцев конкретно не следовало бы привлекать в КУТВ. Это две новые страны и, значит, постановка двух новых курсов, разработка новых проблем. Мне кажется, что в смысле целесообразности привлечения со стороны Восточного Секретариата Коминтерна тибетцев должно быть отмечено, что никакой организации мы в Тибете не имеем, и никакой возможности проверки состава не будет. По вопросу об афганцах то же самое, помимо того, что, как здесь указывалось, встает вопрос по отношению к Наркоминделу. В основном я согласен. Я сделал уже тов. Покровскому некоторые предложения, с которым товарищ Покровский согласился. Там, количество турок предложил несколько увеличить - до 20-ти, и т.д.

ВИЛЬЯМС : Представленный проект относительно взаимоотношений между Коминтерном распадается на две части : взаимоотношения между КУТВом и Агитпропом и взаимоотношения между КУТВом и Восточным Секретариатом. Мне кажется, в этом проекте удалено значительное место взаимоотношениям КУТВа с АПО, но связь между КУТВ и Восточным Секретариатом недостаточно разработана. Мое общее замечание по поводу проекта замечания сводятся к тому, что необходимо более разработать часть, касящуюся взаимоотношений КУТВ с Восточным Секретариатом, особо указав на целый ряд момент, который должен создать более тесные взаимоотношения между нами и этими учебными заведениями. В частности необходимо указать здесь, что Восточный Секретариат участием в журнале "Революционный Восток", разработкой материалов и т.д. в состоянии будет сказать помощь по изданию журнала. Здесь ничего не говорится о том, чтобы дать возможность связаться студентам с Восточным Отделом, а между тем, было бы чрезвычайно полезно для студентов в смысле непосредственной связи их учебной работы с практической работой их партий, хотя бы частичное вовлечение их в работу аппарата ИККИ. Мы могли бы их вовлекать в информационную работу, создавая небольшие группы из двух-трех человек, которые занимались бы информацией по данной стране по истории, по экономике данной страны и т. д. Так что здесь не только обязанность наша в том, что мы должны путем консультаций, посылки материалов оказывать им помощь, но здесь должно быть указано, что Восточный Секретариат привлекает для работы в аппарате Коминтерна по части, касающейся информации партии, отдельных студентов, выделяемых кружками, создавая из них небольшие группы и связывая, таким образом получение студентами образования с практической работой в партии.

Затем вопрос относительно студентов. В положении говорится о том, что Восточный Секретариат совместно с АПО проводит разборку приезжающих студентов. До сих пор эта часть чрезвычайно хромала. С одной стороны и партии не уделяли этому вопросу достаточно внимания, а с другой стороны это сводилось к чисто формальному моменту и мы удостоверяли бумажку, мандат, который давала партия и без дальнейших разговоров отправляли их в КУТВ. Здесь был бы желателен более внимательный разбор присылаемых товарищей, было бы желательно иметь постоянную комиссию, в состав которой входил представитель Восточного Секретариата, и которая могла бы разбирать приезжающих студентов и с точки зрения социальной, и с точки зрения производственной, и с точки зрения географической и т.д., и затем на основе опыта, на основе разбора этой социально-производственной физиономии приезжающих студентов мы могли бы давать в будущем учебном году соот- ветствующие конкретные указания партии. Например, нам необходимо иметь товарища для такой то страны, товарища из такой-то области производства. Нам необходимо иметь това- рищей, обладающих специальными качествами, соответственно предъявляемыми требованиям. Поэтому мое предложение сводилось бы к тому, чтобы внести здесь специальный параграф относительно участия Восточного Секретариата в специальной комиссии, работающей постоянно, через которую проходит вся работа студентов, и которая через восточный отдел, на основании полученного опыта, будет иметь возможность давать те или иные директивные указания местным партиям.

Наконец, относительно разверстки я согласен с товарищами относительно того, что необходимо брать из Афганистана. Положение в Афганистане таково, что последние события как раз выяснили там отсутствие каких-бы то ни было политических сил. Мы чрезвычайно мало уделяли внимание в Афганистане не только образованию компартии, но и какой-либо буржуазно-прогрессивной партии. Поэтому было бы неправильно отказываться от этого. Если будет сопротивление со стороны НКИД и других организаций, то это необходимо преодолеть.

Относительно арабских студентов мне кажется, что квота в 25 человек на весь Арабский Восток мала и требует расширения. Прежде всего, сюда входят арабы из Сирии. Там мы имеем коммунистическое движение, тут указано 3 человека, необходимо увеличить до 5-ти. Затем Египет. В Египте нам необходимо создать кадр партийных работников. На Египет дано 6, нужно увеличить до 8-ми, ... увеличить до 4-х. На Палестину вы кладете 5, это достаточно. Относительно Алжира и Туниса я внес бы предложение увеличить несколько. Таким образом, если подсчитаем арабов дифференцируя по странам те получится по менее 35-ти человек арабов, входящих в разверстку. Затем относительно негров. Число их недостаточно как для Южной Африки, так и для Северной Америки. В Южной Африке мы имеем солидную компартию, в которой большинство негры. Затем мы имеем там целый ряд негритянских профсоюзных организаций, имеется сильное рабочее движение, это страна, в которой имеется оформившийся уже пролетариат, для себя, негритянский пролетариат для себя. Его нельзя сравнивать с персами, а, между тем, для них мы даем только 12 человек. Предлагаю увеличить до 16-ти.

/ФРАЙЕР : До двадцати/. Что касается Северной Америки, то тоже мало. Мы знаем, что там сейчас имеется мелко-буржуазное негритянское движение, которое растет, благодаря отсуствию противодействия с нашей стороны. В настоящее время количество негров в американской партии очень быстро увеличивается. Это результат правильной политики, которую под давлением Коминтерна проведёт американская партия. Особенно в ближайший год мы будем иметь большую тягу негров, а, следовательно, необходимо увеличить квоту. Поэтому я стоял бы за увеличение квоты для северо-американских негров. Квота турок увеличена достаточно /20/. Что касается латино-американских стран, этот вопрос не касается нас непосредственно, но имея некоторый опыт по Южной Америке, я бы сказал, что это очень мало. Оттуда можно с гораздо большей легкостью больше навербовать, потому что посылка не представляет трудности, они легко оттуда уезжают и легко возвращаются. Во всяком случае не в порядке предложения, а в порядке предположения, ввиду той колоссальной роли, которую будет играть рабочее движение в Латинской Америке в ближайшие годы, оценивая всю его колоссальную международную базу теперь, ввиду назревающего конфликта между Англией и Америкой, следовало бы поставить вопрос об увеличении квоты также и для Латинской Америки.

АБУГОВ. По вопросу о разверстке я согласен с тов. Вильямсом, что сейчас мы ни в коем случае не можем идти по линии сокращения стран. Наоборот, положение сейчас таково, что требует актуального разрешения колониального вопроса не на бумаге, а создание партии требует максимального расширения кадров за счет стран, где до сих пор мы не имели еще партии или комсомола. И с этой целью мы должны стараться вовлечь в университет новых товарищей для создания этих групп. С этой точки зрения правильна установка, чтобы ни в коем случае не сокращать разверстки. Второй вопрос относительно учебной установки университета. Я согласен с товарищами, что, конечно, подготовить хорошего марксиста-коммуниста в течение одного года нельзя и с этой точки зрения установка на 3-4 года правильна. Но в тоже время нужно исходить из конкретного положения стран, из того, что нам требуется. Нам нужны кадры сегодня, не завтра, не через год, не через два, а сегодня. И потому если возьмете эту разверстку, где говорится : индусов 50, японцев 50 и т.д., то вы должны знать, если хотите взять коммунистов, что берете почти целиком всю ту партию, которая там имеется. Само собою резумеется, что эта партия не может вам отдать лучшее, что есть у нее. Если вы хотите взять лучших товарищей, это значит, что вы забираете всю партию, весь комсомол этой страны. Тогда вы скажете, что берете не только партийных товарищей, но беспартийных рабочих, сочувствующих и т.д. Но имейте в виду, что и эти товарищи являются активными кадрами подсобных, сочувствующих партии, органиаций, и если вы снимаете их, то это тоже будет ударом по местному движению. Поэтому правильна установка, которой следовало бы исходить, такая : Нужно построить нашу подготовку кадров так, как строилась эта подготовка в нашем Советском Союзе в 1918-1920 гг., когда производилась срочная подготовка кадров для очередных нужд партийного, советского строительства и т. д. То же самое положение мы имеем в целом ряде стран. Даже китайская партия, которая имеет колоссальнейший опыт революционного движения последних лет, имсющая колоссальный университет, который выпустил несколько тысяч товарищей в течение последних лет, знает, что это капля в море из всего того, что осталось. Надо иметь в виду, что подготовлялось очень большое количество партийцев. Не забывайте, что все страны, в том числе КИТАЙ, требуют сегодня кадров и кадры нужны не просто подготовленные поверхностно марксисты, но опытные в отношении партийного строительства и затем специалисты, специалисты по организационной работе, агитпропработники, пропагандисткие работники и т.д. Я думаю, что помимо того, что мы делаем, - эта установка в основном правильна, - нам нужно центр тяжести все же перенести на краткосрочные курсы в важнейших странах. Вероятно в большинстве стран, мы будем иметь такое положение, что, если они отдадут хороших товарищей, то потребуют их через год обратно. Поэтому я думаю, что нужно идти по линии создания краткосрочных курсов, чтобы дать минимум того марксистского образования, который нужен каждому партийцу, каждому комсомольцу, и в то же время дать минимум специализации, центр тяжести перенести на специализацию в области партийной, профессиональной работы. Идти нужно по линии этих краткосрочных курсов, если не в течение нескольких месяцев, то в течение года. По этой линии нужно перенести центр тяжести работы КУТВ и Сунятсеновского университета, конечно, не аннулируя основной установки на 3-4 года. Из всех этих товарищей отсеится определенная группа, которая будет более или менее подготовлена для того, чтобы продолжать образование на большее количество лет. Но основная установка на краткосрочные курсы. Этого требует положение партии. Ждать 3-4 года ни одна партия не согласится. У них колоссальная нужда в работниках. Если брать беспартийный актив, то это тоже значит лишать партию товарищей, через которых осуществляется связь с массовыми организациями.

Следующее замечание относительно учебной работы самого университета. Я думаю, что до сих пор было ненормальное положение. Университет был чрезвычайно оторван во всей своей учебной работе от практической жизни, которая происходила в партии. Если возьмете КУТВ конкретно с его корейской секцией, то эта корейская секция больше всего была связана по линии всяких эмигрантских группировок здесь и воздействия группировок на них, чем с подлинной линией, которую проводил Коминтерн в корейском вопросе. Так же и в других группах. Они были оторваны от партийной жизни своих стран. Вся учеба концентрировалась главным образом на теоретической подготовке, оторванная от партийной жизни, от того, что происходило в партиях. В результате получалось, что, когда товарищи уезжали в страну, они или попадали в такое положение, что как-будто с неба упали, будучи оторваны от партии и им приходилось изучать эту партию, как и любому чужому, который попал в эту партию. И бывали положения, когда эти товарищи уходили от партийной работы. Примеры эти были с турками, когда несколько турецких товарищей отошли от работы. Может быть причины там были другие, но я думаю, что всю учебную жизнь и всю партийную жизнь университета нужно построить таким образом, чтобы она была связана со всеми вопросами конкретной и практической жизни партии. Поэтому прав товарищ и, который говорит, что нужно отдельные группы товарищей привлекать к нашей работе здесь, в Коминтерне, по линии информации, по линии ознакомления их с партийными вопросами, с нашими директивами и т.д. Сейчас нужно тесно связать Восточный Отдел Коминтерна со спец. курсами, которые есть и в КУТВе и в Суновском университете. Эта абстракция, которая была, приводила к тому, что эти товарищи до известной степени разлагались. Они и вопросов ВКП не понимали и в достаточной степени от своей партии отрывались.

ЭВЕРТ : /К какому времени должен быть реализован этот план?/

РАЙТЕР : Он должен быть реализован весною этого года. Мы сейчас боремся за то, чтобы можно было их получить в марте и апреле этого года, во всяком случае, в течение лета.

ЭВЕРТ /По-немецки/ : Я думаю, что это невозможно ввиду отдаленности некоторых стран и слабости организационной связей. /Но нужно попробовать./ Восточный Секретариат должен энергично взяться за это дело, чтобы получился результат. Относительно времени обучения, я думаю, что большая опасность есть, когда товарищей держат здесь 4 года и они отчуждаются от страны, особенно, если связи со страной плохие. Я не согласен с тем, как здесь говорили, чтобы установить срок обучения в 1 год. Я думаю, что для большой части можно было бы установить, как на ленинских курсах, срок в 2 года, а для другой, меньшей части оставить 4 года. Это руководство должно само определить. Я не знаком относительно материального положения школы и не знаю, улучшилось ли материальное положение, а также положение в смысле обеспечения литературы. Следовало бы для отдельных стран систематически делать переводы из наиболее важной литературы. Для Японии это делается. Я думаю, что один или два товарища из восточников могли бы заняться этим вопросом, форсируя перевод учебников для отдельных стран.

МИФ : Я согласен с мнением тов. Райтера о том что в перспективе мы будем стоять перед необходимостью создания единого колониального университета, но это дело отдаленное, а пока, для того чтобы приблизить это время, чрезвычайно желательное, нужно, чтобы под курс в той части, где обучаются зарубежные восточники, подведена солидная база, и наше усилие должно быть направлено на то, чтобы эту базу создать, фактическое положение с составом зарубежных восточников в КУТВ неудовлетворительно, потому что 7 или 8 японцев, 5 индусов и 1 индонезец, - это ничтожное количество, если сопоставить его с теми задачами, которые Коминтерн преследует в этих странах. Перспективы революционного движения в этих странах при таком количестве подготовляющихся кадров партийных работников, не осуществимы. Поэтому раньше всего приходится затрагивать вопрос о наборе. Мы знаем, что в прошлом году ввиду целого ряда недоговоренностей, неувязок, разверстка и набор были сорваны, не были даны своевременные указания по набору. Это дает себя знать сейчас, особенно на подготовительном и первом курсе КУТВ. Поэтому я очень боюсь, что сейчас правильная разверстка, соответствующая задачам революционного движения на Востоке, намеченная КУТВ, опять там не будет выполнена, если не будем со всей настойчивостью добиваться ее реализации. И мне кажется, что тут нужен не только нажим со стороны Восточного Секретариата, но нужно непосредственное участие в работе по набору товарищей из соответствующих организаций и нужно также, чтобы со стороны КУТВ были приняты какие-то конкретные меры для проведения этого. Когда КУТВ собирал китайских товарищей были посланы отдельные люди для набора, не веря в том, что ОМС своим аппаратом может эту работу проделать. По-моему сейчас может быть КУТВ должен специальных товарищей послать по ряду стран, чтобы по группам стран провести эту работу но надо выделить этих товарищей или по крайней мере по совместительству, если они выполняют другую работу заграницей, они должны быть привлечены к какому-то контролю за набором на местах. Это было бы необходимо сделать. Если даже для этого потребуются средства, то они с лихвой себя окупят, потому что, посылая этих специальных уполномоченнных, или поручая незагруженным в достаточной мере товарищам, находящимся заграницей, наблюдение за этой работой, мы должны будем затратить весьма ничтожные средства в сравнении с теми расходами, которые несет университет по набору и обучению студентов. Потому что если в университет не приедут эти 300 и он будет работать на холостом ходу, то его затраты будут в 30 раз больше и будут безрезультатны. В то время, как минимальные дополнительные средства для проведения этого набора могли бы дать весьма значительный эффект. Конкретно, что касается индусов, то сколько ни собирали через аппарат ОМСа, в среднем в год одного индуса получали и то совершенно случайно. А будучи на Дальнем Востоке, во Владивостоке и в Шанхае, я категорически утверждаю, что можно было набрать значительное количество /товарищей, не обязательно/ членов партии, при этом из рабочих, с приличным производственным стажем, с большим сочувствием к Советской России, к революционному движению, с огромной ненавистью к империализму, таких рабочих можно набрать. То же самое среди индокитайцев. Таким образом, мне кажется, Восточный Секретариат ни в какой мере не должен отказываться от непосредственного участия в деле набора, полагаясь на другие органы для того, чтобы можно было провести максимально точно этот набор. Но с другой стороны, КУТВ должен отказываться применять какие-либо экстраординарные меры, связанные с дополнительными расходами, чтобы действительно обеспечить этот набор, тем более, как справедливо работники университета указывают мы должны получить набор еще до лета, чтобы начать нормальную учебную работу осенью с начала учебного года. Теперь в связи с вопросом о наборе новых товарищей встает вопрос о том, кого мы должны получить и кого должно готовить. Мы должны провести большую подготовительную работу универсального характера и только тогда мы получим тех товарищей для учебы, работа над которыми была бы наиболее продуктивна. Вопрос о тибетцах и афганцев встает более конкретно. К этой работе мы более подготовлены. Пожалуй, не хуже чем тогда, когда мы начинали работу с китайскими товарищами. Тогда первые китайцы у нас начали учиться, а затем ведь с какого-то конца нужно начать эту работу. Я не говорю о том, что мы привыкли начинать работу тогда, когда нам предъявляют требования, но, с другой стороны, не получая этих афганцев и тибетцев мы этой работы не начнем. Другого пути, другого выхода, другого разрешения этого вопроса нет. Я не считаю положение настолько критическим, настолько наши силы не подготовленными, чтобы мы боялись вовлечения двух-трех национальностей в работу. Я думаю, что вопрос о включении тибетцев, афганцев и негров из экваториальной Африки, должен быть решен в положительном смысле. А теперь относительно партийной работы я хотел бы предупредить товарищей, что нельзя особенно обольщаться большими надеждами, что восточный секретариат может помочь приобщению этих товарищей к практике партийной работы в соответствующих странах. Конечно, можно говорить общие слова, что нельзя ограничиваться общей учебой, общими принципами марксизма-ленинизма, что нужно держать постоянный контакт с партийной жизнью соответствующей страны, но если конкретно присмотреться к положению этой страны, то увидим, что не так бьет ключом эта партийная жизнь, чтобы мы могли постоянно приобщать этих товарищей к партийной жизни. Что мы конкретно имеем в Индонезии? Мы не имеем там партии, мы стоим перед необходимостью закладывать там зачатки партийной орган изации. Что мы имеем в Корее? Надо сказать, что ключом бьющую партийную жизнь мы не имеем там. Даже там, где идет более или менее успешная работа, разве Коминтерн сможет давать все материалы, чтобы держать ли в курсе? Нет, я лично сомневаюсь в возможности сделать это. Конечно, можно говорить о монголах, о турках, есть некоторые партии, где приобщение товарищей к партийной жизни с тем, чтобы преодолеть неизбежный отрыв, который создается в результате продолжительного пребывания в

Москве возможно. По отношению к некоторым странам можно говорить об этом, но в основном, когда мы говорим о главнейших странах в смысле удельного веса хотя бы разверстки, в этом отношении большими надеждами обольщаться не следует. Товарищ Китайгородский не совсем прав, когда говорил о связи, которая должна заключаться в том, чтобы работники Коминтерна делали политические доклады перед товарищами той или другой страны, той или другой партии. Он считал, что будет больше пользы от этого, чем от работы партприкреплённых. Поэтому это не стоит ни в какой связи с работой партприкрепленных, которые являются партийной нянькой и воспитывают товарищей. Возможно, что необходимо устраивать регулярные совещания с партпри-крепленными, с представителями Коминтерна, знакомить партприклепленных с соответствующими материалами, которые мы имеем по данной стране. Конечно, это ни в какой мере не снимает вопроса постановки регулярных докладов. Может быть это не будет преследовать цели преодоления отрыва их от своей страны, но во всяком случае это будет в результате иметь более тесное знакомство товарищей с материалами, они будут иметь более точное освещение положения страны. Мы видим, что китайские товарищи, товарищи, занимающиеся в Ленинской школе все до одного работают над китайскими материалами, больше ста человек работают над этими материалами. Мы их используем по этой линии. Они рецензируют статьи, сами пишут, проекты, статьи, составляют свои предложения, подготовляют проекты наших инструкций и т. д. Мы можем принимать, отвергать их, но во всяком случае мы используем работу этих студентов, и во всяком случае мы ставим дело так, что они имеют постоянное знакомство с теми материалами, которыми мы располагаем. Таким образом, мы их подготовляем к руководящей работе в Китае. Может быть это можно было сделать по китайской линии. В других странах возможно это примет несколько иную форму, но во всяком случае такого привлечения студентов в этой работе мы должны добиться. Во всяком случае, когда мы ставим, скажем, египетский вопрос здесь, мы привлекаем товарищей из КУТВ, и, таким образом, осуществляем живую, повседневную, практическую связь и приобщаем этих товарищей к работе их партии.

Здесь нужно будет поставить вопрос о привлечении к этой работе партприкреплённых, потому что этот аппарат чрезвычайно важен в партийно-воспитательной работе университета. Когда я говорю, что нельзя обольщаться особыми надеждами насчет партийной работы, то перед нами в то же время встают конкретные задачи в смысле постановки учебно-исследовательской работы по этим странам, особенно по тем странам, где мы сейчас имеем объективно чрезвычайно благоприятные условия. В будущем для развития революционного движения и чтобы неизбежно развивающиеся революционные события не застали нас врасплох, нам нужно сейчас же серьезно поставить научно-исследовательскую работу по этим странам. Но тут встает вопрос о привлечении научно-исследовательской ассоциации в нужной мере, как например, для работы по Индии. Восточный секретариат должен поставить определенные задачи перед научно-исследовательской ассоциацией, дать дополнительные инструкции, указать на какие темы должна вестись разработка и т.д. В большей мере необходимо привлечение не только работников университета, но и вообще специалистов. Тогда было бы полезно нам при более конкретном рассмотрении этого вопроса специально заслушать сообща о планах работы университета, чтобы увязать эту работу в связи с задачами, которые мы могли бы выдвинуть перед этой научной ассоциацией.

Затем я согласен с тов. Эвертом относительно издательской работы. Этот вопрос требует специльного рассмотрения с нашей стороны. Мы не можем ограничиться только подготовкой учебных пособий для университета. Ставить вопрос о постановке широкой издательской работы вообще, по изданию марксистско-ленинской литературы. Тут вместе с нашим издательством с участием работников восточного секретариата, нужно было бы провести широкое совещание, чтобы не ограничиваться только силами КУТВ, так как мы знаем, что ряд сил, владеющих восточными языками разбросан и в Красной Профессуре и на Международных Ленинских Курсах и в других местах.

Мы должны этот вопрос продвинуть вперед - издание марксистско-ленинской литературы, помимо учебных пособий, не соответствующих восточных языках.

Организационные моменты, которые здесь затрагивались относительно взаимного представительства, разве мы год тому назад уже не знали, и какие результаты это давало. Было бы полезным представительство университета в коллегии восточного секретариата, представительство в составе редакции "Революционный Восток". Это все совершенно правильно. Для установления более тесной связи необходим более конкретный просмотр учебных планов и программ. Не только, чтобы обсудить опыт прошлого, но чтобы посмотреть, в какой мере КУТВ подготовлен к развертыванию этой работы в связи с расширением разверстки и в связи с тем, что он должен принимать меры к реализации этой разверстки. Тут целый ряд моментов должен быть учтен и я думаю, что наше обсуждение планов учебных и программ должно быть очень полезно.

Последнее замечание насчет сроков. Я решительно не согласен с тов. Обуговым о необходимости создания краткосрочных курсов. По моему, конкуретно вовсе не так стоит вопрос, что мы отбираем весь актив соответствующей партии. 50 индусов партийцев мы не получим при всем нашем желании из страны, мы получим беспартийных рабочих, сочувствующих нам, но псхологически совершенно серых, безграмотных. Мы получим не 50 японцев партийцев, а гораздо меньше и большая часть из них будут рабочие, зараженные синдикализмом, анархизмом. Попробуйте в один год создать из них работников, к которым мы сами предъявляем очень большие требования. Абугов говорит о качестве работы, что это не должны быть поверхностно образованные люди, что они должны получить немного более глубокую марксистско-ленинскую подготовку. А ведь кроме того мы должны им дать еще практику партийной работы, практику комсомольсокой работы. У себя в стране этой практики они не получили, приезжают к нам без всякой теоретической подготовки, почти безграмотные на 5-6 месяцев, запаздывают к учебному году, на дорогу тратится больше времени, чем на пребывание здесь. Попадают сюда, заниматься должны через переводчика, в достаточном количестве соответствующей литературы на их языке нет и т.д. При всех этих условиях краткосрочные курсы будут лишь суррогатом, дающим ничтожные результаты.

На это можно пойти только тогда, когда мы будем иметь кадр опытных преподавателей, которые на родном языке могут преподавать, когда у нас будет достаточное количество пособий на их родном и когда революция предъявит к нам настойчвые требования. Тогда нам придется прибегнуть к этому суррогату, но сейчас положение в главнейших странах такое, что мы можем три-четыре года работать над этим людским материалом, чтобы поставить действительно по серьзному их подготовку. Если мы не сделаем из них настоящих партийцев, не приобщим их к опыту ВКП/б/, тогда нет смысла брать их сюда и отсылать их обратно, потому что это принесет ничтожнейшую пользу. Мы имеем опыт такой работы по Китаю и может поэтому сказать, что этот опыт не оправдал себя, а по Китаю мы были более подготовлены, чем по какой либо другой стране. Поэтому я считаю, что это кустарничество, которое предлагает тов. Абугов, хотя внешне как будто бы соответствует необходимости, пользы никакой не принесет. Другое дело, если бы нам удалось урегулировать набор так, чтобы не приходилось в течении 3-4 лет получать одного индуса, а если бы каждый год регулярно, мы получали бы хотя бы не по 50, а по 10 индусов и если бы нам удалось пропустить их. Трудности будут только первые два года, пока не удастся наладить регулярную работу с регулярным выпуском представителей соответствующих партий. Революционное движение ждет. Можно согласиться с мнением тов. Эверта, чтобы в основном утвердить 2 года и чтобы 3 год не был обязательным, чтобы на 3-ем основном курсе оставлять не всех и чтобы товарищи в последние два года получали в известной мере законченное воспитание. Это зависит от конкретных условий данной страны. Поэтому я думаю, что постановка краткосрочных курсов мы можем предпринимать лишь в экстренных случаях, что это суррогат, который даст незначительные результаты, и то лишь при условиях, когда по отношению к этим курсам можно провести очень тщательную подготовку, принимая во внимание и необходимость преподавания на родном языке, необходимость располагать соответствующими пособиями на родном языке и т.д.

ПОКРОВСКИЙ : Я ограничусь несколькими замечаниями. После тов. Мифа ничего не остается сказать. Когда мы привлекаем новых студентов из новых стран, то для того, чтобы создать эти курсы, у нас имеется уже сейчас известный запас в 2-3 года. Эти курсы располагаются в самом конце обучения. Например, в этом году нам удалось привлечь испанских товарищей, это дало возможность сейчас воздать этот кружок на испанском языке. Во всяком случае, в нашем распоряжении достаточно времени, чтобы собрать народ и кое что подготовить к этим курсам. Затем относительно краткосрочных курсов. Товарищи забывают все таки, что КУТВ существует уже некоторое время. Правда, то, что он существал в составе наук [···] лет и не давал полных выпусков, это имело известное значение, но сейчас у нас уже три года и все таки в пошлом году мы дали уже группу японцев в 15 человек, в этому году дадим Японии 6 человек. И вся суть дела в том, чтобы был правильный регулярный набор. Тогда не было бы таких провалов, какие имеются. Кто были те 15 японцев, которых мы дали в прошлом году? Это была анархо-синдикалистская группа, а теперь это лучшая дисциплинированная публика. Это сплошь не совсем рядовые рабочие, выдержанные партийцы, наиболее политически развитая публика. Значительная часть из них вступила уже в ВКП/Абугов : это рабочие, это актив из профсоюзов и Лиги молодежи/. Тов. Миф, конечно, прав, мы не могли бы этого сделать, если бы это были краткосрочные курсы. Вопрос сводится к тому, чтобы не было провалов, чтобы были регулярные наборы. Единственно, в чем я не согласен с тов. Мифом, это относительно установки на 2 года. Это мало. Вы сами же говорите, что им приходится учиться, пользуясь скверным переводом, я думаю, что нам необходимо остановиться все таки на 3-х годах как обязательных, и один год приблизительно для отсталых национальностей. Три года мы должны установить как постоянные. Это является значительным достижением нашего университета. Что касается учебных планов и программ, то мы берем такую установку. Мы считаем своим долгом, заканчивая просмотр учебных планов, обязательно представить их ИККИ на утверждение, на просмотр. Иначе мы не мыслим работы. И программа, и учебный план после утверждения ИККИ идут на окончательное оформление в советский учебный комитет. Повторяю, основная наша тревога, которая обуревает наш университет, в том, чтобы создать регулярные наборы, напрячь сейчас все силы, расчитывая помощь Коминтерна, чтобы в этом году этих провалов не было. Для этого нужны деньги, большая их часть нам уже обешана, сейчас нужно приступить к дальнейшему.

КУУСИНЕН /говорит по немецки/ : Я мало знаком с работой КУТВ и вряд ли могу много об этом сказать, тем более, что товарищи достаточно уже высказывались по этому вопросу. Я думаю, что когда тов. Райтер говорил относительно того, что КУТВ должен быть подчинен Восточному Секретариату, то он был не совсем прав. Я должен сказать, что мы не можем такого положения иметь, это было бы неправильно. Мы не в состоянии это осуществить и это не будет полезным для КУТВ, если бы мы попробовали. Мы имеем ряд предложений со стороны товарищей, работающих в КУТВ, которые специализировались на этой работе. Здесь мы имеем товарищей, специализировавшихся на вопросах различных колоний, но они имеют очень много других задач и ожидать от нас, что мы можем руководить еще работой КУТВ, было бы большой иллюзией. Если мы можем немножко помочь и не мешать его работе, то это уже много. Мы можем оказать помощь журналу усилением нашей связи рдегулярным изданием, более тесной идеологической политической связью между нами и научными работниками КУТВ. Это было бы самое лучшее и принесло бы наибольшую пользу КУТВ. Но рассматривать этот журнал как орган Восточного Секретариата - это было бы большой ошибкой. Это должен быть орган КУТВ, который будет выходить при нашем содействии. Относительно выявления перспектив в дискуссии наметилась известная дифференциация. Я думаю, что она известным образом законна. Товарищи отмечали здесь по поводу русского уклона. Я думаю, что это совершенно неизбежно. Наша задача в усилении внимания к работе КУТВ, что вытекает из нашего долга по отношению к революционному движению в колониях. По поводу сроков - 2 или 3 года обучения, а также по поводу того, чтобы работа КУТВ была больше увязана с потребностями развития колониальных стран, я думаю, что было бы очень хорошо, если бы могли оказать здесь помощь, но мы недостаточно сильны и КУТВ тоже не имеет достаточно научных сил. Конечно, нельзя расчитывать, чтобы краткосрочные курсы давали большие результаты, но полезно было бы немножко "деколонизировать" КУТВ. Я знаю положение в университете народов Запада, там есть отделение финское, эстонское и т.д. Там у финнов преподавание на своем языке ведется, но весь план работы их русский и если там товарищи 4 года учатся, то когда они возвращаются обратно на финскую работу, они оказываются менее подготовленными, чем те товарищи, которые у нас двухмесячные курсы пройдут. Конечно, они получили больше знаний, окончили уже настоящий университет, считают себя как бы маленькими учеными, но для практической работы, для требований своей партии, для актуальных практических вопросов и для определения внутренней политической линии они очень мало подготовлены. Я не стою за сокращение сроков, но я думаю, что руководство КУТВ должно обратить больше внимания на специальные требования различных стран. Что касается сроков, определенной, меньшей части учащихся нужно ставить дело так, чтобы сделать изн их настоящих образованных специалистов, а для других установить немножко более короткий срок, может быть два года. Я думаю, что руководство КУТВ достаточно внимательно строит свои планы, но, конечно, Индия, Япония, негры предъявляют свои специальные требования, которые должны быть специально рассмотрены. Мы должны вместе с КУТВ проштудировать эти планы и когда новый контингент студентов приедет сюда, нужно устроить совместное заседание, чтобы просмотреть состав и силы этих учеников, и в первый же год будет видно, что одну часть этих товарищей можно подготовить в два года, чтобы они немножко раньше были посланы домой. Остальные, которые легче воспринимают русский язык, более способные могут дольше остаться и могут получить более солидную подготовку. Я думаю, что одними теоретическими вопросами ограничиваться нельзя. Я думаю, что руководство КУТВ не должно проявлять национальной ограниченности и должно учитывать специальные колониальные потребности. Что касается разверстки, то я согласен с т. Мифом нужно с товарищами из КУТВ поставить вопрос практически. На наш ОМС полагаться только нельзя, это было бы чревато разочарованием, нужно послать специальных товарищей для подбора учеников или на месте в порядке совместительства дать поручение известным товарищам, потому что очень важен именно подбор студентов. Наши партии не понимают, как надо этот подбор производить. Может быть придется устраивать совместные заседания, чтобы обеспечить подходящий элемент. Конкретно формулировать изменения и дополнения к проекту я сейчас не в состоянии и я хотел бы предложить выбрать сегодня маленькую комиссию из трех товарищей, включив в нее представителя Апо и тов. Райтера для согласования выносимых предложений и изменений с тем, чтобы в самый короткий срок эта работа была сделана.

Заключительное слово имеет тов. Райтер.

РАЙТЕР : Я хотел бы остановиться только на тех спорных вопросах, которые были затронуты. Первый вопрос, который ставит тов. Куусинен. Я не знаю, в чем тов. Куусинен усматривает эту ересь относительно подчинения КУТВ Восточному Секретариату. Я считаю, что фактически положение быть таким должно, не может быть другим. Поскольку у нас две части - советский и зарубежный Восток, мы должны находиться в двойном подчинении. Где тот орган, который будет иметь отношение к этому зарубежному

Востоку и будет о нем заботиться? Сейчас получается довольно дикая картина, когда мы по вопросам материальным отправляемся в соответствующие организации и ставим вопрос о том, что у нас имеется провал по целому ряду стран, что слабеет работа университета, что перед нами возникает вопрос, не закрыть ли КУТВ, потому что с таким составом нет возможности продолжать работу, это слишком дорого, не оправдывает себя, то нам обычно говорят, когда мы заявляем, что мы должны получать из определенных стран людей, нам говорят : но ведь это дело Коминтерна, мы не можем за Коминтерн эти вопросы решать, этими вопросами ведает Коминтерн. Работников вы готовите для Коминтерна. И с этой стороны я лично считаю, вне зависимости от того, нужно ли будет зафиксировать, что мы находимся в подчинении у Коминтерна, или не нужно зафиксировать, но мы считаем, что как набор студентов, так и ответственность за ту работу, которую мы ведем с этими студентами здесь в Москве, мы несем перед Коминтерном. Точно так же и вопросы отправки, все эти вопросы исключительно зависят от Коминтерна и в этом отношении мы должны быть безусловно подчинены Коминтерну /Куусинен : вы должны будете согласовывать эти вопросы с нами, мы этим будем довольны/. Обязательно. Мы готовим работников для колоний и этим делом должен распоряжаться Коминтерн. Через Коминтерн мы только и можем их получить. Точно также в отношении нашего органа "Революционный Восток". Мы не требуем, чтобы там была непременно надпись "Орган Коминтерна", этого не нужна. Абсолютно об этом никто не говорит, но надо, чтобы отделы этого жунала, касающиеся зарубежного Востока, находились бы под руководством Коминтерна. Больше того, мы должны рассматривать себя как уполномоченные Коминтерна, я, как ректор КУТВ, являюсь уполномоченным. Мы должны проводить линию Коминтерна, не только его политическую линию на данном отрезке времени по отдельным вопросам, но мы должны всю свою работу строить исключительно в зависимости от тех потребностей, которые предъявляются Коминтерном. Нет другого органа, от которого мы могли бы это получать. С этой стороны я и говорю, что и "Революционный Восток" и весь спец. сектор этого колониального у-та должны быть подчинены Восточному Секретариату Коминтерна. Более того, когда я беру этот проект постановления, то вопрос о том, что представитель у-та должен входить в коллегию Восточного Секретариата и что представитель Восточного Секретариата должен входить в правление у-та, я считаю тоже не совсем правильным, - как будто две равноправные организации посылают друг другу представителей. А ведь это не так. Мы подчинены Вам.

По вопросу о руководстве работой на спец. секторе, подобно тому, как вы ставите вопрос о спец. курсах, я должен поставить вопрос в отношении Сон-Ят-сеновского у-та, что ректор у-та является представителем Коминтерна там и проводит работу по директивам Коминтерна. Я не буду возражать против того, чтобы еще одного представителя Коминтерна прибавили в правление. Он нам мешать не будет и мы будем чрезвычайно довольны. Но нам хотелось бы добиться перелома в том отношении, чтобы Коминтерн считал спец. сектор своим у-том. Дело в том, что до настоящего времени помощь нам оказывал оперативный орган Коминтерна, Омс, и каково было положение, всем известно. Дело доходило до того, что определенные средства, которые были ассигнованы на КУТВ, в зависимости от целого ряда может быть и более важных потребностей, уходили не по назначению и мы никогда не знали, как с этими средствами дело обстояло. Во всяком случае по этой части должна быть оказана помощь более энергичная, потому что вопрос о наборе, это непосредственный вопрос Коминтерна. Я вполне согласен с основными замечаниями, которые были сделаны тов. Мифом, что КУТВ нужно принять какие то меры в отношении улучшения качества набора и в то же время урегулирования количества его, чтобы у нас была база. Но ведь у нас совершенно безвыходное положение. Попытайтесь прийти куда нибудь и сказать, что нам нужно послать представителей в одну из стран для набора. Вам ответят : вы то при чем? Это вопросы Коминтерна. Я согласен, что мы можем подработать вопрос, можем дать людей, но тогда только, когда Коминтерн возьмет под свое покровительство, и что он сам будет ставить вопросы. Я вполне согласен, что в кое-какие страны нужно будет действительно послать, потому что получается противоречие, так как есть распоряжение о том, чтобы соответствующих работников ни в коем случае не притягивать к этим вопросам, и эти решения нам нужно будет выполнять. Во многих странах представителей Коминтерна нет, следовательно, кого то нужно будет послать. Но мы можем. послать только в том случае, если Коминтерн возьмет в свои руки, а наш людской материал мы с удовольствием передадим в ваше распоряжение.

Я считаю, что тов. Эверт поставил самой больной вопрос тут, затем после тов. Куусинен останавливался на этом вопросе, относительно того, кого мы подготавливаем. Совершенно верно, у нас получается такое дикое положение, что студент пробыл у нас 3 года, иногда даже 4 года, плюс подготовительный,получил определенную сумму знаний, по ряду других ленинизму, по дисциплин, но он оказывается в своей стране слабее других неподготовленных работников, потому что в течение этих трех-четырех лет он совершенно оторвался от своей страны, не знает что происходило в этой стране в течении последних лет, не знает тех кризисов, которые переживались ею в течение последних лет значительно умнее тех, которые сидят в ЦК партии и сразу хочет начать руководить Центральным Комитетом, потому что знает лучше ленинизм. Получается самое дикое положение. Возьмите японцев. Нужно сказать, что эти японцы производят великолепное впечатление. Мы получили беспартийных японцев с анархо-синдикалистским уклоном. Правда, это был актив рабочего движения в Японии, но мы сейчас имеем наиболее крепких коммунистов на спец. секторе в лице этих японцев. При чем нужно отметить такой факт, что когда происходила волынка в японском кружке, недоразумения с этой комиссией по работе на спец. секторе, то японские товарищи оказались не только значительно более дисциплинированными, но оказались в значительно более партийно выдержанными, чем прикрепленные к ним. В то время когда прикрепленный не японец, а русский, педагог, коммунистический воспитатель, не оказался на высоте положения и мы должны были снять его. Мы сняли этого прикрепленного после того, как японцы единогласно заявили, что мы признаем свою ошибку в том-то и в том-то. Мы поступили так, потому что не знали, что должна существовать фракция, что нужно сначала обсуждать в партийном порядке и т.д., а тот отстаивал, что никакой разницы нет между партийцами и беспартийными. Он был, конечно, снят. Я хочу только подчеркнуть, что японцы в течении этого периода, который они пробыли у нас, получили хорошую общепартийную школу, но этим ограничиваться нельзя. Нельзя требовать от студентов, оторванных от страны в течении нескольких лет, чтобы они знали, что там происходит, но все же наша программа на последних двух курсах строится в связи с положением их страны. И когда мы занимаемся историей Коминтерна мы даем соответсювующий уклон по этим странам. Затем сейчас же ставим вопрос страноведения, экономики и истории этих стран. Рядом с этим имеется специальный предмет партстроительство их стран. В состав партстроительства их собственных стран входит история их партии, особенно за последние годы, затем тактика их партии, все те кризисы, которые она переживала, отношение к другим партиям, орг. строительство и т.д. Т.е. мы подготовляем их к той практической работе, которую они должны будут вести как только в эту страну попадут. Правда, это только первый год. Весь уклон на последнем курсе должен быть направлен в эту сторону. Таким образом, я хочу подчеркнуть, что мы безусловно чувствуем свои слабые стороны и на эти слабые стороны направляем в настоящее время свое внимание.

Что касается вопроса о двух или трех годах, я лично думаю, что нам придется остановиться на 3-х годах. Вся аргументация тов. Мифа была за 3 года. Не знаю, почему в последних своих словах он перешел на два года, сделав уступку /МИФ : это не уступка, я считаю, что нужно сохранить три года/. Если сохраним в основном три года, то достигнем больших результатов. Понятно, что не исключено такое положение, когда придется пойти на оголение КУТВ по определенной стране, но общий курс должен быть на 3 года, не считая подготовительного. В этом году мы хотим получить новый состав несколько раньше до начала учебного года, чтобы успеть проделать кое какую подготовительную работу, но во всяком случае, нужно сохранить трехгодичный курс. Я согласен с КИМом, что получается определенное противоречие. Если мы требуем, чтобы нам давали коммунистов, или если не коммунистов, то чтобы давали активистов, то тот или другой урон движению данной страны наносится. Это бесспорно. Но из этих трудностей, конечно, нельзя исходить. Будет очень трудно. Но тут есть определенное капитальное вложение, которое должно будет дать свой эффект, свой результат несколько позже. Как обстоит дело насчет разверстки? Я согласен со всеми замечаниями, которые здесь делались за исключением Афганистана и Тибета. По этому вопросу разговоры были и как будто все были согласны, когда я говорил о расширении базы, имея в виду расширение не только в смысле количества стран, сколько в смысле укомплектования. Я думаю, что фактически мы не доберем этих новых стран, как это было и в этом году. Афганистан отсутствовал из-за определенного давления, определенного противодействия. Нужно ли нам дальше идти по этому пути? Я думаю, что нет. Вся история показывает, что это давление, которое идет определенным порядком, только вредно и не только в отношении Афганистана. В отношении Тибета, куда никто никогда не проникает, нашего влияния там нет. Нужно нам наше влияние там? Нужно. Там есть сочувствующие нам, ненавидящие империализм и если нам только удастся получить какую бы то ни было группу тибетцев, это будет для нас большим завоеванием : Сумеем ли мы справиться с учебной подготовкой для них? Я считаю, что тов. Миф прав, что только на известной базе, которую мы будем иметь, мы сможем строить нашу учебную работу. Я хотел бы указать на колоссальные затраты, которые мы вполне сознательно допускаем, продолжая когда даже нет кружков, держать преподавателей и заставляя их специализироваться в этой области для будущих наборов. Это, конечно, нужно продолжать.

Два слова относительно нашей связи с Коминтерном. Тов. Китайгородский не прав, когда думает, что докладами можно чего нибудь добиться. Мы заранее говорим, что от докладов особенно много ожидать нельзя по целому ряду причин. Работники Коминтерна очень большой помощи в повседневной работе КУТВ не смогут оказать, не потому что не хотят, а потому что это совершенно невозможная вещь в силу целого ряда причин. Мы должны говорить здесь не столько о приближения Коминтерна к КУТВ, сколько о приближении КУТВ к Коминтерну. В чем же будет заключаться это приближение? В том, чтобы втянуть тех работников, которые находятся в КУТВ, сюда. Тогда, мы говорим о партприкрепленных, тов. Миф знает и по Сун-Ят-сеновскому у-ту, чем они являются. Партприкрепленный является тем партийным дядькой, который входит в кружок, знает его жизнь, может влиять на него. Других зацепок нет, чтобы мы могли в у-те, где до 78 национальностей, руководить его жизнью, и чтобы этот патрприкрепленный мог входить в соответствующие комиссии, иметь эти материалы и т. д. Само собой понятно, что вопрос о партприкрепленных персонально должен быть согласован. Кого мы допускаем, кого нельзя допускать, чтобы не происходило таких случаев, как с Минкиным. Я согласен с предложением, чтобы создать комиссию для рассмотрения всех этих вопросов, но основным вопросом, на котором нужно остановиться, я считаю вопрос относительно набора. Какой курс мы держим? Курс дальнейшего развала, распада, а сейчас имеется определенная тенденция распада, и если это будет продолжаться год, другой, нужно будет закрыть у-т, или же курс на создание крепкого колониального у-та. Если остановимся на последнем, то мы должны будем утвердить эту разверстку. Нужно будет обратить это в дальнейшем, потому что СССР пока единственная страна, где мы сможем иметь объединенный большой колониальный у-т со всеми разветвлениями, какие в этом отношении нужно.

КУУСИНЕН : Товарищи согласны принять за основу эти предложения о взаимоотношениях с КУТВ и предложение разверстки и условия приема? Отдельные поправки мы можем поручить сделать комиссии, которая эти поправки согласует с руководством КУТВ.

ПОКРОВСКИЙ : Мы просили бы это сделать возможно скорее, так как мы стоим перед началом учебного года, нужно составлять смету, поэтому необходимо скорейшее утверждение разверстки.

КУУСИНЕН : Предлагается комиссия в составе т.т. МИФ, Фрайер, представитель Апо и оба товарища из КУТВ, пять человек. Срок работы 3 дня. Созыв за товарищем Мифом/принимается/.

Этой же комиссии поручается обеспечить проведение этой разверстки согласовать с Омсом.

МИФ : Я думаю, что не следует поручать этой комиссии проведение разверстки, а поручить это соответствующим секциям. Нужно послать соответствующим партиям письмо.

ВИРТАНЕН : Я предлагаю создать еще маленькую комиссию для контроля за проведением этого плана набора студентов и посылки их сюда. Письма партиям пс помогают, нужно живых людей посылать. И это потребует утверждения других инстанций, не только Коминтерна.

РАЙТЕР : Обсуждение в этой комиссии, которая сейчас избрана, будет обсуждение всех вопросов и затем предложения этой комиссии будут внесены на утверждение в трехдневный срок все практические предложения, как вопрос о письмах и т.д., будут доложены Восточному Секретариату, или тов. Куусинену, который сделает соответствующее распоряжение /принято/.

Заседание закрыто.

[РГАСПИ, ф.532, оп.1, д.70, лл.10-50.]

II

Списки студентов и преподавателей

8. ИНОСТР. ОТД. СВОДКА ПО НАЦИОНАЛЬНОСТИ 18 ДЕКАБРЯ 1922 Г.

Национальн.	колич. студ.			Национальн.	колич. студ.		
	м.	ж.	Всего		м.	ж.	всего
Закавказье				Франц.сект.			
тюрки	2	1	3	турки	5	1	6
персы	1	-	1	китайцы	2	-	2
турки	1	-	1	персы	3	-	3
	4	1	5	арабы	3	-	3
Сибирь				египтяне	-	1	1
буряты	1	-	1		11	2	13
				Англ.сект.			
Зарубежные				китайцы	1	-	1
турки	6	-	6	евреи	5	1	6
персы	5	-	5	индусы	3	-	3
китайцы	20	-	20		9	1	10
корейцы	18	2	20	Корейск.сект.			
индусы	3	-	3	корейцы	11	-	11
японцы	3	-	3	Кит.сект.			
арабы	1	-	1	китайцы	9	-	9
египтяне	-	1	1	Русск.сект.			
	56	3	59	персы	3	-	3
Разные				тюрки	1	-	1
русские	-	1	1	буряты	1	-	1
евреи	5	1	6	турки	3	-	3
				русские	-	1	1
				корейцы	7	2	9
				китайцы	8	-	8
					23	3	26
				японцы	3	-	3
				Всего	66	6	72

[РГАСПИ, ф.532, оп.1, д.2, лл.19-19об.]

9. СПИСОК СТУДЕНТОВ КОММУНИСТИЧЕСКОГО УНИВЕРСИТЕТА ТРУДЯЩИХСЯ ВОСТОКА, ПРИБЫВШИХ ИЗ ТУРЦИИ, ПЕРСИИ И ДРУГИХ ЗАРУБЕЖНЫХ ВОСТОЧНЫХ СТРАН

	Фамилия, имя	Какой организац. командирован.	Число поступл.	Националь-ность
1	КУЛИЕВ А.	ЦКРКП П/Отд. Нацмен	22/VII	Перс
2	САМЕДОВ Гасан	ЦКРКП	19/VII	Перс
3	АГАЕВ Рустам	Наркомнац	I/VII	Турок
4	ЛИМУНХЕН	Коминтерн	20/VII	Кореец
5	ЦОЙ-КИН-МЕН	Коминтерн	24/VII	Кореец
6	ЛИ Татьяна	ПУР	7/VII	Кореец
7	КУШ-АШУ-АЛЕК	ЦКРКП	9/VII	Китаец
8	ВАХАБОВ Шан	Из Ташкента в счет разв. Турк.	22/VII	Турок
9	ВАРИСС А.	Коминтерн	22/VIII	Индус
10	МЕН-НА-ТОЙ	Коминтерн	22/VIII	Китаец
11	ШЕЮ-ДЖЕЦЗЕН	Коминтерн	22/УШ	Китаец
12	ФУ-ДА-ЦИН	Коминтерн	22/УШ	Китаец
13	ГАСАНОВ Гусейн	Из Ташкента в счет разв. Турк.	26/VIII	Перс
14	РАКИМ-ЗАДЕ	Азебердджан.КП	31/VIII	Перс
15	КАХРАМАКА Махмуд	Азебердджан.КП	31/VIII	Перс
16	АГАМАЛИ Оглы	ЦКАКП	2/IX	Турок
17	АБАСОВ Мехти	ЦКАКП	2/IX	Перс
18	АЛИ-ЗАДЕ-ГАСАН	ЦКАКП	2/IX	Турок
19	ЭЛЬКЕНДЖИ Мамед	ЦКРКСМ	6/IX	Турок
20	МУРТУЗОВ Людвили	Из Баку в счет разв. Азебердджан. КП	7/IX	Перс
21	МУСАЕВ Кадыр	Из Баку в счет разв. Азебердджан. КП	7/IX	Перс

22	АЛИ-ЗАДЕ-САИД	Из Баку в счет разв. Азеберджан. КП	11/IX	Перс
23	ХЕСАБА Абдул-Гусейн	В счет разв. КУТВ	18/IX	Перс
24	КАРИМОВ А.	Азеберджан. КП	28/IX	Турок
25	ЦОЙ-ТОН-ГУ	В счет Корейской разверст.	26/IX	Кореец
26	ВОН-СОН	В счет Корейской разверст. из Бутена	26/IX	Кореец
27	ТЕК-Вон-Ку-Сун	В счет Корейской разверст. из [···]	26/IX	Кореец
28	ХОН-ИН-ШИ	В счет Корейской разверст. из [···]	26/IX	Кореец
29	ТОН-ДОН-ХУН	В счет Корейской разверст. из Тода	26/IX	Кореец
30	КИМ Иван	В счет Корейской разверст. из Букчена	26/IX	Кореец
31	Ким Сонди	В счет Корейской разверст. из Бутена	26/IX	Кореец
32	ПАК-ДОН	В счет Корейской разверст. из Хамбук	26/IX	Кореец
33	КО-КВАН-СУ	В счет Корейской разверст. из Кавандо	26/IX	Кореец
34	ЛИ Дамонгу	В счет Корейской разверст. из Кавандо	26/IX	Кореец
35	ЛИ Дзену	В счет Корейской разверст. из Кавандо	26/IX	Кореец
36	ХОИ-СИ-ПИН	В счет Китайской разв. из Мукадена	4/X	Китаец
37	ХУН-ЛИН-ВОДИН	В счет Китайской разв. из Чеконы	4/X	Китаец
38	ЛИУ-ТЕН-ЗИН	В счет Китайской разв. из Тантона	4/X	Китаец
39	ЛИУ-И-САН	В счет Китайской разв. из Тантона	4/X	Китаец
40	КУЛАГ-ЗАДЕ	В счет Туркестан. разв. из Батума	5/X	Турок
41	ЮПИР-ЗАДЕ	В счет Туркестан. разв. из Тифлиса	5/X	Турок

42	АЛИ-ЗАДЕ	В счет Туркестан. разв. из Баку	5/X	Турок
43	КАМИЛОВ Хса	В счет Туркестан. разв. из Баку	5/X	Турок
44	АБДУЛЛА Хса	В счет Туркестан. разв. из Баку	5/X	Турок
45	ОСМАНОВ Мустафа	В счет Туркестан. разв. из Баку	5/X	Турок
46	СУЛЕЙМАНОВ Заде	В счет Туркестан. разв. из Баку	5/X	Турок
47	ПИЯЗИН Хса	В счет Туркестан. разв. из Баку	5/X	Турок
48	КАДИРОВ-КУТАЗИН	В счет Туркестан. разв. из Баку	5/X	Турок
49	ДЕВРАШЕВ Мамед	В счет Туркестан. разв. из Баку	5/X	Турок
50	КАБИРОВ Гасан	В счет Туркестан. разв. из Баку	5/X	Турок
51	АХМЕДОВ Госуф	В счет Туркестан. разв. из Баку	5/X	Турок
52	АХМЕДОВ Нугхи	В счет Туркестан. разв. из Баку	5/X	Турок
53	ЗИН-АХМЕД-ХАЛИЛОВ	В счет Туркестан. разв. из Баку	5/X	Турок
54	БАЙТОР-ЗАДЕ Ахмед	В счет Туркестан. разв. из Баку	5/X	Турок
55	ГАБИБОВ	ЦКАКП	6/IX-21 г.	Перс
56	ГАСАНОВ Рагул	ЦКИКП	23/VI-21 г.	Перс
57	ДЖАЛИЛИ Мамед	Коминтерн	II/П-22 г.	Перс
58	МУНТАСЕВ А.	Персид. Пр-стов	5/I-22 г.	Перс
59	РАШИД-ШАДА	ЦКАКП	30/X-2I г.	Турок
60	КИМ-САН-[ШАГИ]	Корейск. Пр-стов МКРКП	20/У-22 г.	Кореец
61	Ким Матвей	Коминтерн	18/УШ-2I г.	Кореец
62	АСАДУЛАЕВ М.	ЦККПТ	13/IX-2I г.	Перс
63	ГАСАНОВ Табусморе	ЦКАКП	23/УI-2I г.	Перс
64	МАХМУДОВ М.	ЦКАКП	27/VI-21 г.	Турок
65	МАДИ-ГУСЕЙН-ЗАДЕ	ЦКАКП	27/VI-2I г.	Перс

66	МАМЕДОВ Ноги	ЦКАКП	6/IX-2I г.	Перс
67	МЕХТЕЕВ Аб.	ЦКАКП	23/XI-2I г.	Перс
68	Ким Антон	Коминтерн	13/IУ-2I г.	Кореец
69	КУРБАН	Коминтерн	29/УШ-2I г.	Индус
70	КИМ-ТОН-У	Дальбюро К.П.	21/У-2I г.	Кореец
71	САВГАР Абдула		29/УШ-22 г.	Индус
72	ВАН-ХУН-СУН	Петроград.Китайск. Секцией	9/УП-2I г.	Кореец
73	ВОН-У-ФЕЙ	ККСМ	I/УШ-2I г.	Китаец
74	БАУНУ	Коминтерн	8/УШ-2I г.	Китаец
75	МУХТАШ МЕХТЕЙ	ЦКАКП	4/X-2I г.	Перс
76	ПРОЛЕТАРИЕВ	Коминтерн	I/УШ-2I г.	Китаец
77	ДЕЙДАМИ Гасым	ККП	2/УП-2I г.	Перс
78	ГАБИБОВ Корди	ЦКАКП	6/X-2I г.	Перс
79	МУСАФА А.	ЦКИКП	24/I-22 г.	Перс
80	МАХМУДОВФ М.	ЦКИКП	6/IX-2I г.	Перс
81	ДЖЕФАРОВ Асет	ЦКАКП	9/X-22 г.	Турок
82	КИМ-ВОН	ЦКРКП	10/УI-2I г.	Кореец
83	КИМ-ДЕН	Коминтерн	13/IV-2I г.	Кореец
84	ЛИ-МУН-ХЕН	Коминтерн	20/УП-22 г.	Кореец
85	КИМ-САН-ТАГИ	Корсекция при МКРКП	20/У-2I г.	Кореец
86	ЛИ-ЕН-СИН	Коминтерн	21/УП-2I г.	Кореец
87	ИБРАГИМОВ Мамед	ЦКАКП	20/У-2I г.	Перс
88	АГА-ЗАДЕ	ЦКАКП	3/X-2I г.	Перс
89	ТУРАБОВ Р.	ЦКАКП	20/У-2I г.	Перс
90	ХАЛИФ-РЕЗИН	В счет Туркест.разв.	5/X-22 г.	Турок
91	СВОБОДИН Мамед	В счет [···].разв.	7/X-22г.	Перс
92	БРИНСКИЙ Леонид	Коминтерн	Август-2I г.	Китаец
93	БУХАРОВ Владимир	Коминтерн	Август-2I г.	Китаец
94	ПЕТРОВ Иван	Коминтерн	Август-2I г.	Китаец
95	УТКИН	Коминтерн	Август-2I г.	Китаец
96	ШЕНКОЙ	Корейским Пр-стовм	26/УШ-2I г.	Кореец

[РГАСПИ, ф.532, оп.1, д.2, лл.20-22.]

10. СПИСОК КОРЕЙЦЕВ

Ким Ги-Ер	1640 БКСП
Ким Пен-Гук	1621 ККСМ
Ким Пен-Нюр	1638 РКП
Ким Садун	490 РКП
Ко Гван-Су	491 канд. РКСМ
Ли Ги-Шек	1648 ККСМ
Ли Дон-Гук	1642 РСП
О Чан У	1583 РКП
Ли-Дюн-Гу	482 : канд. РКП
Пак Анисья	1743 БКСП
Пак Юнсе	1584 РКП
Тарзанов /Хан-Ик-Тэ/	497. канд. РКСМ
Тюо-Хи-Чан	1659 РКП
Хан Сан-Хи	1557 канд. РКП
Хен Чирден	1637 ККП
Чай-Чан-Хан Борис	145
Пак Ин-Он	1564

[РГАСПИ, ф.532, оп.1, д.420, л.4.]

11. СПИСОК КОРЕЙСКИХ СТУДЕНТОВ КУТВ

№	Фамилия, имя	нац.	сект.	пол	возраст	партийн.	соц. положен.	обр. ценз	какой организ. Команд.	время поступл.	причина
1	Насхай Исман	турок	франц.	ж.	20	беспарт	интеллигент	среднее	Коминтерн	1922. 02.12.	пассивность и неуспеваемость
2	Розенталь Шарло	еврейск.	франц.	ж.	24	чл. РКП с 19 г.	интеллигент	среднее	Египетск.	1922. 06.26.	не проявила себя, как коммунистка
3	Мустафа Алло Али Ризо	турок	франц.	м.	28	чл. РКП с 21 г.	интеллигент	высшее	[…] ЦК	1922. 08.19.	Неустойчивость
4	Кулач-Заде-Халит-Рив	турок	франц.	М.	26	беспарт	интеллигент	высшее	-	-	интеллигентность, пассивность
5	Устинов (Люй-Сен-Дзо)	китайск.	кит.	м.	20	РКСМ с 22 г.	крестьянин	низшее	ЦК РКП	-	неуспеваемость
6	Иванов (Лиу-И-Сан)	китайск.	кит.	м.	21	беспарт	рабочий	низшее	Дальбюро ЦК РКП	1922. 10.04.	неуспеваемость
7	Косатников (Хон-Си-Пин)	китайск.	кит.	м.	25	чл. Кит. КП	рабочий	никакого	Дальбюро ЦК РКП	1922. 10.04.	неуспеваемость
8	Тян-Тиун	кореец	русск.	м.	22	канд. РКП с 22 г.	рабочий	низшее	Н.К.Н.	1922. 08.15.	Балласт
9	Ким-Вон	кореец	русск.	м.	20	чл. РКП с 20 г.	интеллигент	среднее	Дальбюро ЦК РКП	1921. 06.10.	колеблющийся, нереволюц. элемент
10	Ким-Тону	кореец	русск.	м.	25	канд. РКП с 21 г.	интеллигент	среднее	Дальбюро ЦК РКП	1921. 05.11	колеблющийся, нереволюц. элемент

№	Фамилия, имя	нац.	секvt.	пол	возраст	партийн.	соц. положен.	обр. ценз	какой организ. Команд.	время поступл.	причина
11	Ли-Мунхен	кореец	русск.	м.	21	беспарт	интеллигент	среднее	Коминтерн	1922. 07.20	пассивность, неуспеваемость
12	Ким Антон	кореец	русск.	м.	32	чл. РКП с 20 г.	крестьянин		Коминтерн	1921. 04.13.	По собственному желанию
13	Али-Заде-Али	турок	русск.	м.	35	беспарт	рабочий	среднее	ЦК РКП	1922. 10.05.	Не занимается, не револоц. элемент
14	Али-Язидусе	турок	русск.	м.	30	чл. РКП с 20 г.	интеллигент	среднее	ЦК Тур. КП		не револоц. элемент
15	Ким-Гван	кореец	корейск.	м.	20	чл.РКСМ с 20 г.	крестьянин	среднее	ЦК Кор. КП	1922. 09.26.	по собственному желанию
16	Бан-Ушек	кореец	корейск.	м.	23	РКСМ с 22 г.	учащийся	среднее	ЦК Кор. КП		разлагающий элемент
17	Тен-Вондюн	кореец	корейск.	м.	27	канд. РКП с 21 г.	крестьянин	низшее	ЦК Кор. КП	1922. 09.26.	партийный балласт
18	Хон-Сенки	кореец	корейск.	м.	25	канд. РКП с 20 г.	крестьянин	низшее	ЦК Кор. КП	1922. 09.26.	по собственному желанию.
19	Тен-Дохун	кореец	корейск.	м.	35	чл. РКП с 19 г.	рабочий	высшее	ЦК Кор. КП	1922. 09.26.	балласт
20	Али-Заде-Гасан	перс.	тур.	м.	31	канд.РКП	крестьянин	низшее	Ц.К.А.К.П.	1922. 09.01.	по болезни

	Фамилия, имя	нац.	сект.	пол	возра-ст	партийн.	соц. положен.	обр. ценз	какой организ. Команд.	время поступл.	причина
21	Карамани Мамуд	перс.	тур.	м.	28	чл. РКП с 20 г.	рабочий	низшее	Ц.К.А.К.П.	1922. 05.30.	балласт
22	Кадыров Хасан	турок	тур.	м.	23	чл. РКП с 21 г.	рабочий	низшее	Ц.К.А.К.П.	1922. 10.05.	неуспеваемость
23	Мамед Медуску	турок	тур.	м.	26	беспарт	рабочий	низшее	Адус. обл. ком.	1922. 11.13.	неуспеваемость
24	Ниази Эхаим	турок	тур.	м.	29	чл. РКП с 20 г.	рабочий	среднее	Ц.К.А.К.П.	1922. 10.05.	чуждый элемент
25	Кашид Шаум	турок	тур.	м.	24	чл. РКП с 20 г.	интеллигент	низшее	Ц.К.А.К.П.	1921. 10.05.	неуспеваемость

[РГАСПИ, ф.532, оп.1, д.9, лл.14-15.]

12. СПИСОК СТУДЕНТОВ. КУРС I, КРУЖОК 3 (КОР. I)

составлен 6/1 1925 г.

№ по пор.	Имя	№ студ. бил.	отметки
√	Ким Ен Чер	2097	√
	Ким Хи Су		
√	Цой Сен Фир	2093	√
√	Ким Ен У	2104	
√	Нам Дюн Фе	2105	√
√	Ким-Догу	2271	
√	Ли Дек Сен	2199	√
√	Ли Дюн Пяк	2195	
√	Ли Мин Ён	2095	√
√	Ким Гван Ин	2102	√
√	Пак-Тя-Мо	2225	
√	Ким-Чер-Гук	2226	√
√	Но Чен Мук	2208	√
√	Ко Хан Шу	2234	√
√	Ким-Дон-Му	2233	√
√	Ли Ги Шек	1645	√
16√	Пяк-Ен-Хи	2203	

[РГАСПИ, ф.532, оп.1, д.420, л.10.]

13. СПИСОК СТУДЕНТОВ. КУРС II, КРУЖОК 6 (КОР. 2)

составлен 6/II 1925г.

№ по пор.	Имя	№ студ. бил.	отметки
√	Ким-Ги-Ер	1640	√
√	Ли-Тхак	1788	√
√	О-Чан У	1585	√
√	Хан-Сан-Хи	1557	√
√	Хен-Чирден	1637	√
√	Ким Хен Ду	1789	√
√	Ким-Волчен	1790	√
√	О-Шелню	1831	√
√	Го-Дюн	2035	√
√	О Чер Тю	2050	
√	Кан-Чайген	2051	√
√	Лим-Ен-Шен	2103	√
√	Ким Деп Сик	2213	√
√	Го-Саир	2262	√
√	Тен Ден-Гван	2232	√
16√	Ким-Техе	2063	

[РГАСПИ, ф.532, оп.1, д.420, л.12.]

14. СПИСОК СТУДЕНТОВ, ОТКОМАНДИРОВННЫХ В ЛЕНИНГРАДСКУЮ ВОЕННУЮ ШКОЛУ ПОСТАНОВЛЕНИЕМ МАНДАТНОЙ КОМИССИИ ОТ 16/XII 1924 Г.

1. Ким-Пен-Гук	ст.б. № 1641
2. Ким-Тен-Хин	ст.б. № 2215
3. Ким-Як-Сен	ст.б. № 2214
4. Кон-Де-Вон	ст.б. № 2099
5. Ли-Пон-Циби	ст.б. № 2210
6. Ма-Чунгель	ст.б. № 2100
7. Ма-Дюн	ст.б. № 2096
8. Пак-Чан-Пин	ст.б. № 2212
9. Пак-Иен-Дин	ст.б. № 2194
10. Тен-Хен-Чер	ст.б. № 2209

[РГАСПИ, ф.532, оп.1, д.422, л.3.]

15. СПИСОК КОРЕЙСКОГО КРУЖКА ИНГРУППЫ

№	Фамилия и Имя	партийность	состоит ли в комсомоле	на каком курсе	образование	откуда прибыл	примечание
1	Пак-Дин	член ЦКП	нет	2 выпускной	среднее	из Иркутска	
2	Ким-Дин	член ЦКП	нет	лекторский уч.	среднее	из Владивостока	
3	Ким-Де-Хе	член ЦКП	нет	1 курс	среднее	из Владивостока	
4	Тюченсон	член ЦКП	да	лекторский уч.	среднее	из Владивостока	
5	Ким Мария	канд. ЦКП	да	1 курс	среднее	из Владивостока	
6	Ким Гван Ер	канд. ЦКП	нет	2 курс	ниже-среднее	из Ленинграда	
7	Сидоров	чл. Кор. КП	да	1 курс	ниже-среднее	из Кореи	
8	Востоков	чл. Кор. КП	да	1 курс	среднее	из Кореи	
9	Миноносцев	чл. Кор. КП	да	1 курс	среднее	из Кореи	
10	Динамитов	чл. Кор. КП	да	1 курс	среднее	из Кореи	
11	Гранатов	чл. Кор. КП	да	1 курс	среднее	из Кореи	
12	Громов	канд. Кор. КП	да	1 курс	среднее	из Кореи	
13	Сибирская	канд. Кор. КП	да	1 курс	среднее	из Кореи	
14	Искрын	чл. Кор. КП	да	1 курс	среднее	из Кореи	
15	Батраков	канд. Кор. КП	нет	1 курс	самоучка	из Кореи	
16	Нам Дюнде	беспарт.	да	2 выпускной	среднее	из Владивостока	
17	Ким-Е-Ну	беспарт.	да	2 выпускной	среднее	из Кореи	

№	Фамилия и Имя	партийность	состоит ли в комсомоле	на каком курсе	образование	откуда прибыл	примечание
18	Кореец	беспарт.	да	2 выпускной	среднее	из Кореи	
19	Землин	беспарт.	да	1 курс	среднее	из Кореи	
20	Тракторов	беспарт.	да	1 курс	ниже-среднее	из Кореи	
21	Знаменский	беспарт.	да	1 курс	среднее	из Кореи	
22	Авангардов	беспарт.	нет	1 курс	среднее	из Кореи	
23	Горский	беспарт.	нет	1 курс	среднее	из Кореи	
24	Николаев	беспарт.	да	1 курс	ниже-среднее	из Кореи	
25	Шешунмин	беспарт.	да	1 курс	среднее	из Кореи	
26	Стулов	беспарт.	да	1 курс	среднее	из Кореи	
27	Мешков	беспарт.	да	1 курс	низшее	из Кореи	
28	Светилова	беспарт.	да	1 курс	низшее	из Кореи	
29	Ласилючкин	беспарт.	да	1 курс	среднее	из Кореи	
30	Слесарев	беспарт.	да	1 курс	среднее	из Кореи	
31	Советский	беспарт.	да	1 курс	ниже-среднее	из Кореи	
32	Петров	беспарт.	да	1 курс	среднее	из Кореи	
33	Кимдогу	беспарт.	нет	1 курс	среднее	из Китая	
34	Япукан	беспарт.	нет	1 курс	среднее	из Китая	

Членов ВКП - 4 Кандид. ВКП - 2 Членов Кор КП - 6 Канд. Кор КП - 3 Состоящих в КСМ - 25 приезжих из СССР - 7 приезжих из Китая - 1 Приезжих из Кореи - 26	Список составлен в 7 февраля 27 г.	

[РГАСПИ. ф.532, оп.1, д.423, лл.1-2об.]

16. СПИСОК КОРЕЙСКОГО КРУЖКА

Фамилия	возраст	КП	КСМ	РКП	РЛКСМ	Соц. полож.
3. Ким-Техе	1900	-	-	РКП с 21г.	-	интел.
6. Ким Ен-У	1903	-	КСМ - 24 г.	-	РЛКСМ с 25 г.	крест.
10. Пак Соня	1902	-	-	-	РЛКСМ	раб.
11. Ко-Хан-Су	1902	-	ККСМ 22 г.	-	РЛКСМ с 25 г.	крест.
15. Тю-Чен-Сон	1903		ККСМ 23 г	к. РКП с 21 г.	РЛКСМ с 23 г.	интел.
18. Ким-Гван-Эри	1898	-	-	к. РКП с 23 г.	-	чернораб.
24. Ким Дин	1894	-	-	РКП с 20 г.	-	служ.
25. Нам-Дгюн-Фе	1902	-	-	-	РЛКСМ с 2[…].	крест.
28. Гроков	1900	к. ККП с 25 г.	ККСМ с 25 г.	-	-	служ.
29. Советский	1907	-	ККСМ с 24 г.	-	-	учащ.
30. Сибирская	1906	к. ККП с 25 г.	ККСМ с 25 г.	-	-	учащ.
31. Землин	1902	-	к.ККСМ с 25 г.	-	-	учащ.
32. Петров	1907	-	ККСМ с 25 г.	-	-	учащ.
33. Ласточкин	1900	-	ККСМ с 25 г.	-	-	учащ.
34. Слесарев	1906	-	ККСМ с 25 г.	-	-	учащ.
36. Тракторов	1904	-	ККСМ с 25 г.	-	-	раб.
37. Знаменский	1900	-	ККСМ с 25 г.	-	-	служ.
38. Востоков	1906	ККП с 25 г.	ККСМ с 25 г.	-	-	учащ.
39. Горский	1905	-	КСМ с 25 г.	-	-	учащ.
40. Ше-Сун-Мин	1900	-	ККСМ с 23 г.	-	-	интел.
41. Мешков	1905	-	ККСМ с 25 г.	-	-	учащ.

42. Батраков	1898	к. ККП с 25 г.	-	-	-	-	батрак
43. Светилова	1907	-	ККСМ с 25 г.	-	-		учащ.
44. Авангардов	1902	-	ККСМ с 24 г.	-	-		чернораб.
45. Николаев	1901	-	ККСМ с 24 г.	-	-		крест.
46. Стулов	1902	-	ККСМ с 25 г.	-	-		крест.
47. Сидоров	1903	ККП с 25 г.	ККСМ с 25 г.	-	-		крест.
48. Ким Догу	1899	ККП с 21 г.	-	-	-		крест.
50. Пак Тин	1900	-	-	чл. ВКП с 24 г.	РЛКСМ с 20 г.		интел.

[РГАСПИ, ф.532, оп.1, д.423, л.16-17.]

17. КОРЕЙСКИЙ КРУЖОК

1) Цой Сен-У	член ВКП(б)
2) Ким Сан Таги	член ВКП(б)
3) Искрин	член Кор. КП
4) Миноносцев	член Кор. КП
5) Сидоров	член Кор. КП, член ВКСМ
6) Востков	член Кор. КП, член ВКСМ
7) Динамитов	член Кор. КП
8) Гранатов	член Кор. КП
9) Громов	канд.Кор. КП
10) Сибирская	канд.Кор. КП, член. ВЛКСМ
11) Тю Чен Сон	член ВКП(б), член ВЛКСМ
12) Ким Дин	член ВКП(б)
13) Пак Тин	член ВКП(б)
14) Землин	член ВЛКСМ
15) Тракторов	член ВЛКСМ
16) Петров	член ВЛКСМ
17) Знаменский	член КЛКСМ
18) Горский	член КЛКСМ
19) Авангардов	член КЛКСМ
20) Николаев	член КЛКСМ
21) Ласточкин	член КЛКСМ
22) Шесунмин	член КЛКСМ
23) Стулов	член КЛКСМ
24) Шерин	без партийности

член ВКП(б)	5ч.
член ККП	6ч.
канд. ККП	2ч.
член ВЛКСМ	7ч.
член КЛКСМ	7ч.
Без партии	1ч.

[РГАСПИ, ф.532, оп.2, д.134, лл.40-40об.]

18. СПИСОК СТУДЕНТОВ ИНГРУППЫ. 1 КУР. 2 КР.

	Фамилия	№ студ. бил.	Год рождения.	Национальность.	Социальное происхождение	Социальное положение	Образование	Партийность				Какую общественную и партийную работу выполнял до поступления в КУТВ	Примечание
								ВКП	ВКП (б)	ККСМ	ВЛКСМ		
1	Авангардов 1925.12.18	2740	1902	Кореец	Черно-рабочий	Крестьянин	Н/среднего	-	-	ККСМ с 24 г.	-	Чл. Бюро ККСМ	Подвергался репр. 2 1/2 года за март. восстание и нар. движение
2	Батраков 1925.11.27	2695	1878	Кореец	Батрак	Крестьянин	малограмот.	Кан.Кор КП с 25 г.	-		-	Был один из инициаторов союза батраков 1923 г. и работал в Исполкоме ККСМ.	

№	Фамилия / дата		Год рожд.	Национ.	Происхождение	Профессия	Образование	ККП		ККСМ		Примечание
3	Востоков 1925.11.24	2693	1906	Кореец	Учитель	Учащийся	Н/среднего	–	–	ККСМ с 25 г.	–	Организ.раб. в Кор. КСМ.
4	Громов 1925.06.27	2701	1900	Кореец	Крестьянин	Служащий	среднее	Кан.Кор КП с 25 г.	–	ККСМ с 25 г.	–	Был чл. бюро городской орг. Кор. КСМ
5	Горский 1925.06.27	2679	1905	Кореец	Крестьянин	Учащийся	среднее		–	ККСМ с 25г.	–	Работал в Кор. КСМ
6	Знаменский 1925.06.27	2692	1900	Кореец	Крест. организатор	Служащий	низшее	–	–	ККСМ с 25 г.	–	Секретарь яч. Кор. КСМ в г. […]
7	Мешков 1925.06.27	2691	1905	Кореец	М.торговка	Учащийся	низшее	–	–	ККСМ с 25 г.	–	Пропаганда в ККСМ и клубную
8	Ласточкин 1925.06.27	2698	1900	Кореец	Крестьянин	Учащийся	Н/среднего	–	–	ККСМ с 25 г.	–	Комсомо-льскую
9	Сибирская 1925.06.27	2702	1906	Кореец	Служащая	Учащийся	среднее	Кан.Кор КП с 25 г.	–	ККСМ с 25 г.	–	Много работала по комсомолу и […] см. дело.

№	Фамилия		Год					ККП		ККСМ			
10	Сидоров 1925.07.13	2734	1903	Кореец	Крестьянин	Крестьянин	среднее	ККП с 25 г.	-	ККСМ с 25 г.	-	ЦК корейск. Комсомола	
11	Слесарев 1925.11.27	2694	1906	Кореец	Крестьянин	Учитель	Н/среднего	-	-	ККСМ с 25 г.	-	организовал союз молод.	
12	Стулов 1925.12.18	2741	1902	Кореец	Крестьянин	Артист	среднее	-	-	ККСМ с 25 г.	-		Несколько раз был захвачен япон. полиц.
13	Светилова 1925.10.27	2745	1907	Кореец	М.орговца	Учащийся	низшее	-	-	ККСМ с 25 г.	-	Работала среди женщин	
14	Николаев 1925.12.18	2742	1901	Кореец	Крестьянин	Учащийся	Н/среднего	-	-	ККСМ с 25 г.	-	Был орган. Кор КСМ	Был захвачен [···] полиц. 10 раз
15	Ше-Сун-Мин 1925.11.27	2630	1906	Кореец	Крестьянин	Учитель	среднее	-	-	ККСМ с 25 г.	-	По организ. ККСМ работал много см. дело	Сидел 3 дня
16	Петров 1925.11.27	2699	1907	Кореец	Крестьянин	Учащийся	Н/среднего	-	-	ККСМ с 25 г.	-		

№	Фамилия, дата	№	Год рожд.	Национальность	Соц. происх.	Профессия	Образование	ККП		ККСМ		Примечания
17	Тракторов 1925.11.27	2694	1904	Кореец	Комиссионер	Чернорабочий	низшее	-	-	ККСМ с 25 г.	-	Был в тюрьме за участие в [...]
18	Динамитов 1925.09.17	2979	1902	Кореец	Крестьянин	Интеллигент	Н/среднего	ККП с 26 г.	-	ККСМ с 25 г.	-	6 месяце в тюрьме за н.р.
19	Искрин 1925.09.17	2977	1903	Кореец	Крестьянин	Интеллигент	Н/среднего	ККП с 26 г.	-	ККСМ с 25 г.	-	В ЦК Кор КСМ и ряд других работ
20	Гранатов 1925.09.17	2978	1900	Кореец	Крестьянин	Крестьянин	Н/среднего	ККП с 26 г.	-	ККСМ с 25 г.	-	Много работал в комсом. см. дело
21	Миноносцев 1925.09.17	2976	1899	Кореец	Крестьянин	Крестьянин	самообраз.	ККП с 25 г.	-	ККСМ с 25 г.	-	Губ. орган комсомола и др.
22	Шерин 1927.02.01	3075	1901	Кореец	Крестьянин	Учащиеся	среднее	-	-	-	-	Работал в крестьянин. союзе
23	Ким-Тин 1924.10.16	2063	1900	Кореец	Крестьянин	Учитель	среднее	ККП с 24 г.	-	-	-	Сидел в тюрьме три раза всего [...]

[РГАСПИ, ф.532, оп.1, д.423, л.19.]

19. СПИСОК ЧЛЕНОВ И КАНДИДАТОВ РЛКСМ КОРЕЙСКОГО КОМСОМ. КРУЖКА КУТВ ЯЧЕЙКА РЛКСМ. ДАТА СОСТАВЛЕНИЯ 9 НОЯБРЯ 1925 Г.

Союзорганизвтор Петр Огай.

членов кандидатов РЛКСМ корейского комсом. кружка

№	фамилия и имя.	№ союз бил	стаж.	национ.	Воз-раст.	пол.	день, месяц, и год поступл. выбыт.
1	Петр Огай	658	С 1920	Кореец	23	м	21/XI - 20 г.
2	София Пак	6177	С 1924	Кореянка	23	ж	В 1924 г.
3	Александра Югай	837	С 1924	Кореянка	22	ж	17/V 1924 г.
4	Нам Дюнфе	645	С 1923	Кореец	23	м	В 1923 г.
5	ГОДЮН	476	С 1921	Кореец	23	м	В 1921
6	ОЧЕРТЮ	661	С 1924	Кореец	23	м	В 1924
7	КИМХО	565	С 1923	Кореец	27	м	В 1923
8	ТЮЧЕНСОН	741	С 1924	Кореец	22	м	В 1923
9	Члены Коркомсом						
	КОХАНСУ		С 1922	Кореец	23	м	В 1922 г.
	КИМЕНУ		С 1924	Кореец	22	м	В 1924 г.
	КИМ ТОКМУ		С 1924	Кореец	22	м	В 1924
	ЛИ МИНЕК		С 1924	Кореец	24	м	В 1924

СОЮЗОРГ. ОГАЙ.

20. СПИСОК ВНОВЬ ПРИНЯТЫХ СТУДЕНТОВ КУТВ В 1928 Г. (КОРЕЙЦЕВ)

№ по пор.	фамилия	Год рожден.	Соц. положение.	Обра-зование	Партийнсеть и стаж	Курс и куржок
1	ГЕНИН	1903	крестьянин	среднее	чл. ККП-25 г.	Подготов.
2	ВЛАСОВ	1904	рабочий	Н/средн	чл. ККП-26 г.	Подготов.
3	ГУРЬЯНОВ	1906	крестьянин	Н/средн.	чл. ККП-27 г.	Подготов.
4	КАПЕЛОВИЧ	1907	крестьянин	Н/средн.	чл. ККП-27 г.	Подготов.
5	ВАСИЛЕВИЧ	1907	крестьянин		чл. ККП-26 г.	1к. 2к.
6	СТАХОВСКИЙ	1901	крестьянин		чл. ККП-27 г.	Подготов.
7	АНИСОВ	1907	крестьянин		чл. ККП-26 г.	1к. 2к.
8	ДАРОВ	1903	крестьянин		чл. ККП-26 г.	Подготов.
9	ЧАНОВА	1906	служащий		чл. ККСМ-26 г.	Подготов.
10	ШПАЛОВ	1906	крестьянин		чл. ККСМ-27 г.	Подготов.
11	ГВАНОВ	1904	крестьянин		чл. ККП-26 г.	1к.

Ниже следующие т.т. не включаются в список т.к. они являются членами и канд. ВКП(Б).

КМИ-ХОБАН	чл.ВКП(Б) – 21 г.
ЯНОВСКИЙ	чл.ВКП(Б) – 20 г.
ВРАГИН Канд.	ВКП(Б) – 28 г.
ПАКЛИН	Канд. ВКП(Б) – 28 г.

Отв. Секретарь Парткомиссии

[РГАСПИ, ф.532, оп.1, д.424, л.19.]

21. СПИСОК КОРЕЙЦЕВ-СТУДЕНТОВ СПЕЦСЕКТОРА КУТВ

№	фамилия	Партийность	Социальное положение.	Откуда прибыл.
1	АНИСОВ	Кор. КП с 26 г., КСМ-25 г.	Крестьянин	Китай.
2	БРАГИН	Кан. ВКП с 28 г.	учащийся	Ун-т Труд. Китая.
3	ВАСИЛЕВИЧ	Кор.КП с 26 г., ВЛКСМ-29 г.	Крестьянин	Маньчжурия
4	ВЛАСОВ	Кор. КП с 26 г.	рабочий	Сев. Маньчжурия.
5	ГВАНОВ	Кор. КП с 26 г., КСМ- 26 г.	служащий	Г. Владивосток
6	ГЕНИН	Кор. КП с 25 г., КСМ- 25 г.	Крестьянин	Корея.
7	ГУРЬЯНОВ	Кор. КП с 27 г., ВЛКСМ-29 г.	Крестьянин	Корея.
8	ДАРОВ	Кор. КП с 26 г., КСМ- 23 г.	Крестьянин	Корея.
9	ДИНАМИТОВ	Кор. КП с 26 г., КСМ- 25 г.	интеллигент	Корея.
10	ДЮ-МИН	Безпартийный	рабочий	Корея. Хонг-Ван.
11	ЕГУНОВ	Кит. КП 27 г., КрКП-26 г.	рабочий	Москва. М.В -ИШ
12	ИВАНОВ	Кор. КП с 28 г.	рабочий	Корея. г.Кенгидо
13	ИКОТИН	Кор. КП с 25 г.	рабочий	Корея. Син-ый-чжу
14	КАНАЛОВ	Кор. КП с 1927 г.	рабочий	Корея. Порт Масан.
15	КАПЕЛОВИЧ	Кор. КП с 28 г., ВЛКСМ- 29 г.	Крестьянин	Корея.
16	КИМ-СИН-БОК	Чл. ВКП с 1925 г.	учащийся	Москва. I стр.полк.
17	КИМ-ТОНУ	Чл. ВКП с 1925 г.	Крестьянин	Москва.
18	КОРЕЕВА	Чл. Кор. КП с 1921 г.	служащий	Корея.
19	ЛАСКОВЫЙ	Чл. ВКП с 28 г., Кит. КП-26.	служащий	Москва. Моск.пех.шн
20	ЛИ-БЯК	Чл. ВКП с 1926 г.	Крестьянин	г. Владивосток. Верх Удинск. стр. полк
21	ЛОПАТИН	Кор. КП с 1928 г.	рабочий	Корея.
22	МАЛЦЕВ	Кор. КП с 1921 г.	служащий	г. Хабаровск

23	МАРКУС	Кор. КСМ с 1928 г.	рабочий	Корея. Кенгидо
24	МАРСИН	Канд. ВКП с 28 г., Кор КСМ 23 г.	интеллигент	Корея.
25	МАЯКАВА	Кор. КП с 1925 г.	рабочий	Корея.
26	МИНАЕВА	Кит. КП 26 г., КСМ- 26 г., ВЛКСМ- 1929 г.	Крестьянин	Китай
27	МИРОНОВ	Кор. КП с 1921 г.	рабочий	Корея. Г. Сеуль
28	ОГНЕВ	Кор. КП с 28 г., КСМ-254.	служащий	Китай
29	ОЛАГИН	Кор. КП с 1926 г.		Хабаровский округ.
30	ПАК-СО	ВЛКСМ 28г., Кор. КСМ -25 г.	рабочий	Ленинград. Военно-[···]мич. школа[···]
31	ПАКЛИН	чл ВКП с 1929 г.		приморский Губком
32	СВЕТОВ	Кор. КСМ с 1928 г.	рабочий	Корея. Хонг-ван
33	СЕВЕРОВ	Беспартийный	учащийся	Корея.
34	СТАХОВСКИЙ	Кор. КП с 1927 г.	Крестьянин	Маньчжурия
35	ХВАН-ТОНИК	чл. ВКП с 1926 г.	служащий	Владивосток. округ
36	ЧАНОВА	Кор. КСМ с 1926 г.	служащий	Корея. Сеуль
37	ШПАЛОВ	ВЛКСМ 29 г., Кор. КСМ 27 г.	рабочий	Корея.
38	ЯНОВСКИЙ	Чл. ВКП 20 г., Кор. КП- 26 г.	рабочий	Корея.

Зав спецсекторов/   (Мельман)

из Кореи – 20
из Китая – 3
из Маньжурии – 2
из СССР – 13

[РГАСПИ, ф.532, оп.1, д.424, лл.22-22об.]

22. СВЕДЕНИЕ О КОРЕЙСКИХ СТУДЕНТАХ КОММУНИСТИЧЕСКОГО УНИВЕРСИТЕТА ТРУДЯЩИХСЯ ВОСТОКА

№№ по пор.	Фамилия, имя и отчество	Откуда прибыл	Соц. положе-ние	Партприна-длежность	Принадлежность коргруп.	Отношение к решениям ИККИ по корейск. вопросу	Заключение
Студенты, оставшиеся на подготовительном отделении							
1	Шпалов	Прибыл из Кореи	Рабочий, моряк	Член ККСМ	Принадлежит к группе "ЛЛ" и активно проводит ее линию, считая эту группу единственно коммунистической в Корее.	Решение ИККИ по корвопросу считает ошибочной, создание в Корее - компартии мыслит путем активной поддержки группы "ЛЛ".	Оставить в КУТВЕ при условии полного отхода от группы "ЛЛ", прекращения групповой борьбы и полного признания последнего решения ИККИ по корвопросу.
Студенты, перешедшие на 1 курс							
2	Стаховский	Прибыл из Маньчжу-рии	Не выяснено	Пл. Панчжурск. орган. ККП / по личному заявлению /	Принадлежит к группе "ЛЛ" и активно проводит ее линию, считая эту группу единственно коммунистической в Корее.	Решение ИККИ по корвопросу считает ошибочной, создание в Корее - компартии мыслит путем активной поддержки группы "ЛЛ".	Оставить в КУТВЕ при условии полного отхода от группы "ЛЛ", прекращения групповой борьбы и полного признания последнего решения ИККИ по корвопросу.
3	Гурьянов	Прибыл из Маньчжу-рии	Не выяснено				

№		Прибыл откуда	Соц. положение	Партийность	Группа	Политхарактеристика	Решение
4	Чанова	Прибыл из Кореи	Интеллигентка	Чл. ККСМ			
5	Даров	Прибыл из Маньчжур.	Крестьянин	Чл. Маньчжур. орган. ККП			
6	Капелович	Прибыл из Маньчжур.	Интеллигент	Чл. Маньчжур. орган. ККП			
7	Яновский	Прибыл из Маньчжур.	Рабочий	Чл. ВКП /б/			
8	Власов	Прибыл из Маньчжур.	Интеллигент	Чл. Маньчжур. орган. ККП			
9	Генин	Прибыл из Кореи	Интеллигент	Чл. ККП	Принадлежал к группе Хваехвой	Заявляет о своей лояльности к последнему решению ИККИ по корвопросу но окончательно свою полит. физиономию не выявил.	Оставить в "КУТВ"е при условии отхода от группы Хваехвой [···].
10	Кореева	Прибыл из Кореи	Служащая	Чл. ККП	Принадлежала к группе Хваехвой	Заявляет о своей лояльности к последнему решению ИККИ по ко-рвопроссу	Оставить в "КУТВ"е при условии полного отхода от группы Хваехвой проведены в жизнь последнего решения ИККИ по корвопросу.

Студенты, перешедшие на 2 курс

№	Фамилия	Откуда прибыл	Соц. положение	Партийность	Отношение к группе	Взгляды	Решение
11	Анисов	Приб. из Маньчжур.	Интеллиг.	Чл. Маньчжурск. орг. ККП и ККСМ, исключен Приморск. орган. из ВЛКСМ за организацию нелегального ядра в яч. ВЛКСМ, активную фракционную работу и противопоставления комсомолу, корпартийцам.			Исключить из КУТВ на основании последнего решения ИККИ по корвопросу, как исключенных из ВЛКСМ.
12	Васильевич	Приб. из Маньчжур.	Интеллиг.		Принадлежит к группе "ЛЛ" и активно проводит ее линию, считая эту группу единственно коммунистической в Корее.	Последнее решение ИККИ считает ошибочной, создание в Корее компартии мыслит путем активной поддержки группы "ЛЛ"	
13	Гванов	Приб. из Маньчжур.	Интеллиг.	Чл. Маньчжур. орг. ККП и ККСМ	Принадлежит к группе "ЛЛ" и активно проводит ее линию, считая эту группу единственно коммунистической в Корее.	Последнее решение ИККИ считает ошибочной, создание в Корее компартии мыслит путем активной поддержки группы "ЛЛ"	Оставить в КУТВ'е при условии полного отхода от группы "ЛЛ" прекращения групповой борьбы и полного признания последнего решения ИККИ по корвопросу.
14	Маякова	Приб. из Шанхая	Работн.	Чл. ККП	Принадлежала к группе Хваехвой	Заявляет о своей лояльности к последнему решению ИККИ по корвопросу	Оставить в "КУТВ'е при условии полного отхода от группы Хваехвой и активного участия в проведении в жизнь последнего решения ИККИ по корвопросу.

№		Приб. (откуда)	Соц. положение	Партийность	Групповая принадлежность		Решение
15	Брагин	Приб. из Маньчжур.	бывш. дворян.	Канд. ВКП /б/	К группам не принадлежал	Заявляет о своей лояльности к последнему решению ИККИ по корвопросу	Оставить
16	Паклин	Приб. из Китая	Интеллиг.	Канд. ВКП /б/	К группам не принадлежал	Заявляет о своей лояльности к последнему решению ИККИ по корвопросу	Оставить
				Студенты, перешедшие на 3 курс			
17	Северов	Приб. из Кореи	Интеллиг.	Беспартийный	Принадлежит к религиозной организации "Чендогё"	Не выяснено	Как принадлежащего к религиозной организации и активно участвующего в ее работе из состава студентов КУТВ исключить.
18	Минаева	Приб. из Китая	Учащаяся	Чл. ВЛКСМ	Не принадлежала	Не выяснено	Оставить вопрос о дальнейшем пребывании в КУТВе открытым до выяснения личности.
19	Огнев	Приб. из Кореи	Интеллиг.	Чл. ККП	Принадлежал к Хваехвой	Заявляет о своей лояльности к последнему решению ИККИ по корвопросу	Оставить в КУТВе при условии полного отхода от группы Хваехвой и активного участия в проведении в жизнь последнего решения ИККИ по корвопросу.
20	Ким-Хобан	Приб. из Кореи	Интеллиг.	Чл. ВКП /б/	Принадлежал к Хваехвой	Заявляет о своей лояльности к последнему решению ИККИ по корвопросу	Оставить

Студенты, окончившие основной курс

№						
21	Искрин	Приб. из Кореи	Бывш. двор. интеллиг.	Чл. ККП	До прибытия в Москву принадлежал к группе Хваехвой, сейчас активно поддерживает группу "ЛЛ". В корревдвиж. активного участия не принимал, до прибытия в КУТВ учился в Сеульском Университете.	Ввиду хороших результатов учебы в КУТВе можно использовать на ответственной партработе в Корее, в случае полного отхода от группы "ЛЛ" и прекращения групповой борьбы с признанием правильности последнего решения ИККИ по корвопросу.
22	Гранатов	Приб. из Кореи	Интеллиг.	Чл. ККП	До прибытия в Москву принадлежал к группе Хваехвой, сейчас активно поддерживает группу "ЛЛ". В корревдвиж. активного участия не принимал, до прибытия в КУТВ учился в Сеульском Университете.	В случае полного отхода от группы "ЛЛ" и прекращения фракционной борьбы, можно послать на работу в Корею или Китай.
23	Землин	Приб. из Кореи	Интеллиг.	Канд. ВКП /б/	До прибытия в Москву принадлежал к группе Хваехвой, сейчас активно поддерживает группу "ЛЛ". В корревдвиж. активного участия не принимал, до прибытия в КУТВ учился в Сеульском Университете.	В случае полного отхода от группы "ЛЛ" и прекращения фракционной борьбы, можно послать на работу в Корею или Китай.
24	Марсин	Приб. из Манчж.	Интеллиг.	Канд. ВКП /б/	До прибытия в Москву принадлежал к группе Пак-Юнсе, сейчас активно поддерживает группу "ЛЛ". В корревдвижении принимал активное участие, работал в партизанских отрядах в Маньчжурии.	В случае полного отхода от группы "ЛЛ" и прекращения фракционной борьбы, можно послать в ИККИ или на работу в Корею.

№	Фамилия		Соц. положение	Партийность	До прибытия в Москву	Рекомендация
25	Востоков	Приб. из Кореи	Бывш. Знатный дворянин, интеллигент.	Чл. ККП	До прибытия в Москву принадлежал к группе Хваехвой, сейчас активно поддерживает группу "ЛЛ". В корреввижении принимал активное участие.	В случае полного отхода от группы "ЛЛ" и прекращения фракционной борьбы, можно послать на работу в Корею.
26.	Петров	Приб. из Кореи	Учащийся	Канд. ВКП /б/	До прибытия в Москву принадлежал к группе Хваехвой, сейчас активно поддерживает группу "ЛЛ". В корреввиж. активного участия не принимал.	В случае полного отхода от группы "ЛЛ" и прекращения фракционной борьбы можно послать на ответст. работу в Корею по комсомольской линии.
27	Горский	Приб. из Кореи	Крупный помещик, работал делец, интеллигент.	Беспарт.	До прибытия в Москву принадлежал к организации "Пук-Пхунхвой", сейчас активно поддерживает группу "ЛЛ".	Как чуждого по соц. положению и беспартийному необходимо от использования по линии ИККИ отказаться.
28	Громов	Приб. из Кореи	Сын помещика, интеллигент.	Канд. ВКП /б/	До прибытия в Москву принадлежал к группе Хваехвой. В корреввижении активного участия не принимал.	Как чуждого по соц. положению и беспартийному необходимо от использования по линии ИККИ отказаться.
29	Сидоров	Приб. из Кореи	Служащий, выходец из беднейшей крестьянской семьи	Чл. ККП	До прибытия в Москву принадлежал к группе Хваехвой. В корреввижении принимал активное участие, последнее решение ИККИ по корвопросу считает правильным.	Можно послать на работу в Корею при условии дачи обязательства о прекращении поддержки группы Хваехвой и фракционной борьбы.

№					
30	Тракторов	Приб. из Кореи	Рабочий	Канд. ВКП /б/	До прибытия в Москву принадлежал к группе Хваехвой. В коррведвижении принимал активное участие, последнее решение ИККИ по корвопросу считает правильным.	Можно послать на работу в Корею при условии дачи обязательства о прекращении поддержки группы Хваехвой и фракционной борьбы.
31	Знаменский	Приб. из Кореи	Служащий	Канд. ВКП /б/	До прибытия в Москву принадлежал к группе Хваехвой. В коррведвижении принимал активное участие, последнее решение ИККИ по корвопросу считает правильным.	Тоже на ответственную работу по комсомольской линии.
32	Сибирская	Приб. из Кореи	Интеллиг.	Канд. ВКП /б/	До прибытия в Москву принадлежала к группе Хваехвой. В коррведвижении активного участия не принимала, последнее решение ИККИ по корвопросу считает правильным.	Можно послать на работу в Корею при условии дачи обязательства о прекращении поддержки группы Хваехвой и фракционной борьбы.

[РГАСПИ, ф.532, оп.1, д.322, лл.69-72.]

23. ДЕТАЛЬНАЯ РАЗВЕРСТКА НА СПЕЦСЕКТОР КУТВ НА 1928/29 УЧЕБН. ГОД

ОБЩАЯ РАЗВЕРСТКА – 295

национальность		колич.	всего
Китайцы			50
Танна-тувинцы			15
Персы			15
Арабы	Алжир. Тунис	9	35
	Триполи	5	
	Египет	6	
	Сирия	3	
	Палестина	3	
	Ирак	3	
	Аравия	6	
Испанск. группа	Мексиканцы	10	40
	Никарагуа	2	
	Куба	2	
	Аргентина	10	
	Уругвай	4	
	Бразилия	8	
	Чили	2	
	Проч.Ср.Амер.республ.	2	
Корейская группа			15
Японская группа	Японцы	16	20
	Формезцы	4	
Турки			25
Индусы	Бирма	2	20
	Бенгалия	6	
	[···]	3	
	Запад. Индия	6	
	Белуджистан	3	
Негры	Соед. Штаты	5	25
	Антильск. острова	2	

	Нигерия	1	
	Южн. Африкан. Союз	6	
	Восточн. Африка	3	
	Либерия	2	
	Конго	2	
	Мадагаскар	4	
Индокитайцы			10
Филиппинцы			10
Малайцы			15
			ВСЕГО - 295

[РГАСПИ, ф.532, оп.1, д.62, л.3.]

24. СТАТИСТИЧЕСКИЕ СВЕДЕНИЯ НА СПЕЦСЕКТОР КУТВ НА I/XI 1928 Г.

I. ПО КУРСАМ.
1. 1-й курс – 64 чел.
2. 2-й кур – 47 чел.
3. 3-й курс – 36 чел.
4. Подг.курс – 37 чел.

II. ПО ВОЗРАСТУ.
1. До 1990 г.р – 22 ч.
2. 1900-1905 г. – 92 ч.
3. 1906-1910г – 68 ч.
4. 1911 и выше – 2 ч.

III. ПО ПОЛУ.
1. Мужчи – 162 чел.
2. Женщин – 22 чел.

IV. ПО НАЦИОНАЛЬНОСТИ.

1. Монгол – 35 чел.
2. Тувинцев – 23 чел.
3. Персов – 25 чел.
4. Корейцев – 26 чел.
5. Турок – 11 чел.
6. Арабов – 13 чел.
7. Индокитайцев – 12 чел.
8. Японцев – 8 чел.
9. Индусов – 7 чел.
10. Негров – 5 чел.
11. Албанцев – 3 чел.
12. Уйгуров – 4 чел.
13. Евреев – 4 чел.
14. Греков – 2 чел.
15. Малайцев – 1 чел.
16. Тунган – 1 чел.
17. Киргизов – 1 чел.
18. Филиппинцев – 3 чел.

V. ПО СОЦИАЛЬНОМУ ПОЛОЖЕНИЮ.
1. Рабочих – 53 чел.
2. Крестьян – 74 чел.
3. Служащих – 32 чел.
4. Учащихся – 13 чел.

5. Интеллигент – 9 чел.

6. Батраков – 3 чел.

VI. ПО ПАРТПРИНАДЛЕЖНОСТИ.

1. Чл. Компартий 90 чел. Из них

1) ВКП(Б) – 26 чел.

2) И.К.П – 15 чел.

3) Т.К.П – 11 чел.

4) Кор.КП – 19 чел.

5) Ф.К.П. – 4 чел.

6) Ам. К.П – 4 чел.

7) М.К.П – 1 чел.

8) Ег.КП – 2 чел.

9) Фил.КП – 3 чел.

10) Кит.КП – 1 чел.

11) Пол.КП – 4 чел.

2. Чл. Комсомола - 47 чел. из них

1) ВЛКСМ – 25 чел.

2) ИрКСМ – 1 чел.

3) ККСМ – 8 чел.

4) Ам. КСМ – 1 чел

5) Кор. КСМ – 1 чел.

6) Пол. КСМ – 7 чел.

7) ТКСМ – 2 чел.

8) Гр. КСМ – 2 чел.

3. Членов Нарревпартий – 24 чел.

4. Членов Ревсомола – 28 чел.

5. Членов Нар.рев.орган. – 1 чел.

6. Членов Крест. парт. – 4 чел.

7. Беспатийных – 18 чел.

ПРИМЕЧАНИЕ : Всего по партпринадлежности 212 человек. Из них 28 человек одновременно состоят в двух организациях

Сведения составлены на основании студенческих анкет и сверены с парткомиссией КУТВ.

[РГАСПИ, ф.532, оп.1, д.62, лл.7-8.]

25. СТАТИСТИЧЕСКИЕ СВЕДЕНИЯ СПЕЦСЕКТОРА КУТВ НА 15/XII 1928 Г.

I. По Курсам.

    1. Подготовительный курс – 38 чел.

    2. 1-й курс – 77 чел.

    3. 2-й курс – 47 чел.

    4. 3-й курс – 36 чел.

II. По ВОЗРАСТУ:

    1. До 1900 год. рожд. 22 чел.

    2. С 1900 по 1905 г.р. – 100 чел.

    3. С 1906 по 1910 г.р. – 74 чел.

    4. С 1911 и выше – 2 чел.

III. ПО ПОЛУ:

    1. Мужчин – 175 чел.   2. Женщин – 23 чел.

IV. ПО НАЦИОНАЛЬНОСТИ.

1. Монгол – 34 чел.	11. Албанцев – 3 чел.
2. Тувинцев – 24 чел.	12. Уйгуров – 4 чел.
3. Персов – 27 чел.	13. Евреев – 4 чел.
4. Корейцев – 32 чел.	14. Греков – 2 чел.
5. Турок – 13 чел.	15. Малайцев – 1 чел.
6. Арабов – 13 чел.	16. Тунган – 1 чел.
7. Индо-китайцев – 15 чел.	17. Киргизов – 1 чел.
8. Японцев – 7 чел.	18. Филиппинцев – 3 чел.
9. Индусов – 5 чел.	19. Эквадорцев – 4 чел.
10. Негров – 5 чел.	

V. ПО СОЦИАЛЬНОМУ ПОЛОЖЕНИЮ.

1. Рабочих – 53 чел.
2. Крестьян – 74 чел.
3. Служащих – 35 чел.

4. Учащихся – 14 чел.
5. Интеллигент – 10 чел.
6. Батраков – 3 чел.

VI. ПО ПАРТПРИНАДЛЕЖНОСТИ.

1. Членов компартий - 101 чел. из них:

1) ВКП(Б) – 32 чел.
2) Иран. К.П – 16 чел.
3) Турецкой К.П. – 13 чел.
4) Корейской К.П. – 20 чел.
5) Французской К.П. – 4 чел.

6) Американской К.П. – 4 чел.
7) Египетской К.П. – 3 чел.
8) Филиппинск. К.П. – 3 чел.
9) Китайской К.П – 2 чел.
10) Палестинск. К.П – 4 чел.

2. Членов Комсомола - 50 чел. из них:

1) ВЛКСМ – 26 чел.
2) Иранск. КСМ – 1 чел.
3) Кит. КСМ – 8 чел.
4) Амер.КСМ – 1 чел.

5) Корейск. КСМ – 3 чел.
6) Палестинск. КСМ – 7 чел.
7) Тур.КСМ – 2 чел.
8) Греч. КСМ – 2 чел

3. Эквадорская социалистическая партия – 4 чел.
4. Народно-Революционная партия – 25 чел.
5. Членов Ревсомола – 29 чел.
6. Членов Народно-революц.орган. – 1 чел.
7. Членов Крестьянских партий – 4 чел.
8 Беспартийных – 18 чел.

ВСЕГО на 15-е декабря 1928 г. числится 198 человек.

[РГАСПИ, ф.532, оп.1, д.62, лл.11-12.]

26. СТАТИСТИЧЕСКИЕ СВЕДЕНИЯ СПЕЦСЕКТОРА КУТВ НА 23/I 1929 Г.

I. По курсам

    1. Подготовительный курс   42 чел.

    2. 1-й курс   78 чел.

    3. 2-й курс   47 чел.

    4. 3-й курс   35 чел.

II. По возрасту

    1. До 1900 г.рожд.   23 чел.

    2. С 1900 по 1905 г.р.   103 чел.

    3. С 1906 по 1910 г.р.   74 чел.

    4. С 1911 и выше   2 чел.

III. По полу

    1. мужчин – 179 чел.

    2. женщин – 23 чел.

IV. По национальности

    1. Монгол – 34 чел.   10. Негров – 5 чел.

    2. Тувинцев – 24 чел.   11. Албанцев – 3 чел.

    3. Персов – 32 чел.   12. Уйгуров – 5 чел.

    4. Корейцев – 31 чел.   13. Греков – 4 чел.

    5. Турок – 13 чел.   14. Малайцев – 1 чел.

    6. Арабов – 15 чел.   15. Тунган – 1 чел.

    7. Индо-китайцев – 15 чел.   16. Филиппинцев – 3 чел.

    8. Японцев – 6 чел.   17. Эквадорцев – 4 чел.

    9. Индусов – 5 чел.   18. Армян. егип. – 1 чел.

V. По социальному положению

1. Рабочих – 62 чел.
2. Крестьян – 77 чел.
3. Служащих – 35 чел.
4. Учащихся – 15 чел.
5. Интеллигентов – 10 чел.
6. Батраков – 3 чел.

VI. По партпринадлежности:

1. Членов компартий - 101 чел, из них

1. ВКП(Б) – 31 чел.
2. Иран.К.П – 19 чел.
3. Турецкой К.П – 13 чел.
4. Корейской К.П – 20 чел.
5. Французской КП – 4 чел.
6. Американск. КП – 4 чел.
7. Египетской КП – 2 чел.
8. Китайской КП – 2 чел.
9. Палестинской – 4 чел.

2. Членов Комсомола- 50 чел., из них :

1. ВЛКСМ – 26 чел.
2. Иранск. КСМ – 2 чел.
3. Кит. КСМ – 8 чел.
4. Амер. КСМ – 1 чел.
5. Корейск. КСМ – 3 чел.
6. Палестинск. КСМ – 7 чел.
7. Тур. КСМ – 2 чел.
8. Греч. КСМ – 2 чел.

3. Эквадорская социалистическая партия – 4 чел.
4. Народная-Революционная партия – 25 чел.
5. Членов Ревсомола – 29 чел.
6. Членов народно-революционн. организаций – 1 чел.
7. Членов Крестьянских партий – 4 чел.
8. Филип.народн.партия – 3 чел.
9. Беспартийных – 18 чел.

Всего на 23 янвяря 1929 г. числится 202 человека.

Отпечатано - 2 экз.: 1 - вдело

1- для исправления.

[РГАСПИ, ф.532, оп.1, д.81, лл.[쪽수불명].]

27. СВЕДЕНИЯ О НАХОДИВШИХСЯ СТУДЕНТАХ НА СПЕЦСЕКТОРЕ КУТВ НА 15/XI-29 Г.

№ № по пор.	национальность	время пребывания в КУТВ					кол-во
		1 год и меньше	2 года		3 года и больше		
			СССР	ИККИ	СССР	ИККИ	
1	Персы	42	4	9	11	10	76
2	Турки	39	13	12	3	12	79
3	Арабы	7	3	6	1	4	21
4	Индусы	33	3	1	1	1	39
5	Негры	8	-	-	-	1	9
6	Монголы	30	1	10*	-	11*	52
7	Греки	15	4	2	-	5	26
8	Кашгарцы	2	1	2	1	-	6
9	Болгары	6	1	-	-	-	7
10	Уйгуры	1	4	-	1	1	7
11	Малайцы	4	-	2	1	-	7
12	Японцы	22	1	12	1	13	49
13	Албанцы	1	-	-	-	-	1
14	Корейцы	81	23	9	16	11	140
15	Тувинцы	13	-	3*	-	1*	17
16	Индокитайцы	5	-	2	-	2	9
17	Евреи	10	3	1	1	3	18
18	Китайцы**	188	2	87	1	13	429

* Отправлены непосредственно на родину.
** В 1928 году, при слиянии китсектора КУТВ с КУТК, последнему было передано 138 человек.

[РГАСПИ, ф.532, оп.1, д.81, л.3.]

28. ПАРТСТАЖ СТУДЕНТОВ КУТВ

Национальность	ПАРТСТАЖ									нет сведен.	беспа-рт.	все-го
	1919	1920	1921	1922	1923	1924	1925	1926	1927			
Подготовительный курс.												
1. Китайцев	-	-	-	-	-	3	6	10	3	-	-	22
2. Арабов	-	-	-	-	-	-	1	4	-	-	-	5
3. Евреев	-	-	-	-	-	-	-	1	-	-	-	1
4. Тувинцев	-	-	-	1	-	-	5	-	1	-	-	7
5. Монголов	-	-	1	1	1	3	6	5	-	-	-	17
6. Персов	-	-	1	-	-	-	-	1	1	-	1	4
7. Индусов	-	-	-	1	-	-	-	-	-	-	-	1
												57
1-й курс спецгруппы												
1. Китайцев	-	-	-	1	3	9	15	29		3	-	73
2. Арабов	-	-	-	-	-	1	2	1	4	-	-	8
3. Персов	1	-	-	5	1	-	-	1	1	-	1	10
4. Греков	-	-	-	-	-	1	-	-	-	-	-	1
5. Евреев	-	1	-	-	-	-	-	-	-	-	-	1
6. Тувинцев	-	-	-	-	-	-	3	-	2	-	-	5
7. Монголы	-	-	-	1	-	-	3	3	1	1	-	9
8. Корейцы	-	-	-	-	-	-	-	1	-	-	1	2
9. Уйгуры	-	-	-	-	-	1	-	1	1	-	2	5
10. Негры	-	-	3	-	-	-	-	3	1	-	-	7
11. Индо-китайцы	-	-	-	-	-	-	-	2	-	4	1	7
12. Турки	-	-	-	-	-	-	1	4	-	2	-	7
												135
2-й курс.												
1. Арабы	-	-	-	-	-	-	-	2	-	-	-	2
2. Корейцы	-	-	-	-	1	-	15	3	-	-	-	19
3. Китайцы	-	3	1	2	7	7	29	8	-	-	-	58
4. Тувинцев	-	-	-	-	-	-	-	-	-	-	1	1
5. Монголы	-	-	-	1	-	2	9	1	-	-	1	14
6. Малайцы	-	-	-	-	-	-	-	1	-	-	-	1
7. Греки	-	-	-	-	-	-	-	2	-	-	-	2
8. Евреи	-	-	2	-	-	-	-	-	-	-	-	2
9. Персы	-	-	-	-	-	-	2	4	1	-	-	7
10. Албанцы	-	-	-	-	-	-	-	-	-	-	2	2
11. Японцы	-	-	-	-	1	-	-	4	5	-	4	14
12. Индо-китайцы	-	-	-	-	-	-	1	1	-	-	1	3
13. Турки	-	-	-	-	-	-	-	2	-	-	-	2
14. Индусы	-	-	-	-	-	-	1	1	-	-	1	3
												130
3-й курс.												
1. японцы	-	-	-	-	-	-	1	3	-	-	7	11

[РГАСПИ, ф.532, оп.1, д.62, л.42.]

29. СПИСОК СТУДЕНТОВ КУТВ

Японцы

No.	фамилия	№. ст.б.	когда прибыл в КУТВ	Когда выбыл из КУТВ	Куда направлен	примеча-ние
1	АНИТА	2293	1926	1928	на практ. работу	
2	АРАКОВ	1625	1923	1925	ИККИ	
3	АРХИПОВ	3034	1926	1928		
4	ВАКАЛИ	2624	1925			
5	ВАДА-КИНЧИРО	1164	1921	1922	ИККИ	
6	ВИЛЬБЕРКИ НАШУРА	2158	1924	1925	ИККИ	
7	КОКОТА	2633	1924	1926	ИККИ	
8	ИМИН ХАДЕЕ	2296	1925	1926	ИККИ	
9	ИХАРА	2312	1925	1926	ИККИ	
10	ИВАНОВ	2732	1925	1928	ИККИ	
11	КИТА-УРА	1135	1922	1923	ИККИ	
12	КИМУРА-КИЛУТА	2297	1925	1926	Владивосток	
13	КАШАДА	2311	1925	1926	Владивосток	
14	КЕНТИ	2159	1924	1926	ИККИ	
15	ДАВАМУРА Тексус	2292	1925			
16	КУНИОКА	2625	1925	1928	ИККИ	
17	ВАГИЯМА	2627	1925			
18	КАБОРИ	2623	1925	1928	ИККИ	
19	ЛЕЙ-МУ-СИ	2775	1926			
20	МИЯКО	2635	1925	1927	ИККИ	
21	МИЯМОТО	2629	1925	1927	ИККИ	
22	МИХАЙЛОВ	3025	1926	1928	ИККИ	
23	МИЗУНУМО	1136	1922	1924	ИККИ	
24	НОДА-КЕНДИ	1572	1923	1926	Иван.Возн	
25	ОНШИН	2295	1925	1926	ИККИ	
26	ПЕТРОВ	3013	1926	1928	ИККИ	
27	ПЕТРОВСКИЙ	3037	1926	1927	ИККИ	
28	САВУРО-КОДАМО	1137	1922	1924	На произв.	
29	САНТО КЕНДЗИ	1753	1924	1926	ИККИ	
30	СОКОЛОВ	3033	1926	1926	умер	
31	СОКОЛЬНИКОВ	3028	1926			
32	СМИРНОВ	3012	1926	1926		
33	СУМИТОВ	2631	1925			

34	ТАВАТА САБУРО	2291	1925	1926		
35	ТАКИНА Какудае	1624	1923	1925	ИККИ	
36	ТАКУНАГА	2630	1925	1928	ИККИ	
37	ТОМИУКА	2634	1925	1928	ИККИ	
38	ХАТТА	3061	1926	1926	ИККИ	
39	ХИДЕ	2264	1924	1926	ИККИ	
40	КУКАМОТО	2032	1925	1927	ИККИ	
41	ЦУЦИДА	2626	1925	1928	ИККИ	
42	ЯМАКИТА	2294	1925	1926	ИККИ	

Албанцы

No.	фамилия	№. ст.б.	когда прибыл в КУТВ	Когда выбыл из КУТВ	Куда напраплен	примечание
1	ХИДРЫ	2952	1926	1928	ИККИ	
2	ЧЕКАНОВ	4600	1928	1928	ИККИ	по болезни

Корейцы

No.	фамилия	№. ст.б.	когда прибыл в КУТВ		Когда выбыл из КУТВ	Куда паправлсн
1	АВАНГАРДОВ	2740	1925			
2	БАТРАКОВ	2695	1925		1927	
3	БАН-УШЕН	1905	1923		1923	ИККИ
4	ВЕНКОВ	2696	1925		1927	Владивосток
5	ГО-ДЮН	2055	1924		1926	В Приморье
6	ДИНАМИТОВ	2979	1926		1928	
7	КИМ ЕНГЧЕРИ	2097	1924		1925	В Приморье
8	КАН ЦАЙТЕН	2051	1924		1925	В Приморье
9	КИМ-ДЕН-СИК	2213	1924		1925	В Приморье
10	КИМ АНТОН	512	1921		1924	ЦК ВКПБ
11	КИМ-ЯК-СЕН	2214	1924		1924	В Ленинг. воен. школу
12	КИМ-ЕН-ГУК	1641	1923		1924	В Ленинг. воен. школу
13	КИМ-ДИН	2101	1924		1927	
14	КИМ-ДОГУ	2091	1926		[…]	
15	КИМ-ТЕХЕ	2063	1924		1927	[…]

16	КИМ МАРИЯ	2987	1926		1927	[···]
17	КИМ-ЕН-У	2104	1924		1927	
18	КО-ХАН-СУ	2234	1924			
19	КИМ-ЧЕР-ГУК	2226	1924		1926	Приморье
20	КИМ-ХО	[···]	1924		1926	Приморье
21	КИМ-ГИ-ЕР	1640	1923		1926	Приморье
22	КИМ-ВАН	469	1921		1923	Дальбюро ЦК
23	КИМ-ГВАГ-ЭРИ	2224	1924		1927	ИККИ
24	КИМ-ДОН-МУ	2233	1924		1926	Владивосток
25	КИМ-КВАН-ИН	2102	1924		1925	Приморье
26	КИМ КЕХА	50	1921		1921	
27	КОН-НАМ-КЕЛЬ	37	1921			
28	КИМ-ДЕН	41	1921		1922	ИККИ
29	КИМ-ТЕН-ГУ	40	1921		1921	
30	КИМ МАТВЕЙ	71	1921		1921	I МГУ
31	КИМ-ГЮ-ЧАН	43	1921		1922	ИККИ
32	КИМ-ШЕН-ЧЕН	645	1921		1922	ИККИ
33	КИМ-ИР	115	1921		1922	I МГУ
34	КИМ-САН-ТАГИ	72	1921		1928	ЦК ВКПБ
35	КИМ-ГВАН	494	1922		1924	ИККИ
36	КИМ-ТЕН-ХИЙ	2215	1924		1924	Ленингр. воен. школа
37	КИМ-СЕ-МУН	490	1922		1924	ИККИ
38	КАН-ДЕ-ВАН	2099	1922		1924	Ленингр. воен. школа
39	КИМ-ДЕ-ХА	2094	1924		1925	Екатеринбург
40	КИМ-ХИ-СУ	2094	1924		1925	Приморье
41	КИМ-ВОЛ-ЧЕН	1790	1924		1925	Москва Райком Металл.
42	КИМ-ЯК-САН	536	1925		1926	Владивосток
43	КО-КВАН-СУ	491	1922		1925	ИККИ
44	КИМ-ПОН-НЮР	1638	1923		1923	В Москве[···]
45	ЛИ-ГИ-ШЕК	1645	1923		1925	Прим. Губком ВКПБ
46	ЛИМ-ЕН-ТЕН	2103	1924		1925	Прим. Губком ВКПБ
47	ЛИ-ДЮН-ГУ	492	1922		1925	Прим. Губком ВКПБ
48	ЛИ-ЕНТЕ	2231	1924		1925	Уральск. обл. Ком. Кор. раб

49	ЛИ-ДИТХЯН	493	1922		1925	ИККИ
50	СЕ-САН-ХИ	2211	1924		1925	Екатеринбург
51	ЛИ-ДЕНИР	1587	1922		1924	ЦК ВКПБ
52	ЛИ-ДОНГУК	1692	1923		1926	Приморск. Губком
53	ЛИ-МУН-ХЕН	485	1922		1924	ИККИ
54	ЛИ ТАН-ЦИБА	2210	1924		1924	Ленингр. воен. шк.
55	ЛИ Параскова	642	1922		1923	ИККИ
56	Ли Мария	1953	1923		1923	ИККИ
57	ЛИ-КВАН-ХИ	176	1921		1922	ИККИ
58	ЛИ-ЕНСИК	312	1921		1922	Ком. У-тет им. Зиновьева
59	ЛИ-ДЕК-САН	2199	1924		1926	ЦК ВКПБ
60	ЛИ-ТХАН	1788	1924		1926	Приморье
61	ЛИ-МИН-ЕН	2095	1924		1926	Приморье
62	ЛИ-ДЮН-ПЯК	2195	1924		1926	Приморье
63	ЛАСТОЧКИН	2798	1925		1927	Приморье
64	ЛИ-ЕН-ДИН	39	1921		1922	ИККИ
65	ЛИ-ДЯ-МУК	42	1921		1921	ИККИ
66	ЛИ-ДОН-У	495	1922		1923	В Ленингр. воен. школу
67	ЛИ Татьяна	538	1923		1923	Дальбюро ИККИ женщ.
68	ЛИУ-ШИНЬ-ТИ	1108	1922		1923	Дальбюро ИККИ женщ.
69	МИШКОВ	2691	1925		1926	
70	МИНАНОСОВ	2976	1926			
71	МА-ЧУНГЕЛЬ	2100	1924		1924	в Ленингр. воен. школу
72	МА-ДЮН	2096	1924		1924	в Ленингр. воен. школу
73	НО-САНЕР	2262	1924		1925	ИККИ
74	НИКОЛАЕВ	2742	1925		1927	
75	НИГАЙ Александр	1763	1924		1924	
76	НО-ЧЕН-МУК	2208	1924		1926	
77	НАМ-ДЮН-ФЕ	2105	1924		1927	
78	О-ГИ-ЧАН	2589	1923		1923	Военн. школа
79	ОГАЙ Петр	1349	1923		1926	в Приморье
80	ОШЕН-МИН	1831	1924		1926	в Приморье

81	О-ЧАН-У	1585	1923		1925	в Приморье
82	ПАК ТАРАСИЙ	743	1921		1922	Корея
83	ПАК-ТЯ-МО	2225	1924		1926	в Приморье
84	ПАК ГЕРУН	1536	1923		1927	в Приморье
85	ПАК Анисья	1643	1923		1926	в Приморье
86	ПАК ЕНХИ	2253	1924		1925	Воен.школу
87	ПАК-ФИР-АВАН	2192	1924		1925	Иваново-Возн
88	ПАК ФЕДОР	1583	1923		1925	в Приморье
89	ПАК ЧЖЕ	44	1921		1921	ИККИ
90	ПАК-ЩЕ-ОН	1154	1923		1925	Воен. школу
91	ПАК-ЧЕН-ИК	79	1921		1922	ИККИ
92	ПАК ПАВЕЛ	83	1921		1922	Иркутск
93	ПАК МИН-ХО	1299	1922		1922	ЦК ВКПБ
94	ПАК КОНОННЮК	873	1921		1922	ИККИ
95	ПАК-ТОН-ХИ	52	1921		1922	ИККИ
96	ПАК Роберт	105	1921		1922	
97	ПАК-МИН-ПО	1636	1923		1924	Уралбюро
98	ПАК-ТИН	429	1922		1924	Воен. школу
99	ПАК-ЮН-СЯ	1284	1923		1924	Воен. школа
100	ПАК-ИЕН-ДИН	2194	1924		1924	Иркутск
101	ПАК Никифор	247	1921		1922	Воен. школа
102	ПАК ИЕН-СО	1153	1922		1923	ЦК ВКПБ
103	ПАК ЧЕРХВАН	1145	1922		1923	Дальбюро
104	СВЕТИЛОВА	2745	1925		1926	
105	СОВЕТСКИЙ	2703	1925		1925	
106	СЛЕСАРЕВ	2694	1925		1927	
107	СТУЛОВ/СИТЛОВ	2441	1925			
108	ТАРЗАНОВ	497	1926		1926	ИККИ
109	ТЕО-ХИ-ЧАН	1559	1923		1925	ИККИ
110	ТЕН-ДЕН-ГВАН	2232	1924		1925	ИККИ
111	ТЯН-ДИН-ВАН	2193	1924		1925	Свердловка
112	ТЕН-ЕН-ЧЕР	2209	1924		1924	Ленингр. военную школу
113	Тю-ЧЕН-СОН	1588	1928		1927	
114	ТЕН-ХАЙ	274	1921		1922	ИККИ
115	ТИЯН-ТИ-УН	486	1922		1923	Дальбюро
116	ТЕХ-ДАН-ХУН	[···]	[···]		[···]	
117	ТЕН-ВАН-ТЮН	493	1922		1923	ЦККККИ
118	ХАН-МИХАИЛ	152	1923		1924	ИККИ
119	ХАН-САН-ХИ	1557	1923		1926	в Приморье

120	ХЕН-ЧЕРДЕЙ	496	1922		1923	
121	ХОН-СЕК-КИ	1639	1922		1923	
122	ХАН-ИН-ГАН	1639	1923		1925	
123	ХО-ДИН-ИР	2098	1924		1925	Ив.Возн
124	ЦОЙ-ШЕН-ИУ	481	1922		1923	ИККИ
125	ЦОЙ-МИН-ХИМ	1214	1922		1923	ИККИ
126	ЦОЙ ШАЙДЕН	35	1921		1921	ИККИ
127	ЦОЙ-ДОН-УК	48	1921		1921	ИККИ
128	ЧОЙ-ГВАН-ДИН	38	1921		1921	ИККИ
129	ЦОЙ-ГЕРИ	47	1921		1921	ИККИ
130	ЦОЙ-СЕН-ФИР	2098	1924		1926	в Приморье
131	ЧАЙ-ЧАН-ХИА	145	1921		1924	ЦК ВКПБ
132	ЧОЙ-ПО	2748	1926			
133	ЧЕРТ-ХО-О	250	1924		1926	в Приморье
134	ШЕ-САН-АК	1829	1924		1925	Ив. Возн.
135	ЮГАЙ Александра	1644	1923		1926	Приморье

Тувинцы

No.	фамилия	№. ст.б.	когда прибыл в КУТВ	Когда выбыл из КУТВ	Куда направлен	приме-чание
1	АРАКЧЕ	4141	1927	1928	в Тувинск. Респ.	
2	БАЙ-УРБУНС		1924	1924		не принят
3	МУНГЭ	2582	1925	1926		
4	МАЛИНИН	3032	1926	1928	в Тувинск. Респ.	
5	ОРЛОВ	2955	1926	1927	в Тувинск. Респ.	
6	СЕТИН	2583	1925		в Тувинск. Респ.	
7	ТОКПАГОЛ	2599	1925	1927	в Тувинск. Респ.	
8	ХАНЯЛК	2587	1925	1926	в Тувинск. Респ.	
9	ШИЛО	2588	1925	1927	в Тувинск. Респ.	

[РГАСПИ, ф.532, оп.1, д.69, лл.15-17об.]

30. СТАТИСТИЧЕСКАЯ СВОДКА О СОСТОЯНИИ ЧЛЕНОВ НАЦИОНАЛЬНОЙ ГРУППЫ № 5 НА 28/XI 1929 Г.

№ по пор.	Пункты сводки	Количест.	примечание
1	Общее количество студентов в группе	36	
2 возраст	от 15 до 20 лет	2	
	от 21 до 25 лет	19	
	от 26 до 30 лет	12	
	от 31 до 35 лет	3	
	выше 35 лет	-	
	ВСЕГО	36	
3 образование	Образование не установлено.	-	
	с низшим образованием	19	
	со средним образованием	16	
	с высшим образованием	1	
	ВСЕГО	36	
4 социальное положение	рабочих	14	
	крестьян	14	
	служащих	8	
	прочих	-	
	ВСЕГО	36	
5 Партийность	членов ВКП(б)	7	
	Канд. ВКП(б)	2	
	член. братск. компарт.	19	
	член. Нар. Рев. партии	-	
	член. ВЛКСМ	-	
	канд. ВЛКСМ	-	
	членов брат. Комсомола	6	
	член. Рев. Союз. молод.	-	
	беспартийных	2	
	ВСЕГО	36	

Секретарь парткомиссии   С. Мельман

[РГАСПИ, ф.532, оп.1, д.424, л.20.]

31. СПИСОК СТУДЕНТОВ СЕКТОРА «А» СЕКЦИИ No. 5 (КОРЕЙСКОЙ) ПО СОСТОЯНИЮ НА 20/XI-32 Г.

№№ п.п	Фамилия по КУТВ	Фамилия настоящ.	Год рожд.	Соц. пол.	Партийность	кем ком.в Ун-т	На как. курсе	когда подл. отком.	В как. комн.	Примечание
1	Доров	Гим-Ден-Гок	1908	Раб.	канд. ВКП 31 г.	ИККИ	3	1933	327	
2	Хван-Ен-Ен	Хван-Ион-Ион	1902	″	ВКП-30	″	″	″	327	
3	Дюмин	Ким-Дию-Хук	1905	″	к. ВКП-31	″	″	″	327	
4	Горин	Кан-Хен-Ир	1909	″	КОРКП-26	″	1	34-35	329	
5	Чернигов	Хан-Вон-Чен	1910	″	КОРКСМ-30	″	кр.	1939	326	
6	Габидулин	Уи-Ки-Хун	1907	″	б.п.	″	″	″	326	
7	Рахметов	Уи-Сонхо	1908	″	ВКП-30	″	″	″	329	
8	Касимова	Че-Вак-Сун	1912	учащ.	б.п.	″	″	″	332	
9	Алимов	Ма-Ген	1896	крест.	ВКП-31	″	″	″	326	
10	Менчель	Сон-Мен-Ной	1911	раб.	б.п.	″	″	″	330	
11	Вансенмин	Ли-Чун-Сен	1891	служ	Кор. КП-26 Кит. КП-30	″	″	″	328	
12	Ким Петр	Ким-Чун-Петр	1910	служ.	б.п.	″	″	″	327	
13	Якоб	Ким-Якк-Силь	1907	раб.	б.п.	″	″	″	329	
14	Чин-Он	Ким-Хан	1893	служ	КОР. КП-27	″	″	″	326	
15	Лигай	Ли-Сандык	1910	раб.	ВКП-31	″	″	″	329	
16	Лигуан (ж)	Ким-Сун-Мо	1901	служ.	Кит. КП-31	″	″	″	332	больна

17	Кимчунсен	Ли-Сен-Та	1912	раб.	КОРКП-26	//	//	//	330	
18	Ханчан-у	Цой-Кон-Дин	1912	раб.	б.п.	//	//	//	327	
19	Ченмин	Юн-Дя-Ен	1896	кр. бед	КОРКП-21	//	//	//	327	
20	Цой-Мин	Ли-бан-Хо	1897	крест.	б.п.	//	//	//	329	
21	Петунха	Ли-Тон-Хо	1899	//	//	//	//	//	330	
22	Хо-Ен	Ли-Хан-[…]	1905	//	//	//	//	//	330	
23	Мун[…]	Цой-Ен-Ир	1907	раб.	ВКП-30	//	//	//	327	
24	Сен-Уен	Лю-Чен-Чун	1904	служ.	КОРКСМ-24	//	//	//	330	
25	Мальцев	Хан-До; Хан-Ди-И	1895	служ.	ВКП-30	//	окночил в 32г.		329	

1. Зав. секцией, он же партприкр – Кимденха
2. Зам.Зав. – Намхонсен
3. Секретарь – Чо-Ливан

Преподаватели
1. Ленинизм – Ким-Ден-Ха
2. Ист-ВКПБ и КИ – Ким Афанасий и Ким Михаил
3. Политэкономия – Хвантонюк, Ликюсен
4. Страноведение – Пак Никифор
5. Диамат: Пак Никифор
6. Русский яз. – Алавердов и Соколов
7. Военная тактика – Ен-ди-ён
8. Японский яз. – Чо-ливан.
9. Профстрой – Лукьянова
10. текущая политика – Ким-сенбок

[РГАСПИ, ф.532, оп.1, д.427, л.2.]

32. КУТВ [...] ОТДЕЛ КАДРОВ

Тов. Копыловой

При сем препровождаю дела на студентов КУТВ:

1. Доров
2. Сен-Уен
3. Горин
4. Дюмин
5. Хан-Чан-У
6. Хван-Ен-Ен
7. Якоб
8. Ван-Сен-Мин
9. Мун
10. Цой-Мин
11. Петунха
12. Хо-Ин
13. Касимова
14. Габидулин
15. Лигай
16. Чен-Мин
17. Ахметов
18. Пак-Ен
19. Цой-Ир
20. Ван-Дао
21. Чан-Хан-Сен
22. Ким-Чун-Сен
23. Ким-Петр

Отдел кадров Восточного Л.С
Ковальская ИККИ

17/X-33 г.

[РГАСПИ, ф.532, оп.1, д.427, л.27.]

33. СПИСОК ПРЕПОДАВАТЕЛЕЙ СЕКЦИИ 14

№ п. п.	Фамилия и инициалы	Предмет	По каком языке преподает
1	Капелович	История Рев.Движения в текущей политике	На Родном
2	Ким-Даня	Страна	На Родном
3	Ли Дяо Ну	История ВКП(б)	На Родном
4	Хван-Тонюк	Политэкономия	На Родном
5	Цой-Шену	Партпрофстрой	На Родном

[РГАСПИ, ф.532, оп.1, д.428, л.88.]

III

ХАРАКТЕРИСТИКИ СТУДЕНТОВ И ПРЕПОДАВАТЕЛЕЙ

34. ПРОТОКОЛ ЗАСЕДАНИЯ ПОВЕРОЧНОЙ КОМИССИИ ОТ 7/V 1923 Г.

Присутств. т.т. Мария Деревицкая, Вакс Спалевич, от Турецкого сектора т. Аминов, от корейского Ким Матвей, от китайского Бухаров

Повестка дня

Поверка студентов ингруппы

	Слушали	Постановили
	Русский сектор.	
1	Тян Тиун, кореец, кандидат РКП с 22 г. рабочий, образование низшее, командирован в У-т Наркотделом, ввиду хронич. болезни, успеваемость слабая.	Откомандировать согласно его желания ввиду его хронической болезни недающей ему возможности заниматься.
2	Ким Антон, кореец, крестьянин, чл. РКП с 20 г. образов. низшее, мало успевающий, но очень старательный и примерный, хочет учиться.	Оставить в у-те.
3	Хусейн Саид*, турок, интеллигент, обр. среднее, чл. РКП с 18 г. способный с большой инициативой и организат. способностями.	Оставить в у-те, желательно летом использовать на практической работе.
4	Бухаров, китаец, интеллигент, обр. среднее, чл. РКП с 21 г. активный и преданный коммунист, ведет большую партийную и учебную работу среди китайского сектора.	Оставить в у-те.
5	Вамедов Али, турок, интеллигент, образование среднее, чл. РКП с 20 г. активный и способный работник.	Оставить в у-те.
6	Ким-Вон, кореец, интелигент, чл. РКП с 20 г. невыдержанный коммунист, полное отсутствие практич. стажа, постоянно ведет разлад среди ст. корейск. сектора, успеваемость средняя.	Откомандировать на практическ.раб. с правом возвращения через 1½ г.
7	Ким-Тону, кореец, кандидат РКП с 21 г. интеллигент, образов. среднее, командирован Дальбюро Ц.К. характеристика та же, что у Ким-Вона.	Откомандировать на практическую работу с правом возвращения в у-те через 1 г.
8	Ли-Джену*, китаец, интеллигент, чл. китайского Союза Молодежи, образов. среднее, способный и активный работник.	Оставить в у-те, использовать летом на практич. работе.

9	Ли-Мунхен, кореец, интеллигент, образов. среднее, канд. РКСМ с конца 22 г. пассивен, успеваемость слабая, медленно, но прогрессирует	Условно оставить до осени в у-те.
10	Ван-Хун-Сюн, китаец, рабочий, образование домашнее, чл. РКП с 21 г. успеваемость средняя, заметно прогрессирует.	Оставить в у-те.
11	Айдемир Шевкет*, турок, интеллигент, образование среднее, чл. РКП с 21 г. серьезный партийный работник с большой подготовкой, хочет после предварительной летней работы в России /Крым/ ехать в Турцию в подполье.	Оставить в у-те, использовать летом на практической работе.
12	Бао-Ту, китаец, интеллигент, образов. средн. чл. РКСМ, быв. анархист, еще не окончательно исправивший своих бывш. убеждений.	Оставить в у-те.
13	Уткин Кончи, китаец, интеллигент, образование среднее, чл. РКСМ с 21 г. успеваемость средняя.	Оставить в у-те.
14	Пак Никифор, кореец, крестьянин, образ. среднее, канд. РКП с 21 г. успеваемость хорошая, ведет удачную переводческую работу, может быть использован в будущем году для педагогической работы в корейском секторе.	Оставить в у-те.
15	Ван-Ифей, китаец, интеллигент, образование среднее, чл. РКП с 21 г. успеваемость выше средней, незаменимый переводчик, хороший кружковед по политэкономии.	Оставить в у-те.
16	Бринский Леонид, китаец, интеллигент, образов. среднее, чл. РКП с 21 г. в высшей степени способный и восприимчивый тов., активный работник.	Оставить в у-те.
33	Мамед Огли Маджед, рабочий, образов. низшее, беспартийный, полная неуспеваемость и пассивность.	Откомандировать.
34	Кулач Заде-Газан Тахсин, турок, крестьянин, обр. низшее, чл. РКСМ, пассивность и неуспеваемость.	Условно оставить в у-те.
35	Айдемир Лиман, турчанка, беспартийная интеллигентка, успеваемость средняя, может быть использована для работы среди женщин.	Оставить в у-те.

Китайский сектор

36	Сергеев, китаец, интеллиг. обр. среднее, чл. РКСМ с 21 г. серьезный вдумчив. работник.	Оставить в у-те.
37	Лебедев, крестьянин, образов. среднее, чл. РКСМ с 21 г. сомнений не вызывает.	Оставить в у-те.
38	Молотов, интеллигент, образ. среднее, чл. РКСМПс21г. сомнений не вызывает.	Оставить в у-те.

39	Федоров, интеллигент, образ. среднее, чл. РКСМ с 21 г. тоже что и Молотов.	Оставить в у-те.
40	Сабаров, интеллиг., обр. среднее, чл. РКСМ с 21 г. сомнений не вызывает.	Оставить в у-те.
41	Лацо, интеллиг., обр. среднее, чл. РКСМ с 21 г. сомнений не вызывает.	Оставить в у-те.
42	Каширов, интеллиг., обр. среднее, чл. РКСМ с 21 г. сомнений не вызывает.	Оставить в у-те.
43	Загорский, интеллиг., обр. среднее, чл. РКСМ с 21 г. сомнений не вызывает.	Оставить в у-те.
44	Устинов, крестьянин, образ. низшее, сын торговца, чл. РКСМ с 22 г. безнадежная тупость и пассивность, полная неуспеваемость.	Откомандировать
45	Шмидт, интеллигент, обр. среднее, канд. РКП, не вызывает никаких сомнений.	Оставить в у-те.
46	Пын Чже-Сян, интеллиг., обр. среднее, кан. РКП, тоже.	Оставить в у-те.
47	Петров, '' , чл. РКП с 21 г.	Оставить в у-те.
48	Сяо-Чже-Сян, интеллиг., обр. высшее, чл. РКП с 21 г. тоже.	Оставить в у-те.
Корейский сектор		
49	Пак-Ен-Су, крестьянин, образ. низшее чл. Кор. К.П. (билета нет) успеваемость средняя с партийной стор. сомн. нет.	Оставить в у-те.
50	Пак-Ин-Ен, интеллигент, обр. среднее, чл. Кор. К.П. с 19 г. успев. средн., сомнений не вызывает.	Оставить в у-те.
51	Ким-Гван, крестьянин, образ. среднее, чл. РКСМ с 20 г. успеваем. средняя, добросов. работник.	Оставить в у-те.
52	Ли-Джену, крестьянин, образов. низшее, чл. Кор. К.П. (был. нет) успев. средняя, сомнений не вызывает.	Оставить в у-те.
53	Бан-Ушек, интеллигент, образ. среднее, чл. РКСМ с 22 г. разлагающий элемент, не занимается.	Откомандировать
54	Пак-Черван, интеллигент, образ. среднее, чл. Кор. К.П. способный, восприимчивый, знает японский язык.	Оставить в у-те.
55	Ли-Дзону, крестьянин, образов. низшее, канд. РКП с 21 г. сомнений не вызывает.	Оставить в у-те.

[РГАСПИ, ф.532, оп.1, д.9, лл.36-39.]

35. ПРОТОКОЛ ТРОЙКИ ПО ОТБОРУ ОТПРАВЛ. В НЫНЕШН. ГОДУ

1. Пак Никифор	2. Ким Пеннюр	3. Ким Сантаги
1. Ким Антон В Университете с 1921 г. Член РКП	Подготовка средняя. Считает нужным отправить на практич. работу ввиду отсутствия практического навыка, без чего дальнейшее его пребывание в Университете бесполезно. При чем только в Приморье может работать.	
2. Ким Семун В Университете с 1922 г. Член РКП	Подготовка средняя. Считает нужным отправить. Стремление к практической работе есть и принесет пользу на практической работе в Приморье и Кандо.	
3. Ли Мунхен В Университете с 1922 г. Член РКП	Подготовка средняя. Считает нужным отправить. На местах среди молодежи может работать и в Кандо и в Корее.	
4. Пак Тин В Университете с 1922 г. Член РКП	Подготовка средняя. Считает нужным отправить. На практической работе даст больше пользы, чем в Университете. Может работать в Корее, Приморье и Кандо.	
5. Ким Гван В Университете с 1922 г. РКСМ	Подготовка средняя. Считает нужным отправить, ввиду его болезни и также полезность быть на практической работе, при чем желательно в Корею.	
6. Хан Иктю В Университете с 1922 г. беспартийный	Подготовка средняя. Считает нужным оставить, ввиду того, что работать может только в Корее, а подготовка для этого недостаточная. Занимается очень усердно.	
7. Ко Гвансю В Университете с 1922 г. Член РКСМ	Подготовка средняя. Считает нужным оставить, ввиду его молодости и также для работы в Корее требует еще подготовки. Занимается очень усердно.	
8. Ли Дюнгу В Университете с 1922 г. канд. РКП	Подготовка нижесредняя. Считает нужным оставить, ввиду того, что неподготовлен, а работник впоследствии будет надежный. Занимается усердно.	
9. Ли Дитхяк В Университете с 1922 г. канд. РКП	Подготовка выше средней. Считает нужным оставить, ввиду того, что в университете на учебной работе принесет большую пользу.	

Примечание: Для дальнейшей учебной работы в Университете можно оставить тов. тов. Ли Мунхена и Пак Тин.

Члены тройки 1. Пак Никифор.
2. Ким Пеннюр.
3. Ким Сантаги.

13/II-24г.

[РГАСПИ, ф.532, оп.2, д.132, лл.1-1об.]

36. ПРОТОКОЛ ЗАСЕДАНИЯ ПО ОБСУЖДЕНИЮ ХАРАКТЕРИСТИКИ 2 КОРЕЙСКОГО КРУЖКА

Присутствуют Захаров, Ким Сан-Мани, Сивогривов, Ягов, Тиченсон, Мартинновский, Каганович

1. Авангардов.   Средний студент. Результаты работы удовлетворительные. Может заниматься дальше. Медленный темп работы.

2. Батраков.   Ниже среднего уровня кружка. Результаты работы недостаточные. Много работает. Замечен рост. Может, несмотря на результаты, работать дальше.

3. Востоков.   Средний струдент. Результаты работы удовлетворительные. Недостаточно активен. Может дальше работать.

4. Горский.   Выше среднего уровня кружка. Результаты работы за год хорошие. Может дальше работать.

5. Яронов.   Средний студент для данного кружка. Результаты работы за год удовлетвор. Может работать дальше.

6. Гранатов.	Средний студент для данного кружка. Результаты работы за год удовлетворит. Может работать дальше. Активно работает.
7. Динамитов.	Средний студент для данного кружка. Результаты работы за год удовлетворительно. Может работать дальше. Инициативен в работе и активность выше среднего.
8. Знаменский.	Средний студент для данного кружка. Результаты работы вполне удовлетворит. Может заниматься дальше.
9. Искрин.	Выше среднего уровня кружка. Результаты работы за год хорошие. Может заниматься дальше.
10. Ким Тен.	Ниже среднего уровня кружка. Результаты работы за год неудовлетвор. Не может работать дальше.
11. Ласточкин.	Средний струдент для данного кружка. Результаты работы удовлетворит. Может работать дальше.
12. Мешков.	Ниже среднего уровня кружка. Результаты работы за год неудовлетворительные. Много болел. Сейчас много работает. Может работать дальше при условии дополнит. работы летом.
13. Миноносцев.	Средний студент для данного кружка. Результаты работы за год вполне удовлетворит. Может работать дальше.
14. Николаев.	Средний студент для данного кружка. Результаты работы за год вполне удовлетворит. Может работать дальше.
15. Петров.	Выше среднего уровня кружка. Результаты работы за год хорошие. Может работать дальше.
16. Светилова.	Ниже среднего уровня кружка. Результаты работы за год неудовл. Не может дальше работать.
17. Сибирская.	По уровню развития соответствует кружку. Способная и активная в виду болезни данный уч. год у нее пропал. На II-ом курс перейти не сможет.
18. Сидоров.	Средний студент для данного кружка. Активен.

Результаты работы за год удовлетворит. Может работать дальше.

19. Слесарев. Нет характ. в виду прод. болезни.

20. Стулов. Средний студент для данного кружка. Результаты работы за год удовлетворит. Может работать дальше.

21. Тракторов. Ниже среднего уровня кружка. Результаты работы за год.

22. Ше-Шун-Мин. Выше среднего уровня кружка. Результаты работы за год хорошие. Может работать дальше.

23. Шерин.

[РГАСПИ, ф.532, оп.1, д.43, лл.26-28об.]

37. ВЫПИСКА ИЗ ПРОТОКОЛА № 4 ЗАСЕДАНИЯ КСМ ПЯТЕРКИ ИНГРУППЫ ПРИ КУТВ ОТ 14/VI-25 Г.

Председатель Пур-Сартиб

Секретарь Коняев.

Присутствовали : т.т. Пурсартиб, Коняев, Азиз, Лоховский и секретарь партпятерки Пак Никифор.

Порядок дня.

1. Дача характеристик

Тов. Ли Дзи Тек Чл. РЛКСМ с 1920 г. Канд. РКП/б/ с 25 г.	Хорошее тов. отношение. Выдержан, дисциплинирован. В текущей и партжизни ориентируется. Теоретически подготовлен. Имеется немножко практическ. опыта. Уклонов нет. Недостаточно активен.

Секретарь КСМ пятерки Ингрупп при КУТВ

[РГАСПИ, ф.532, оп.2, д.133, л.1.]

38. ВЫПИСКА ИЗ ПРОТОКОЛА № 4 ЗАСЕДАНИЯ КСМ ПЯТЕРКИ ИНГРУППЫ ПРИ КУТВ ОТ 25/VI-25 Г.

Присутствовали: т.т. Пурсартиб, Коняев, Азиз, Лоховский и секретарь партпятерки Пак Никифор.
Председатель Пур-Сартиб
Секретарь Коняев.

Порядок дня.

1. Дача характеристик

Тов. Ким-Гван-Ын: Чл. РЛКСМ с 23 г.	Мало дисциплинирован и мало выдержан. Теоретическ. недостаточно подготовлен. Молод, нет практического опыта. Следует командировать /временно/ на практ. комсомол. работу. Поддается исправлению.

Секретарь КСМ пятерки Ингрупп при КУТВ Путрсартиб

14/VI-25г.

[РГАСПИ, ф.532, оп.2, д.133, л.2.]

39. ХАРАКТЕРИСТИКА СТУДЕНТОВ КОРЕЙЦЕВ КУТВ 1

1. ГО-ДЖУН член. РЛКСМ

Дисциплинирован, выдержан. Активность и инициативность хорошие. В текущих, партийных и политических вопросах ориентируется. В склоках не участвует. Уклонов не замечается.

2. КО-ХАН-СУ член РЛКСМ

Дисциплинирован и выдержан. Активность и инициативность средние. В текущих, партийных и политических вопросах ориентируется. В склоках не участвует. Уклонов не замечается.

3. КИМ-ЕН-У член РЛКСМ

Дисциплинирован, но не вполне выдержан в товарищеских отношениях. В текущих, партийных и политических вопросах ориентируется. В склоках не участвует. Уклонов не замечается.

4. ОГАЙ Петр член РЛКСМ

Дисциплинирован, но не достаточно выдержан, выражающееся в тенденции поддержки беспартийных товар. склочно настроенный против партийного руководящего органа и отдельных товарищей. В текущих, политическ. и партийных вопросах разбирается достаточно. Активность и инициативность средняя. В склоках принимает косвенное участие. Замечается уклон в сторону академизма. Желательно отправка на практическую работу.

5. КИМ-ХО член РЛКСМ

Недостаточно дисциплинирован и не выдержан, выражающееся в участие в склоках, блокированием с беспартийными против партийно-руководящего органа и товарищей. Инициативность и активность мало выявляются в склоках принимает участие. Уклоны замечаются в сторону интеллигентского мелко-буржуазного демократизма.

6. О-ЧЕР-ТЮ член РЛКСМ

Дисциплинирован, но не выдержан, активность средняя, инициативность слабая. В текущих, партийных и политических вопросах ориентируется слабо. В склоках принимает безсознательное участие.

7. ЮГАЙ Александра член РЛКСМ

Дисциплинирована, относительно выдержанности / комсомольской /, то же проявляла ни положительно, ни отрицательно. Активность средняя и инициативность слабая. В текущих, партийных и политических вопросах ориентируется средне. В склоках не принимает участия. Уклонов не замечается, но еще не изжиты достаточно привычки старой традиции и быта кореянок.

8. ПАК София член РЛКСМ

Дисциплинирована, выдержана. Активность хорошая, инициативность средняя. В текущих, партийных, политических вопросах ориентируется средне. В склоках не принимает участие. Уклонов не замечается.

9. НАМ-ДЮН-ПЕ-О член РЛКСМ

Дисциплинирован, но недостаточно выдержан. Активность и инициативность хорошая. В текущих, партийных и политических вопросах разбирается. В склоках принимает участие под чужим влиянием.

10. КИМ-ДОН-МУ член РЛКСМ

Дисциплинирован, но недостаточно выдержан, активность и инициативность слабая. Легко впадает под чужое склонное влияние. В текущих, партийных и политических вопросах ориентируется недостаточно. В склоках принимает косвенное участие. Уклон в сторону академизма.

11. ЛИ-МИ-НЕН член РЛКСМ

Недисциплинирован и невыдержан. Активность и инициативность средняя. В текущих, партийных и политических вопросах разбирается плохо. В склоках принимает участие. Уклон в сторону анархо-синдикализма и нетерпения партийной дисциплины и руководства. В "КУТВ"е держать нецелесообразно.

12. КИМ-ДИН член РКП/б/

Дисциплинирован, в смысле выдержанности не проявлял себя. Активность инициативность тоже не проявлял. В текущих, партийных и политических вопросах разбирается средне. В склоках не принимает участие. Ко всему относится пассивно.

13. ХАН-САН-ХИ член РКП/б/

Дисциплинирован, но недостаточно выдержан, активность и инициативность хорошая. В текущих, партийных и политических вопросах разбирается достаточно. В склоках принимает участие.

14. ПАК-ИН-ОН член РКП/б/

Дисциплинирован, но плохо выдержан. Активность и инициативность хорошая. В текущих, партийных и политических вопросах ориентируется. В склоках принимал участие. Уклон в сторону национального замыкания.

15. ЛИ-ПИ-ТИ член РКП/б/

Дисциплинирован, но выдержан. Активность и инициативность средняя. В текущих, партийных и политических вопросах ориентируется средне. В склоках принимает участие. Уклон замечается в сторону ком. [Чванства].

16. КИМ-ЧЕР-ГУК член РКП/б/

Дисциплинирован и выдержан. Активность и инициативность слабая. В текущих, партийных и политических вопросах разбирается плохо. В склоках не принимает участия и уклонов не замечается.

17. ПАК-ТЯ-МО член РКП/б/

Дисциплинирован, но недостаточно выдержан. Легко впадает под чужое влияние. Активность и инициативность слабые. В текущих, партийных и политических вопросах разбирается слабо. В склоках не принимает участия.

18. КИМ-КВАН-ЕГ член РКП/б/

Дисциплинирован и выдержан. Активность средняя и инициативность слабая. В текущих, партийных и политических вопросах разбирается слабо. В склоках не принимает участия. Уклонов не замечается.

19. ЛИ-ДЖУН-ВЯК беспартийный.

Дисциплинирован, но поддается под чужое влияние. Активность хорошая и инициативность слабая. В текущих, партийных и политических вопросах разбирается слабо. В склоках не принимает участия. Уклонов не замечается.

20. НО-ЧЕН-МУК беспартийный.

Дисциплинирован, в смысле выдержанности не проявлял себя. Активность и инициативность слабая. В текущих, партийных и политических вопросах разбирается слабо. В склоках не принимает участия. В уклонах не замечается.

21. ЦОЙ-СЕН-ФИР беспартийный.

Дисциплинирован, в смысле выдержанности не проявлял себя, активность и инициативность слабые. В текущих, партийных и политических вопросах разбирается средне. В склоках не принимает участия. Уклон в сторону академизма.

22. КИМ-ГЮ-ЕР беспартийный.

Не дисциплинирован и не выдержан. Активность и инициативность хорошая, но часто излишняя. В текущих, партийных и политических вопросах разбирается. В склоках принимает самое активное участие.

В этом отношении неисправим. Нецелесообразно держать в "КУТВ"е.

23. ХЕН-ЧИР-ДЖОН беспартийный.
Дисциплинирован, но не выдержан. Легко впадает под чужое влияние. Активность и инициативность хорошая, но часто излишняя. В склоках принимает участие. Уклоны в сторону ультра-левизны и анархизма.

24. О-ШЕН-ЮН беспартийный.
Дисциплинирован, но недостаточно выдержан. Активность и инициативность средняя. В текущих, партийных и политических вопросах разбирается недостаточно. В склоках принимает участие. Уклоны замечаются в сторону анархосиндикализма, но не поддается исправлению.

25. ПАК-Анисия беспартийная.
Не дисциплинирована и не выдержана. Активность и инициативность средняя. В текущих, партийных и политических вопросах разбирается слабо. В склоках участия не принимает. Уклоны в сторону мещанства / чисто корейского характера / Не поддается изживанию.

26. ЛИ-ДЕК-СЕН беспартийная
Дисциплинирована и выдержана. Активность и инициативность хорошие. В текущих, партийных и политических вопросах разбирается. В склоках не принимает участия. Уклонов не замечается.

27. ЛИ-ТХА-ЕН беспартийный.
Период пребывания в КУТВ держал себя очень замкнуто. Положительной стороны ничем не проявлял.

ПРИМЕЧАНИЕ: 1. Тов.ТЮ-ЧЕНСОНУ была дана характеристика еще в Малаховке, и потому тут не дается.

2. Тов.КИМ-ДЕХЕ и КИМ-ДОГУ не можем дать характеристики, ибо они ввиду продолжительной болезни были вне нашего обозрения.

28/ августа-25 г.   Н. ПАК.

[РГАСПИ, ф.532, оп.1, д.420, лл.21-24.]

40. ХАРАКТЕРИСТИКА СТУДЕНТОВ КОРЕЙЦЕВ КУТВ 2

Хан-Сан-Хи.

Как партиец дисциплинирован. Имевшийся неправильный уклон по корейскому вопросу изживается. В политических вопросах разбирается хорошо и активен. Не всегда достаточно тверд и немного замкнут. К учебе относится хорошо. Товарищеское отношение хорошее. Может быть использован на практической работе.

Тю-Чен-Сон.

Дисциплинирован. Неправильный уклон по корейскому вопросу, а также имеющиеся хотения по нему изжиты. Излишняя горячность его обусловливает допущение мелких ошибок в работе. В политических вопросах разбирается хорошо и активен во всех отношениях. В работу вносит инициативу. Товарищеское отношение хорошее. К учебе относится хорошо. Может быть использован на практической работе.

Ким-Де-Хе.

Как член партии дисциплинирована и выдержана. В политических вопросах разбирается. В виду семейного положения недостаточно активна: не ведет никакой партийной и политической работы. К учебе относится удовлетворительно. Товарищеское отношение хорошее.

Ким-Гван-Эр.

Как партиец дисциплинирован. В политических вопросах разбирается слабо, особенно по корейскому вопросу. Активно участвует в работе добровольных обществ. Поручаемую работу выполняет добросовестно и аккуратно. К учебе относится пассивно. Товарищеское отношение хорошее.

Сидоров./чл. Кор. КП/
Выдержан и дисциплинирован. В политических вопросах разбирается слабо. Имевшийся анархо-бунтарский уклон еще недостаточно изжит. Товарищеское отношение хорошее. К учебе относится удовлетворительно.

Сибирская./чл. Кор. КП/
Выдержана и дисциплинирована. В политических вопросах разбирается. Частично наблюдавшееся небрежное отношение к порученным обязанностям изжито, в чем она сознается как в своей ошибке. Активно участвует в обсуждениях партийных и общеполитических вопросов. К учебе относится хорошо. Товарищеское отношение хорошее.

Востоков./чл. Кор. КП/
Выдержан и дисциплинирован. В политических вопросах разбирается. Аккуратно и добросовестно выполняет порученную работу. Товарищеское отношение хорошее. К учебе относится слабо.

Громов./чл. Кор. КП/
Выдержан и дисциплинирован. В политических вопросах разбирается. Как партиец не проявляет особой активности. Товарищеское отношение хорошее. Поручаемую работу выполняет аккуратно. К учебе относится удовлетворительно.

Ким-До-Гу./беспартийный/
В КУТВе с 24-го года. В политических вопросах разбирается. Не активен. Товарищеское отношение удовлетворительное. К учебе относится хорошо. Поручаемую работу выполняет хорошо.

Но-Чен-Мук./беспартийный/
В КУТВе с 24 года. В политических вопросах разбирается плохо и мало интересуется ими. Благодаря своей болезни к учебе относится пассивно. Кружком рассматривается, что его дальнейшее пребывание в Университете бесполезно и нецелесообразно.

Ли-Дек-Сен./беспартийная/

В КУТВе с 24-го года. В политических вопросах разбирается слабо. Придерживается нейтральной точки зрения по корейскому вопросу. Благодаря наличию ребенка на парткружках участвует пассивно. К учебе также относится пассивно. Поручаемую работу выполняет неаккуратно.

Ким-Чер-Гук.

Как партиец дисциплинирован и выдержан. В политических вопросах разбирается слабо. К учебе относится хорошо. Поручаемую работу выполняет аккуратно и добросовестно. Товарищеское отношение хорошее.

Ким-Дин.

Выдержан и дисциплинирован. В политических вопросах разбирается хорошо и активно участвует в партработе. К учебе относится хорошо. Имевшаяся фракционная тенденция в настоящее время изжита. Товарищеское отношение хорошее. Может быть использован на практической работе.

Батраков./член Кор. КП/

Не выдержан и недисциплинирован. В политических вопросах разбирается слабо. Имеет недоверие к партии Коминтерна и для борьбы с партийной линией блокируется с антипартийной/беспартийной/ группой в кружке. В товарищеских отношениях замкнут, но в общем и целом удовлетворительное. К учебе относится удовлетворительно.

Пак-Тя-Мо.

Как член партии крайне недисциплинирован. Имевшийся неправильный уклон по корейскому вопросу не только не изжит, но наоборот укрепился. Несмотря на 2-х кратное решение парткружка по корейскому вопросу, он со своим взглядом открыто выступал на комсомольском собрании, мешая ведению работы. Также тов. Пак-Тя-Мо страдает недоверием к Бюро ячейки ВКП/б/ КУТВ, что выявилось во время обсуждения вопроса о переводе его в члены партии. На всех собраниях выступает в блоке с антипартийной группой и держит себя крайне вызывающе. Как партиец не имеет определенной политической физиономии. В политических вопросах разбирается слабо. Поручаемую работу выполняет хорошо. К учебе относится удовлетворительно. Товарищеское отношение удовлетворительное.

Венков./чл. Кор. КП/

Как партиец выдержан и дисциплинирован. В политических вопросах разбирается и активен. Поручаемую работу выполняет добросовестно. Имевшийся уклон в переоценке корейского положения в настоящее время не замечается. В товарищеских отношениях не вполне искренен. К учебе относится слабо.

Пак Анисия./беспартийная/

В КУТВе с 23 года. В политических вопросах разбирается очень слабо. Не активна и невыдержана. Кружок считает, что дальнейшее ее пребывание в Университете бесполезно и нецелесообразно.

Цой-Сен-Пир./беспартийный/

В КУТВе с 24 г. В политических вопросах разбирается удовлетворительно. К учебе относится хорошо. В товарищеских отношениях удовлетворителен. Наблюдается недисциплинированность и равнодушное отношение ко всяким политическим явлениям. Поручаемую работу выполняет формально.

О-Шен-Вюн./беспартийный/

В КУТВе с 24 г. Имевшийся неправильный взгляд по корейскому вопросу недостаточно изжит. К учебе относится хорошо. Поручаемую работу выполняет добросовестно и аккуратно. Товарищеское отношение хорошее.

Ли-Та-Ен./беспартийный/

В КУТВе с 24 г. В политических вопросах разбирается. С линией

ВКП/б/ не согласен. Имевшийся неправильный взгляд по корейскому вопросу не изжит. В прошлом участвовал в антипартийной группировке в КУТВе. Не активен. К учебе относится слабо. Товарищеское отношение удовлетворительное. Поручаемую работу выполняет аккуратно.

Ким-Гю-Ер./беспартийный/
В КУТВе с 23 г. В политических вопросах разбирается хорошо. Попытка руководить парторганизацией и неправильный взгляд по корейскому вопросу не изжиты. Временами противопоставляет себя партии. В своих убеждениях стоек. Товарищеское отношение удовлетворительное. К учебе относится хорошо. В парткружках проявляет достаточную активность. В прошлом году создавал антипартийную группу в корейском секторе/нелегально/. Поручаемую работу выполняет аккуратно.

Ли-Дюн-Бек./беспартийный/
В КУТВе с 24 г. В политических вопросах разбирается слабо. Имевшийся неправильный взгляд по корейскому вопросу не изжит. В прошлом участвовал в антипартийной группировке в секторе/нелегально/. Имеет недоверие к парторганизации. Товарищеское отношение удовлетворительное. К учебе относится удовлетворительно.

Хен-Чир-Тионг./беспартийный/
В КУТВе с 23г. В политических вопросах разбирается хорошо. Попытка руководить партийной организацией и неправильный взгляд по корейскому вопросу не изжиты. Временами противопоставляет себя партии. В своих убеждениях не стоек. В прошлом создавал антипартийную группу в корейском секторе/нелегально/. В товарищеских отношениях хорошо. К учебе относится хорошо. В парткружке проявляет достаточную активность. Поручаемую работу выполняет аккуратно.

[РГАСПИ, ф.532, оп.1, д.423, лл.11-15.]

41. ДЕЛОВЫЕ ОТЗЫВЫ ПО КОРЕЙСКОМУ СЕКТОРУ

1	АВАНГАРДОВ, год рожд. 1902, чл. Кор. КОМ с 1924 года, крестьянин.	Как комсомолец – невыдержанный. Активность мало проявлена. Поручаемую работу выполняет аккуратно. По учебе – удовлетворителен.
2	ВОСТОКОВ, год рожд. 1906, чл. Кор. КП с 1925 г., Кор. КОМ с 1926 г., учащийся.	Парткомиссия спецгруппы от 15/ХП-26 г. Постановила ходатайствовать о приеме в кандидаты ВКП. Выдержанный и дисциплинированный. В политических вопросах разбирается. Товарищеское отношение хорошее.
3	ГОРСКИЙ, год рожд. 1905, чл. Кор. КОМ с 1925 года, учащийся.	В политических вопросах разбирается. Проявляет некоторую невыдержанность, которая может быть изжита. Проявляет некоторую индивидуальность и к учебе относится хорошо.
4	ГРОМОВ, год рожд. 1900, канд. Кор. КП с 1925 г., чл. Кор. КОМ с 1925 года, служащий.	Постановление парткомиссии от 15/ХП- 26 г. ходатайствовать о приеме его в ВКП. В партийной жизни особой активности не проявляет. В политических вопросах разбирается хорошо. Выдержанный и дисциплинированный.
5	ГРАНАТОВ, год рожд. 1900, чл. Кор. КП с 1926 г., чл. Кор. КОМ с 1925 г., крестьянин.	Активный, выдержанный и дисциплинированный. В учебе успевает.
6	ЗНАМЕНСКИЙ, год рожд. 1900, чл. Кор. КОМ с 1925 г., служащий.	Как комсомолец, мало разбирается в политических вопросах. Особой активности не проявляет. Дисциплинированный. В учебе успевает.
7	ЛАСТОЧКИН, год рожд. 1900, чл. Кор. КОМ с 1925 г., учащийся.	Дисциплинированный. За время пребывания в Университете заметно вырос. Порученную работу выполняет аккуратно и добросовестно.
8	СИДОРОВ, год рожд. 1903, чл. Кор. КП и Кор. КОМ с 1925 г., крестьянин.	В политических вопросах разбирается хорошо, но имеющийся анархо-бунтарский уклон еще недостаточно изжит. Товарищеское отношение хорошее. К учебе относится удовлетворительно.
9	СТУЛОВ, год рожд. 1902, чл. Кор. КОМ с 1925 г., рестьянин. Учащийся (студент японской формации).	В политических вопросах разбирается. Поручаемую работу выполняет аккуратно. К учебе проявляет интерес.

10	ШЕСУНМИН, год рожд. 1900, чл. Кор. КОМ с 1923 г., интеллигент (учитель).	Активный, выдержанный и дисциплинированный. В учебе успевает.
11	ПЕТРОВ, год рожд. 1907, канд. Кор. КОМ с 1925 г., учащийся.	В политических вопросах разбирается. Выдержанный и дисциплинированный. Товарищеское отношение хорошее.
12	ДИНАМИТОВ, год рожд. 1902, чл. Кор. КП с 1926 г., интеллигент.	Постановление парткомиссии от 15/ХП- 26г ходатайствовать о переводе в кандидаты ВКП. Активный, выдержанный, в политических вопросах разбирается.
13	ИСКРИН, год рожд. 1903, чл. Кор. КОМ с 1926, чл. Кор. КОМ с 1925 г., интеллигент.	Активный, дисциплинированный. Аккуратно относится к работе.
14	МИНОНОСЦЕВ, год рожд. 1899, чл. Кор. КП и Кор. КОМ с 1925 г., крестьянин.	Политически развит хорошо, активен.
15	СИБИРСКАЯ, год рожд. 1906 г., канд. Кор. КП и чл. Кор. КОМ с 1925 г., учащаяся.	Старательна, но болезнь требует ее откомандирования.
16	Землин, год рожд. 1902, канд. Кор. КОМ с 1925 г., учащийся.	По комсомольской линии активен. Работу выполняет аккуратно. Выдержан и дисциплинирован.
17	ТРАКТОРОВ, год рожд. Член ВОКСМ, рабочий.	Недостаточно проработал программу 1-го курса ввиду слабого общего развития. Выдержан, дисциплинирован в комсомольской работе. Может быть использован на небольшой в организационной работе под руководством.
18	ШЕРИН (СЕВЕРОВ), беспартийн.	За 3 месяца недостаточно выявил себя, мало активен, по уровню развития отстает от основной группы студентов. Участвует в парткружках. Политически не выявился. Решено оставить до конца 1-го семестра 1927/28 уч. года., т.е. до декабря 1927.

СЕКРЕТАРЬ ПАРТКОМИССИИ: (Левицкий)

[РГАСПИ, ф.532, оп.1, д.429, лл.13-14.]

42. ЗАКЛЮЧЕНИЕ КОМИССИИ ПО ОТБОРУ КУРСАНТОВ В КУТВ

Через отборочную комиссию во Владивостоке прошли следующие товарищи:

1. КИМ УОРСЕН. он же КИМ ГВАНЫН. 21 г. чл. ККП с 1926 года. Родился в г. Владивостоке, до 1922 г. учился в Корее, в гимназии, с 1922-24 гг. был учителем в г. Владивостоке, с 1924-25 гг. учился в КУТВ, был откомандирован за участие в склоке внутри КУТВ. Командирован из Манчжурии.

С 1925-28 гг. работал в Манчжурии и ездил в Корею. Работал с перерывами, во время которых жил во Владивостоке. Принадлежал к группе Сеульского союза молодежи и примыкает к течению "М.-Л" и сторонников "комсомольского авангардизма".

При проверке выяснилось: Плохо разбирается в вопросах китреволюции не знает оппортунистических ошибок Кит. КП. Настроен непримиримо ко всем старым фракционным партийным группам. Стоит на точке зрения создания новой партии, основой которой должна быть молодежь.

2. КИМ-БОНМАН. 21 года, член ККП с 1926 г.

Уроженец г.Николаевска на Амуре. С 1912-20 гг. учился в Хабаровске. С 1920 до весны 1923 г. учился в Китае. В 1923 г. поехал в Кандо и там учился до 1926 года. В течение 1926 года учительствовал. С мая месяца по сентябрь 1927 года был в Иохваоне по делам организации. В октябре приехал во Владивосток. С 1928 г. жил в Манчжурии без работы. На комсомольской работе в Маньчжурии с 1924 года и занимал должности: член Губкома КСМ /2/, отв.секретаря, и с 1926 г. зав. орг. отделом Парткома Восточн. Манчжурии. С октября 1927 г. до января 1928 г. член Манчжур. Бюро ККСМ. С 1928 - отв. секретарем манчжурского Бюро КИМ. Командирован в КУТВ из Манчжурского Бюро ККП.

При проверке выяснилось: незнакомство с вопросами Китреволюции, неграмотность в вопросах текущей политики, общая политическая подготовка весьма слабая. Политическая физиономия и ориентация та же, что и у предыдущего товарища.

3. КИМ-ХЯИР. 23 лет, член ККП, с октября 1926 г.

Родился в Корее. 14 лет выехал в Манчжурию, где в первое время работал по очистке бобов. В 1919 году 16 лет попал в тюрьму за участие в нац. освобод. движении. Выпущен из тюрьмы в 1922 году. Поступил в 1923 г. рабочим в китайскую литографию. В 1924 г. был арестован по делу организации празднования МЮД, выпущен в 1925 году. За последнее время в Манчжурии вел партработу. В комсомоле с 1923 года. в 1925-26 гг. г. был в Маньчжурии секретариате ККСМ. зав. Агитпропотделом. В 1927 г. весной поехал в Кантон. 13 октября 1927 года вернулся в Кандо и работал в качестве ответственного секретаря Губкома Кор. КП в Манчжурии. Командирован Манчжурским Бюро партии.

4. КИМ-ТИЧАН. 21 года, член Кор. КП с февраля 1927 г.

Родился в Корее, учился. В 1917 году приехал в Манчжурию. Здесь учился до 1924 года. С 1924 года на рав. работе. В течении 1926 года занимался хлебопашеством. В Кор.КСМ с 1924 г. В 1927 г. был отв. секретарям Губкома Манчжурского Кор. комсомола. В партию вступил в 1927 г. с 1928 г. разъезжал как уполномоченный по проверке парторганизаци. Образование - среднее незаконченное. Командирован Манчжурский Вюро ККП.

5. КИМ-ВОН. 22 лет, член ККП с 1927 года.

Из Кореи выехал в 1921 году, до этого там занимался земледелием. Окончил в Манчжурии 3 кл. средней школы. После выхода из школы до 1925 года был в партизанском отряде Чен-ибу. С 1925 года до августа член Губкома КСМ, с 1926 г. - зав. оргтделом 2-го губкома КСМ. С 1928 г. без работы, отдыхал.

6. ХАНСАБИН. 22 лет, член ВЛКСМ с 1923 года до 1925 г., был исключен.

Родился в Приморье в Н-Янчин. Занимался земледелием. Учился здесь с 8 до 19 лет. 19 лет приехал во Владивосток, поступил в Совпартшколу, окончил СПШ в 1924 году. До января 1925 г. был инструктором по работе среди пионеров в Спасске. После исключения из ВЛКСМ поехал в Китай и там до 1926 года работал в комсомоле.

В 1925 г. с февраля до ноября 1925 г. был зав.орготделом ККСМ Губкома КСМ в Манчжурии. После в течение 5 месяцев был зав.агитпропом КСМ в Южн.Манчжурии. В 1926 г. принят в партию и был зав.АПО Губкома партии в Южн.Маньчжурии. Потом был командирован в Цицигор в качестве зав.АПО Губкома партии Цицигора. Во время работы в Южно.Маньчжурии был членом Манчж. Бюро ККСМ. С 1928 г. августа до последнего времени был членом Манчжурского Бюро ККП.

7. КИМ-СЫНХУН. 27 лет. член ККП с 1927 года, чл. ККСМ с 1925 г.

Выехал из Кореи 6 лет, переехал в Приморье и поселился в Шкотове... здесь прожил 9 лет. Учился до 13 лет. 14 лет поехал в Манчжурию, в течение 3-х лет был приказчиком в магазине. Учился до 18 лет. С 1919 до 1921 г. участвовал в нац. освободительном движении, в партотряде. С 1921 г. до 1923 г. был приказчиком. В 1924 г. приехал в Шкотово /Приморье/ и в течение 5 месяцев учительствовал. В 1925 г. вернулся в Манчжурию. С 1926 г. ноября по декабрь сидел в тюрьме. В 1927 г. перешел на партработу.

С 1925-26 г.г. был отв. секретарем ячейки КСМ, с 1927 г. член Бюро Райкома Кор. КП в течение 3 месяцев. В 1927 году, апреле поехал в Кантон учиться. С февраля 1928 года работал в г.Андохен на партработе.

8. ЛИМ-МИНХО. 25 лет. член ККП с 1926 года.

Родился в Корее. 10 лет переехал в Манчжурию. Учился здесь в средней школе. В 1926 г. переехал в СССР, возвращался и вновь приезжал в 1927 году. В Комсомол вступил в 1923 году, с 1925 г. был секретарем РК. ККСМ в Перевган. В 1926 г. был отв.секр. РК ККСМ в Вангчен. В октябре 1926 г. вступил в ККП и вначале был секретарем ячейки. С января 1927 г. отв.секретарь Губкома ККСМ в Вост. Манчжурии. Одновременно был членом Райкома партии.

В 1927 г. в октябре эмигрировался из Манчжурии в СССР. В 1928 г. в феврале вернулся в Манчжурию и был назначен секретарем РК ККП в Санханчан, одновременно был членом Губкома ККП Донхан-ан.

9. ЛИСУН. 32 лет / член ККП.

Родился в Менчен Корее. Учился до 19 лет. В 1914 г. выехал в Россию и около 6 лет работал на Ленских приисках. В 1920 г. приехал в Иркутск и вступил в Интернациональный полк бойцом. В декабре 1920 г. поступил в партшколу. В марте 1921 г. поехал на Умур вместе с отрядом. С мая м-ца был политруком. В 1923 г. поехал во Владивосток, отсюда в июне поехал в Манчжурию.

Был отв. секретарем Кондовского Бюро ККСМ / Манчжурии /. В 1925 г. работал как член Манчжуркского Бюро ККП. В 1926 г. перешел на партработу. Был зав. орг. отд. В Сев. Манчжурии и одновременно был членом Манчжурского Бюро партии.

С декабря 1927 г. был пр. секретарем Манчж. Бюро партии до последнего времени.

ОБЩИЕ ВЫВОДЫ.

Все 9 проверенных товарищей не удовлетворяют требованиям, предъявляемым к поступающим в КУТВ. Прежде всего, они не являются коренными жителями Кореи, а эмигранты Манчжурии и Советского Приморья. По своему социальному положению представляют людей, оторванных от сохи, хотя и числятся крестьянами. Преимущественно учащиеся. Несмотря на общеобразовательную подготовку и на ответственные должности, которые они занимали в партии и комсомоле, в политическом отношении совершенно безграмотны, в вопросах текущей политики или разбираются слабо, или совершенно безграмотны, живя в Китае, ни один не изучил вопросов китайской революции. Ответы на вопросы самые неожиданные. Не знают даже основных ошибок китайской компартии. Большая путаница в вопросе китайской революции. Некоторые товарищи были исключены в БКП или ВЛКСМ за склоку и фракционную борьбу. Тов.Ким Уорсен, он же Ким Гванын был в 1925 г. исключен из КУТВ за склоку и фракционность.

Все указанные товарищи являются сторонниками комсомольской группы в Манчжурии, выкинувшей лозунг авангардизма комсомола, т.т. руководством комсомолом компартии.

Эта тенденция против членов партии / долой всех старых партийцев /, остается у них и до сих пор. Биографические сведения записаны со слов этих товарищей. Члены Манчжурского Бюро партии заявляют, что эти товарищи являются членами оппозиционных партий комитетов, искусственно насажденных повсюду.

Комиссия считает свою работу законченной, в дальнейшем просит КУТВ освободить от нее, так как результаты работы комиссии аннулируются посылкой студентов на учебу, несмотря на отрицательные заключения комиссии.

С комприветом

ПРЕДСЕДАТЕЛЬ КОМИССИИ

ПО ОТБОРУ КУРСАНТОВ КУТВ - НАМ-МАН-ЧУН.

20 ОКТЯБРЯ 1928 Г.

Копия верна

[РГАСПИ, ф.532, оп.1, д.53, лл.93-94.]

43. ПРОТОКОЛ № 5 ЗАСЕДАНИЯ 5-ГО КРУЖКА 1-ГО КУРСА СПЕЦСЕКТОРА ОТ 18/XII-26 Г.

Присутствуют т.т. Васютинский, Зеликман, Глебова, Майзаль, Селль – секретарь, Кривин – председатель.

Повестка дня:
1. Обсуждение характеристик.
2. Текущие дела.

СУМИН – работает добросовестно, систематически, внимательно, усваивает и легко и прочно, успешность – вполне удовлетворительная по всем предметам.

ПЕВЗНЕР – работает внимательно, добросовестно, систематически, усваивает прочно, довольно легко, успешность – удовлетворительная по всем предметам, по-русски вполне удовлетворительно.

МИНИН – работает добросовестно, внимательно, усидчиво, систематически, усваивает легко и прочно, успешность – вполне удовлетворительная, по-русски успешность вполне удовлетворительная для двух месяцев работы по русскому языку.

МАЙЗЕЛЬ – внимательное и серьезное отношение к работе, усваивает легко и прочно, систематически, темп – быстрый, успешность – вполне удовлетворительная по всем предметам.

ЛЯМИН – добросовестно работает, серьезное отношение, может работать систематически, усваивает достаточно прочно, с некоторым трудом, успешность – удовлетворительная, по-русски – удовлетворительная, имея в виду, что тов. начал работать в прошлом году.

ЛИМАНИ – работает внимательно, очень старается, усваивает с большим трудом, не всегда прочно, темп – медленный, успешность – слабая по всем предметам в результате слабого знания языка и недостаточной общей подготовки.

БЕНСЕИД – работает серьезно, внимательно, с интересом,

усваивает легко, достаточно прочно, активность и инициатива – большая, общая успеваемость вполне удовлетворительная, по-русски – удовлетворительная (начал работать с середины ноября), повышенная чувствительность.

БАРСКИЙ – работает с большим вниманием, очень старается, большое желание работать, усваивает с трудом, незнание языка мешает работе.

Общая оценка кружка.

По экономгеографии – кружок очень сильный, очень активный, серьезное знание, большая инициатива. Объем теоретических знаний достаточный, кроме Лимани, Барского.

По И.Р.О.Ф. кружок неровный, есть квалифицированные студенты, есть рядовые студенты и слабые студенты; кружок выше среднего, предметом очень интересуется, готовы для работы по лабораторному методу.

По русскому языку кружок неровный, сделали очень большие успехи, работают активно, проявляют большой интерес.

По профдвижению и партстроительству кружок неровный: 1) очень квалифицированные, 2) средние, 3) незначительная часть – слабые. Следует отметить проделанную самостоятельно работу по обеим дисциплинам по разработке тезисов, применяя широко для этой работы лабораторный метод.

Целесообразно оставить тов. Майзель и Певзнера в этом кружке.

Секретарь

3-1 (корейский) кружок.

1. Тов. ВЛАСОВ: Усваивает легко; схватывает быстро, очень серьезный; по политграмоте много начитан, но только без всякого подбора и плановости.   Вп. удовлетворительная.

2. Т. ГЕНИН: Работает быстро, очень настойчив, активный, дисциплинированный студент.   Удовлетворительная.

3. ГУРЬЯКОВ: Трудности преодолевает самостоятельно. Темп работы средний. Активный.   Удовлетворительная.

4. ДАРОВ: Усваивает без трудностей; умеет работать само-стоятельно; систематичен и выдержан. Вп. Удовлетворительная.

5. КОНЕЛОВИЧ: Работает быстро; умеет делать обобщения; очень активен

6. Тов. СТАХОВСКИЙ: отношение к работе серьезное; активность средняя; русский язык дается с большим трудом; но старательный; интерес к политграмоте большой, хотя усваивает с натяжкой, подготовки не было.   Удовлетворительная.

7. Тов. ЯНОВСКИЙ: усваивает без трудностей; пришел без подготовки; активен на групповых занятиях; от кружка отстает.
                                           Удовлетворительная.

8. Тов. ЧАНОВА: подготовка хорошая; воспринимает легко, очень старательная, активная (одиннадцать дней только занимается).
                                           Удовлетворительная.

9. Тов. ШПАЛОВ: Воспринимает без трудностей; студент средний, толковый, пришел без подготовки.   Не выяснено.

Кружок очень успевает; не однороден, кроме политграмоты. Переводчик тов. Землин очень хороший, обладающий педаго-гическими способностями.

4-й кружок.
1. Тов. ХАДИ: активный, подготовка достаточная; усваивает легко и быстро.   Вп. Удовлетворительная.

2. Тов. СЕМИХА: активная, усваивает медленно, но прочно; по

русскому языку слабее всех; серьезное отношение к работе, кроме русского языка.   Удовлетворительная.

3. Тов. НАРИМАН: Очень слабая подготовка; сначала отставала; теперь выравнивается (долго болела), способности есть; внимательная. Следует за время перерыва подогнать.

Не вполне удовлетворительная.

4. Тов. ФЕРИДОВ: русский язык усваивает легко; очень старательный; блестящие способности.   Не выяснена.

5. Тов. ИГНАТОВ: подготовка имеется; к делу относится очень серьезно, по русскому языку усвояемость средняя.

Не выяснена.

В общем, кружок разнороден, но очень серьезный.

[РГАСПИ, ф.532, оп.1, д.60, лл.28-28об.]

44. КРУЖОК № 6

1. ВОСТОКОВ, III курс, чл Кор. КП-1925г. Вопросами ВКП(б), Коминтерна, своей партии интересуется и разбирается. Дисциплинированный, активен. Практический опыт имеет. На общественной работе участвует достаточно. Отношение к учебе серьезное. Инициатива недостаточная. *Может работать самостоятельно на пропагандистской работе.* Взаимоотношения с товарищами хорошие.

Выдержанный.

2. ГРОМОВ, III курс, канд. ККП-1925. Вопросами ВКП(б), Коминтерна, своей партии интересуется недостаточно. Конспирацию не соблюдает. Формально дисциплинирован. Активность средняя. Практический опыт небольшой. На общественной работе участвует мало. Отношение к учебе удовлетворительное. Инициатива слабая. Склонность к работе не выявлена. *Может работать под обязательным руководством.* Взаимоотношения с товарищами удовлетворительные.

Выдержанность не выявлена.

3. ГОРСКИЙ, III курс канд. ККП-1925 г. Вопросами ВКП(б), Коминтерна, своей партии интересуется. Дисциплинирован, активен. Практический опыт небольшой. На общественной работе участвует. Отношение к учебе хорошее. Инициатива есть. *Может работать самостоятельно.* Склонность к пропагандистской и теоретической работе. Во взаимоотношениях с товарищами замечается некоторый индивидуализм.

Выдержанный. (Социальное происхождение - сын помещика)

4. ГРАНАТОВ, III курс, чл.ККП-1926г. Вопросами ВКП(б), Коминтерна, своей партии интересуется. И разбирается. Дисциплиниров. активный. Практический опыт небольшой. На общественной работе участвует. Отношение к учебе серьёзное. Инициатива недостаточна. Может работать самостоятельно на массовой работе. Взаимо-

отношения с товарищами хорошие.

Выдержанный.

5. ЗЕМЛИН, III курс, канд. ВКП(б)-1928 г. Вопросами ВКП(б), Коминтерна, своей партии интересуется и разбирается. Дисциплинированный, активен. Практический опыт небольшой. На общественной работе участвует активно. Отношение к учебе хорошее. Инициатива удовлетворительная. Может работать самостоятельно на агитпропработе. Взаимоотношение с товарищами хорошие.

Выдержанный

6. ЗНАМЕНСКИЙ, III курс, канд. ВКП(б)-1928 г. Вопросами ВКП(б), Коминтерна, своей партии интересуется и разбирается. Дисциплинированный, активен. Практический опыт имеет. На общественной работе участвует активно. Отношение к учебе серьёзное. Инициатива есть. Может работать самостоятельно на оргработе и пропагандистской. Взаимоотношения с товарищами хорошие.

Выдержанный.

7. ИСКРИН, III курс. Чл. ККП-1926 г. Вопросами ВКП(б), Коминтерна своей партии интересуется и разбирается. Дисциплинированный, активен. Практический опыт небольшой. На общественной работе участвует активно. Отношение к учебе хорошее. Инициатива есть. Может работать самостоятельно на руководящей работе. Взаимоотношения с товарищами хорошие.

Выдержанный.

8. МАРСИН, III курс. канд. ВКП(б)-1928 г. Вопросами ВКП(б), Коминтерна, своей партии интересуется и разбирается. Дисциплинированный, активный. Практический опыт имеет. На общественной работе участвует недостаточно. Перегружен переводческой работой. Отношение к учебе хорошее. Инициатива есть. Имеет большую склонность к теоретической работе. Может

работать самостоятельно. Взаимоотношения с товарищами хорошие.

Выдержанный.

9. ПЕТРОВ, III курс. канд. ВКП(б)-1928 г. Вопросами ВКП(б), Коминтерна, своей партии интересуется и разбирается. Дисциплинирован, активный. Практический опыт небольшой. На общественной работе участвует активно. Отношение к учебе хорошее. Инициатива есть. Годен на пропагандистскую и теоретическую работу. Может работать под руководством. Взаимоотношения с товарищами хорошие.

Выдержанный.

10. СИБИРСКАЯ, III курс. канд.ККП-1925г. Вопросами ВКП(б), Коминтерна, своей партии интересуется и разбирается. Дисциплированная, активная. Практический опыт небольшой. На общественной работе участвует активно. Отношение к учебе серьёзное. Инициатива средняя. Может работать под руководством и на женработе самостоятельно. Взаимоотношения с товарищами хорошие.

Выдержанная.

11. СИДОРОВ, III курс. чл. ККП-1925 г. Вопросами ВКП(б), Коминтерна, своей партии интересуется и разбирается. Недостаточно дисциплинирован. Активен. Практический опыт имеет. На общественной работе участвует активно. Отношение к учебе не вполне удовлетворительное. Инициатива слабая. Может работать под руководством на профработе. Взаимоотношения с товарищами нехорошие за последнее время, отсутствуют элементарные нормы поведения партийца в бытовом вопросе, особенно к жене.

Не вполне выдержанный.

12. ТРАКТОРОВ, III курс. канд. ВКП(б)-1928 г. Вопросами ВКП(б), Коминтерна, своей партии интересуется и разбирается. Дисциплинирован. активность небольшая. Практический опыт имеет. На

общественной работе участвует. Отношение к учебе не вполне удовлетворительное. Инициатива средняя. Может работать лишь под руководством среди молодежи. Взаимоотношения с товарищами хорошие.

Выдержанный.

13. КМИ-ХОБАН, II курс, Чл. ВКП(б) 1921 г. Вопросами ВКП(б), Коминтерна, своей партии интересуется и разбирается. Дисциплиниров. Активный. Практический опыт имеет. На общественной работе участвует активно. Отношение к учебе серьезное. Инициатива есть. Может работать самостоятельно на оргработе. Взаимоотношения с товарищами хорошие.

Выдержанный.

14. МИНАЕВА, II курс, Чл. ККСМ-1926 г. Вопросами ВКП(б), Коминтерна, своей партии интересуется принимает слабое участие в обсуждении политических вопросов. Дисциплинирован. Исполнительная. Практический опыт небольшой. На общественной работе участвует. Отношение к учебе серьёзное. Инициативы нет. Склонность к работе не выявлена. Может работать под руководством. Взаимоотношения с товарищами хорошие.
Не выявлена. предложить тройке парткружка вовлечь т. Минаеву в работе и выявить

15. ОГНЕВ, II курс, чл. ККП-1925 г. Вопросами ВКП(б), Коминтерна, своей партии интересуется и разбирается. Дисциплинирован. Активный. Практический опыт имеет. На общественной работе участвует активно. Отношение к учебе серьёзное. Инициатива есть. Годен на оргработу. Может работать самостоятельно. Взаимоотношения с товарищами хорошие.

Выдержанный.

16. СЕВЕРОВ, II курс, беспарт. Вопросами ВКП(б), Коминтерна, своей партии интересуется слабо, пассивен по политическим вопросам.

Дисциплинированный. Исполнительный. Практический опыт небольшой. На общественной работе участвует. Отношение к учебе удовлетворительное. Инициатива средняя. Годен на агитпропработу под руководством.

Не выявлен.

17. АНИСОВ, I курс, чл. ККП-1926 г. Вопросами ВКП(б), Коминтерна, своей партии интересуется и разбирается. Дисциплинированный, активный. Практический опыт небольшой. На общественной работе участвует. Отношение к учебе хорошее. Инициатива средняя. Может работать под руководством на оргработе. Взаимоотношения с товарищами хорошие.

Выдержанный.

18. БРАГИН, I курс, канд.ВКП(б)-1926г. Вопросами ВКП(б), Коминтерна, своей партии интересуется. Дисциплинированный, Активность средняя. Практический опыт небольшой. На общественной работе участвует. Отношение к учебе хорошее. Инициатива слабая. Может работать под руководством на оргработе. Взаимоотношения с товарищами хорошие.

Выдержанный.

19. ВАСИЛЕВИЧ, I курс, канд. ККП(б)-1926 г.
Вопросами ВКП(б), Коминтерна, своей партии интересуется слабо. Дисциплинированный, неактивен. Практический опыт небольшой. На общественной работе не участвует. Отношение к учебе хорошее. Инициативы нет. Склонность к работе не выявлена. Может работать под руководством. Взаимоотношения с товарищами хорошие.

Выдержанный.

20. ВЛАСОВ, I курс, канд. ККП-1926 г. Вопросами ВКП(б), Коминтерна, своей партии интересуется. Дисциплинирован. Активный. Практический опыт имеет. На общественной работе участвует. Отношение к учебе серьезное. Инициатива есть. Может работать под руководством на оргработе и агитац. Взаимоотношения с

товарищами хорошие.

Выдержанный.

21. ГВАНОВ, I курс, канд. ККП-1926 г. Вопросами ВКП(б), Коминтерна, своей партии интересуется. Дисциплинирован. Активный. Практический опыт небольшой. На общественной работе участвует недостаточно. Отношение к учебе хорошее. Инициатива средняя. Может работать под руководством на агипропработе. Взаимоотношения с товарищами хорошие.

Выдержанный.

22. ПАКЛИН, I курс, чл. ВКП(б)-1929 г. Вопросами ВКП(б), Коминтерна, своей партии интересуется. Дисциплинирован. Активный. Практический опыт небольшой. На общественной работе участвует. Отношение к учебе хорошее. Инициатива средняя. Может работать под руководством на оргработе. Взаимоотношения с товарищами хорошие.

Выдержанный.

23. ГЕНИН, подг. курс, чл. ККП-1925 г. Вопросами ВКП(б), Коминтерна, своей партии интересуется. Дисциплинированный. Активность средняя. Практический опыт есть. На общественной работе не участвует. Отношение к учебе серьёзное. Инициатива средняя. Может работать самостоятельно на оргработе и агитпопработе. Взаимоотношения с товарищами хорошие.

Выдержанный.

24. ГУРЬЯНОВ, подг. курс, чл. ККП-1927 г. Вопросами ВКП(б), Коминтерна, своей партии интересуется слабо. Дисциплинированный. Активность слабая. Практический опыт небольшой. На общественной работе не участвует. Отношение к учебе серьёзное. Склонность к работе не выявлена. Инициативы нет. Может работать под руководством. Взаимоотношения с товарищами хорошие.

Выдержанный.

25. ДАРОВ, подг. курс, чл. ККП-1926 г. Вопросами ВКП(б), Коминтерна, своей партии интересуется. Дисциплинирован. Активный. Практический опыт небольшой. На общественной работе не участвует. Отношение к учебе серьёзное. Инициатива слабая. Может работать под руководством на оргработе. Взаимоотношения с товарищами хорошие.

Выдержанный.

26. КАПЕЛОВИЧ, Подг. курс, чл. ККП-1927 г. Вопросами ВКП(б), Коминтерна, своей партии интересуется. Дисциплинированный. Активный. Практический опыт небольшой. На общественной работе участвует. Отношение к учебе серьёзное. Инициатива средняя. Может работать под руководством на оргработе. Взаимоотношения с товарищами хорошие.

Выдержанный.

27. КОРЕЕВА, Подг. курс, чл. ККП-1921 г. Вопросами ВКП(б), Коминтнрна, своей партии интересуется слабо. Дисциплини-рованная. Активность слабая. Практический опыт имеет. На общественной работе не участвует. Отношение к учебе серьёзное. Инициатива слабая. Может работать под руководством на агитационной оргработе. Взаимоотношения с товарищами хорошие.

Не выявлена.

28. СТОХОВСКИЙ, Подг. курс, чл. ККП-1927 г. Вопросами ВКП(б), Коминтерна, своей партии интересуется слабо. Дисциплиниров. Не активен. Практический опыт небольшой. На общественной работе не участвует. Отношение к учебе серьёзное. Инициативы нет. Склонность к работе не выявлена. Может работать под руководством. Взаимоотношения с товарищами хорошие.

Не выявлен.

29. ЧАНОВА, Подг. курс, чл. ККСМ-1926 г. Отношение к вопросами ВКП(б), Коминтерна, своей партии не выявлено. Дисциплиниров. активность средняя. Практический опыт небольшой. На общественной работе не участвует. Отношение к учебе серьёзное.

Инициативы нет. Склонность к работе не выявлена. Может работать под руководством. Взаимоотношения с товарищами хорошие.

Не выявлена.

30. ШПАЛОВ, Подг. к. чл.ККСМ-1927 г. Отношение к вопросам ВКП(б), Коминтерна, своей партии не выявлено. Политически не развит. Дисциплиниров. Активность средняя. Практический опыт небольшой. Отношение к учебе серьёзное. Инициативы нет. Склонность к работе не выявлена. Может работать под руководством. Взаимоотношения с товарищами хорошие.

Не выявлен.

31.ЯНОВСКИЙ, Подг.к.,чл. ВКП(б)-1920 г. Вопросами ВКП(б), Коминтерна, своей партии интересуется слабо. Дисциплинирован. активность средняя. Практический опыт имеет. На общественной работе участвует. Отношение к учебе серьёзное. Инициативы нет. Может работать под руководством на низовой оргработе. Взаимоотношения с товарищами хорошие.

Выдержанный.

32. МАЯКОВА, I курс, чл.ККП-1925 г. Вопросами ВКП(б), Коминтерна, своей партии интересуется. Дисциплинирована. Активная. Практический опыт имеет. На общественной работе участвует. Отношение к учебе серьёзное. Инициатива слабая. Может работать под руководством на агитпропработе. Взаимоотношения с товарищами хорошие.

Выдержанная.

33. КИМ-ДОНЬЯ, аспирант, чл.ВКП(б)-1927 г.

[РГАСПИ, ф.532, оп.1, д.424, лл.23-29об.]

45. КРУЖОК № 6

фамилия	год.рож	нац.	соц.пол	обр.	Партийность	кр.
Землин	1903	кореец	студент	в/ средне	кн.ВКП-28 г.	IIIк. 1кр
Марсин	1900	кореец	крестьян	в/ средне	кн.ВКП-28 г.	IIIк. 1кр
Знаменский	1900	кореец	служащ.	Среднее	кн.ВКП-28 г.	IIIк. 2кр
Искрин	1904	кореец	студент	в/ средне	Чл.ККП-1926 г.	IIIк. 1кр
Сибирская	1906	кореец	крестьян	в/ средне	кн.ККП-1925 г.	IIIк. 2кр
Динамитов		кореец	студент	в/ средне	Чл.ККП-1926 г.	
Сидоров	1903	кореец	рабочий	Среднее	Чл.ККП-1925 г.	IIIк. 2кр
Громов	1900	кореец	крестьян	Среднее	Чл.ККП-1925 г.	IIIк. 2кр
Петров	1907	кореец	крестьян	Среднее	кн.ВКП-28 г. чл. ВЛКСМ- 25 г.	IIIк. 1кр
Тракторов	1904	кореец	рабочий	в/ средн	кн.ВКП-28 г. чл. ВЛКСМ- 25 г.	IIIк. 2кр
Минаева	1906	кореец	крестьян	Среднее	ККСМ-26 г.	IIIк.
Горский	1905	кореец	крестьян	Среднее	ККСМ	IIIк. 1кр
Огнев	1903	кореец	крестьян	Среднее	Чл. ККП-26 г.	IIIк.
Северов	1901	кореец	крестьян	Среднее	беспарт	IIIк.
Гранотов	1900	кореец	студент	в/ средн	Чл. ККП-26 г.	IIIк. 1кр
Маяков	1905	кореец	рабочий	н/средн	Чл. ККП-26г.	IIк. 1кр
Востоков	1906	кореец	крестьян	Среднее	Чл. ККП-25г.	IIIк. 1кр
Ким-Хован	1903	кореец	крестьян	н/средн	чл.ВКП-26 г.	IIк. 1кр
Генин	1903	кореец	крестьян	Среднее	Чл. ККП-25 г.	подгот
Брагин	1908	кореец	студент	н/средн	Кн. ВКП-28 г. чл.ККП-27 г.	1к. 2кр.
Власов	1904	кореец	рабочий	н/средн	чл.ККП-28 г.	подгот
Гурьянов	1906	кореец	крестьян	н/средн	чл.ККП-27 г.	прогот
Капелович	1907	кореец	крестьян	н/средн	чл.ККП-27 г	прогот
Яновский	1896	кореец	рабочий	низшее	чл. ККП-26 г.	прогот
Василевич	1907	кореец	крестьян		чл. ККП-26г.	Iк. 2кр.
Стаховский	1901	кореец	крестьян		чл. ККП-27 г.	подгот
Анисов	1907	кореец	крестьян		чл. ККП-26 г.	Iк. 3кр.
Даров	1903	кореец	крестьян		чл. ККП-26 г.	подгот
Паклин	1903	кореец	крестьян		чл. ВКП-20 г.	Iкурс.
Чанова	1905	кореец	служащ		чл. ККСМ 26 г.	подгот
Шпалов	1906	кореец	крестьян		чл. ККСМ 27 г.	подгот
Гбанов	1904	кореец	крестьян		чл. ККСМ 26 г.	Iк.
Кореева	1901	кореец	служащ	Среднее	чл. ККП-24 г.	подгот

[РГАСПИ, ф.532, оп.1, д.424, лл.30-34.]

46. СПИСОК КОРЕЙЦЕВ, СТУДЕНТОВ СЕКТОРА «А» КУТВ

(на 15 февраля 1931 г.)

	Фамилия	Характеристика	Примечание
1	Хван-Ен-Ен	Активность хорошая. Серьезен. Выдержан. Хорошо развит и помогает другим. Оценка – хорошо. По языку – вполне удовлетворительно.	
2	Дюмин	Работает серьезно и выдержанно. Активность недостаточная из-за недостаточного знания языка, потому что пришел в кружок позже других.	
3	Мальцев	Слабый студент в кружке. Ввиду незнания языка перевести в более подходящий кружок для него. Курс усвоил неудовлетворительно.	
4	Чанова	Курс усвоила удовлетворительно. В связи с состоянием здоровья активность снизилась.	
5	Стаховский	Курс усвоил вполне удовлетворительно. Активность недостаточна: по полит.экономии и всеобщей истории.	
6	Либяк	Курс усвоил хорошо. Разгрузить от общественной работы.	
7	Канилович	Хороший, активный студент. Владеет марксистской методологией. Превосходная умственная активность. Курс усвоил хорошо.	
8	Егунов	Курс усвоил вполне удовлетворительно.	
9	Генин	Курс усвоил вполне удовлетворительно.	
10	Власов	Серьезное отношение к работе. Стремится применять опыт прошлого к современности. Курс усвоил хорошо.	
11	Ким-Сен-Бок	Курс усвоил вполне удовлетворительно.	
12	Гурьянов	Работает много, охватывает вопросы, но систематичности нет. Активный, особенно по политэкономии. Курс усвоил вполне удовлетворительно.	
13	Даров	Курс усвоил вполне удовлетворительно. По политэкономии недостаточно активный.	

14	Анисов	Очень серьезный студент. Выдвигает всегда новые мысли. Выделяется в кружке как по темпу, так и по знаниям и умению работать. Один из лучших студентов. Курс усвоил хорошо. Целесообразно оставить в аспирантуре и на педагогической работе.	
15	Брагин	Отношение к работе серьезное. Активность средняя. Недостаточно умеет владеть марксистской методологией. Курс усвоил вполне удовлетворительно.	
16	Василевич	Интерес значительный. Методологией владеет вполне удовлетворительно. Серьезный студент. Курс усвоил вполне удовлетворительно. Активность по отношению к прошлом году снизилась. Необходимо подтянуться.	
17	Гванов	Серьезен и активен. Умеет глубоко прорабатывать материал. Курс усвоил вполне удовлетворительно. Целесообразно использовать на педагогической работе.	
18	Паклин	Учет и плановость в работе. Хорошо владеет методологией дисциплины. Имеет большой рост. Курс усвоил хорошо. Целесообразно использовать на педагогической работе.	
19	Маякова	Очень серьезное отношение к работе, но дается с трудом. Сдвиг есть. Курс усвоила удовлетворительно. Необходимо повысить активность.	
20	Динамитов	Серьезное и вдумчивое отношение к учебе. Вполне хорошее знание предметов и умение делать правильные политические выводы. Курс усвоил хорошо.	
21	Яновский	Работает упорно, но не совсем хорошо разбирается. За последнее время подтянулся, особенно помогли звеньевые занятия. Курс усвоил не вполне удовлетворительно. Слабо владеет языком.	
22	Галин	Отношение к работе серьезное. Интерес к работе есть, но ввиду слабой подготовки курс усвоил слабо.	
23	Лопатин	Курс усвоил вполне удовлетворительно.	

24	Иванов	Отношение к работе серьезное. Интерес к работе имеется. Курс усвоил удовлетворительно.	
25	Маркус	По всем предметам, кроме политэкономии, курс усвоил удовлетворительно. Ввиду слабой подготовки товарищу трудно работать, недостаточная усидчивость.	
26	Миронов	Курс усвоил вполне удовлетворительно.	
27	Олагин	Курс усвоил вполне удовлетворительно.	
28	Каналов	Отношение к работе серьезное. Интересуется предметами. Курс усвоил вполне удовлетворительно.	
29	Кореева	Курс усвоила удовлетворительно.	
30	Венков	-	
31	Ласковый	-	
32	Светов	-	
33	Икотин	-	
34	Намхонсен	-	
35	Ким-Тону	-	
36	Марсин	-	
37	Пак Никифор	-	
38	Хван-Тонюк	-	
39	Доров	-	

[РГАСПИ, ф.532, оп.1, д.426, лл.15-19.]

47. ПАРТИЙНО-УЧЕБНЫЕ ХАРАКТЕРТИКИ

1. Анисов – Кореец, год рождения 1907, крестьянин, в КУТВ поступил 19/X-28 г., Бр. КП-1926 г., Бр. КСМ-1924 г.

В прошлом был одним из видных активистов группы «МЛ». К настоящему моменту изжил свои фракционные колебания и стоит на генеральной линии К.И. по корейскому вопросу. В период, когда он был нацоргом, активно боролся за линию К.И. и сумел это доказать на деле. В работе нацкуржка принимал и принимает активное участие. Поручаемые работы выполняет аккуратно и добросовестно. Выдержан и дисциплинирован. Инициативен. Умеет поддерживать товарищеские отношения. Теоретически подготовлен и хорошо ориентируется в современных вопросах Кореи. Тов. Анисов очень способный. Имеет большие склонности к научно-исследовательской работе. Необходимо оставить в аспирантуре.

2. Брагин – Кореец, год рождения 1908, учащийся, в КУТВ поступил 10/X-28 г., кнд. ВКП(б)-1928г. Бр. КП-1927 г.

Очень замкнутый, благодаря чему не выявлен, особенно по корейскому вопросу. В работе нацкуржка принимал участие, но выступал редко. По этим выступлениям трудно судить о его позиции по корейскому вопросу. В прошлом был в группе «Хвае».

Отношение к учебе серьёзное. Курс усвоил вполне удовлетворительное.

3. Василевич – Кореец, год рождения 1907, крестьянин, в КУТВ поступил 23/X-28 г., Бр. КП-1926 г.

В основном стоит на генеральной линии К.И. по корейскоиу вопросу. В прошлом был одним из активных функционеров группы «М-Л». В работе нацкружка принимает участие, но выступает очень редко. Хитер и склонен к политиканству. Поручаемые работы выполняет. Недостаточно выдержан и дисциплинирован. Товарищеские отношения хорошие. Инициативен. В современных вопросах Кореи разбирается. Больше интересуется общей работой (вопросами

ВКП(б), жизни Университета и т.д.)

Отношение к учебе серьёзное. Курс усвоил вполне удовлетворительное.

Может быть использован на низовой работе при сильном руководстве.

4. Маякова – Кореянка, год рождения 1905, работница, в КУТВ поступила X-27 г., Бр. КП-1925 г.

В основном стоит за генеральную линию К.И. по корейскому вопросу. В прошлом была в группе «Хвае». В работе нацкружка принимала участие и в своих выступлениях показала правильность своей партийной позиции. Поручаемые работы выполняет аккуратно и добросовестно. Недостаточно инициативна. Легко подпадает под чужое влияние. В современных вопросах Кореи разбирается достаточно. Отношение к учебе серьёзное. Курс усвоила удовлетворительно.

Может быть использована на низовой работе по жен. линии.

5. Паклин. – Кореец, год рождения 1902, крестьянин, военнослужащий. в КУТВ поступил XI-28 г., чл. ВКП(б)-1929 г.

Стоит на правильной партийной позиции и является активным борцем за неё. В прошлом стоял ближе к группе «М-Л». В работе нацкружка принимал активное участие и проводит правильную партийную линию. Инициативен. Дисциплинирован и выдержан. К поручаемой работе относится весьма добросовестно. Как член ВКП(б) оказывает свое влияние на своих товарищей. В товарищеских отношениях хорош. В современных вопросах разбирается достаточно хорошо. Отношение к учебе серьезное. Курс усвоил хорошо. Необходимо оставить в аспирантуре.

6. ГВАНОВ – Кореец, год рождения 1907, служащий. в КУТВ поступил XII-1928 г. Бр. КП-1926 г., Бр. КСМ-1926 г.

Стоит на правильной партийной позиции. В прошлом стоял близко к группе «М-Л». В работе нацкружка принимает активное участие и старается проводить правильную партийную линию. Выдержан и дисциплинирован. К поручаемой работе относится добросовестно. Инициативен. В современных вопросах Кореи разбирается достаточно.

Отношение в учебе серьёзное. Курс усвоил хорощо.

Завед. Сектором «А» (Лазаревский)

48. ХАРАКТЕРИСТИКА КОРЕЙСКОЙ ГРУППЫ.

1. ГАЛИН, кореец, год рождения 1903, рабочий, беспар. в КУТВ с 10/II-30 г.

Политически недостаточно выявлен. Мало активен. В работе нацкружка участвовал недостаточно [···] активно. Малоинициативен. В современных вопросах Кореи разбирается недостаточно. В товарищеских общениях держит себя замкнуто.

Пройденный курс усвоил неудовлетворительно. Отправить в страну без связи.

2. ДИНАМИТОВ, кореец.

В прошлом был в группе «М.-Л.» В данный момент стоит на партийной позиции и активно проводит лин. Коминтерна. В современных вопросах Кореи разбирается достаточно. Инициативен. В товарищеских отношениях хорош. Работает в качестве нацорга и на этой работе показал себя как выдержанный и дисциплинированный товарищ.

В учебе был самым сильным студентом в группе и показал себя способным и развитым товарищем. Курс усвоил хорошо.

Можно использовать на партработе в стране по линии пропаганды.

3. ИВАНОВ, кореец, год рождения 1904, рабочий. Кор. КП-1928 г., в КУТВ с 15/X-29 г.

Стоит на правильной партийной позиции и активно защищает линию К.И. по корейскому вопросу. В работе нацкружка принимает участие. Выдержан и дисциплинирован. Товарищеские отношения хорошие. Инициативен. В современных вопросах Кореи разбирается достаточно. В учебе показал себя активным и старательным студентом. Курс усвоил вполне удовлетворительно. Желательно использовать на массовой работе среди рабочих.

4. ИКОТИН, кореец, год рождения 1904, рабочий, Кор. КП-1925 г., в КУТВ в 21/X-29 г.

Стоит на позиции Коминтерна по корейскому вопросу. В работе нацкружка принимал участие. В современных вопросах Кореи разбирается достаточно. К поручаемой работе относится добросовестно. Выдержанный и дисциплинированный товарищ. За время учебы значительно вырос. Курс усвоил вполне удовлетворительно. Желательно использовать на партработе среди рабочих.

5. КАНАЛОВ, кореец, год рождения 1910, рабочий, Кор. КСМ-1927 г., в КУТВ с 21/X-29 г.

Активно борется за линию Коминтерна по корейскому вопросу. В работе нацкружка принимает активное участие. В современных вопросах Кореи разбирается хорошо. Теоретически подготовлен вполне удовлетворительно. Дисциплинирован и выдержан. Поручаемые работы выполняет аккуратно и добросовестно. Прикреплен на практическую работу в Востотделе КИМа. Инициативен. В товарищеских общениях хорош и умеет влиять на других т.т.

На учебе показал себя одним из лучших в группе. За время учебы значительно вырос. Курс усвоил хорошо. Желательно использовать по линии комсомола.

6. КОРЕЕВА, кореянка, год рождения 1901, служащая, Бр. КП-1921 г., в КУТВ с 5/II-29 г.

В прошлом была в группе «Хва-е». В данный момент стоит на правильной партийной линии. В работе нацкружка принимает участие. В современных вопросах Кореи разбирается. Выдержана и дисциплинирована. Легко подпадает под чужое влияние. В товарищеских отношениях хороша. Малоинициативна.

К учебе относилась серьезно и внимательно. Курс усвоила удовлетворительно. Желательно использовать по линии женработы или среди работниц.

7. ЛОПАТИН, кореец, год рождения 1906, рабочий. Кор. КП-1928 г., в КУТВ с 15/X-29 г.

В прошлом был близок к группе «Хва-е». в КУТВе решительно занял правильную партийную позицию. В работе нацкружка принимал активное участие. В современных вопросах Кореи разбирается вполне удовлетворительно. Теоретически подготовлен хорошо. Выдержан и дисциплинирован. Работал практикантом Востотделе Профинтерна. Инициативен и активен. В товарищеских общениях хорош.

В учебе был одним из лучших студентов в группе. Курс усвоил хорошо. Может работать среди рабочих у себя в стране.

8. МАРКУС, кореец, год рождения 1906, рабочий, Кор. КСМ – 1928 г., в КУТВ с 15/X-29 г.

Стоит на правильной партийной позиции и борется за линию К.И. по корейскому вопросу. В работе нацкружка принимает активное участие. В современных вопросах Кореи разбирается удовлетворительно. Временами вспыльчив, что нередко служило предметом осуждения его со стороны т.т. Выдержан и дисциплинирован.

К учебе относился серьезно и за год значительно вырос. Курс усвоил удовлетворительно. Можно использовать на работе среди рабочих в стране.

9. МИРОНОВ, кореец, год рождения 1899, рабочий, Кор. КП-1921 г., в КУТВ с 2/XII-29 г.

В прошлом был одним из лидеров группы «Хва-е». В КУТВе в значительной мере изжил свои фракционные колебания. Пытается стать на правильную партийную позицию. В основном стоит на линии К.И. по корейскому вопросу. В работе нацкружка принимает участие. Недостаточно выдержан. Себя держит замкнуто. Инициативен.

К учебе относился серьезно и очень много работал над собою. Курс усвоил вполне удовлетворительно.

10. ОЛАГИН, кореец, год рождения 1903, батрак, Кор. КП-1926г., в КУТВ с 22/X-29 г.

В прошлом был одним из активных функционеров группы «Хва-е». В данный момент в основном стоит на правильной партийной позиции. В работе нацкружка принимает активное участие. Выдержан и дисциплинирован. Хитер и склонен посклочничать. Временами проявляет интеллигентский нигилизм. В современных вопросах Кореи разбирается удовлетворительно.

Может работать в стране под сильным руководством. Желательно использовать в качестве пропагандиста.

11. ЯНОВСКИЙ, кореец, год рождения 1896, рабочий. Бр. КП-1926 г., чл. ВКП(б)-1920 г., в КУТВ с X-28 г.

В прошлом был одним из руководителей группы [···] в Манчжурии. В КУТВ продолжал придерживаться фракционных взглядов до 1929 года. В данный момент стоит на правильной партийной позиции. В работе нацкружка принимает участие. Выдержан и дисциплинирован. В современных вопросах Кореи разбирается удовлетворительно. Для самостоятельной работы слаб. К учебе относился серьезно и работал с большим упорством и старанием. Но учеба дается ему трудно. Курс усвоил в общем удовлетворительно. Желательно использовать на партработе по орглинии.

СЕКТОР «А»   /Зандберг/
                             /Кревинь/

23/VI-31г.

[РГАСПИ, ф.532, оп.1, д.425, лл.28-29.]

49. ХАРАКТЕРИСТИКИ СТУДЕНТОВ 3 КУРСА СЕКТОРА «А»

Чанова – Кореянка. Год рожд. 1905, служащая. Чл. Бр. КСМ с 1926 г. В КУТВ с декабря 23 г. Дисциплинирована. Политически вполне выдержана. Теоретически подготовлена хорошо. Полученные знания умеет увязывать с вопросами своей страны. С практической работой справлялась хорошо. К работе всегда относилась серьезно. Способная. Активная.

КИМ-СЕН-БОК – Кореец. Год рожд. 1901, учащийся. Чл. ВКП /б/ с 1925 г. В КУТВ с 19 августа 29 г. Дисциплинирован. Политически вполне выдержан. Инициативен. К работе относится серьезно. Теоретические вопросы умеет увязывать с повседневной политической жизнью и со своей страной. С практической работой справлял хорошо. Курс усвоил хорошо. Имеет склонность к научно-исследовательской работе. Необходимо оставить в аспирантуре.

ГУРЬЯНОВ – Кореец. Год рожд. 1906, крестьянин. чл. Бр. КП. с 1927 г. КУТВ с 15 октября 28 г. Дисциплиирован. Политически вполне выдержан. Инициативен. К работе относится серьезно. С практической работой справлялся. Теоретически подготовлен хорошо. Имеет склонность к научно-исследовательской работе. Необходимо оставить в аспирантуре.

ДАРОВ – Кореец. Год рожд. 1903, крестьянин. Чл. Бр. КП. с 1926 г. КУТВ с октября 29 г. Дисциплинирован. Политически вполне выдержан. Всегда серьезно и вдумчиво относился к прорабатываемым вопросам. Курс усвоил хорошо. Был нацоргом - работу в группе поставил хорошо.

ГЕНИН – Кореец. Год рожд. 1903 г. крестьянин. Чл. Бр. КП. с 1925 г. В КУТВ с 4-ого октября 23 г. Серьезный. Вдумчивый, инициативный. Дисциплинированный. Политически вполне выдержанный. Теоретически подготовленный хорошо. Умеет политически заострять вопросы. Имеет склонность к научно-исследовательской работе. Желательно было бы оставить в аспирантуре.

ЛИ - БЯК – Кореец. Год рожд. 1900, крестьянин. Чл. ВКП /б/ с 1926 г. КУТВ с 19 августа 29 г. Дисциплинирован. Политически вполне выдержан. Теоретически подготовлен хорошо. Политически заостряет вопросы. Обнаружил способность к систематическому мышлению. Полно было бы оставить в аспирантуре.

ЕГУНОВ – Кореец. Год рожд. 1907, рабочий. Чл. Бр. Кит. КП с 1927 г. В КУТВ с 18 октября 29 г. Способный. Активный. Бывает некоторая шаткость в разрешении прорабатываемых вопросов. Все вопросы стремит поднять на сугубо теоретическую высоту, что часто ведет к схематизму мысли, к академичности. Теорию с практикой не увязывает. Не всегда сразу сознает свои ошибки. В общественной работе не проявляет инициативы. Нуждается в практической работе под руководством опытного товарища. Курс усвоил хорошо. На работе дисциплинирован.

МАЛЬЦЕВ – Кореец. Год рожд. 1907 г. рабочий. Чл. Кит. Бр. КП. с 1927 г. В КУТВ с 18 октября 29 г. Курс усвоил удовлетворительно. В последнее время обнаружил значительный рост, но активность недостаточная. Придерживается выжидательной позиции. Прорабатывваемый материал недостаточно увязывает с современными политическими вопросами. Выступления политически выдержаны. На работе дисциплинирован.

СТАХОВСКИЙ – Кореец. Год. рожд. 1901. крестьянин. чл. Бр. КП. с 1927 г. В КУТВ с октября 28 г. Активный. Дисциплинирован.

Политически выдержанный. Быстро улавливает ошибки товарищей в выступлениях. К работе относится серьезно. Курс усвоил вполне удовлетворительно. С практической работой справлялся хорошо.

ЗАМ. ЗАВ. СЕКТОРОМ "А"   /Кревинь/

[РГАСПИ, ф.532, оп.1, д.427, л.1.]

50. ОТЧЕТНЫЙ ДОКЛАД 5-Й СЕКЦИИ

I. Выполнение учебно-производственных классов.
Кружок "А" - краткосрочный

Наименование дисциплин	Отпущ. часов	Испол ь зовано часов	%	Примечание	Фамилия преподавателя
1. Политэкономия	200	200	100	По плану должны были быть использованы в 1 триместре. Фактич.осталось 45 часовна II трим.	Ли-Чю-Сен
2. Ленинизм	160	100	62.5	Программа была сокращена до 120 час. Част. пропуска преподават.сорвали особенно прохождение последних тем	Ким Афанасий
3. Страноведение	130	130	100	-	Пак Ник.
4. История партии	130	130	100	Перен. на II сем. 24 ч.	Ким Мих.
5. Истор. Коминт.	100	75	75	-	Ким Мих.
6. Партстроит.	190	140	100	Сокр. до 140 час.	Котельников
7. Профстроит.	90	80	88.8	-	Лукьянова
8. Ком.движение	50	24	50	-	Сосновский
9. Военная такт	120	110	91.6	-	Ен-Ди-Ен
10. Истмат	100	30	30	Прогр. была сокращ.	Пак Никиф.
	1270	1019	80		

КАЧЕСТВЕННЫЕ ПОКАЗАТЕЛИ УСПЕВАЕМОСТИ СТУДЕНТОВ.
Февраль

	Фамилия	Партстр	профстр	Ист.КИ	Стран..	Такт	Общ.показ. кружка
1	Чен-Мин	уд.	хор.	хор.	Вуд.	вуд.	Уд.-40%
2	Ван-Сен-Мин	уд.	уд.	хор.	Вуд.	хор.	Вуд. -25%
3	Ким Чунсен	уд.	хор.	хор.	Вуд.	уд.	Хор.-38%
4	Сен-Уен	уд.	уд.	хор.	Уд.	Вуд.	

Март

	Фамилия	Партстр	Профстр	Ист.КИ	Стран	Такт	Общ.показ. кружка
1	Чен-Мин		хор.	хор.	хор.	Вуд.	уд/19%
2	Ван-Сен-Мин		уд.	хор.	хор.	хор.	вуд/12%
3	Ким Чунсен		хор.	хор.	хор.	уд.	хор/69%
4	Сен-Уен		уд.	хор.	хор.	хор.	

Апрель

	Фамилия	Партстр	Профстр	Ист.КИ	Стран.	Такт.	Общ.показ. кружка
1	Чен-Мин		о.хор.	хор.	хор.	хор.	
2	Ван-Сен-Мин		хор.	хор.	хор.	хор.	Вуд – 15%
3	Ким Чунсен		о.хор.	хор.	хор.	Вуд.	хор -15%
4	Сен-Уен		хор.	хор.	хор.	Вуд.	

Кружок «А» проработал основные дисциплины более углубленно, чем остальные группы. Большинство т.т. владеют китайским и японским языком и поэтому были более удовлетворительно снабжены литературой. Качество самостоятельной работы значительно выше в связи с общим высоким уровнем подготовки этого кружка. За последние дни имели место срывы по ленинизму в связи с мобилизацией тов. Ким Афан. На займовую камп.

Дисциплина в кружке удовлетворительная. Были пропуски /31ч./ по уважительным причинам/болезнь/.

Кружок "В" – Краткосрочный

Наименование дисциплин	Отпущ. Часов п/план	Использовано часов	%	примечание	Фамилия Преподават.
1. Страноведение	160	102	100	Прогр. была сокращ. до 100 ч.	КИМ –ДЕН–ХА
2. Партстроит.	190	140	100	Сокр. На 140 ч.	КОТЕЛЬНИКОВ
3. Истмат	100	45	100	Сокр. до 45 час	ПАК НИК.
4. Профстроит.	90	80	100	Сокр. До 80 час	
5. Тактика.	120	110	91.7	-	ЕН – ДИ –ЕН
6. Истор.партии	130	130	100	-	КИМ Афанас.

7. Ист.Коминтерна	120	108	91.7	-	КИМ Афанас.
8. Полит-эконом.	200	180	90	-	Хван – Тан[···]к
9. Ком.движение	50	24	50		Сосновский
	1070	91.9	85.9		

Качественные показатели успеваемости студентов кружка "В"
Февраль

	Фамилия	Партстр.	Профотр.	Ист.КИ	Пр.св.стр.	Такт.	Общ.показ.кружка
1	Габидулин	уд.	вуд.	хор.	уд.	уд.	уд.- 55%
2	Хам-Чену	уд.	-	вуд.	уд.	вуд.	вуд. -33%
3	Ким Петр	уд.	вуд..	хор.	уд.	вуд.	хор. -12%
4	Якоб	уд.	уд.	вуд.	уд.	вуд.	
5	Мун	уд.	уд.	вуд.	уд.	хор.	

Март

	Фамилия	Партстр	Профстр	Ист. КИ	Стран.	Такт.	Общ.показ.кружка
1	Гавидулин		хор.	вуд.	вуд.	вуд.	неуд.-5%
2	Хам-Чену		неуд.	вуд.	вуд.	хор.	уд. -10.3%
3	Ким петр		уд.	вуд.	вуд.	вуд.	вуд. – 58%
4	Яков		уд.	-	вуд.	вуд.	хор. – 15%
5	Мун		вуд.	вуд.	вуд.	хор.	

Апрель

	Фамилия	Партстр.	Профстр.	Ист. КИ	Стран.	Такт.	Истмат	Общ.пок. Кружка
1	Гавидулин		хор.	хор.	вуд.	хор.	вуд.	уд./4%
2	Хамчену		вуд.	хор.	вуд.	хор.	вуд.	вуд./60%
3	Ким петр		вуд.	хор.	вуд.	хор.	вуд.	хор./36%
4	Яков		вуд.	вуд.	вуд.	хор.	уд.	
5	Мун		вуд.	вуд.	вуд.	хор.	вуд.	

По уровню подготовки кружок несколько слабее кружка "А". Кружок неоднороден. Чисто говорят, свободно пользуются японской литературой/ 3 челов /. два человека пользуются литературой на русском языке.

Кружок "В" - полуторагодичный

Наименование предмета	Отпущ.часов По пд.	Фактич. использовано	%	Преподаватели
История ВКП/б/	140	108	77	Нам Хонсен
Математика	100	109	109	Егорова
Мироведение	140	140	100	Капланова
Текущ.политика	60	60	100	Восков
Родной.яз	100	100	100	Чоливан
	540	517	97.2	

Качественные показатели успеваемости студентов кружка "В"
Март – и апрель

	Фамилия	Ист. ВКП	Миров.	Матем.	Родн.яз	Общ.показ.кружка
1	Дягай	Уд.	Уд.	Уд.		Уд.-53%
2	Петунха	Уд.	Уд.	Уд.		Вуд.-30%
3	Цой-Мин	Уд.	Хор.	Уд.		Хор.-17%
4	Хоен	Вуд.	Хор.	Вуд.		
5	Тян-Хан-Сен	Вуд.	Уд.	Вуд.		
6	Цай-Ир	Вуд.	О.хор.	-		
	Фамилия	Ист. ВКП	Миров.	Матем.	Родп.яз.	Общ.пок.кружка
1	Дягай	Уд.	Уд.	Уд.		
2	Петунха	Уд.	Уд.	Уд.		
3	Цой-Мин	Уд.	Вуд.	Вуд.		Уд. – 50%
4	Хоен	Уд.	Хор.	-		Вуд. – 31%
5	Тян-Хан-Сен	Вуд.	Вуд.	Хор.		Хор. – 19%
6	Цай-Ир	Вуд.	Хор.	-		

Кружок начал свое занятие с 25/II – 33 г. По уровне подготовки наиболее слаб. Состав кружка не однороден, часть имеет общее образование и не проходит математику и родной язык.

По истории партии были срывы, вследствие мобилизации преподавателя и МТС.

Поэтому курс по истории ВКП/б/ положенный по плану на этом семестре не будет закончен, а будет перенесен на осень.

ОБЩИЕ НЕДОСТАТКИ УЧЕБНО-ПРОИЗВОДСТВ.РАБОТ ТАКОВЫ:

1. Неудовлетворительность самих программ, заданий. При составлении которых
совершенно не учитывается как уровень подготовки студентов, так и наличие учебной литературы.
2. Отсутствие работы с преподавателями и должный контроль за в части происхожд. учебно-производств. практ.
3. Многопредметность в дублирование отдельных тем во всех программах, отрицательно влияющее на успеваемость студентов.

II. Учебно-производственная

Из общего состава секции 15 человек были на краткосрочной производств. практике под руководством пом. зав. секцией т.Нам-Хон-Сен на заводе [⋯] подшипников им. Кагановича. Практика прошла неудовлетворительно. Фактически превратившись в длительную экскурсию. В группе сейчас это продискуссируется, причём намечается две точки зрения на организацию дальнейшей учебно-производственной практики:

1 Часть товарищей считает, что краткосрочная практика себя не оправдывает. Товарищи предлагают вместе двухнедельного пребывания на заводе перейти к системе прикрепления секции к определенному заводу на весь период учебы и по определенному плану согласованному с заводской организацией завода / участие на партийных собраниях, общерабочих собраниях, бюро яч. и т.п./.
2 Часть товарищей считает, что краткосрочная практика должна остаться обеспечив лучшее её проведение/ выделение ответственного руководителя, привлечение актива заводских организаций и т.п./.

ИНТЕРНАЦИОНАЛЬНАЯ ГРУППА

Непосредственно в ведении секции не находилась. Вопросы Страновед. Партстроит. и Профстроит. ставились секцией , но должного руководства не было и особенно благодаря систематическим срывам занятий со стороны преподавателей. Группа фактически была представлена самой себе. Благодаря более высокому уровню и знанию русского языка – группа много работала самостоятельно.

Качественные показатели успеваемости студентов 3 курса
За весь учебный год

1	Дюмин	хор.	вуд.	уд.	уд.	вуд	уд- 27%
2	Доров	вуд.	уд.	уд.	вуд.	вуд.	вуд-40%
3	Хван	хор	хор.	хор.	вуд.	хор.	хор-33%

III. О ПРЕПОДАВАТЕЛЯХ И ИХ ЗАКРЕПЛЕНИИ.

А. Состав преподавателей.

1 Политэкономия – Хвантонюк – научн. сотрудн. НИАНКИ. Кончил аспирантуру, чл. ВКП/б/. В стране не бывал, языком владеет свободно. Отзыв студентов хороший. Желательно закрепить на будущий год.

2 Политэкономия – Ли Гюсен – аспирант Ленинской школы чл. ВКП/б/. В стране не бывал , языком владеет , но недостаточно хорошо. По стране работает. Отзыв студентов хороший. Желательно закрепить на будущий год.

3 Ленинизм – Ким Денха – работник из-за иностранных рабочих, чл. ВКП/б/. В стране бывал, языком владеет сободно. Отзыв студентов неудолитворительный.

4 Ленинизм – Ким Афанасий – студент И.К.П., член ВКП/б/, в стране не бывал, языком владеет. Часто пропускал занятия. Отзыв студентов хороший. Желательно оставить на будущий год с соответсвующей договорённостью с ячейкой И.К.П, о закреплении его на нашей секции.

5 История ВКП/б/. – Ким Афанасий.

6 История ВКП/б/. Ким Михаил – студент И.К.П. Член ВКП/б/. В стране не бывал, языком владеет. Страной занимается. Отзыв студентов хороший. Желательно оставить на будущий год с соответствующей договорённостью с ячейкой. ИКП о закреплении его за нашей секцией.

7 Страноведение – Пак Никифор.

8 Страноведение – Ким Ден Ха

работник из-во иностранных рабочих,чл. ВКП(б). В стране бывал, языком владеет свободно.

Отзыв студентов неудовлетворительный

Количество преподавателей необходимых на будущий год.

№ по	Наименование Предметов.	Кол. имеющих. преп.	Остающ. на буд.год.	Дополнит. треб.	Примечание.
1	Политэконом.	2	2	1	
2	Ист. ВКП/б/	2	2	1	Чл. ВКП с переводчиком.
3	Ленинизм	2	-	3	Желат. из И.К.П., хотя бы не знающего языка
4	Ист. К.И.	2	2	1	
5	Истмат	1	1	2	Главн. образом к концу 2-го семестра буд.уч.г. часов по 30 на кажд.кр.
6	Партстрой	1	1	2	Курс Парстрой предположено включить профстрой и юндвижение с одним ответ. руковод. по всему курсу с возможностью замены его по отдельным темам.
7	Военн.теория	1	1	1	
8	Страноведение	2	-	3	
	Итого	13	9	14	

Работа нацпартгруппы

1. Партийно – воспитательная работа

Проработаны следующие вопросы на собрании нацпартгруппы

с марта по май:

А) колхозный съезд

Б) пятидесятилетие смерти Маркса

В) о первом Мая

Г) о чистке ВКП /б/

Д) о журнале Т.О.Р.

Е) провалы и массовые аресты в Корее.

Кроме того группа участвовала на докладах Сафарова, Мануильского, Васильева и др.

2. Учебно-производственная

На бюро и на общих собраниях группы ставились вопросы учебно–производственного характера/3 раза/. В связи с подготовкой 1 мая проведен массовый смотр соцсоревнования и ударничества с предварительной проработкой на кружках и с утверждением на общем собрании.

3. Массовая работа

А) Регулярно выходит 1 раз в месяц стенгазета. Кроме того к юбилейным дням 8 марта, 1 марта и.т.д. выпущены ряд юбилейных номеров.

Б) силами студентов выпускается бюллетень, освещающий рабоче-крестьянское движение в Корее. Вышло 6 номеров, печатается 7-й.

В) оборудован силами студентов красный уголок. Но плановой работы в нем еще не ведется.

Г) МОПР и О.С.О.- охвачено 100% членством. Занятия стрелкового кружка было 3 раза.

Д) Комсомольская работа

1. Проработали письмо КИМ к молодежи Кореи.

2. Приняли пленум КИМа.

3. Приняли участие в проработке комсом. движ. в Китае.

4. Проработка о комсом.движении в Японии.

5. Проводит дополнительно стрелковое занятие.

При проработке всех этих вопросов участвовали все студенты секции.

4. Политико-моральное состояние секции.

В основном группа здоровая. Об одном товарище на бюро стоял вопрос как о партийно невыдержанном, имевшее место на первом семестре деление группы и.т.п. частично изживается, но еще кое – какие пережитки остались.

Зав. Секцией	/ Полонский/
Пом.зав.секцией	/ Пак Ник./
Секретарь НАЦ-ПАРТ-ГРУППЫ	/ МУН/

[РГАСПИ, ф.532, оп.1, д.427, лл.3-10.]

51. ПАРТИЙНО-УЧЕБНЫЕ ХАРАКТЕРИСТИКИ СТУДЕНТОВ-ОТПУСКНИКОВ СЕКЦИИ № 5 ЗА 1932/33 УЧ. ГОД

1. ДЮМИН – родился в 1905 г. в Корее. Соц. происх. - крестьянин, пол. - рабочий-грузчик, Образование низшее, Родной язык корейский. слабо знает японский. Член ВКП/б/ с 1932 г. В КУТВе с 15-го сентября 1929 г.

Оценка нацпартгруппы. Партийно выдержан. Дисциплинирован. Партнагрузку выполняет добросовестно. Недостаточно активен, особенно по вопросам своей страны. Товарищеские отношения хорошие.

Оценка руководства секции: Принадлежит к новой шанхайской группе, / Происходит из этой же местности - Южная провинция Хон-Чандо /. Лично связан с Ким-дон-ха / связь установил уже здесь в Москве /. В страну можно послать с непременным условием работы под чьим-нибудь руководством. Учился удовлетворительно.

2. ХВАН – родился в 1902 г. в Тянской провинции в Корее. Отец сначала был рабочим, а с 1918 г. владелец мастерской, имеющий 15-20 чел. рабочих. Соц.пол. рабочий. Образование - незаконченное среднее. Родной язык корейский, хорошо знает японский язык, слабее владеет русским. Чл. ВКП/б/ с 30 г. Принимал участие в мартовском движении. Вел агитработу. Участвовал в организации партии буль-буль. В 1926 г. участвовал в организации ком.группы при "чаосен-номинсе" / кор.крестьян.союз /. В СССР с 1927 г. В КУТВе с 1 октября 1930 года.

Оценка нацпартгруппы. Партийно выдержан, дисциплинирован-ность примерная, партнагрузки выполняет очень хорошо.

Активность хорошая по вопросам своей страны. Товарищеские отношения хотя и хорошие, но ввиду нервной болезненности недостаточно выдержан в этих отношениях.

Оценка руководства секции: Был в личных дружеских отношениях с Северовым / быв. студ. КУТВ /. В страну посылать нельзя. Учился хорошо.

3. ДОРОВ – родился в 1908 г. Соц.происх. - крестьянин. пол. рабочий. Образование низшее. Родной язык корейский. Слабо знает японский язык. Беспартийный. В КУТВе с 10 февраля 1930 г.

Оценка нацпартгруппы: Партийно невыдержан / исключен из комсомола, а из кандидатов партии механически выбыл /, слабо дисциплинирован, часто пропускал собрания нацпартгруппы. Партнагрузки выполнял, но активность слабая, особенно по вопросам своей страны. Товарищеские отношения не совсем хорошие. Очень нервно болезнен и, как сам не отрицает, достаточно ярко проявляет анархические тенденции.

Оценка руководства секции: Политически не определенно / в прошлом рабочий /. В страну посылать нельзя, учился удовлетворительно.

4. Чен-Мин – родился в 1896 г. Соц. происх. - крестьянин, пол. - служащий - журналист. Образование высшее. Чл. Кор. КП с 1921 г. Вел орг и проп. работу чл.исполкома КорКП. чл. Кор-бюро. чл. манчжурского бюро Кор КП., организатор революционного профсоюза. В СССР с 1931 года. В КУТВе с 21 октября 1932 года.

Оценка нацпаргруппы. Партийно-выдержан, дисциплинирован. Партнагрузки выполняются хорошо. Товарищеские отношения хорошие, но имеет плохую черту, заключающуюся в том, что никогда не осознает отрицательные стороны и не стремится их исправить. Имеет достаточно ярко выраженную интеллигентную черту.

Оценка руководства секции. Принадлежал к старой Шанхайской группе. Окончательно свои фракционные взгляды не изжил.

5. КИН-ЧУН-СЕН – родился в 1901 г. в Занланамдо / Корея /. Соц. происх. - крестьянин. пол. - служащий корректор-журналист. Образование незаконченное среднее. Родной яз. корейский, владеет японским. Чл. Кор. КП с 26 г. Был чл. оргкомитета, вел работу по заданию партии в журнале "Часентигван". В КУТВе с 1 октября 1933 года.

Оценка нацпартгруппы. Партийно выдержан. дисциплинирован, хорошо выполняет партнагрузки и достаточно активен по вопросам жизни своей страны. Товарищ часто проявляет интеллигенсткую черту.

Оценка руководства секции. В группах официально не состоял. За период учебы участвовал в склоке против Ким-дон-ха. Учился хорошо. По мнению пом.зав.секции т. Пака в страну желательно не посылать.

6. ВАН-СЕН-МИН – родился 1891 г. в Ханнам губернии Букчен уезд. Соц. происх. - крестьянин. пол. - служащий учитель. Образование среднее. Родной язык корейский, знает хорошо китайский. Член Кор. КП с 1926 г. Кит. КП с 1930 г. Член комитета Кор. КП, чл. комитета кит. КП. проп. и агитработа в КУТВе с 28 апреля 1932 года.

Оценка нацпартгруппы. Партийно выдержан, дисциплинирован. Хорошо выполняет партнагрузку. Товарищеские отношения хорошие. Довольно активен, интересуется вопросами своей страны, но больше интересуется вопросами Китая.

Оценка руководства секции. Принадлежал к старо-шанхайской группе. За время учебы участвовал в склоках против Ким-дон-ха. Учился хорошо.

7. СЕН-УЕН – родился в 1904 г. в Сев. Корее. Соц. происх. - крестьянин. пол. - служащий учитель. Образование среднее. Беспартийный. Принимал участие в мартовском движении. В Кор. КСМ был с 1924 г. В КУТВе с 3 ноября 1932 года.

Оценка нацпартгруппы. Партийно - выдержан, дисциплинирован. Партнагрузку выполняет хорошо. Активность к жизни своей страны есть. Товарищеские отношения хорошие.

Оценка руководства секции. Недостаточно активен по вопросам Кореи. Политически не выявлен. В страну послать нельзя.

8. МУН – родился в 1907 г. в г. Хонвангун. Соц. происх. - крестьянин, пол. - рабочий. Образование низшее. В СССР приехал в 1925 г. С 1926 г. чл. ВЛКСМ. Вел КСМ работу во Владивостокском Округе. С 1931 г. чл. президиума ячейки ВКП/б/. Служил добровольцем в Балтфлоте 3 года. В КУТВе с ноября 1932 года.

Оценка нацпартгруппы. Партийно выдержан, дисциплинирован Активность в вопросах жизни своей страны достаточная. Товарищеские отношения хорошие. Партийную работу выполняет хорошо.

Оценка руководства секции. Политически выдержан, учился вполне удовлетворительно. Со страной знаком мало. Был секретарем нацпартгруппы. В страну послать можно.

9. ГАБИДУЛИН – родился в 1907 г. в г. Хонам. Соц. происх. - крестьянин. пол. - рабочий-содовщик. Грамотный. Беспартийный. Работал по профлинии среди углекопов. В КУТВе с 18 октября 1931 г.

Оценка нацпартгруппы. Партийно выдержан, дисциплинирован. Партнагрузку выполняет хорошо. Активность по вопросам жизни своей страны достаточна. Товарищеские отношения хорошие.

Оценка руководства секции. Партийно выдержан. За время учебы значительно вырос. Немного труслив. В страну послать можно. Учился хорошо. Хорошо умеет связываться с рабочими.

10. ЯКОБ – родился в 1907 г. в Хейнам. Соц. происх. - крестьян. пол. - рабочий-рулевой. Образование низшее. Родной язык корейский, владеет японским. Беспартийный. Работал по линии профсоюза. В КУТВе с 5 июня 1931 года.

Оценка нацпартгруппы. Партийно выдержан. Но политически слабо подготовлен. Дисциплинирован. Партнагрузку выполняет хорошо. Активность по вопросам страны достаточная. Товарищеские отношения хорошие.

Оценка руководства секции. Политически подготовлен слабо. Партийно выдержан. В страну послать можно. Учился удовлетворительно.

11. ХАН-ЧАН-У – родился в 1912 г. в провинции Кокендо. Соц. происх. - крестьянин. пол. - рабочий-деревообделочник. Образование - незаконченное среднее. Родной язык корейский, хорошо владеет японским. Беспартийный. Участвовал в организации проведения антивоенного дня, участвовал в студенческой забастовке. В КУТВе с 25 сентября 1932 года.

Оценка нацпартгруппы. Партийно выдержан, дисциплинирован. Партнагрузку выполняет хорошо. Активность по вопросам страны хорошая. Товарищеские отношения хорошие.

Оценка руководства секции. Страной интересуется. Очень способный. Имеет склонность к политическим вопросам. В страну послать можно.

12. КИМ Петр – родился в 1910 г. в Сеуле. Соц. происх. - служащий.
пол. - служащий. Образование среднее. Родной язык корейский.
Владеет японским и английским языком. Беспартийный. В КУТВе
с 13 мая 1932 г.

Оценка нацпартгруппы. Партийно выдержан, дисциплинирован.
Партнагрузку выполняет хорошо. Активность по вопросам жизни
страны сравнительно слабая. Проявляются черты интеллигентской
наклонности. Товарищеские отношения хорошие.

Оценка руководства секции. Выдержан. Учился хорошо. На нелегальную работу послать нельзя / молод и несколько легкомыслен /.

Зав. секцией No. 5   /Полонский/
Пом.Зав.   /Ник.Пак/.

                                      [РГАСПИ, ф.532, оп.1, д.427, лл.12-16.]

52. СЕКЦИЯ № 5. ХАРАКТЕРИСТИКА ПРЕПОДАВАТЕЛЕЙ

1. ХВАН-ТОНЮК /Политэкономия/.

Член ВКП/б/, окончил аспирантуру КУТВ, владеет родным и знает страну. Обеспечивает достаточно хорошим качеством происхождения предмета, метод занятий удовлетворяет. Отношение к работе хорошее, активность в деле поднятия качества учебы хорошая. Принимает активное участие в политическом воспитании студентов.

2. РОЗЕНБЛЮМ / История рев. движения/.

Член ВКП/б/, преподает на русском языке через переводчика. Обеспечивает достаточно хорошим качеством происхождения предмета, но вследствие незнания страны, увязка с вопросами страны недостаточная. Метод занятий удовлетворяет. Отношение к работе хорошее, активность хорошая. Политически выдержана.

3. КУЗНЕЦОВА / История ВКП/б//.

Член ВКП/б/. Окончила аспирантуру КУТВ. Обеспечивает содержание занятий удовлетворительно. Метод занятий удовлетворяет. Преподает на русском языке через переводчика. Предмет увязывается с вопросами страны недостаточно, вследствие незнания страны. Отношение к работе удовлетворительное. Политически выдержана.

4. ШЕНУ / Текущая политика /.

Член ВКП/б/ - аспирант. Преподает на родном языке. Качественно обеспечивает происхождение предмета. Отношение к работе хорошее, активность хорошая. Политически выдержан.

ЗАМ. ЗАВ. СЕКЦИЕЙ   /ПАК/.

[РГАСПИ, ф.532, оп.1, д.427, л.31.]

53. ХАРАКТЕРИСТИКИ СТУДЕНТОВ 5-Й СЕКЦИИ

1. Капелович – студент курса актива, член кор. компартии с 1927 г. Политически выдержан, учеба хорошая, активность хорошая. Курс кончает 1-го июля 1934 года.

2. Мун – студент курса актива, член ВКП/б/ с 1930 г. Политически выдержан. Учеба вполне удовлетворительная, активность хорошая. Курс кончает 1-го июля 1934 года.

3. Вандао – студент курса актива, член ВКП/б/ с [1921] г. Политически выдержан, учеба удовлетворительная, активность хорошая. Курс кончает 1-го июля [1934] года.

4. Яновский – член ВКП/б/ с 1920 г. Политически выдержан, учеба в основном удовлетворительная, активность хорошая. Курс кончает 1-го июля 1934 года.

5. Чжан-Хан-Сен – беспартийный. Политическая выдержанность хорошая, развит в учебе, активность хорошая. Курс кончает 1-го июля 1934 г.

6. Хоен – студент 1½ годичного курса, беспартийный, политическая выдержанность хорошая, в учебе развит, активность хорошая. Курс кончает 1-го июля 1934 года.

7. Ахметов – студент 1½ годичного курса, беспартийный, политическая выдержанность хорошая, учеба вполне удовлетворительная, активность хорошая. Курс кончает 1-го июля 1934 года.

8. Петунха – студент 1½ годичного курса, беспартийный, политическая выдержанность хорошая, учеба удовлетворительная, активность хорошая. Курс кончает 1-го июля 1934 года.

9. Лигай – студент 1½ годичного курса, член ВКП/б/ с 1931 г. В партийном отношении не проявил никаких уклонов, учеба удовлетворительная. Курс кончает 1-го июля 1934 года.

10. Хан Вера – студент 1½ годичного курса, член кор.ком.партии с 1921 г. Политически выдержана, учеба удовлетворительная, активность хорошая. Курс кончает 1-го июля 1934 года.

12. Ким Ирсу – студент подготовительного курса, беспартийный, политическая выдержанность хорошая, активность хорошая, продолжает учебу II-го семестра.

13. Пак Диун – студент курса, беспартийный, политическая выдержанность хорошая, учеба хорошая, активность хорошая, продолжает учебу II-го семестра.

Зав. Секцией №5   /Ким-Даня/

Общие замечания

1. Несмотря на большинство беспартийных студентов, имеем благоприятные результаты и хорошее качество работы, выдержанность, но среди них т. Лигай, несмотря на то, что он член ВКП/б/, он не проявляет лицо партийца и мало воспитан в духе большевизма.

2. Хорошее отношение к СССР, можно считать борцами в защиту СССР и, однако, они имеют стремление участвовать в построении социализма в нашей стране, например, этот раз подписка на заем II-го года II-й Пятилетки выполнена на 169,13 %.

3. Настроение студентов хорошее, они желают работать в стране

в подполье/, нет ни одного, который бы отказался поехать в страну.

Зав. Секцией №5 /Ким-Даня/

13 апреля 1934 года.
г. Москва.

[РГАСПИ, ф.532, оп.1, д.428, лл.1-3.]

54. ХАРАКТЕРИСТИКА НА СТУДЕНТОВ 5-Й СЕКЦИИ

1. ЯНОВСКИЙ. Член ВКП /б/ с 1920 года. Рабочий. Принимал участие в партизанском движении на территории СССР в годы гражданской войны. Вел подпольную партийную работу в Манчжурии и Корее. Раньше принимал активное участие в фракционной борьбе в группе аль-аль. В настоящее время он полностью изжил фракционные настроения. В теоретическом отношении мало развит. В партийном отношении выдержан и дисциплинирован. Подходит для работы в стране по линии техники. Кончает курс актива в июле 1934 г.

2. ВАНДАО. Член ВКЛ/б/ с 1921 года. Служащий. Принимал участие в партизанском движении в годы гражданской войны. Вел подпольную партийную работу в стране и сидел в тюрьме 4 года. Раньше принадлежал к иркутской группе, но в настоящее время изжил фракционные настроения. Теоретическое развитие среднее. В партийном отношении выдержан. Как слабая черта в характере должно быть отмечено упрямство. Имеет данные для подпольной работы. Кончает курс актива.

3. МУН. Член ВКП/б/ с 1930 года. Рабочий. Прибыл в СССР в 1925 году для поиска работы. Служил в Красном флоте и имеет из флота прекрасные отзывы. Не имеет опыта партийной работы в стране. В партийном отношении выдержан и дисциплинирован. Имеет прямоту в обсуждениях вопросов и имеет хорошую активность. Несмотря на малый партийный стаж, может принести пользу делу в стране. Кончает курс актива.

4. КАПЕЛОВИЧ. Член Кор. К.П. с 1927 года. Рабочий. Был на подпольной работе в Манчжурии и в Корее. Теоретически развит. Политически благонадежден и дисциплинирован. Имеет опыт работы по линии КСМ. Активность хорошая. Раньше принимал участие в фракционной борьбе, теперь изжил фракционные настроения. Кончает курс актива.

5. ТЯН-ХАНСЕН. Беспартийный. Рабочий-текстильщик. Принадлежал подпольной профсоюзной организации в стране. Прибыл в СССР для поиска работы. Учится хорошо. Активность удовлетворительная. Политически надежен. Кончает краткосрочные курсы. Один из лучших в группе.

6. ХО-ЕН. – Беспартийный. Крестьянин. Принимал участие в крестьянской организации своей деревни. Прибыл в СССР в 1928 году вместе с Петунха для поиска работы. Учится хорошо. Активность хорошая. Политически надежный. Старается выполнить задания, которые даются. Кончает курсы краткосрочные.

7. АХМЕТОВ. – Член Кор. КСМ. Рабочий. Участвовал в подпольной работе в стране. Учится хорошо. Имеет большую активность. Политически надежный. Имеет наклонность к анархическим поступкам. Подходит для агитпропработе. Может быть использован на работе. Кончает краткосрочные курсы.

8. ПЕТУНХА. Беспартийный. Крестьянин. Прибыл в СССР вместе

с ХО-ЕН для поиска работы. Проявляет большую активность в учебе, но благодаря слабой способности учится неважно. Политически надежный. Умеет работать под руководством других товарищей. Кончает краткосрочные курсы.

9. ЛИГАЙ. – Член ВКП/б/ с 1932 г. Шофер. Прибыл в СССР 1928 году для поиска работы. Прибыл в КУТВ из Ленинградского университета нацмен. Учится неважно. Несмотря на то, что он является единственным партийцем на краткосрочных курсах, не только не идет впереди, а отстает от других. Будучи известного рода бабником не всегда соблюдает все нужные правила конспирации. Он не может быть рекомендован на подпольную работу. Кончает краткосрочные курсы.

10. ХАН Вера. – Член Кор. КП с 1921 г. Была на подпольной работе в стране. Несколько раз сидела в тюрьме. Учится средне. Политически надежная. Подходит для подпольной работы по линии техники. Кончает краткосрочные курсы.

В отношении 2-х товарищей: ПАК-ДИУН и КИМ-ИР-СУ, поскольку они остаются на учебу, пока характеристки не даем.

20/У-34.
Москва.

                         Зав.Секцией 5   /Ким Даня/

[РГАСПИ, ф.532, оп.1, д.428, лл.4-5.]

55. ХАРАКТЕРИСТИКА УДАРНИКОВ

1. т. КАПЕЛОВИЧ- /преподаватель Полит-минимум и текущей политики/
Отношение к работе хорошее, очень активный. Предмет увязывает с жизнью и вопросами страны. Обязательства, взятые в договорах, выполняя полностью. Дал 14 часов дополнит. занятий сверх плана. Кроме того, все время ходил со студентами в кино, театры и на экскурсию с целью разъяснения. Выделяется ударником и на премирование.

2. КИМ-ИРСУ- /студент/ Отношение к работе очень хорошее. Активность хорошая. Общественную работу выполняет хорошо. Умеет увязать учебу с жизнью страны и своим собственным опытом. Полностью выполнял и даже перевыполняя свои обязательства, взятые договорах по соц.соревнованию. Выделяется ударником и на премирование.

3. ПАК-ДИУН- /студент/ Учится хорошо, очень активен и полностью выполнял свои обязательства, взятые по учебе и общественной работе. Быстрее усваивает теорию и умеет ее увязать с своим практическим опытом. Выделяется ударником и на премирование.

/КИМ-ДАНЯ/

[РГАСПИ, ф.532, оп.1, д.428, л.9.]

56. ОБЩИЕ ВЫВОДЫ ИСПЫТАНИЯ

Испытания по полит-минимуму проведены 25-го декабря 1934 г. в присутствии т.т. ГРЕБИНА, ХВАНА, КАПЕЛОВИЧ и КИМ-ДАНЯ. Испытания по проблемам своей страны проведены 27-го декабря 1934 г. при участии т. КАПЕЛОВИЧ и КИМ-ДАНЯ.

Испытания показали:

а/ по предметам - полит-минимуму и проблемам своей страны - усвояемость студентов вполне удовлетворительная, уровень занятий кружка достаточно высокий;

в/ наблюдается способность отдельных студентов. Если у тов. КИМ-ИРСУ большая четкость в постановке вопроса, то у тов. ПАК-ДИУН больше самостоятельности в изучении проблемы;

г/ Несмотря на малоподготовленность некоторых преподавателей, особенно в лице т. КАПЕЛОВИЧ, он показал себя не только академически способным преподавателем, но и активным партийным воспитателем.

Качественные показатели студентов.

Фамилии.	Полит-минимум:		Проблема св. траны.
	Препод. ХВАН	Препод. КАПЕЛОВИЧ	
КИМ-ИРСУ	Отлично.	Отлично.	Хорошо.
ПАК-ДИУН	Отлично.	Отлично.	Хорошо

/КИМ-ДАНЯ/.

57. ХАРАКТЕРИСТИКА

Тов. КИМ-ДАНЯ- /Зав. Секцией и преподаватель Проблемы своей страны./ Отношение к работе хорошее и активное. Увязывает работу Секции с жизнью и вопросами страны. Обязательства выполнены полностью. Дал сверх плана дополнительных занятий 9 часов. Выделяется ударником

[РГАСПИ, ф.532, оп.1, д.428, л.11.]

58. ХАРАКТЕРИСТИКИ СТУДЕНТОВ. СЕКЦИЯ № 14

Ким Ирсу – происхождение из бедных крестьян, принимал активное участие в крестьянском движении и потом стал подпольщиком среди городских рабочих. Был малограмотный, когда он к нам прибыл в прошлом году. Человек очень энергичный и выдержанный. В течение одного года пребывания в стене КУТВ, он сделал большой успех, в деле обучения марксизма-ленинизма и уже стал самостоятельно писать маленькие статьи. Умеет увязать вопросы с жизнью страны и особенно со своим собственным опытом. Показывает нам уверенность сделать дальнейший успех в будущем.

Пак Диун – рабочий из крестьянского происхождения, активно принимал участие в рабочем движении в стране и сидел в тюрьмах около 4 года, также был мало грамотный человек. Совсем другой тип с Ким Ирсом. Он спокойный и думающий. Скорее и хорошо усваивает обучение теорией. Как Ким Ирсу, он также сделал большой успех в течение года своего пребывания в нашей среде и лучше пишет, чем Кима, увязывает вопросы с жизнью страны и со своим собственным опытом. Имеет благонадежные перспективы.

Хан Мун и Пакирсе – новые приемные. Еще не начали по настоящему учебу. В течение более или менее месяца их пребывания в нашей среде, они показали себя, по своей природе, очень желательными и надежными элементами.

16/I 35 г.   Ким Даня

[РГАСПИ, ф.532, оп.1, д.428, лл.12-13.]

59. ХАРАКТЕРИСТИКИ ПРЕПОДАВАТЕЛЕЙ СЕКЦИИ № 14

Хван Тон-юк – преподаватель полит.минимума. Член ВКП(б), окончивший аспирантуру КУТВ. Политически выдержан. Отношение к работе хорошее, очень активен. Несмотря на свою перегруженность на работе в Кор. Кабинете и в секторе «Б», он вполне выполнил свое обязательство в нашей секции. Владеет родным языком и знает страну. Увязывает предмет с жизнью и вопросами страны. Принимает активное участие в политвоспитательной работе студентов. Качество преподавания высокое. Можно считать одним из лучших преподавателей в нашем университете.

Капелович – преподаватель полит.минимума и текущей политики. Член Кор. КП, окончивший КУТВ и партактива. Политически выдержан и дисциплинирован. Очень активно относится к работе. Благодаря своему энтузиазму и активности, несмотря на малую готовность как преподавателя, он вполне обеспечил достаточно хорошим качеством прохождения предмета. Не считая часов, он дал должным качеством дополнит.занятие. Кроме того, он все время ходил со студентами в кино, театры и на экскурсию с целью разъяснения. Активно принимает участие в политвоспитательной работе студентов. Даже используя обеденное время, он объясняет студентам с коммунистической точки зрения, каждое политическое событие сообщенных в корейской газете. Можно считать самым активным и необходимым преподавателем-воспитателем для нашей секции.

Преподаватели Цой Шену и Ким Хакчен еще не приступили к работе.

17/I 35 г.   Ким Даня

[РГАСПИ, ф.532, оп.1, д.428, лл.14-15.]

60. ВЫПОЛНЕНИЕ УЧЕБНОГО ПЛАНА ЗА ЯНВАРЬ-ФЕВРАЛЬ. ГРУППА «А»

Предмет	Часы	Выполн.	%	Примечание
Политминимум	85	86	100	1 час дополн.занят
Проб.св.страны	60	66	110	
Партстрои	55	22	40	С важными причинами.
Тактика	30	27	90	
Текущ. политика	45	53	100	8 час. дополн. занят.
Всего	275	254	88	9 час. дополн. занят.

Пропуски – 33 часа по партстроительству из-за позднего прибытия т. Цой из командировки.

– 3 часа по тактике - был занят по докладу о 17-й годовщине Красной армии.

Из 9 час. дополнит. занят. дано: 8 час - т. Капелович

1 час - т. Хван-Тонюк

Качественные показатели студентов

Предметы	Политминимум	Проб.св.стр	Тактика	Партстрой
КИМ-ИРСУ	ОТЛИЧНО	ОТЛИЧНО	ОТЛИЧНО	НЕ ДАНО
ПАК-ДИУН	ОТЛИЧНО	ОТЛИЧНО	УД.	НЕ ДАНО

Выполнение учебного плана группы «Б»

Предмет.	Часы	Выпол	%	Примечание
Политминимум	90	68	76	С важным причинами
Естествознан	45	49	100	4 часа дополн. занят
Проб. св. стр	25	25	100	
Арифметика	20	26	100	6 час. дополн. занят.
Текущ. полит	30	36	100	6 часов.
Всего	210	224	90	16 час. дополн. занят.

Пропуски: 22 час. По политминимуму ввиду перегруженности т. Хван на секторе «Б»

Используя пропуски т. Хвана, 17 час. дополн. занят. дано т.

Капелович на повторение первой темы политмин. для опоздавших студентов, которые..........

Из 16 час. дополн. занят. сверх плана дано:
6 час.- т. Капелович по текущей политике
6 час.- т. Ким-Даня по пробл. св. стр.
4 часа.- т. Горохов по естествознанию.

Ввиду малочисленности студентов в группе «А» соединили группы «А» и «Б» для занятий по тактике.

Качественные показатели студентов:

предметы	Политмин.	Естествозн	Проб.в.стр	Арифмет	Тактика
Хан-Мун	хор.	хор.	отлично	отлично	хор.
Пак-Ирсу	уд.	уд.	уд.	уд.	уд.
Канинсу	хор.	хор.	хор.	уд.	хор.
Динбансу	хор.	уд.	хор.	уд.	хор.
Ханчерир	уд,	уд,	отлично	хор.	уд.
Пакмунсик	уд.	хор.	хор.	хор.	-

[РГАСПИ, ф.532, оп.1, д.428, лл.19-20.]

61. ХАРАКТЕРИСТИКА СТУДЕНТОВ-УДАРНИКОВ

Ким Ирсу. Примерный студент в нашей секции. 1,5 года своей учебы, ни разу не получил ниже «хор» по всем предметам. Активно принимает в политико-общественной жизни секции. В течение последнего года хорошо работал как нац-орг. Дает большую помощь отстающим товарищам. Удачно и правильно сделал доклад по темам «парижская коммуна», порученный секцией в день МОПРа. Перевыполняет все пункты соцдоговора. В последнем испытании его отмечено из 4 предметов – 2 «отлично» и 2 «хор.». Выделяется ударником и выдвинут на премирование.

Пак Диун. – также примерный студент как Ким Ирсу. В течение полтора года в стене КУТВа, его все время по всем предметам отмечено свыше «хор.», кроме одного случая в прошлом марте, когда он получил «уд.» по военной тактике с которой он сразу справился. Последний год активно работал как редактор нашей стенгазеты. Хорошо делал доклад по темам «Ленский растрел», порученный секцией, связывая его с событиями происходившими в стране. Перевыполняется соцдоговор. В последнем экзамене он получил, как Ким ирсу 2 «отлично» и 2 «хор» из 4 предметов. Выделяется ударником и выдвинут на премирование.

Ханмун. Как староста своей группы, он хорошо выполнял свои обязанности. Активность большая. Понимание учебы высоко, так как он получил на последнем экзамене 4 «отлично» и только 1 «хор.» из 5 предметов. Активно принимает в общественной работе. Целиком выполняется соцдоговоров. Выделяется ударником и выдвинут на премирование.

Хан-Чорир. – был рапортником от имени своей группы на торжественном собрании 10 лет, годовщины речи т. Сталина в КУТВ. В последнем испытании его отмечено по всем предметам как «отлично». Активно принимает участие в политико-обще- ственной работе. Перевыполняет соцдоговора. Держит свои позиции как лучший студент своей группы. Выделяется ударником и выдвинут на премирование.

Пакмунсик. – самый молодой парень в нашей секции, но не молодой в активности к учебе и по отношению к общественной работе. Хорошо выполняет свои обязанности, заключенные в соцдо-говоров. В испытании он показал свое достаточное понимание по всем предметам, так как его отмечено 4 «хор.» и 1 «отлично». Выделяется ударником.

Канинсу. – большой активист, немного отстает от вышеоха-рактеризованных товарищей по некоторым предметам, но этого он добился с большим активностью ибо он мало подготовлен в общем образовании, чем другие. В общественной работе активно принимает. Свои обязанности в соц-договоров в основном выполняет. В последнем экзамене он получил 2 «отлично», 2 «хор.» и 1 «уд.». Выделяется ударником.

Динбансу. Несмотря на свой мало готовность чем другие, как Канинсу, он добился в учебе 1 «отлично», 3 «хор.» и 1 «уд.». Это объясняется его активностью на общественной работе, активно принимает. Соц-договоров в основном выполняется. Выделяется ударником.

Характеристика преподавателей-ударников.

Капелович. Самый активный преподаватель в нашей секции. С большой активностью, он перебивает свой недостаточности в дел мало готовность как преподаватель. Он в последнем семестре кроме …5 часов вводный курс только преподавал текущую политику на обе группы. Дал несколько десятков часов дополнительных занятий. Кроме того, используя свое свободное время, он дает большую помощь отстающим студентам. Очень аккуратно и точно выполняет и перевыполняет свой долг в учебной и общественной работе. Примерный преподаватель-воспитатель, держащий за собой все время звание ударника. Выделяется ударником и выдвинут на премирование.

Примечания

Здесь нужно отметить те пункты, которые не тронуты в характеристике.
а) у всех студентов не было ни одного прогула, опоздания или преждевременного выхода с занятия, кроме единственного случая, когда Пакмунсик лежал в больнице несколько дней.
б) политическая часть характеристики была изложена на другом листе.

Партвоспитательная работа и дисциплина

Партвоспитательная работа проведена по следующим образом:
а) проведение собрания нац-кружка, производственные совещания и срочные митинги. Здесь обсуждается внутрипартийные вопросы и работа секции. Воспитывается как организовывать и планировать работы. Как организовать на текущих политических событиях. Обсуждались события контр. рев. группы Зиновьева-Каменева, итоги 7-го съезда советов и 2-го съезда колхозников, ударников. Последняя речь т. Сталина о Ко..ры, подписка заема, гибеля «Максима Горького» и т.д. Итоги выполнения учебного плана, заключение и проверка соцсоревнования, подготовка и проведение Международной революционной годовщины и т.п.
б) особые докладные собрания по вопросам:
1. Как корейцы на советском востоке живут и строят социализм.
2. военные повинности в Корее.

3. Комдвижение в Корее.
4. Положение в Японии.
   в) сталинская эстафета.
   г) выпуска стенгазета в месяца.
   д) организация экскурсия.

Мы проводили эту работу под лозунгом 100% участие студентов на выступление собраниях и на стенгазета. Этот лозунг хорошо выполнен ибо малочисленность студентов принуждали нас не мог не выполнить этого.

Дисциплина студентов и преподавателей очень благополучна. Никаких нарушений дисциплины не было.

Изучение опыта и практики соц-строительства в нашей стране. В этом отношении мы делали очень мало. Кроме ознакомления соц-строительства студентами через газеты в порядке текущей политики и одной экскурсии в музей «Наши достижения» и разъяснительная работа наших успехов при подписки Заема, мы делали ничего. Нам нужно исправить это слабое звено нашей работы. Мы думаем, что дальняя экскурсия этим летом нам даст очень много в этом деле.

Культ-материально-бытовое обслуживание

В области культ-обслуживания были некоторые недостатки после переселения секции в Загороде, но это неизбежные случаи в первое время. Вообще можно считать нормальным, но аппетит наших ребят в этом отношении большой. Если важно (нужно) дать один раз больше Ки... чем... этого (обще) полагались. Ребята довольны с питанием, но недовольные с снабжением одежды ибо вообще полученные ими костюм или белье неподходящих размеров или очень часто нет вещей в складе, например, в этом году, ни одни белые брюки брюки студенты не могли получить до сих пор. Нужно справиться.

Предложения

1. Считать У.... не целесообразным для секции. Необходимо перевести в другой район.
2. Надо обеспечить преподаватели по ист. ВКП(б), ленинизм и рев.движения.
3. Включить в учебную программу для нынешней группы предмет по рев. движению Японии и Китая по, примерно, 50 часов с переводом.
4. О подготовке учебного материала.
   а) по стране 3-4 рабочие тетради:
      1) переписка
      2) перевод
      3) печатание на стеклографии
   б) по политэконом.
      печатать рента из капитала Маркса.

7/ VI 35.

Зав.секции № 14   (Ким Даня)

[РГАСПИ, ф.532, оп.1, д.428, лл.37-43.]

IV

ПЛАНЫ РАБОТ

62. ПЛАН РАБОТЫ КОР. ГРУППЫ НА ЛЕТО

Апрель

1. В развитии резолюцион. комиссии по корейскому делу от 1/VI-25 г. проведение ее в жизнь и как основная задача вытекающая отсюда – изживание склочных настроений и, тенденции, в корейской группе в первую очередь должна быть проведена немедленно партийно-пропагандистская работа по линии ознакомления и освещения политическ. и революцион. положении Японии и Кореи, и также разъяснения существующих и могущих быть уклонов в революционном движении в целом и в Корейской группе КУТВ в частности.

2. Для этого должны быть освещены следующие вопросы:
   а/ Процесс образов. японск. компартии и задачи стоящие перед ней
   б/ Коммунист. движение в Корее и задачи образован. Корейск.-партии.
   в/ Съезд народной организации Кореи и его значение в обще-национ.-освобод. движении Кореи.
   г/ Рабоче-крестьянск. движения в Корее и их задачи.
   д/ Движение молодежи в Корее; коркомсомол и Сеульский Союз молодежи.
   е/ Профессион. движение в Японии и задачи яп. компартии.
   ж/ Проблема пролетарск. революции в Японии и Кореи и их связь
   з/ Задачи, стоящие перед Япон. и Кор. компарт. находящ. в КУТВ
   и/ Опасность анархо-синдик. уклонов в революционном движении Японии и Кореи и организац. принципы большевизма.
   к/ Демократизм внутри партии и ее пределы.

3. Кроме этой меры усиления пропагандистской работы, должна вестись систематич. повседневная обработка наиболее невыдержан. товарищей путем разъяснения и убеждения через

индивидуальн. прикрепл. наиболее выдержан. товар.

4. С другой стороны нужно углубить работу связывания студенческой массы с жизнью СССР и в частности жизн. московской организации. Для этой цели нужно читку газеты «Правда» и др. поставить на партийную ногу путем организации газетного кружка и привлеченных в эту читку как можно больше студенч. массу.

5. Работа углубления изучения ленинизма и марксизма значительно зависит не только от степени знания русского языка, но и умения овладевать литературой т.е. от навыков к чтению.
Недостаточность одного только изучения русского языка для углубления изучения лен. и марксизма требует прививания навыков к чтению и овладению литературой студ. массу слабо владеющей русским яз. С этой целью должны быть организованы переводы легких литератур не для изучения, а для вышеуказанной цели, что будет способствовать также к изжив. склочн. настроен. и наоборот усилит интерес к изучению ленинизма и т.д.

Примечание: Этот план является добавочн. к плану обще-ингруп. партийн. работы, (долж[…]) провестись в корейской группе.

11/VI-25 г.   Пак.

[РГАСПИ, ф.532, оп.1, д.421, лл.3-4.]

63. ПЛАН РАБОТЫ В КОРЕЙСКОЙ ГРУППЕ

1. Самостоятельная работа студентов :

Группа разделяется на 5 подгрупп для изучения следующих эскизных вопросов корейского революционного движения :

1. Коммунистическое движение [···] компартий и комсомола.
2. Рабочее движение, его форма, организация и задачи.
3. Крестьянское движение.
4. Женское движение.
5. Религиозное движение.

По научению и систематизированию этих материалов как представляются в партпятерку.

2. Агитпропработа.

1.	Доклад	Войтинского
2.	"	Катаяма
3.	"	Вознесенского
4	"	Техума и Нам Манчуна
5.	"	о Японск. рабоч. движении - Катаяма
6.	"	о " " проф. движ. Ларский или [···]

3. Индивидуальное прикрепление обработка уклоняющихся товарищей.

Наиболее выдержанные товарищи прикреплены к слабым и уклоняющийся товарищам для повседневного систематического разъяснения и убеждения тех или иных уклонов и ошибок допускаемых товарищами.

4. Работа углубления связи студенческ. массы с жизнью СССР и в частности Московской огранизации РКП : Читка газеты "Правда" и др. ведется газетным кружком, куда вовлекаются сначала наиболее лучшие влад. русским языком, а потом остальные мало-мальски влад. русск. яз.

5. Углубления изучения ленинизма и марксизма :

Для способствования студент. углубл. изучения ленинизма и марксизма необходимо лучшего студента приучить навыкам овладевания литературой.

С этой целью организовать переводы наиболее легких литератур под руководством лучше владеющих русским языком.

ПРИМЕЧАНИЕ : 1/ план литер. издат. работы ввиду общ.выгр. плана РПК в наст. план. не вводится.

2/ Наст. план является подгрупным планом т.е. дополн. к тому обще-выгр. плану партраб., долженствующий провестись в Корейской группе.

Секретарь партпятерки /Н.Пак/

[РГАСПИ, ф.532, оп.1, д.421, лл.17-17об.]

64. СЕКЦИЯ № 5 ПЛАН РАБОТЫ НАЦПАРТГРУППЫ НА 1-Й СЕМЕСТР 1933/34 УЧ. Г.

Вся работа нацпартгруппы должна преследовать цель подготовки партийно-выдержанного, большевистки-стойкого и ленински подготовленного кадра. пригодного для революционной работы в своей стране. Работа должна быть сосредоточена вокруг следующих основых вопросов : а) проработка и обсуждение активных вопросов ревдвижения и текущей жизни страны ; б) проработка вопросов международного рабочего движения и социалистического строительства в СССР. в) Мобилизация и поднятие активности студентов вокруг производственных и партийных вопросов. г) Ознакомление с практикой и жизнью рабочих на заводе в СССР.

ОБЩАЯ ЧАСТЬ

I. Партийно-воспитательная работа

1. Доклады :
   а) О международном положении.
   б) О работе политотделов МТС.
   в) Революционный подъем на Дальнем Востоке.
   г) Задачи левого крыла ревпрофдвижения в Корее.

2. Проработка актуальных вопросов текущей жизнью страны.
   а) О современном национал и социал.-реформизме в Корее.
   б) Рабочее движение в Корее последних лет.
   в) Крестьянское движение в Корее последних лет.
   г) О задачах коммунистов в Корее на данном этапе.
   д) О задачах комдвижения молодежи в Корее.
   е) Экономическое и политическое положение Кореи за послед. время.

3. Изучение важнейших революционных событий в стране и практика составления листовок, прокламаций, требований и т.д.

4. Посещение заводских собраний рабочих по чистке партии I раз в шестидневку.

II. Массовая работа.

1. Стенгазета.
Выпуск 1 раз в месяц. Газета освещает партийную жизнь кружка, производственную и профсоюзную работу, материально-бытовые вопросы и наиболее важнейшие события своей страны.

2. Работа комнаты отдыха.
    а) Оборудование лозунгами, плакатами и т.п.
    б) Устройство вечеров, политбоев, игр и т.п.
    в) Подбор газетных, журнальных и прочих материалов по стране.
    г) Читка газет с обсуждением наиболее важнейших вопросов.

3. Охват членством и развертывание работы по общественным огранизациям : О. С. О., МОПР, Шефобщество и т.п.

4. Подготовка и проведение 16-й годовщины октябрьской революции.

III. Производственная и профсоюзная работа.
1. Проведение 1 раз в месяц учебно-производственного совещания как отдельных учебных групп так и всей нацгруппы с участием преподавателей, аспирантов и работников секции и с приглашением представителей руководства сектора "А" и парткомиссии.

2. Развертывание соцсоревнованием и 100% охват ударничество.

3. Проверка и подведение итогов соцсоревнования и ударничества

1 раз в месяц как отдельных учебных групп, так и секции в целом.

4. Заключение соцсоревнования с другой секцией и систематическая ежемесячная проверка.

IV. Подведение итогов работы нацпартгруппы за 1 семестр.
а) Состояние партийно-массовой работы.
б) Выполнение учебно-производственного плана.
в) Состояние соцсоревнования и ударничества в секции.
г) Итоги соревнования с другой секцией.
д) План использования зимних каникул.

[РГАСПИ, ф.532, оп.1, д.427, лл.32-33.]

65. КАЛЕНДАРНЫЙ ПЛАН НАЦПАРТКРУЖКА СЕКЦИИ № 5 НА 1-Й СЕМЕСТР 1933/34 УЧ. Г.

I. На сентябрь месяц.

1. Общее собрание парткружка 5/IX с вопросами :
   а) Утверждение плана работы кружка /т. Вандао/
   б) Развертывание соцсоревнования и ударничества/т. Мун/.
2. Доклад о международном положении 15/IX.
3. Проработка вопроса соврем. национ. реформ. и соц. реформ. в Корее. Основн. докладчик Цой-Шену /срок 29/IX/.

II. На октябрь месяц.

1. Общее собрание парткружка 5/X с вопросами :
   а) революционный подъем на Д. В. /доклад т.[···]
   б) Итоги соцсоревнования и ударничества за сент. /т. Мун/.
2. Выпуск стенгазеты 6/X.
3. Проработка вопроса рабочего движения последних лет Кореи - основной докладчик Тян Хи Сен, содокладчик Цой-Мин, прикрепл. Цой-Шену /срок 17/X../.
4. Крестъянское движение и арендные конфликты последних лет в Корее - основной докладчик Цой-Ир, содокл. Петунха, прикр. Пан Н. /срок 29/X /.
5. О плане проведения октябрьских торжеств.

III. На ноябрь месяц.

1. Общее собрание парткружка 5/XI с вопросами :
   а) 17 годовщина октября. / доклад т[···]
   б) Итоги соцсоревн. и ударнич. за октябрь /т. Мун/.
2. Выпуск стенгазеты 6/XI.
3. О работе политотделов МТС и соцстроительство в деревне / доклад

т[…] срок 11/XI.

4. Проработка вопроса о задачах Комдвижения молодежи в Корее
   - основной докладчик Ахметов, содокл. Лигай, прикрепл. Капелович
   /из КИМ/, срок 17/XI.

5. Проработка вопроса о задачах комдвижения в Корее - основной
   докладчик т. Мун, содокладчик т. Пак-Ен, прикрепл. т. Цой-Шену
   срок 29/XI.

IV. На декабрь месяц.

1. Общее собрание кружка с вопросами :
   а) Задачи левого крыла профдвиж. в Корее - доклад т. Джонсона.
   б) Итоги соцсоревнов. и ударнич. за ноябрь /т. Мун/.
2. Выпуск стенгазеты 6/XII.
3. Проработка вопроса экономич. и политич. положения Кореи за
   1933 г. - основной докладчик т. Вандао, содокл. Хван, прикр. т.
   Хван-тонюк /срок 17/XII/.
4. Выпуск сборника материалов по Кореи - /срок 30/XII/.
5. Выпуск стенгаз. посвящен. учебн. семестру /срок 31/XII/.
6. Общее собрание кружка 30/XII с вопросами :
   а) Итоги учебн. семестра / выполн. плана и т. д. / Докл. Цой-Шену.
   б) Отчет работы бюро нацпарткружка за 1-й семестр / т. Мун/.
   в) Итоги проверки соцсоревн. и ударнич. за 1-й семестр с
      выделением ударников /т. Мун/.
   г) План проведения зимних каникул /т. Пак Н./.

[РГАСПИ, ф.532, оп.1, д.427, л.34.]

66. КАЛЕНДАРНЫЙ ПЛАН РАБОТЫ БЮРО НАЦПАРТКРУЖКА СЕКЦИИ № 5 НА 1-Й СЕМЕСТР 1933/34 УЧ. Г.

I. На сентябрь месяц.

1. Заседание бюро 3/IX с повесткой :
   - а) Обсуждение плана работы Нацпарткружка /т. Вандао/.
   - б) Распределение партийных и общественных нагрузок /т. Мун/.
   - в) Обсуждение проекта договора /индивид., с преподав. и т.д./.
2. Заседание бюро 16/IX с повесткой :
   - а) Утверждение календарного плана /т. Вандао/.
   - б) Обсуждение договора с другими секциями /т. Мун/.
   - в) Утверждение плана массовой работы /Стенгазета, О.С.О. МОПР и т.д./ т. Пан Ен.

II. На октябрь месяц.

1. Заседание бюро 3/X с повесткой :
   - а) Отчет профуполномоч. о произв. совещ. кружка / т[···/]
   - б) Итоги проверки соцсоревн. и ударнич. за сентябрь /т. Мун/.
   - в) О ходе проработки вопросов страны /т. Вандао/
   - г) О состоянии массовой работы / т. Пак Ен/.
2. Заседание бюро 16/X с повесткой :
   - а) О подготовке к октябрьской годовщине /т. Вандао/.
   - б) Отчет работы в комнате отдыха /т. Петунха/.
   - в) Отчет О.С.О. о состоян. сдачи норм ГТО /т[···]
   - г) Отчет докладчиков / Тян и Цоймин/ о подготовке очередного доклада по стране.
3. Заседание бюро 27/IX о повесткой :
   - а) О ходе подготовки к октябрьским торжествам.
   - б) Отчет докладчиков /Цо-ир и Петунха/ о подготовке очередного доклада по стране.
   - в) Отчет МОПР о состоянии работы.

III. На ноябрь месяц.

1. Заседание бюро 3/XI с повесткой :
   а) Отчет профуполномоченного уч. кружков /произв. совещание/
   б) Итоги проверки соцсоревнования и ударничества /т. Мун/
   в) Отчет комиссии по подготовке октябрьских торжеств.
   г) Информация о ходе массовой работы /т. Пак-Ен/
2. Заседание бюро 16/XI о повесткой :
   а) Итоги проведения октябрьских празднеств.
   б) Отчет докладчиков /Ахметов и Лигай/ о подготовке очередного
      доклада по стране.
   в) Отчет бригады по сбору материалов страны.
3. Заседание бюро 27/XI о повесткой :
   а) Отчет работы комсомола.
   б) Отчет работы завед. комнаты отдыха /Петунха/
   в) Отчет докладчиков /Мун и Пак Ен/ о подготовке очередного
      доклада по стране.

IV. На декабрь месяц.

1. Заседание бюро 3/XII с повесткой :
   а) Отчет профуполномоч. о произв. совещ.
   б) Итоги проверки соцсоревн. и ударничества/т. Мун/
   в) Отчет редактора стенгазаты.
   г) Информац. о ходе выполнения учебн. плана /т. Пак. Н./
2. Заседание бюро 16/XII о повесткой :
   а) Отчет бригады по сбору материалов страны.
   б) Отчет докладников /Вандао и Хоен/ о подготовке очередного
      доклада по стране.
3. Заседание бюро 27/XII о повесткой :
   а) Отчет об итогах 1 семестра учебн. года /т. Цой-Шену/
   б) Обсуждение отчета бюро /т. Вандао/
   в) Итоги соцсоревнования и ударничества за 1 семестр и итоги
      соревнования с другими секциями /т. Мун/.
   г) План работы во время зимних каникул.

БЮРО НАЦПАРТКРУЖКА: Секретарь   /Вандао/
Члены: /Мин/
/Пак Ен/

[РГАСПИ, ф.532, оп.1, д.427, лл.35-36.]

67. ПЛАН РАБОТЫ СЕКЦИИ № 14 НА 1935/36 УЧ. Г.

I. Задачи секции:

Особая обстановка страны и состояния коммунистического движения в ней, положение студентов прибывших к нам и нов. решения VII Конгресса Коминтерна определяют особые задачи нашей секции по линии воспитания кадров для нашей страны.

Основные задачи - вооружение студентов революционной теорией марксизма-ленинизма и революционным опытом борьбы большевиков за осуществление большевизма, за победу октября и за строительство социализма.

Им нужно уделять большое внимание тому, чтобы студенты могли полностью усваивать знания по проблемам страны, так как большинства студентов приехали из Манчжури и не знают страны.

Необходимо особо подчеркнуть вредность и контрреволюционный характер фракционности и показать, что без борьбы создание компартии в Корее невозможно. Обратить особое внимание студентов на изучение наших прошлых ошибок, особенно в отношении сектантского закона, который помешал развитию широкого антиимпериалистического народного фронта национально-освободительного движения против японского империализма.

Ввиду ускорения развития революционного движения в странах Д. Востока против общего врага - японского империализма надо дать студентам возможность ознакомиться с положением Японии и Китая.

Нужно составить учебный план, программы по всем дисциплинам и план партийно-воспитательно работы так, чтобы они совладели с вышеуказанными задачами нашей секции.

С другой стороны надо поднять активность студентов и преподавателей путем огранизации соцсоревнования и ударничества и путем укрепления производственной дисциплины. И таким образом удержать почетное место нашей секции, получившей переходящее красное знамя.

II. Учебно-производственная работа.

1. Структура секций. Пока имеется только одна группа, которая начала работать с 1.II-35г. и предполагает закончить работу к 1. VII-36 г.

2. Имеется учебный план для вышеуказанной группы, но у нас один новый студент, для которого невозможно создать отдельную группу. Поэтому пока он влючен в старшую группу.

3. Преподавательский состав - сейчас почти полностью имеется на лицо :

История ВКП(б)	-	Ли-дзон-у
История ревдвижения	-	Капелович
Политэкомония и соцстроительство	-	Хвантонюк
Партстроительство	-	Цой-шену
Проблемы страны	-	Ким-даня
Тек. политика	-	Капелович

Требуется преподаватель по ленинизму с 1. III-36 г.

Участие преподавателей в партийно-воспитательной работе выражается 1) в участии и выступлении во всех собраниях и совещаниях, организуемых секцией и нац.кружком, 2) в работе над стенгазетой, 3) в выполнении докладов по основным темам, порученным секцией и нацкружком, 4) в посещении экскурсий, театров, кино и т. д. со студентами.

Производственные совещания созываются один раз в месяц в начале каждого месяца.

Для повышения квалификации преподавателей из собственных кадров выдвигаются следующие т. т. на семинары аспирантуры : Капелович - история рев.движения.

План работы преподавателей по проблемам страны пока не составлен.

4. Программы: В связи с решением VII Конгресса Коминтерна нужно пересмотреть программы по стране - к 20 ноября, по партстроительству к 1. I-36 г.

Имеется программа по истории рев.движения Запада ;

Программа истории ВКП(б) еще не оформлена окончательно.

5. Обеспечение учебным пособиями: на днях выходит История ВКП(б) КНОРИНА и уже имеется политэкономия 1-я часть СЕГАЛЯ. Составляется учебная тетрадь по проблемам страны. Приготовлена эконом. карта страны.

Хуже обстоит дело по истории ревдвижения Запада.

Для составления списков необходимой литературы и переводов их на родной язык нужно дать одного переводчика в секцию или в кабинет.

6. Экскурсии: Местные экскурсии организуются по двум линиям : - по линии учебы и линии культурной работы. Первые организуются в соответствии с учебной работой, а последние на менее 2-х раз в месяц.

Ввиду несостоявшейся дальней экскурсии в прошлом году

намечено организовать дальнюю экскурсию в тек.уч.году в следующем порядке :

Экскурсия в Ленинград во время зимних каникул и экскурсии по маршруту : Москва-Харьков-Запорожье-Сталино-Москва во время летних каникул 1936 г.

7. Практика партийно-массовой работы. Для изучения партийно-массовой работы, а также работы в советских предприятиях нужно закрепить нацкружок за одной фабрикой и там принимать участие в собраниях (партийных или профсоюзных) раз в месяц при условии полного обеспечения конспирации.

8. Производственное обучение. Совершенно необходимо дать всем студентам производственное обучение по специальности, которая была бы более подходящая для их дальнейшей работы в стране. Прежде всего это обучение нужно дать тем студентам, которые закончили учебу в этом году при условии, если у них будет на это время.

III. Партийно-воспитательная работа.

1. Партструктура секции. Студенты организуются в нацкружок. Общее собрание кружка выбирает нацбюро в количестве 3 чел. : - организатор, редактор и массовик.

Организуется редколлегия с тройкой- редактор, организатор нацкружка и один назначается нац.бюро.

2. Работа кружка. Основная работа кружка : обсуждение плана работ кружка, выпуск стенгазеты, проверка выполнения учебно-производственного плана и соцсоревнования, изучения важнейших политических проблем, касающихся страны, СССР и международной политики, организация культурно-массовой работы студентов и т[···]

При составлении календарного плана работы кружка нужно учесть следующие моменты (в каждом месячном плане) :

Регулярный созыв собрания кружка в начале месяца после производственного совещания для проверки выполнения учебного плана и соцсоревнования.

1 раз выпуск стенгазеты (в случае революционной годовщины выпускать экстренные номера).

2 раза общие собрания по изучению партийно-политических вопросов.

1 раз участие в партийных или профсоюзных собраниях на предприятиях. 2 раза экскурсии по линии культработы

2 раза так назыв. "культурные вечера" для изучения революционных песен, игры на музыкальных инструментах, танцы, и т. д.

1 раз театр и 1 раз кино.

Проводить торжественные собрания в годовщины революцио-нных праздников и событий и в конце учебного семестра или учебного года и т. п.

IV. Культмассовая работа.

1. Обеспечить посещение кино и театров 2 раза в м-ц.
2. Организовать экскурсии не менее 2 раз в месяц вне. учебного процесса.
3. Обеспечить студентов спортинвентарем в зимний сезон (коньки, лыжи).
4. Организовать беседы по темам - парашют, экспедиции, экспедиции на Северный полюс и т. д. и пригласить специалистов для бесед по этим вопросам.

Завед. секцией

(Ким Даня)

"..." ноября   1935 г.

[РГАСПИ, ф.532, оп.1, д.428, лл.48-50об.]

68. КАЛЕНДАРНЫЙ ПЛАН ПАРТВОСПИТАТЕЛЬНОЙ И КУЛЬТМАССОВОЙ РАБОТЫ СЕКЦИИ №14 НА 1-Й СЕМЕСТР 1935/36 УЧ. Г.

Октябрь

9.X – Театр "Мятеж"

16.X – Собрание нацкружка с повесткой :
    а) обсуждение плана работы кружка.
    б) договор соцсоревнования
    в) Выборы нац. бюро.

20.X – Кино ("Путь Корабля").

26.X – Собрание нацкружка по поводу подготовки 18-й годовщины Великого октября.

27.X – Выпуск стенгазеты.

28.X – Собрание нацкружка с повесткой :
    а) утверждение календарного плана работы нацкружка
    б) Доклад об итогах VII конгресса КИ - т. Цой-шену.

29.X – Культвечер.

30.X – Экскурсия в Музей Революции - "К VII конгрессу КИ".

Ноябрь

1.XI – Доклад о международном значении Октябрьской революции - тов Цой-шену.

3.XI – Собрания нацкружка с повесткой :
    а) итоги производственного совещания.

б) проверка соцсоревнования

в) о готовности встречи Октябрьских дней.

4.XI – Торжественное собрание (общее)

5.XI – Выпуск стенгазеты

6.XI – Участие в торжественном заседании на ф-ке.

7.XI – Все на демонстрацию.

8.XI – Просмотр иллюминации города.

9.XI – Вечер концерт.

12.XI – Экскурсия в "Останкино".

15.XI – Доклад об итогах VI Конгресса КИМ"а - т. Капелович

17.XI – Культвечер

23.XI – Проработка доклада т. Димитрова - руков. т. Ким Даня

24.XI – Экскурсия "Исторический музей".

27.XI – Беседа о парашютизме - пригласить специалиста

29.XI – Культвечер.

Один раз участие в собраниях на фабрике.

Один раз театр "Садко"

Декабрь

3.XII – Собрание нацкружка с повесткой :
а) итоги производственного совещания.
б) проверка соцсоревнования.
в) отчет о работы нацбюро.

6.XII – Выпуск стенгазеты.

9.XII – Доклад об едином фронте в Корее - т. Цой-шену

12.XII – экскурсия на завод.

15.XII – Беседа об экспедиции в Арктику - пригласить специалиста

17.XII – Культвечер

23.XII – Доклад о забастовке в Дилнамбо. Докладчик Хан-Мун, содокладчик Хан Чер-ир прикрепл. Кимданя.

24.XII – Экскурсия на фабрику кухню.

29.XII – Культвечер

31.XII – Национальный вечер.

Один раз участие в собрании на фабрике

Один раз - театр "Аристократы"

Один раз - кино.

Январь. 1936 г.

3.I – Собрание нацкружка с повесткой :
а) отчет о работе нацбюро
б) итоги производственного совещания
в) проверка соцсоревнования.

6.I – Выпуск стенгазеты

9.I – Собрание нацкружка с повесткой :
а) подготовка к проведению 12-летия смерти Ленина, 16-летию К. Либкнехта и Р. Люксембург, 31-года кровавого воскресенья.
б) Доклад - Проблемы новой тактики в профдвижении в Корее - т. Ли-Дзон-У

12.I – Экскурсии

15.I – Доклад о положении Германии под режимом Фашистской

диктатуры - товарищ из Коминтерна.

17.I – Культвечер

20.I – Траурное собрание, посвященное 12-летию смерти т. Ленина (общее)

24.I – Экскурсия в Музей советского экспорта.

31.I – Собрания нацкружка с повесткой :

а) Ответ о работе нацбюро за 1-й семестр

б) Итоги учебного семестра.

в) проверка соцсоревнования и выдвижение ударников.

г) план проведения зимних каникул.

Один раз участие в собрании на фабрике.

Один раз театр "Враги"

[РГАСПИ, ф.532, оп.1, д.428, лл.51-51об.]

69. СМЕТА К. КУРСОВ НА 6 МЕСЯЦЕВ /НА 30 ЧЕЛ.

	Колич. единиц	В м-ц	Всего на 6 м-цев	
1. ЗАРПЛАТА.				
1/ Оргработникам	10	1065.-	6390.-	см. прил. № 1
2/ Преподавательск. составу	3	750.-	4500.-	см. пр. № 1 и 2
Всего по 1	13	2065.-	10890.-	10890.-
2. АДМИНИСТРАТИВНЫЕ РАСХОДЫ				
1/ Из расчета 200 руб. в год на 1 чел., 100 р. на 1 чел. на 6 м-цев на 25 чел.			2,500.-	
2/ Оборудование кухни.- посуда из расчета 20 руб. на чел. Х 30 чел.			600.-	
3) Оборудование столовой из расчета 15 руб. на чел. х 30 ч.			450.-	
Всего по 2			3550.-	
3. РЕМОНТ и ПЕРЕОБОРУДОВАНИЕ				
			2,500.-	
Всего по 3			2500.-	
4. ПРИОБРЕТЕНИЕ ИНВЕНТАРЯ (См. прилож. № 3)				
			4,473.50	
Всего по 4			4473.50	
5. УЧЕБНЫЕ РАСХОДЫ				
1/ Из расчета 100 руб. на чел. в теч. 6 м-цев х 25 ч. / Уч. пособия, посьм. принадл.. ж. д. билеты, нагл. пособ. м .т.д.			2500.-	
2/ На переводную литературу из расчета 100 руб. за п.л. всего 10 п.л.			1000.-	
Всего по 5			3500.-	

6. Материальное обеспечение учащихся.

1/ Стипендии на 25 чел. по 125р. в м-ц, на 7 мес.			21,875.-	
2/ Медицинское обслуживание на 25 чел. по 5 р. на чел. в течение 6 м-цев			125.-	
3/ Санаторное лечение 10% на 3 чел. по 150 руб.			450.-	
Всего по 6		22450.-		
Всего по всем		47363.50		
7. Непредвиденные расходы 10% от всей суммы 47.363				
4736.-				
Итого по всей смете		52099.50		
за округлением		52000.-		

ЗАМ. РЕКТОРА КУТВ.

ПОМ. ПРОРЕКТОРА УЧО

Приложение № 1.

ШТАТЫ /на 6 мес./

	Кол. единиц	Месячн. оклад
1. Завед. курсами	1	225. -
2. Секретарь /он же завхоз/	1	200. -
3. Машинистка-делопроизвод.	1	100. -
4. Повар	1	125. -
5. Работницы	3	60. -
6. Рабочие	1	60. -
7. Сторожей	2	75. -
	10	1065. -

8. Преподават. состав	3	250. = -1000р. -
	13	

Приложение № 2.

УЧЕБНЫЙ ПЛАН.

1.	1/ Страноведение	16 час в декаду
	2/ Партстроительство	10 час в декаду
	3/ Стратегия и тактика КИ	16 час в декаду
	4/ Соц.строительство СССР	10 час в декаду
	52	
	5/ Парт.-обществ работа	12 час в декаду
	64	

2. Курсы рассчитаны на 6 мес., всего 18 декад - 52 ч. x 18 = 936

3. Доцентская оплата часов 936/360 = 3 ед.

4. 3 един. 250р. в м-ц = 750 руб. x 6 = 4500 руб.

Приложение № 3.

ОБОРУДОВАНИЕ.

1/ Кровати	30	шт.	по	30	руб.	=	900. -
2/ матрацы	30	”	”	12	”	=	360. -
3/ оделяла	30	”	”	30	”	=	900. -
4/ подушки	30	”	”	12	”	=	360. -
5/ простыни	120	”	”	2	”	=	240. -
6/ наволочки	90	”	”	-	80 к.	=	72.-
7/ полотенца	90	”	”	-	75 к.	=	67.50
8/ столы аудит.	10	”	”	30	руб.	=	300. -
“ столов	7	”	”	15	”	=	105. -
9/ тумбочки	30	”	”	10	”	=	300. -
10/ вешалки	7	”	”	7	”	=	49. -
11/ стулья	100	”	”	7	.50	=	750. -
12/ плевательницы	20	”	”	2.	-	=	40. -
13/ классные доски	2	”	”	15.	-	=	30. -

4473. 50

[РГАСПИ, ф.532, оп.1, д.421, лл.48об-49.]

V

Доклады и заявления

70. ПИСЬМО ЗАВЕДУЮЩЕГО ВОСТОЧНЫМ ОТДЕЛОМ ИККИ В КУТВ

Марта 29

В Коммунистический Университет Т.В.

Учитывая большую нужду в хороших корейских работниках на местах, Восточный Отдел ИККИ не возражает против откомандирования студентов К.У.Т.В. т. т. ЦОЙ-ШЕНУ (Высоцкого), ЛИ Параскеву, ЛИ Татьяну, во Владивосток, в распоряжение Дальбюро ИККИ, на партийную и советскую работу.

Откомандирование этих товарищей не может, однако, быть произведено за счет ИККИ, т.к. у нас в настоящее время на такие нужды средств не имеется.-

ЗАВЕД. ВОСТОЧНЫМ ОТДЕЛОМ ИККИ
Секретарь Дальвосточной секции

[РГАСПИ, ф.495, оп.154, д.206, л.67.]

71. ПИСЬМО ЗАМЕСТИТЕЛЯ ЗАВЕДУЮЩЕГО ВОСТОТДЕЛОМ ИККИ В РЕКТОРУ КУТВ

10 сентября 1923 г.
РЕКТОРУ К.У.Т.В.

Восточный Отдел Исполкома Коминтерна просит откомандировать двух т. т. корейцев ЛИ-ЗОН-У и ЛИ-ДИ-ТХЕК для работ в корейском отделении Петроградской Объединенной Интерн. Военной Школы в качестве преподавателей общественных наук.

ЗАМ. ЗАВЕД. ВОСТОТДЕЛОМ ИККИ

СЕКРЕТАРЬ

[РГАСПИ, ф.495, оп.154, д.206, л.205.]

72. ЗАЯВЛЕНИЕ В ПРЕЗИДИУМ ИККИ И ЦК РКП

В ПРЕЗИДИУМ ИККИ И ЦК РКП.

Недавно в Корейском секторе Ингруппы КУТВ, как во всех нацсекторах была политическая и академическая чистка. К чистке /или как образно выражает : переброске на работу среди масс/ подлежали те, которые во-первых академически не успешны ; во вторых, нет революционного стажа и в третьих, не освободившиеся от влияний мелкобуржуазкой идеологии. Кроме того чистка еще [...]ровалась количественной перегруженностью студентов на Корейском секторе. Мы, конечно, не можем отрицать позитивную сторону подобной чистки. Но чистка-чистке рознь. Тот принцип, который лежал в основе чистки в Корейском секторе, совершенно не соответствовал хорошим намерениям высших парторганов. Об этой анормальности мы считали своим коммунистическим долгом довести до сведения высшей партийной инстанции.

Как известно, среди Корейских коммунистов около трех лет существовала фракционная борьба. Но в прошлом году дело реконструкции единой Корейской компартии сдвинулось с мертвой точки : на этот раз произошло не "механическое" /под давлением ИККН/ а "органическое" объединение, действенное объединение. Мы не хотим на этом вопросе долго останавливаться они уже известны ИККИ и ЦК РКП. Там на востоке, где происходит работа среди масс все Корейские коммунисты /95-98%/ поняли необходимость дружной работы для торжества пролетарской революции в Корее. Но "аппарату" в Корейской коммпартии тоже суждено повозиться с весьма не привлекательными типами "академической оппозиции". Эта оппозиция в Корейской партии ныне существует в Корейском секторе Ингруппы КУТВ. И ядом оппозиционным безнадежно отравлены несколько Корейских студентов /партийцев и безпартийных/ прием в 1922 и 23 годов. Прежде всего, страдают этой оппозиционной болезнью два члена парттройки на Корейском секторе Ким-СЕНТАГИ и Пак-ИНОН. Они, на которых лежит тяжелая обязанность правильно руководить Корейскими студентами, как члены парттройки, открыто агитируют среди студентов против Временного Организ. Бюро Корейской компартии /КОРБЮРО/ утвержденного ИККИ. Не считая возможным отнять у Вас, товарищи, дорогое время длинным докладом, мы приступаем к изложению по пунктам обвинений академических "оппозиционеров", возглавляемых Ким-Сентаги и Пак-Инон, готовые в любой момент дать исчерпываюшие ответы устно или письменно, если это потребуется.

Мы обвиняем Ким-СЕНТАГИ, Пак-ИНОН и др :

1/ Злоупотребляли они доверием, оказанным им со стороны администрации КУТВ, как членам парттройки, давая не правильные сведения о Корейских студентах.

2/ Как сами так через посредство беспартийных / Ким Гюери, Хен Чильдзон и др. и комсомольца Нам-Дюнпхио / вели агитацию против огрбюро Корейской компартии и Корсекции при Приморского Губкома РКП. Таким образом создавая нездоровую атмосферу среди Корейцев в КУТВ :

3/ Раз чистка идет из-за отсутствия свободных мест на Корейском секторе то на каком основании после чистки приняты 3 новых студента из Ленинградской Военной Интершколы.

4/ Раз чистка идет из-за отсутствия мест, то надо было исключить:

a/ слабых здоровьем / которых доктора советуют отправиться домой.

б/ старых студентов, получивших уже достаточную подготовку и не побывавших еще на практической работе. Но они этого не сделали, подключив 10 студентов/ из них 18 приема 24 года / в октябре были приняты / из 18 исключенных - 9 партийных и один комсомолец. Уже 19 человек / из них 9 против их воли/ откомандировали в Ленинградскую Военную Интершколу, а остальные 8 человек посылают к переброске на фабрики, заводы, и мы как партийцы, сознавая полит. ответственность, считаем, что из 19 исключенных и "откомандированных" 1-3 человека действительно не мешало бы отправить на предприятие, но остальные должны быть оставлены в КУТВ, как данные работники в Корейском движении.

5/ Что побудило оппозиционеров Ким-Сентаги и К исключительно из поступивших в 1924 году студентов?

Так как студенты приема 24 года почти все /99%/ сторонники Корбюро и побывавшие на массовой подпольной работе, то оппозиционеры, зная, что т-в. студенты если через год [⋯] на восток уже подкованные Ленинским Марксизмом будет работать под руководством Корбюро тогда дело оппозиционеров будет бит. Последние каким либо путем хотят, чтобы эти товарищи студенты приема 1924 года, по крайней мере, в ближайшее в ремя не получали бы теоретическую подготовку Ленинизма. Как иллюстрации мы приводим следующий факт : из Кандо делегированы 11 товарищ. Из них 8 исключены, 3 оставшиеся по сравнению с исключеными менее слабы. Теперь спрашивается, почему более слабых оставляют, а более сильных и активных товарищей "откомандировывают". Да потому что, слабо развитые противники не страшны.

6/ Оппозиционеры, заседавшие в парттройке, воспользовавшись чисткой мстили своим политическим противникам, это видно из того, что среди 18 исключенных коммунистов 9, косомольца 1.

7/ Чистка в Университетской жизни-большое событие.

Несмотря на это, парттройка не созывала ни разу собрание Комфракции перед чисткой. Да это было и понятно, тогда оппозиционеры из парттройки не смогли бы воспользовать чистку в целях оппозиционной мести против Корейских "аппаратчиков".

8/ НЕПРАВИЛЬНОЕ ОБВИНЕНИЕ. НАС В "ЗЛОСТНОЙ АГИТАЦИИ". Некоторых из нас обвиняют в "злостной агитации". Но когда мы требовали от оппозиционеров из парттройки фрактических данных, то они не могли указать нам ничего. Ведь на самом деле "неудобно" открыто обвинять нас сторонников Корбюро в "злостной агитации". Если высказывание своих убеждений о необходимости работы в Корейском рабочем движении под руководством Корбюро, утвержденного ИККИ - есть "злостная агитация", то мы действительно виноваты в ней.

9/ Ввиду вышеизложенного, мы просим расследовать это дело и искоренить всю анормальность, созданную "оппозиционерами" во главе Ким-Сентаги и др.

С коммунистическим приветом -

Группа партийщев, подлежащих исключению :

1/ Ким-Денха, член РКП с 1920 года № 121134.

2/ Ким-Дону, кандидат РКП с 1921 года № 1100.

3/ Лиенсик, член РКП с 1920 года № 121125

4/ Ким-Догу, член Кандовской организации Корейской Компартии с 1921 года.

5/ Тян-Динвон, член Кандовской организации ККП с 1921 года.

6/ Ли-Санхи, член Хамхинской организации Компартии.

[РГАСПИ, ф.532, оп.1, д.422, лл.22-24.]

73. ЗАЯВЛЕНИЕ ПАК В БЮРО ЯЧЕЙКИ РКП(Б) КУТВ ОТ 12/VIII-24 Г.

Сейчас в Корейском кружке существует ненормальное положение, которое выражается в противопоставлении часть беспартийных товарищей партийцам и оно ведется под руководством беспартийн. т. Ли Денира в скрытом виде. Оно еще имеет корни с самого начала учебного года прошлого года. Этот тов. сзади, не открыто, подговаривает несколько человек против большинства партийцев и также части беспартийн., в результате чего существует беспрецедентное трение. Все это ведется так скрыто, что конкретного материала представить не могу, но в результате своего наблюдения и ведения партработы заявляю, что нельзя изжить эту ненормальность, если не будут предприняты строгие меры по отношению к тов. Ли Денира, т.е. нахожу целесообразным удаления его из Университета.

Это одно. С другой стороны существует в кружке одно политическое направление, которое выражается в отрицании действия руководящих органов коркомпартии и всяческое противопоставление своей линии, выражающейся в смене всех руковод. работн. Коркомп. и непоср. ставка на работн. в Корее, не связан. с эмиграцией. Это политич. направление возглавл. беспарт. Ким Гюер и за ним стоит тоже один беспарт. Чтобы изжить это направл., необходимо всесторон. освещение партийцам в кружке всех вопросов коркомпартии со стороны Коминт., что до сих пор не мог я добиться. Поэтому прошу со стороны бюро яч. ходатайства по этому вопросу.

12/VIII-24 г.

Партприкр.   Коркр.   Пак

[РГАСПИ, ф.532, оп.2, д.132, лл.51а-51об.]

74. ЗАЯВЛЕНИЕ ПАК-ДЯ-МО В БЮРО ЯЧЕЙКИ РКП(Б) ПРИ КУТВ

В Бюро ячейки РКП(б) при КУТВ
Исполком и восточноотдел Коминтерна
от кандидата РКП(б)
с 24 г. № 788
ст. Корейского кружка
Пак-Дя-мо

Заявление

Вчера 4/II пять курсантов корейцев, в том числе и я получил приказ из Университета о том, что мы срочно откомандируемся в Приморье. Мы обратились к секретарю партийной пятерки корейского кружка, чтобы информировал нас об откомандировании, который ответил, что откомандирование производится якобы по распоряжению той комиссии, где вошел т.т. Катаяма и Вознесенский из Коминтерна. Но т.т. Катаяма и Вознесенкий, когда один из откомандирующих обратился, то оказывается что они не только не дали подобного распоряжения, но и абсолютно не знали об этом. Другое положение: тот же самый секретарь партпятерки, который сказал, что поскольку это распоряжение высшего органа постольку партройка и он не смогут играть какую-нибудь роль в изменении дела – на деле сделал не так: один из откомандирующих в результате упорной просьбы получил записку от секретаря к заведующего ингруппы следующего содержания: он не возражает, чтобы т. Ким Черкуга оставили в Ун-те.

Тут какое-то несправедливое и ненормальное дело, и прошу разрешить и выяснить это предприятие. Со своей стороны считаю, что тут именно под маской «распоряжения высшего органа» секретарь партпятерки сделает «свое» дело.

[РГАСПИ, ф.532, оп.2, д.132, л.54.]

75. ПРИЛОЖЕНИЕ К ПРОТОКОЛУ ПАРТИЙНОГО СОБРАНИЯ КОРЕЙСКОГО СЕКТОРА

СПРАВКА

От. тов. ТЮ-ЧЕН-СОНА.

В заключительном слове ПАК НИКИФОР сказал, что те которые защищают Сеульский Союз и ориентируются за Сеульский союз и этим ведут борьбу против тактики и ориентировки КИМа / с Коминтерне я не знаю/.

Тут искажение ориентировки КИМа по отношению к Сеульскому Союзу. Оценка Сеульского Союза, как контр-революционного и реакционного - это оценка Чо-Хуна и представителей Ц. Б. КОР. КОМ, но не оценка Восточного Отдела ИККИМа.

Об этом говорит вся работа Восточного Отдела ИК КИМа. За период от осени 1924 года до сегоднешнего дня. Значит они под маской защиты ориентировки КИМа, тактики КИМа в Корее - защищают оппозицию ЧО-ХУНА в КИМе.

Почему это так происходит.

Потому что как шкурник ПАК НИКИФОР не знает секретную основную тактику КИМа, а знает только "тактику" ЧО-ХУНА и к сожалению "тактику" ЧО-ХУНА они принимают за тактику КИМа. И должны слепо защищать "тактику" КИМа.

ТЮ-ЧЕН-СОН-

[РГАСПИ, ф.532, оп.2, д.132, л.48.]

76. ТЕЛЕГРАММА ЦК РКП Т. СТАЛИНУ

Из Владивостока 19-го Декабря 1924 г.

Хабаровск Копия Дальбюро ЦК РКП Кубяк Кор курсанты сообщают телеграфно что среди корейцев КУТВ произведена чистка исключено 29 корейцев направленных Примгубкомом рекомендации бюро созыву съезда КОР компартии основании телеграммы Войтинского 316 девятого августа и разверстке дальнему востоку тчк Губком возражает решения комиссии чистке заверяя что курсанты нынешнего набора исключительно революционного кадра Кореи канды испытанные работники приморье склочничеству непричастные проверенные бюро и комиссии губкома тчк. Исключение отразится настроении командировавших их внутри корейских организаций тчк учитывая еще неизжив, что последствия фракционной борьбы кор коммунистов губком просит обратить внимание работу комиссии и пересмотреть ее решения тчк нр 624/с.

Подписал: Секретарь Примгубкома Пшеницын.
Верно

[РГАСПИ, ф.532, оп.1, д.422, л.4.]

77. ДОКЛАД РЕКТОРУ КУТВ ТОВ. БРОЙДО О РЕЗУЛЬТАХ ПОЛИТИЧЕСКИХ ПРОВЕРКИ КОРЕЙСКОЙ ГРУППЫ

По существу телеграммы Секретаря Приморского Губкома тов. Пшеницина, от 19 XII 24 года, направленной в адрес ЦКРКП т.т. Сталину, Сирцову, Антипому, а Дальбюро ЦКРКП т. Кубяку, а также ректору КУТВ тов. Бройдо, сообщаю следующие сведения о проверке Корейской группы сведения, показывающие полную неосведомленность лиц, на основании заявлений составлена упомянутая телеграмма.

Во первых: "Чистка", точнее - политическая и академическая проверка произведена не только в Корейской группе университета, но во ВСЕХ его группах (включая Турецкую, Персидскую, Китайскую и т. д.). Она имела своей задачей освободить весь Университет с одной стороны от чуждых нашей (или братских) партии, партийно не выдержанных, партийно не активных, не имеющих опыта общественной работы, элементов, из которых нет надежды приготовит: профессионалов революционеров: с другой стороны, от академически неуспевающих студентов (принимая, само собой разумеется, во внимание социальное положение, национальность, а, следовательно, уровень культурного развития каждого студента). Только под одну из этих рубрик могут подведены те несколько студентов корейцев, действительно исключенных из КУТВа

Во вторых: проверка на Ингруппе была согласована заранее в Восточным Отделом Коминтерна, причем было решено оставить в Корейской группе 40-50 человек (вместо имевшихся 74). В результате работы мандатной комиссии в Университете оставлено 54 студента корейца (таким образом, сокращением не достигнута даже максимальная предельная цифра группы, установленная Коминтерном).

В третьих: совершенно не отвечает действительности утверждение телеграммы об исключении 29 человек.

Исключено из университета и отправлено на производство и на

практическую партийную работу СССР всего 9 человек (включая сюда одного студента корейца, откомандированного не постановлением мандатной комиссии Ингруппы, а Советом Университета).

1 студент кореец отправлен на лечение, согласно постановления медицинской комиссии.

Для усиления Ленинградской Военной Школы, с согласия Коминтерна и по просьбе самой Военной Школы, выделено 10 человек.

Таким образом, включая 10 последних студентов, совершенно не поддающихся определению, как исключенных (фактически переведенных в другую политическую школу, или отобранных, согласно их пригодности к военной работе), откомандировано из университета 20 студентов корейцев, но не 29, как сказано в телеграмме.

В четвертых: также совершенно неверно утверждение, что все "исключенные" "направлены в КУТВ Примгубкомом".

Из 10-ти из откомандированных из Университета на производство и т.д. только 5 присланы Примгубкомом, другая пятерка - старые студенты.

В числе 10-ти отправленных в Ленинград - 8 присланы Примгубкомом).

(Примечание: в текущем учебном году принято 47 студентов, из них 35 прислано Примгубкомом, 12 человек Коминтерном непосредственно. Самому Приморскому Губкому в текущем году было предоставлено 3 места. Из присланных по данной разверстке (т.т. Ким Дин, Ким ХОВАН, ЛИ-ПИ-ТИ (ни один не откомандирован).

В пятых: ложно (в отношении откомандированных) огульное "заверение о том, что "курсанты текущего набора исключительно революционного кадра, испытанные работники Приморья" и т.д.

Постановления мандатной комиссии прилагаются, из них явствует, что "исключительная революционность" студентов Приморским Губкомом толкуется по меньшей мере... расширительно.

Примеры: (из числа откомандированных на производство и присланных Приморским Губкомом).

<u>ЛИ-САНХИ</u>: никакой партработы на месте не все, до приезда в КУТВ все время учился в средней школе.

<u>ПАК-ФИРХ-ВАН</u>: беспартийный, в КУТВ по командировке Примгубкома попал прямо со школьной скамьи, никакого революционного и жизненного опыта не имеет (год рождения 1905).

<u>ХО-ДЫН-ГИР</u>: беспартийный, до приезда в КУТВ беспрерывно учился, в общественной и революционной работе не участвовал, не изжил религиозных предрассудков (год рождения 1905). и т.д.

В шестых: Коммунистический университет (с согласия Комнтерна) принял при проверке во внимание наличие группировок и фракций в корейской коммунистической партии и озаботился тем, чтобы данная проверка никак не могла быть истолкована, как сведение личных счетов вождей одной группировки в другой.

Утверждение секретаря Пригубкома о том, что "чистка" отразится на настроении командировавших местных организаций, не изживших последствий фракционной борьбы, не обосновано никакими данными проверки и действительной почвы под собой не имеют.

Исключены студенты, принадлежащие к самым различным фракциям внутри корейской компартии, против которых может быть выставлено только одно решающее положение - в каких они группировках не были, они представляют из себя партийный (или даже непартийный балласт для Комвуза.

Теперь по существу о результатах проверки.

Лучшим показателем правильности работы мандатной комиссии по проверке корейских студентов следует считать следующие статистические данные о группе, свидетельствующие о значительном улучшении социального, партийного, возрастного и т.д. состава после окончания работы комиссии.

Возраст.	в %% до проверк.	в %% после	или в %%.	Абс. чис. до пров.	Абс. ч. после.	+ или - в абс. ч.
от 17-20х.	11,8%	3,7%	-8,1%	8ч.	3ч.	-6ч.
от 20-30	84,2%	90,7%	+6,5%	63	49	-14ч.
от 30 и выше	4%	5,6%	+1,6%	3	3	0

Уменьшение пошло за счет молодняка, причем в %% отношении

срединная группа (20-30 лет) наиболее желательная для Комвуза увеличилась на 6,5% (при абсолютном уменьшении на 14 человек).

Образов. Ценз.

низшее	33,4%	38,9%	+6,5%	24 ч.	21	-3 ч.
среднее	64,8%	57,4%	-7,4%	48	31	-17 ч.
высшее	2,8%	3,7%	+0,9%	2	2	0

Уменьшение произошло за счет наименее ценного для Комвуза элемента - студентов, имеющих среднее образование (абсолютное число 17 чел. в %% отношении - 7,4%) возрос удельный вес части студентов, имеющее образование.

Соц. состав:

рабочие	14,8%	30,4%	+5,6%	11 ч.	11 ч.	0 ч.
крестьяне	27%	31,5%	+4,5%	20	17	-3
интеллиг. учителя	10,8%	9,3%	+1,5%	8	5	-3
Учащиеся	47,4%	38,8%	-8,6%	35	21	-14.

Социальный состав изменился значительно к лучшему - за счет сокращения интеллигентов (главным образом учащиеся) сильно возрос процент (+10%) рабоче-крестьянской части группы.

Место, откуда приехал студент.

Из Кореи	27%	27,8%	0	20 ч.	15 ч.	-5 ч.
эмигранты из Приморья и андо	70,3%	70,37%	0	52	38	-14
из Германии	2,7%	1,9%	0	2	1	+1

Данные в %% отношении почти не изменились. Однако фактическое откомандирование (16 чел. из 20-ти) шло за счет эмигрантов-переселенцев, отнюдь не за счет прибывших в текущем году из самой Кореи. (Кстати, из последних трое из пяти, отправлены в Ленинградскую школу и только 2 человека на производство, с правом, однако обратного возвращения в КУТВ).

Партийный состав.

члены РКП	35,1%	40,7%	+5,6%	17 чел.	15 ч.	-2 ч.
канд. РКП					7 ч.	-2 ч.
чл. и канд. РЛКСМ	14,8%	18,5%	+3,7%	11 ч.	10 ч.	-1 ч.
Чл. Кор. КП	17,6	11,1%	-6,5%	13 ч.	6 ч.	-1 ч.
чл. Кор. КСМ	9,5%	12,9%	+3,4%	7 ч.	7 ч.	0
беспартийн.	23%	16,6%	-6,4%	17 ч.	9 ч.	-8 ч.

Сокращение прошло за счет беспартийных и членов и канд. Коркомпартии. Принимая во внимание тот факт, что Коркомпартия не признана Коминтерном во первых, во вторых, увеличение процентной доли член Коркомсомола необходимо признать успешность работы мандатной комиссии в отношении регулирования партийного состава группы.

Кроме этого, следует выразить крайнее сожаление о том, что Приморский Кубком, поверив сведениям, почерпнутым из совершенно безответственных источников, не получив исчерпывающих данных от самого университета раньше, чем обратиться в непроверенными фактами в ЦК.-

Зав. Ингруппой и член партийной комиссии Ингруппы:

[РГАСПИ, ф.532, оп.1, д.422, лл.5-9.]

78. ЗАЯВЛЕНИЕ ПАК ДИНШУНЬ К РЕКТОРУ КУТВ

Ректору КУТВ
Лектора по Истмату Ист. раз. общ.
в Ингруппе ПАК-ДИНШУНЬ

ЗАЯВЛЕНИЕ

Недавно тов. Кучумов через секретаря Ингруппы известил мне, что я освобожден от ведения курса по И.р.о.ф. в Ингруппе / об Истмате не говорю, ибо в ингруппах нет Истмата./. При чем т. Кучумов не постарался даже указать мотивы увольнения, которое, признаться, для меня – сюрприз.

Насколько мне известно, курсанты корейской группы вполне довольны моей работой, так что я не знаю, чем мотивировал т. Кучумов он «освободил» меня от ведения курса.

Я смело могу констатировать, что я уволен не по академическим, а политическим мотивам. Если так, то это недоразумение. Я не скрываю, что в Корейской группе КУТВ не все благополучно, но я до сих пор молчал в надежде, что Вы не позволите оппозиционерам из так называемой парттройки корейских курсантов, которые злоупотребляя Вашим доверием, вели бы фракционную борьбу на старый лад, которая искоренена среди корейцев партийцев, ведущих работу среди народа на Д. Востоке. Старая фракционная борьба среди корейских коммунистов больше не существует среди тех, кто не оторван от масс: она существует лишь задворках группы корейских студентов КУТВ / приемов 1922 и 23 г.г./ оторванных от масс. В общем, здесь тоже «барометр» делает все дело. Я не могу согласиться, что справедливо решение проверочной комиссии, отправившей 10 человек / из них 7-8 человек против их желания/ в Интернац. Военную школу в Ленинграде, как говорят из «афер» парттройки, что еще предстоит в скором времени отправка 19 студентов

Донбас, Урал и т.д. Кто подлежит отправке? 95% из отправляемых – поступившие в КУТВ в 1924 г., будучи командированными Приморским губкомом РКП. Мы не политические младенцы. Итак будем откровенны. Кто же эти студенты приема 1924 г. Они, в абсолютном большинстве, не мало поработали в корейском движении для объединения двух враждовавших фракций. Таким образом, они сторонники Корейского бюро при ИККП. А кто те дельцы, сидящие в партттройке корейских студентов КУТВ? Противники объединения и консолидации единой компартии в Корее в скором времени, оппозиционеры Корбюро при ИККП. Они не пользуются никаким доверием со стороны большинства корейских курсантов, тем более, руководящего органа корейским коммун. движением. Решение Проверочной Комиссии, пользовавшейся информацией этих оппозиционеров, показало, что они ведут открыто борьбу против высшего корейского парторгана. Насколько мне уже известно, что последний не оставит это дело без внимания, ибо нельзя дальше позволить этим оппозиционерам продолжать безответственно свое преступное дело, вредное корейскому комдвижению.

Теперь спрашивается, вел ли я какую-либо фракционную борьбу среди коркурсантов КУТВ?

После февральской резолюции ИККП в 1923 г. по корейскому вопросу, признавшей правильной точку зрения тогдашней оппозиции, куда и я входил, и создания нового корбюро, - я признаться, призывал всех корейских товарищей коммунистов к единению к товарищеской работе под руководством Корбюро при ИККП. Если работа в пользу Корбюро, а следовательно ИККП, есть «фракционная» борьба, то я действительно «фракционер». Пусть кто-нибудь посмеет обвинить меня в «фракционизме», - я готов держать ответ пред судом партийного мнения.

Ввиду вышеизложенного, я прошу:

1. Пересмотреть постановление проверочной комиссии относительно коркурсантов.
2. Указать мне мотивы увольнения в письменном виде, если и Вы считаете мою работу в КУТВ вредной.

24/XII-24 г.

[РГАСПИ, ф.532, оп.1, д.422, лл.27-27об.]

79. ЗАЯВЛЕНИЕ ПАК-АЙ В ПРЕЗИДИУМ ИККИ И ЦКРКП(Б). КОПИЯ ПОД ОТДЕЛУ НАЦМЕНА ЦКРКП(Б) И РЕКТОРУ КУТВ, ЧЛЕНУ РКП(Б), ТОВ. БРОЙДО

Уполномоченного Оргбюро ИККИ по созыву Учредительного съезда корейской коммунистической партии и Приморского Губкома РКП(б). члена РКП(б) с июня 1917 года / партбилет № 557498 /

ПАК-АЙ

ЗАЯВЛЕНИЕ

В бытность мою в Приморье Приморским Корейским Организациям РКП(б) и Оргбюро ИККИ было известно, что среди коркурсантов в КУТВе и Ленинградской Интернациональной военной школе имеется оппозиционное течение по отношению к ним, и они, имея в виду, что в этих учебных заведениях подготавливаются корейские партийные и советские работники, и что эти курсанты, воспитанные в оппозиционном духе, могут помешать единству Корейского комдвижения беспокоились. Поводом к усилению такого беспокойства у Приморских организаций послужило еще антиэмиграционное действие прибывшего из КУТВ студента ПАК-АНСЕ, которое внесло не мало осложнения в Приморской работе, и за которое ПАК-АНСЕ был исключен из РКП и РЛКСМ.

Однако не взирая на это, я все же сомневался в достоверности этих сведений, ибо зная линию ИККИ по корейскому вопросу, был твердо убежден, что в стенах Комвузов, находящихся около ИККИ и ЦКРКП(б), не будет антипартийных явлений. Но по прибытии в Москву я лично убедился со всеми этими ненормальностями. Во время моего посещения общежития КУТВ, в коридоре этого общежития на 2-ом этаже около лестницы наткнулся на стенную газету "Первый шаг". Издающуюся Парттройкой корейского сектора КУТВ. В этой газете были помещены две статьи - обращение к корейской газете "Авангард", органу Приморского Губкома РКП(б), по поводу расстрела 32 /[…]/ корейских партизан и "Корейская революция и моя задача"

В первой статье [...]

нападки на Приморские корейские коморганизации, а во второй делаются жестокие нападки на Приморский орган РКП(б) и Оргбюро ИККИ и в резюме осуждаются они на вечную гибель.

Эти статьи, кроме своей фракционной тенденциозности и меньшевистско-эсеровского языка, отличаются еще наличием крайне резких, оскорбительных для всякого революционера слов. Приморские ответственные корейские работники, члены РКП(б), имеющие достаточную выдержку Октября и военного коммунизма в России и активно участвовавшие в гражданской войне на русском ДВ в борьбе против интервентско-белогвардейской реакции, и члены Оргбюро ИККИ, обзываются шайкой, гончими собаками и т. д. Все это делается открыто прак беспартийным студенчеством, которое мобилизуется для борьбы против всех Приморских, Кандовских / Манжурия / и внутри - корейских коморганизаций, стоящих на платформе РКП(б) и ИККИ и проводящих их линию.

Первый пункт обвинения относительно бездеятельности Оргбюро в данном случае не требует особого разъяснения, ибо все доводы в данном случае оппозиционеров совершенно не соответствуют действительности, - но второй пункт нуждается в разъяснениях, чтобы в корне пресечь попытку оппозиции заработать политический капитал на этом, поддакивая сентиментальности националистически настроенных элементов.

В средине лета прошлого 1924 года в Никольско-Уссурийском уезде, Приморской губернии, наряду с русскими белобандитами возникли и корейские, в числе до 300 человек, которые именовались "революционными партизанскими отрядами". Эти т. н. революционные партизанские отряды совершали насилия и грабежи, терроризируя мирное население, в особенности корейское, которое и без этого находится в тяжелых экономических условиях.

Банда организовалась в большинстве своем из остатков корейских партизанских отрядов, разоруженных после занятия Приморья Соввластью в декабре 1922 года.

Учитывал важность национального вопроса, проводимого партией и Советской властью на Востоке, Губком РКП и органы ГПУ Приморской губернии решили мирно ликвидировать движение корейских белых партизан. Им предложили сдать оружие или оставить территорию СССР. При этом в случае их согласия сдать оружие, им обещали даже отвести участок земли, где они могли бы заняться мирным трудом до поры до времени, когда интересы корейской революции вновь призовут их к оружию.

Но эти бандиты, не обращая на это внимание, продолжали свое преступное дело, грабя население, сжигая деревни и т.д..

Тогда пред Приморским политическим органом встал вопрос о необходимости срочной ликвидации корейского бандитизма, ибо таковой своими налетами и грабежами не только беспокоил мирное население, но и учинял препятствие проводимым партией и Соввластью.

В средине сентября бандиты были окружены войсками ГПУ, которые оказали вооруженное сопротивление, во время перестрелки. Часть удалось скрыться, и оставшиеся 19 человек были убиты. Таковы факты.

Приморский Губком РКП(б), имея в виду наличие за рубежом антисоветских и антикоммунистических элементов из правого крыла корейского национального движения, ориентирующего на Америку, считал необходимым сохранить конспирацию, дабы не дать этим элементам материалы для излишней агитации против

Соввласти и корейских коммунистов. В печать об этом не было пропущено, но сообщение об убийстве 19 корейцев-бандитов окольными путями дошло до Шанхая, и журнал "Бандаль-Гоннонг", орган правого крыла корейских националистов систематически ведущий враждебную кампанию против СССР и корейских коммунистов, поместил статью по этому поводу со всей свойственной ему тенденциозностью.

Студенты КУТВ, получающие этот журнал, недавно прочли там об этом событии, и начали кампанию против Приморского Губкома РКП(б) и ответственных корейских работников. В этой кампании насколько мне известно участвуют и беспартийные студенты, но партийная тройка, ответственная за политическое состояние корей[⋯] порядком через соответствующие партийные органы, как это подобает партийцам, и защищать органы РКП(б) в глазах беспартийных, целиком стало на сторону беспартийного и большевистски невыдержанного партийного корейского сту-денчества и начала за одно с ними агитировать против Приморского Губкома РКП(б) в Оргбюро ИККИ, используя для этой цели партийный орган - стенную газету "Первый шаг".
Данное явление с точки зрения партийности считаю ненормальным в силу того, что корпартийцы, обучающиеся в КУТВе, используют материалы антисоветских и антикоммунистических органов для борьбы с партийным аппаратом.

В Комвузах, в особенности в КУТВе подготавливаются будущие корейские ответственные работники, которые по окончании курса должны выехать из места - в Приморье, Кандо и Корею - и работать там совместно с тамошними ответственными работниками, по отношению к которым, судя по указанным статьям и имеющимся у меня материалом, эти будущие работники настроены непри-миримо враждебно. Поэтому считаю необходимым обратить на существующие в КУТВе и Ленинградской Интернациональной военной школе среди коркурсантов нездоровое явление особо серьезное внимание, ибо оно в случае несвоевременной ликви-дации, может дать весьма нежелательный для будущей работы этих курсантов уклон в их настоящей воспитательной работы, что впоследствии может, даже, повлиять на единстве коркомдвижения.

Вопрос о коркурсантов КУТВ для Приморских корейских партийных организаций, работающих среди 130 тысячного корейского населения, является одним из серьезных вопросов в их повседневной работе, поэтому что в КУТВе подготавливаются их будущие работники.

В силу этого, считая: 1/ невозможным дальнейшее допущение оппозиционных настроений в среде коркурсантов в КУТВ в интересах нынешней работы в Корее и Приморье и во имя ограждения коркомдвижения от разлагающего влияния, могущего вредно отразиться на качество сколачиваемой корейской компартии и 2/ поступок парттройки и членов РКП(б) выступлением пред партией, содержащий в себе тенденцию умаления авторитета парторгана и дискредитации ответственных партработников пред беспартийной массой, прошу ЦККРКП(б) и Президиум ЦКРКП о нижеследующем:

1/ В целях оздоровления ненормальной атмосферы, создавшие в Корейском секторе КУТВ, и ограждения корейских коммунистических организаций от могущих осложнений, произвести политическую чистку в указанном секторе.

2/ Привлечь к партответственности членов партийной тройки : КИМ-СЕН-ТХАК, ПАК-ИНОН, ДИО-ХИЧАН и авторов оппозиционных статей в стенгазете ХАН-САН-ХИ и других за нарушение партийной дисциплины и изолировать их от КУТВ.

3/ Усилить над работой в корейском секторе партийное руководство, согласованное с работой и интересами Оргбюро ИККИ и Приморских партийных организаций.

ПРИЛОЖЕНИЕ: перевод 2-х статей.

УПОЛНОМОЧЕННЫЙ / ПАК-АЙ /

2-го января 1925 г.

[РГАСПИ, ф.495, оп.154, д.248, лл.135-139.]

80. ПРОКЛАМАЦИЯ № 1

Отбросив все бури 24 года и вступившие в новый 25-й год наш кд. т. е. мы коммунисты должны в корне без остатков выдернуть все ошибки и недовольства прошлого и с энергичным духом приступить к нашему практическому делу и вступив в сферу нашей цели осуществимого до конца.

1. Не обладая особенно выдающимся политическим зрением и под вредным влиянием внешних бурь бешенных, создающие ненавистное отношение между товарищами, коммунисты - революционеры, если вы скорее не исправите свои ошибки, то не только вы не дойдете до своей цели, но и в недалеком будущем когда красные лучи будут жечь вас невыносимо вы, не успев даже открыть глаза и подышать, попадате в страшную пропасть, где и кончите свое существование и поэтому пока на поздно скорее осознайтесь.

2. Задающиеся при помощи чужой временной силы, и считающие одних себя только красными, а других слепыми, паразиты. Живите своим умом и мыслью. Если в 25 году не будет этого, то беспощадные наши кулаки омоются вашей кровью, а ваши жизни пойдут в небесное царство. Подумайте скорее осознайтесь.

3. Грязным своим скрытым и угрожающим поведениям не подчиняющихся ; считающие в будущем своими. Личными врагами и зараженные этой болезнью разбойника, что является вашей главной целью. Если и в этом году не отбросите ваши грязные стороны то с молотом и серпом находящимся в моих руках я размозжу ваши черепа и вынув ваши внутренности повешу на станции центрального города, чтобы оно явилось предупреждением последуюшим товарищам. Обладающие этими отрицательными чертами элементы, скорее не останавливаясь осознайтесь.

4. Обладающие слепым зрением и несмотря на это стремясь стать вождем для этого пуская различные сладкие агитационные словечки еще серой молодежи, чтобы создать группу и слепо подпадающие под эту агитацию элементы. Если вы желаете быть вождем, вы действием сделайте столько, сколько заставит масса иметь к вам доверие и считать вас вождем и вместе с тем обладайте таким же политическим умом. Если не будет этого, а будете продолжать оставить ваши животные жадности, то по необходимости придется вашу кучу бросить в невозвратную яму и палить из всех приготовленных в четырех сторонах пушек и когда ваши кости и тело будут крошиться будут трясти все дикие алчные и скрытно ведущие элементы. Такие элементы осознайтесь.

5. Не обладающие определенной политической линией и при помощи временой чужой силы подлизывающиеся и двойное поведение элементы примите все это к сведению.
Наши кулаки мощно охватывающие практическое рабочее движение омоются вашей кровью. Невинные жизни молодежи не журтнуйте под чужим влиянием, а крепким своим политическим зрением и умом открывая путь идите вперед.

6. Обладая умением читать современную общественную литературу и газеты, чванящиеся над темными неграмотными и вместе с тем привающие себе из-за самоуверенной гордости бюрократические навыки интеллигентные паразитные элементы у нас не умеющих читать книг и газет только серп и молот. Этими орудиями мы разобьем и исправим ваши мысли а потому скорее осознайтесь.

7. Представляющие и будущие руководители рабоче - крестьянских масс - коммунисты напрасно на темном пути не мешайтесь и не горюйте. Хотя нет внешних красот и украшений на светлом и живом пути т. е. на безошибочном идейном пути, но вступая в него отбросьте все украшения с искренним революционным поведением, сердцем и мыслью решительно и скоро осознайтесь.

Мои товарищи пролетарии и вместе с тем коммунисты : вступив на прямую большую дорогу мы до конца осуществления нашей цели вместе рука об руку отдавая друг другу горячую дружбу пойдем вперед и вперед.

Все время идя вперед, моя просьба не забывать вышеизложенные 7 пунктов.

1925 г. 5. I 12 ч. 35 м. вернувшись написал ваш. товарищ К.

Если кто будет считать все изложенное неправильным, тот мой враг и вместе с тем собака.

Потом узнаем друг друга. Думая поместить в стенной газете, но так как дорог каждый день для обмена мнений и улучшения нашей жизни.

Автор - Ли-Ги-Шек

[РГАСПИ, ф.532, оп.2, д.132, лл.9-9об.]

81. ПРОКЛАМАЦИЯ № 2

6 эк

Скрытые злоумышленники - борцы якобы за социализм. Слушав общее мнение я выяснил ваши психологию и к отъезде /последнее/ высказываю свою горячее чувство, чтобы погромить вашу темную идеологию

Эй, вы руководители, живущие под прекрасной вывеской - "Освобождение Кореи", "Освобождение пролетариата" и т.д. и т.п. изучающие марксизм и ленинизм, чтобы разрушить общество неравенства и распространить индивидуальный героизм в массу - славно скрыто борющиеся/ за фракционности или за шкурничество - переводчик./ члены парттройки. Если у вас имелось бы стремление к осуществлению нашей цели и к успеху в нашей очередной задачи, то вы бы не сделали бы столь глупо и злоумышленно "чистку" студентов. Кого вы воспитываете: настоящих революционеров, или таких интеллигентов которые учились в Японии и умеют хорошо писать. Или таких которые нравятся вам и будут подчиняться перед вами как верный слуга-раб. Снимите фальшивую маску и говорите по совести. Несомненно что ваши 5 чувства и познание уже определили или реагировали, что прав или неправ вы. Но вы отвечайте на это лишь холодной улыбкой. Давайте сравнивать "вычищенных и оставленными вами студентами, которые оставались только потому что они понравились лично вам. Знайте ли по 10 лет участвующих в национальном движении в холоде и голоде разливая свои кровь. Не повторяйте играть ту самую Амурскую трагедию - украсить дикую сибирскую степь кровью молодежи ради фракционности и шкурничества. Расходуя деньги - кристалл рабочих и крестьян не воспитывайте - по темному вашему плану - фракционеров - разбойников.

Друзья мои.

Надеюсь, что вы разобьете это фракционное неравенство, если вы не слепые и не дураки, Эй, вы обжоры-бабники. Мы похороним вас, устраивающих жульничество[⋯⋯]за свою брюхо. Все анархии, препятствия и абсурды вытекали из ваших мозгов. Кроме чучулов все слишком хорошо знают этого. Эй вы бешенные фракционеры - мастера пустить пресловутые слова, чтобы заблуждать молодежи за свои шкуры. Если вы не собаки- шпики, то признайтесь, что великий кризис вытекал от ваших мозг и чтобы сохранить вашу жизнь раскаивайтесь, т. е. поправляйтесь результат преступления совершенного вами Номинальные - охотники слава - руководители. Трезвенно сделайте чистку студентов. Если ваша программа заключается в воспитании только высших учащихся интеллигентов в Японии и тех котоые подмазываются вам как верный раб, то я ничего не говорю, ибо вы блестящее выполните свою задачи.

Друзья. Еще раз пламенно говорю вам. Нет в мире так наз. невозможность. Ведь мы имеем сильно бьющие сердца. Смотрите что бешенная травля на точке кипения.

Выбирайте правильный путь : похороните и ликвидируйте все ненормальность и идемте вперед с красным факелом за создание дворец социализма. Смелее, порывисто.

Когда бесились за не опубликование мое имя, не могу предугадать какая травля произошла бы если я написал свое имя.

Автор-[⋯] Ли-ги-шек
член РЛКСМ с 1924 г.

[РГАСПИ, ф.532, оп.2, д.132, лл.8-8об.]

82. ПИСЬМО ЗАВ. АГИТПРОПОТДЕЛОМ ЦК РКП(Б) В ОТДЕЛ АГИТПРОП ЦК РКП(Б) ОТ 10 ЯНВАРЯ 1925 Г.

Российская Коммунистическая Партия(большевиков)
Отдел Агитпроп   10 января 1925 г.

В Ц.К.К.
Тов. Шкирятову.

Агитроп ЦК РКП(Б) не берет на себя утверждения решении КУТВа об откомандировании студентов турецкой и корейской групп, в виду постановления Ц.К.К. о недопущении изменений в личном составе сотрудников и студентов Университета без согласия выделенной Ц.К.К. комиссией по КУТВу. Поэтому Агитпроп ЦК просит Вас рассмотреть эти решения КУТВа по существу.

Зев. Агитпропотделом ЦК РКП(б):   Сырцов
Секретарь: (Яковлев)

[РГАСПИ, ф.532, оп.1, д.421, л.1.]

83. ПИСЬМО КАНДИДАТА РКП(Б) ТЮ-ЧЕН-СОН В КОМИССИЮ ПО ДЕЛАМ КОРЕЙСКОГО СЕКТОРА

Приложение к протоколу партийного
собрания Корейской Группы от 16/V

В КОМИССИЮ ПО ДЕЛАМ КОРЕЙСКОГО СЕКТОРА

От кандидата РКП/б/ с 24 года
-ТЮ-ЧЕН-СОНА.-

С самого начала пребывания в Университете я лично не был доволен руководством Ким-Сан-Таги и Пак-Никифора, на следующих основаниях:

По отношении Ким-Сан-Таги:

1) В осеннем сборе курсантов КУТВ с нами попала Софья Пак. Во время дачи характеристики / на собрании корсектора, состоявшейся специально по вопросу о Пак-Софье / я внес предложение исключить из У-та Пак Софью и это предложение было принято подавляющим большинством.

Мотивы были следующие

а/ Пак Софья не участвовала в общественной жизни вообще и в частности в комсомольской.

б/ Пак-Софья попала в У-т не от какой-нибудь организации, ибо она не состояла ни в какой организации.

в/ По словам инструктора Губкома Корсекции т. Хван-Тон-Нюка на этом собрании выяснилось, что Пак-Софья переименована на Пак-Герун, благодаря чему он сам не знал, что Пак-Герун - Пак Софья она попала.

На основании этих фактов я мотивировал, что она попала в КУТЗ семейным путем, т.е. муж Ким-Сан-Таги работал тогда в Приморье и он близок с секретарем Губкома Корсекции т. Ли-Ен-Шеном.

И я до сегодняшнего дня считаю, что Пак Соня попала секретным путем и на этой почве считаю, что Ким-Сан-Таги поступил для семейной выгоды в общественных делах.

2) Когда мы курсанты узнали о созыве Учредительного съезда всекорейской федерации молодежи - хотели послать своего делегата. Это было весной 1924 года. Ким-Сан-Таги резко возразил на это, мотивируя тем, что нам здесь нужно учиться и только. Правда делегат был задержан в Владивостоке и Ким был бы прав если бы он возражал о посылке делегата, мотивируя тем, что он не попадет. Но он не это сказал, а сказал: "учиться и только": Пак Никифор тоже стоял на точке Ким-Сан-Таги, с добавочной мотивировкой, что нельзя верить буржуазным газетам.

Отсюда я сделал 2-й вывод, что эти товарищи не имеют революционного духа, что товарищи не интересуются опасной подпольной работой.

3) Политиканство Ким-Сан-Таги.
Весной 24 года приехал к нам секретарь Корсекции Губкома тов. Ли-Ен-Шен. Тов. Ким-Сан-Таги сказал ему, что он с трудом усмирил конфликт между старыми и новыми студентами. Впоследствии по словам самого Ким-Сан-Таги сказалось, что он имел ввиду вопрос о Пак Софье - Пак Ге-рун. Прежде всего тут одно искажение факта: об исключении тов. Пак-Герун голосовали не одни новые и не одни старые а вместе и таким образом только могли сказаться большинством.

Я сделал 3-й вывод: что Ким-Сан-Таги искажая факты - попытался показать свою работоспособность. Значит подлизывающийся элемент.

И наконец последний факт : В конце прошлого и в начале сего года, когда товарищи в связи с откомандировкой мандатной комиссии - группе товарищей направили свою деятельность против парттройки. В этом вопросе я стоял целиком с Ким-Сан-Таги и работал рука об руку. И я отметил, что Ким-Сан-Таги есть не что иное как шкурнический соглашатель : В чем это выражается? В том, что он сначала был солидарен со статьей Хан-Сан-Хи, которая резко говорит против деятельности Приморской организации. А потом т. Пак-Огай, который прибыл сюда "между прочим" наладить дела КУТВ, боялся до того, что отказался подписать письмо в "Авангард" / Об этом я узнал на 2-м собрании / И я лично косо смотрел, как он старается сложить вину на спину других т.т. По этому пункту я целиком солидаризуюсь с мотивировкой и выводами т. Пак-Ин-Она-: шкурник и не революционер.

Одна из причин, что Ким-Сан-Таги не может пользоваться авторитетом, это недостаточная подготовка в смысле теоретической и ориентировкой положения Кореи.

Я возьму на себя ответственность и скажу следующие слова большинство т. т., уехавших и оставшихся в У-те недовольны Ким-Сан-Таги и Пак Никифором, в частности и я. Неужели же они все контр-революционеры. Факт отрицает это. Почему я в таком случае другим лицом относился к Ким-Сан-Таги. Потому что я считал "политика нужна и [⋯]". Это значит- если ты все время идешь против Ким-Сан-Таги, то добьешься откомандировки. Откомандировки я не боялся и не боюсь: Я подал в течении годичного пребывания в У-те 3-4 раза заявления, где я просил, что бы меня послали на подпольную работу. Откомандировку же в смысле исключения из У-та я считал глубоким позором. Поэтому я грубо говоря с маской подходил к Ким-Сан-Таги: считал как шкурника, а относился как к старшему товарищу.

В этом отношении если я плохо поступил, т. е. неправильно оценивал Ким-Сантаги, то я должен быть привлечен к соответствующей ответственности.

Теперь по отношению к Пак Никифору:

Я считаю, что Пак Никифор ни больше ни меньше канцелярский работник, на основании:

1/ Отсутствия инициативы,

2/ Отсутствия энергичной работы,

3/ Отсутствия твердости.

Об этом говорят все факты: перевыборы Ревсоюза, абсолютное

бездействие в ревсоюзе и не участие в революционной борьбе, о чем уже сказали т.т. и вероятно еще выскажутся.

ЗАКЛЮЧЕНИЕ:

Партийные руководящие органы нашего У-та вынуждены бороться против течения и ответственным руководителям часто приходится бороться против мнения масс. Но это не исключает, что массам иногда придется вести борьбу против несоответствующих руководителей. Я имею ввиду Ким-Сан-Таги и Пак-Никифора. Считаю, что т. т. не смогут как следует руководить корейским сектором. Может быть они блестящие работники в университетском масштабе, но они потеряли всяческий авторитет и доверие на основании всех вышеуказанных фактов.

Если факты правы, то и мое мнение право.

ТЮ ЧЕН СОН.-

[РГАСПИ, ф.532, оп.2, д.132, лл.46-47.]

84. МНЕНИЕ ТЮ-ЧЕН-СОНА

ТОВАРИЩАМ : КОЗЛОВУ, САГОМАНЯНУ, КУЧУМОВУ, БЕРМАНУ, АЛИМОВУ, ПЕТПОСЯНУ, АРЕЖЕВУ и КИМ-САН-ТАГИ.
/ Если возможно то и т.т. ВРОЙДО и ТАШКАРОВУ./

От кандидата РКП/б/ от 24 года
ТЮ-ЧЕН-СОНА.-

Заслушав доклад тов. Козлова у меня возникли некоторые мнения, о чем хочу вам сообщить :

1/ Причина склоки в корейской группе.

Товарищи сказали, что причина это изолированность от жизни Кореи или исключительная связь со "своими" группами. Я не согласен о таким объяснением потому что во 1/ т.т. корсекторцы так или иначе знают в основе жизнь Кореи, по газетам, по соображениям и т.д., во 2/ что здесь в КУТВ происходит перегруппировка например т.т. Хен-Чир-День и Лим-Ен-Шен, возражают против линии своей огранизации, очень многие товарищи в том числе и я стоят на позиции Сеульского союза по вопросу о партстроительстве 2 существенные фактически группы и создать с низов.

По моему причина : отсутствие установленной твердой линии : в течении 4-5 лет Коминтерн создал несколько органов и ориентировался на несколько групп и фракций. Но также и распустили ввиду не только неспособности но и прямой вредности их. Факты : роспуск после 3-го Конгресса Иркутской, Шанхайской и нейтральной фракции. Создание Корбюро Коминтерном весной 22 года и роспуск весной 23 года. Создание в 23 году Оргбюро по созыву учредительного съезда / учредительного потому что хотя были съезды каждой фракции и Верхнеудинский объединенный съезд, но аннулированы Коминтерном, после таковых в 22 году ККП. И на счет Оргбюро - в этом отношении все солидарны мнения КУТВцев корейцев / в том числе и т. Ким-Сан-Таги/, что оно бездейственно и неспособно, хотя оно и является ограном Коминтерна. И для нас больной вопрос каково должно быть принципиальное решение по отношению к фракциям и какова должна быть ориентировка к существующим ограницациям, например ликвидировать 2 фракции или поддерживать одну из фракций и Сеульский Союз революционный или контр-рево-люционный и т.п. Мы не знаем как ориентируется Коминтерн, но знаем мнение отдельных работников корейцев Коминтерна и Кима и наших товарищей и ведем борьбу поскольку не согласны посредство доклада в Коминтерне и Киме и друг с другом посредством словесного спора.

Но почему тогда оппозиция против наших руководителей. При чем я нахожу причины шатания этих товарищей в шкурничестве. Об этом говорят все заявления корейцев-партийцев. Одним словом я нападаю на Кима и Пака по следующим соображениям : ты как шкурник / на основании поднятых мною фактов/ и поэтому ты неспособен быть руководителем в таком не установившимся положении как в Корее и над кутвянцами. Я демонстрировать фактов, которые доказали бы этот вывод не буду: это вы найдете в протоколе и в заявлениях нашего закрытого партсобрания. В своем заявлении я открыто сказал свое мнение, что я уже давно с 1923 года смотрел на Ким-Сан-Таги как на шкурника и я к нему подходил иначе чем смотрел: подходил с маской.

Но я к вам с маской не буду подходить, ибо в лице вас я вижу действительное партруководство и скажу следующее: хотя т. Козлов сказал, что "оппозиционеры", это антипартийные - к ним мы примем строгие меры но я не считаю свои поступки антипа-ртийными и считаю неотъемлемо, что Ким-Сан-Таги шкурник. Поэтому мой вопрос для меня ясен: или останусь или буду исключен из партии с этими взглядами.

Корейский вопрос очень трудный: например в этом году в Приморье все активисты в губернском масштабе были исключены из партии и РЛКСМ. В том числе 2 кутвянца: Хан-Михайл и Пак-Юнсе из-за оппозиционнных действий против ответственных секретарей губкомов Корсекции РКП/б/ и РЛКСМ. Фактически мой поступок тоже такой, ибо вопрос о вступлении Пак-Софьи в КУТВ семейным путем- вопрос не об одном Ким-Сан-Таги а Киме и секретаре Ли-Ен-Шене, не говоря уже о характере поступка.

Может быть и Коминтерн и РКП/б. в таком положении вещей когда из-за шкурнических интересов обманывают генеральные органы неправильно разрешают склочные вопросы. Но под идейным надследствием РКП/б / и Коминтерна революционная масса Кореи когда-нибудь и в недалеком будущем разрешит правильно вопрос. В заключении, во избежания неразумения скажу слова: партия быть может неправильно разрешит этот вопрос, но в этом виноваты будут наши руководители и я себя считаю правильным со своим мнением, хотя бы исключат меня из партии из-за этого мнения и считаю что революционный трибунал порешит все вопросы.

ТЮ-ЧЕН-СОН-

29/V-25 года.

[РГАСПИ, ф.532, оп.1, д.422, лл.29-29об.]

85. ЗАЯВЛЕНИЕ В АПО ЦК ВКП(Б)

В виду того, что в ЦК ВКП(б) обсуждается ряд вопросов, связанных с деятельностью КУТВ, – мы – коммунисты-преподаватели университета – считаем своим долгом высказать следующие соображения по этому вопросу.

1. За последние годы в университете создались все условия, благоприятствующие быстрому его росту: начал подбираться квалифицированный состав преподавателей, научная работа, которых тесно увязывалась с интересами подготовки коммунистических работников для советского и зарубежного Востока, улучшалась учебная и партийно-воспитательная работа и т. д. С приходом т.т. Шумяцкого и Покровского все положительные моменты учебной и партийной работы заметно взросли. Кроме того, с момента их работы в университете связано постановка в КУТВ целого ряда учебных и научных исследовательских работ по ряду вопросов, в которых университет непосредственно заинтересован. Эти явления были особо подчеркнуты старыми преподавателями на общем собрании преподаватели-коммунистов по председательства тов. Диманштейна, созванном по предложению комиссии во время последнего обследования университета.

Все это, однако, не исключало целого ряда болезненных явления в жизни университета, в основном сводившихся к следующему:

а) В университете, в связи со сменой руководства, образовалась группа студентов, поставившая своей целью смену руководства и опиравшаяся в своей работе на целых ряд лиц вне университета, поддерживавших ее в ее дезорганизаторской работе и питавших ее надежды о благопрятном исходе борьбы. Эту группу поддерживали отдельные товарищи по разным происходящим причинам. Кроме того, масса студентов была неудовлетворенно своих мелких нуждах и обижена недостаточно вежливым обращением с ними со стороны небольшого числа работников университета.

б) Недостаточное знакомство новых руководителей университета с окружающими условиями и работниками не давала им достаточной возможности быстро подобрать и сосредоточить достаточный круг активных работников, которые бы сумели [······] [···] [······] препятствия, что приводило с их стороны к некоторому перегибу в области администрирования за счет методов партийно-воспитательного характера.

Комиссия АПО, работая над [······] причин недовольства студенчества и исследуя важнейшие моменты университетской жизни, как [······] последующие события, не полностью достигла намеченной цели. Нужно констатировать, что решение ЦК ВКП(б), как они [······] в сознания массы студенчества, не обеспечивали сами по себе здорового роста университета. Часть студенчества продолжала рассматривать себя, как [···] противопоставленную [······] руководству университета, - у них получилось впечатление, что ЦК ВКП(б) полностью стал на точку зрения недовольного студенчества и что тов. Шумяцкий оставлен скорее по соображениям чисто деловым, чем политическим и партийным. Для такого толкования решений ЦК со стороны недовольного студенчества были следующие основания:

1) В результатах обследования комиссии АПО ЦК очень много говориться о недостатках руководства и почти не указаны очень крупные достижения КУТВа под руководством т. Шумяцкого, так что создается впечатление, что нынешнее руководство не справилось со своей работой.

2) Сообщение тов. Диманштейна о работе Комиссии на общем собрании ячейки было понято большинством, как обвинение нынешнего руководства, ибо тов. Диманштейн подчеркнул, что студенчество право в своих обвинениях, в своем недовольстве, но что ЦК, однако, находит необходимым и полезным оставить тов. Шумяцкого.

3) Действия ряда аспирантов и студентов комиссией были квалифицированы, как дезорганизаторские, были осуждены и они были сняты из университета, но квалификация их действия

противоречит резко с последующей судьбой этих товарищей, которые получили лучшие условия работы, чем они имели прежде, в КУТВе. Шесть китайских студентов сняты из университета за дезорганизаторскую работу, при чем часть из них безусловно является содержание [······], антипартийными элементами, были переброшены за учебную работу в другие [···]Москвы, в том числе Ленинские курсы, - это не могло не рассматриваться недовольными элементами, как их моральная победа и фактическое дезавуирование Оргбюро ЦК об орг. заводах.

Совершенно очевидно, что в руководства должно пользоваться полным доверием всего коллектива. Мы считаем, что этого еще нет, ибо существует еще группа студентов, которая и в дальнейшем не может вести борьбу против нынешнего руководства, тем более, что она поняла весь исход конфликта в КУТВ в свою сторону, и находила поддержку из вне, в лице достаточно авторитетных для ее товарищей. Между прочим, это последнее обстоятельство было одним из решающих во всех затруднениях последнего времени.

Поэтому вышеуказанная обстановка требует иной тактики со стороны АПО ЦК, чем та тактика, которая была до сих пор, в проведении решений ЦК. Прежде всего необходимо, чтобы в создании своего коммунистического коллектива КУТВ были укреплены следующие результаты работы комиссии: ЦК решительно заявляет, что принципиальную политическую и деловую линию нынешнего руководства Университетом он считает совершенно правильной, при этом ЦК отмечает ряд дефектов в работе этого руководства, и главным из них считает перегиб методов работы в сторону администрирования за счет партийно-воспитательных методов. ЦК считает, что после выяснения всех конфликтов в КУТВ уже имеется договоренность среди всех элементов коллектива КУТВ и ныне принятые меры вполне гарантируют здоровый рост Университета, что, между прочим показали и последние собрания ячейки, на которых нынешнее руководство имело поддержку подавляющей массы коммунистического коллектива. Поэтому необходимо заявить, что

АПО ЦК настаивает на дружной работе всех товарищей в КУТВ, добавляя, что политическая линия тов. Шумяцкого будет и впредь пользоваться его поддержкой и что в случае новых попыток дезорганизовать работу в КУТВ со стороны тех элементов, которые были связаны с группой дезорганизаторов, они получат со стороны ЦК самый серьезный отпор.

Только такого рода подчеркивания со стороны АПО ЦК [······] [···] в [·····] [···] [······] [···] [···] [······] [···] [···] [·····], которое еще не [·····] [···] [·····] является постоянной [······] для университета. Мы же, преподаватели-коммунисты заявляем, что нам виднее, чем кому-либо все болезни нашего университета, мы знаем все дефекты работы, мы не закрываем глаза на некоторые ошибки т.т. Шумяцкого и Покровского и прочих, но, несмотря на это, мы полностью поддерживаем их, ибо хотим роста КУТВ, ибо рассчитываем, что при взаимной договоренности всех частей коллектива крупное рабочее достоинство указанных товарищей буквально незаметно для КУТВа на данном этапе его развития.

[РГАСПИ, ф.532, оп.1, д.51, лл.39-40об.]

86. ДОКЛАД В АППО ЦК ВКП(Б)

В связи с подготовкой разверстки нового набора студентов на иностранный сектор КУТВа, весной текущего года мы обратились в ИККИ с просьбой сообщить о состоянии имеющихся в его распоряжении средств КУТВа для финансирования разверстки. Одновременно с этим мы просили сообщить данные о порядке расходования этих средств с целью выяснить - какие средства будет нужно дополнительно исходатайствовать для организации приемки нового набора и отправки заграницу окончивших в 1927/28 учебном году студентов Иностранного Сектора. После продолжительного затягивания нам было сообщено, что ИККИ никаких данных нам сообщить не может, так как отчетностью он обязан перед органами, коими он финансируется.

Принять этот ответ к сведению, нами в июне месяце были переданы ОМС ИККИ материалы разверстки, утвержденные АППО ЦК, по странам, условия приема в КУТВ на 1928/29 уч. год, письмо к братским компартиям для рассылки их заграницу. Исходя из имеющегося опыта, а также основываясь на предложении самого же ИККИ, мы приступили к составлению сметы на 1928/29 учебн. год, считая, что для набора, который дложен быть произведен за рубежом летом/ в июле и августе месяцах/ тек. года у ИККИ соответствующие средства имеются из предыдущих сметных остатков, КУТВ, же должен будет финансировать набор лишь с лета 1929-го года.

В июле месяце совершенно неожиданно для КУТВ ОМС ИККИ сообщил, что средств у него для выполнения разверстки на 28/29 уч. год не имеется, и предложил исходатайствовать нужные средства, иначе набор не может быть произведен. Получив такой ошеломляющий угрожающий срывом набора на текущий учебный год, ответ, мы были вынуждены отказаться от выполнения предложения ИККИ, учитывая, что средства в сметном порядке могут быть испрашиваемы лишь на нужды предстоящего и никак не текущего года. Сообщив об этом ИККИ, мы возложили на него ответственность за возможность срыва набора, т.к. мы совершенно не были в курсе /и сейчас нам неизвестно это/ - какими он средствами располагал /и располагает по сию пору/для удовлетворения нужд КУТВа и какие у него имеются остатки по этим средствам и все-ли израсходовались им только для наших нужд.

Вскоре после нашего отказа/копия которого прилагается/. ОМС ИККИ сообщил, что средства для набора на 28/29 уч. год найдутся у него и просил передать ему материалы - элементы исчисления сметы, данные им нам, как справочный материал для составления сметы на 28/29 год. Будучи после этого уверенными, что дело финансирования набора на данный учебный год улажено, мы приступили к кропотливой и трудной работе составления сметы на будущий год. Вследствие отсутствия исчерпывающих материалов и опыта /дело это делалось нами впервые справочные же материалы ИККИ оказались только отрывочными и далеко не полными/ составление сметы затягивалось. Во время окончания VI конгресса, вдруг ОМС ИККИ вновь сообщает, что денег для набора нет, он авансировать нас не может, т.к. в Бюджетной Комиссии ИККИ выяснилось, что средств для нас нет.

Пока со стороны ИККИ длилась эта процедура с нашими средствами, на местах в отдельных странах /Корея, Аравия, Палестина, Малай, Южн.Африка и пр./ разверстка и набор пришел к концу и теперь мы очутились перед фактом, что будущие наши студенты уже отправлены в КУТВ Центральными Органами братских компартии, но ИККИ не может выслать им средства за неимением, якобы, таковых.

Поздняя высылка со стороны ОМС ИККИ условий приема и затянувшийся до сентября Конгресс Коминтерна, создали положение, про котором мы лишь в конце ноября, в начале декабря можем начать полным ходом учебный год на нашем иностранном секторе. Угроза невысылки денег может еще дальше затягивать начало нормальной учебы и даже вовсе сорвать учебный год в некоторых кружках, если учесть трудности приезда из тех или иных стран.

Исходя из изложенных обстоятельств, мы вынуждены возбудить вопрос об ускоренном рассмотрении представляемой нами сметы, учитывая в ней не только нормальные нужды на 1928/29 уч. год/отправку заграницу оканчивающих в июне 1929 г. и набор летом 1929 г./, но и набор в этом году, как статью, подлежащую удовлетворенную за счет сметных средств, отпущенных ИККИ для нужд КУТВ на 1927/28 год.

Смета прилагается.

РЕКТОР К.У.Т.В.
ПРОРЕКТОР А.Х.Ч.
ГЛАВН. БУХГАЛТЕР

[РГАСПИ, ф.532, оп.1, д.51, лл.70-71.]

87. ПИСЬМО ПАК АНИСИИ В ВОСТОЧНЫЙ ОТДЕЛ ИККИ ОТ 4/VI-25 Г.

Прибыла я в КУТВ в 1923 г. с твердым намерением получить теоретическую подготовку и ехать в Корею на подпольную работу. За все время своего пребывания в КУТВ я всецело отдалась делу учебы, абсолютно не вмешиваясь во внутренние некоторые неурядицы среди курсантов, т.к. теоретическую подготовку считала партийной обязанностью курсантов. Учебная характеристика, данная мне к концу учебного года, была выше среднего. Партийная же характеристика, несмотря на то, что я ячейкой принята в кандидаты партии, не дана мне, т.к. еще не получила из Райкома кандидатского билета, тем не менее за все время своего пребывания в КУТВ ни в чем предусмотрительном не была замечаема ни с партийной, ни с учебной стороны. Но неожиданно для меня сегодня объявили мне, что я откомандируюсь обратно в Приморье без всяких объяснений со стороны учебного отдела и научных сотрудников корейского сектора. Усматривая в моем откомандировании лишь личное неприятное отношение ко мне научных сотрудников корейского сектора, прошу восточный отдел снестись с учебной частью КУТВ об оставлении меня в КУТВ для продолжения учебы, т.к. те познания, какие я приобрела в КУТВ, считаю недостаточными для применения к практической работе, тем более для подпольной работы, к которой я стремилась все время.

4/VI 25 г. Москва

Курсантка КУТВ
Пак Анисия

[РГАСПИ, ф.532, оп.1, д.421, л.2.]

88. УЧЕТ РАБОТЫ ЧЛЕНОВ И КАНДИДАТОВ ПАРТИИ КОРЕЙСКОГО КРУЖКА КУТВ

КУТВ Ячейка ВКП(б) УЧЕТРАБОТЫ членов и кандидатов партии........ курса Корейского парткружка

Парторганизатор........Искрин.........

Дата составления........

№ по пор.	Фамилия и имя	Член ВКП	Член ВЛКСМ	Партийная работа				Комсомольская работа				Коммунальная работа	Часов в неделю	Учебная работа	Часов в неделю	Общая нагрузка
				Вне Ун-та	Часов в неделю	Внутри Ун-та	Часов в неделю	Вне Ун-та	Часов в неделю	Внутри Ун-та	Часов в неделю					
1	Цой-Сену	Член ВКП				парт. прикрепл.										
2	Ким Сан-Таги	Член ВКП				член партко-миссии								перевод.		
3	Искрин	Член Кор. КП				организатор партройки Кор.										

№		Член Кор. КП				
4	Сидоров	Член Кор. КП	член партрбойки		членбюро ячейки член Руки прочь от Китая спец. секретарь член профкома член к. п. р. е. замком пред. добр.обв.	сбор газетных матери- алов
5	Миноносцев	Член Кор. КП	член агитпроп. кор. партрбойки		уполномо- ченный МОПР и друг. деле	
6	Востоков	Член Кор. КП	член редакции кор. стенга- зеты	организатор Кор. комсо- мола		
7	Гранатов	Член Кор. КП	член редакции кор. стенга- зеты			
8	Маякова	Член Кор. КП				

№		Партийность	член ред.стенгазеты				
9	Сибирская	кандидат Кор. КП					сбор газетных материалов
10	Громов	кандидат Кор. КП					сбор газетных материалов
11	Землин	член ВЛКСМ		коркомсомола прикре-плен.			
12	Петров	член ВЛКСМ		член Бюро ячейки ВЛКСМ			
13	Тракторов	член ВЛКСМ	член ред,стенга-зеты	уполно-мочен. Ком,уголок и Клуба	уполно-моченный МОПР	учебн. староста	
14	Николаев	кор. комсо-мол			профде-легат шефде-легат		
15	Стулов	член ВЛКСМ	член ред,стенга-зеты				
16	Горский	кор. комсо-мол					сбор газетных материалов

№							
17	Ласточкин	кор. комсомол					сбор газетных материалов
18	Ше-сун-мин	кор. комсомол		член агитпроп. кор.партр- ойки			
19	Авангардов	кор. комсомол					сбор газетных материалов
20	Минаева						
21	Знаменский	кор. комсомол			секретарь ксм. тройки		
22	Динамитов	член Кор. ВКП			секретарь ксм. тройки		сбор газетных материалов
23	Северов	беспа- рт.					

[РГАСПИ. ф.532, оп.2, д.134, лл.39-39об, 41-41об.]

89. УЧЕТ РАБОТЫ ЧЛЕНОВ И КАНДИДАТОВ ПАРТИИ ПАРТКРУЖКА КОРЕЙСКОГО КУРСА КУТВ

Парторганизатор Хан-сан-хи

Дата составления 1/II

КУТВ Ячейка РКП УЧЕТ РАБОТЫ членов и кандидатов партии — парткружка Корейского курса

№ по пор.	Фамилия и имя.	№ парт. бил.	Партийная работа. Дата начал работ.	Род работы.	Часов в недел. работ.	Комсомольская Работа. Дата начал работ.	Род работы.	Часов в недел. работ.	Коммунальная работа. Дата начал работ.	Часов в недел.	Учебная работа. Дата начал работ.		Часов в недел.	Общая нагрузка
1	ХАНСАНХИ.	698865	XI 25	Секретарь парт-тройки	6									18 час.
			XII 25	Рук, политкруж.	12									
			XI 25	Член парттройки	4							Пр. стар. VI-VII		
			"	Зав. редколлегии	6									
			"	Редактор стенгаз.	6									
2	КИМ ДИН	744656									XII 25	Переводчик	10	26 час.

№	Фамилия	Парт. №	Дата	Должность	Часы	Дата	Должность	Часы	Дата	Должность	Часы	Дата	Должность	Часы	Итого
3	ТНО-ЧЕН-СОН	кан. б. 56942	XI 25	Член парттройки	4	12.25	Союзн. прикрепл :	5	XI 25	Чл. Прав. клуба.	10	XII 25	Руковод. газет. круж.	20	39 час.
4	КИМ-ГАН-ЭРИ	к. б. 81705	XII 25	Руков. политкр.	10				XII 25	Секр. ях. МОПРа	5				15 ч.
5	КИМДЕХЕ														
6	ПАК ДЯМО	к. б. 788	XII 25	Член кор. библ.											
7	КИМ ЧЕРГУК	557636													
8	КИМ-ХО	чл. РЛКСМ	XII 25	Член редколлегии Член редакции стенгаз.	5 / 10	1.26	Предс. КСМ пятерки,	8	XII 25	Член дом. ком : 5.	15				15 час.
9	НАМ ДЮН ФЕ	чл. РЛКСМ				II.26	Союзорг	10	XII 25	в отделе стеклогр.	6				21
10	ОГАЙ ПЕТР	"										XII 25	Руков. газ. кр.	10	18 час.
11	КИМ-ЕН	"													
12	ЮГАЙ ШУРА	"	XII 25	Организ. женкруж:	5										

№										
										16
13	СОНЯ ПАК	"	10	внеуни-версит.	XII					Пр. ст. II VIIIкр.
14	ГОДЮН	"				издатель-скую	10			
					XII					
15	ЛИТАЕН	бесп.	10	Зав. кр. газет. свод.	XII					Пр. ст. Мар [...]
16	КИМ ГЮЕР	"	6	Зав. кор. библ.						
17	ХЕНЧИРДЕН	"	6	Член кр.газ.св.						
			6	член кр.газ.св.						
18	ОШЕННЮН	"								Учеб. ст. II VIII кр. Предст. лени-низма.
19	ЛИДЮНПЯК	"								Пред. ст. II IV м. н.
20	КИМДЮНМУ	"								

№	Фамилия						
21	ЦОЙ-СЕН -ФИР						Уч. ст. II III кр.
22	КО-ХАН-СУ						Пр. ст. пол. эк. II IV кр.
23	ЛИ-ТЕК-СЕН						
24	АНИСИЯ ПАК						
25	ОЧЕРТЬЮ	чл. РЛКСП					Пр. ст. газ. II VII кр.
26	ТРАКТОРОВ	чл. ККСМ	XII	член редкол.	6	XII	Учебн. староста 6 12 ч.
27	ВЕНКОВ			член редакции	6		
28	ГОРСКИЙ	чл. ККСМ					
29	СЛЕСАРЕВ	"					
30	ЗНАМЕНСКИЙ	чл. ККСМ					
31	СИБИРСКАЯ	к. ККП					
32	ГРОМОВ						
33	ПЕТРОВ						
34	СТУЛОВ						

№	Фамилия	Партийность										
35	АВАНГАРДОВ											
36	НИКОЛАЕВ											
37	СИДОРОВ											
38	БАТРАКОВ	к. ККП										
39	СОВЕТСКИЙ	чл. ККСМ										
40	ЗЕМЛИН	к. ККСМ										
41	ЛАСТОЧКИН	чл. ККСМ										
42	ВОСТОКОВ	чл. ККП										
43	МЕШКОВ	"										
44	ШЕШУНМИН	"										
45	ЛИМИНЕН	"										
46	НО-ЧЕН-МУК	бесп.										
47	КИМ ДОГУ											
48	ЧАЙ-ПО											
49	СВЕРИЛОВА											

[РГАСПИ, ф.532, оп.2, д.132, лл.55-55об.]

90. УЧЕТ РАБОТЫ ЧЛЕНОВ И КАНДИДАТОВ ПАРТИИ КОРЕЙСКОЙ ГРУППЫ КУТВ

КУТВ Ячейка ВКП(б) УЧЕТ РАБОТЫ членов и кандидатов партии _____ курса _____ парткружка

Парторганизатор _____   Дата составления 26 / XI – 26 г.

№ по пор.	Фамилия и имя	Член ВКП	Член ВЛКСМ	Партийная работа — Вне Ун-та	Часов в неделю	Внутри Ун-та	Часов в неделю	Комсомольская работа — Вне Ун-та	Часов в неделю	Внутри Ун-та	Часов в неделю	Коммунальная работа	Часов в неделю	Учебная работа	Часов в неделю	Общая нагрузка
1.	Пакдин	чл.		практика в проф. интерне	3									член издат. коллегии / переводчик / перевод книги	5 5 7	20
2.	Ким-дан	-//-		шефделегат	3									переводчик	10	13
3.	Ким-де-хе	-//-				член ред. стенгазеты	4									4
4.	Тюенсон	-//-		член вр. прав. клуба корейцев	7	член партройки	5			союзный прикрепл.	4			руковод. газет. кр. / перевод книги	6 7	29 часов

№	ФИО					Итого
5.	Ким Мария кан.			предста-вит. добр. общ 4 3 / представ. вит. в Мопр.		7 часов
6.	Ким Гванэр кан.	работа в стенга-зете 5		член клубной тройки 6		11 часов
7.	Сидоров Член Кор. ВКП	практ. в районе 4	член ред. стенга-зеты 4	член КСМ тройки 4		8
8.	Востоков Член Кор. ВКП				сбор газетных материа-лов 4	8
9.	Миноносцев -//-				член издат. коллегии 5	5
10.	Динамитов -//-				сбор газетных материа-лов 4	4

№	Фамилия						14 ч.
11.	Искрин	-//-		член партройки ред. стенгазеты 5 4 5			14 ч.
12.	Гранатов	-//-		член ред. стенгазеты 5			9
13.	Батраков	кан.	районная практика 4			сбор газетных материалов 4	8
14.	Громов	-//-		профделегат 4			8
15.	Сибирская	-//-	райпрактика 4				
16.	Нам[…]. […].		организ. райпрак. 6	библиотекарь 4		учебный староста 4	9
17.	Кимену		член ред. стенгазеты 5	практ. в проф[…] 3	член комиссии помощи семьям 3		8

№	Фамилия	Статус	Практика	Часы	Нагрузка	Часы	Доп. нагрузка	Часы	Всего
18.	Ко-Хансу	кан.			Секр. ком. тройки	6			6
19.	Пак Соня	"			Секр. тов. суда	6			6
20.	Земмин	"	райпрактика	4	Чл. КСМ тройки	4			8
21.	Тракторов	"	райпрактика	4					4
22.	Знаменский	"			Профделегат	4			4
23.	Авангардов	"			Сбор газ. мат.	4			4
24.	Горский	"			Сбор газ. мат.	4			4
25.	Николаев	"			Предст. в МОПРе	3			3
26.	Шешунмин	"	райпрактика	4					4 ч.
27.	Стулов	"			Чл. клуб. тройки	6	Работа в ст. газет.	5	11 ч.
28.	Мешков	"			Пред. добр. об-в	4			4 ч.

№	Фамилия															
29.	Светилова	"										Чл. клуб. Тр.	4			4 ч.
30.	Ласточкин	"												Изд. работа Сбор газ. мат.	8 4	12 ч.
31.	Слесарев	"														
32.	Советский	"														
33.	Петров	"												Чл. изд. колл.	5	5 ч.
34.	Ким-до-гу	беспар.														4 ч.

[РГАСПИ, ф.532, оп.2, д.134, лл.5-6.]

91. ПИСЬМО ВОСТ. СЕКРЕТАРИАТА ИККИ К Т.Т. МОЛОТОВУ, БУХАРИНУ, КРИМИЦКОМУ, ПЯТНИЦКОМУ И РЕКТОРУ КУТВ

т.т. Молотову

Бухарину

Кримицкому

Пятницкому

Ректору КУТВ

Восточный Секретариат ИККИ считает необходимым поставить вопрос о выделении в особый Ком. Университет находящейся в настоящее время в составе КУТВ "специальной группы", т.е. отделения для студентов <u>колониальных стран мира.</u>

Основными мотивами в пользу такого выделения является следующее :

1. Самостоятельное существование колониального ком. Университета будет содействовать подбору работников, связанных с практическими задачами революционного движения колонии, <u>подготовке</u> таковых в стенах самого комвуза из состава его научных работников, разработке вопросов колониального движения, т.к. придаст всему учреждению совершенно определенную <u>целевую установку.</u>

2. Это же обстоятельство позволит значительно быстрее устранять <u>отсталость методов преподавания</u> на секторах "спецгруппы", т. к. побочную <u>учебную</u> работу КУТВ /изучение условия педагог. работы в индийской, монгольской, японской, [⋯], [⋯] подборку для них переводческого и т.д. персонала, перевод на нац. языки <u>всего</u> учебного материала и т.д./ сделает <u>центральной и основной.</u>

3. Опыт истекших лет работы КУТВ говорит о том, что дело <u>практической, партийной, профсоюзной и прочей работы</u> как

в стенах университета, так и вне его /в районе зимой, на летней практике/ вовлекаются преимущественно /в силу целого ряда объетивных причин/ студенты основного отделения.

Тем самым задерживается практическая подготовка, обучение опыту строительства ВКП/б/ студентов колониального Востока.

4. Ряд затруднений, вытекающих из особенностей культуры и быта зарубежников / в особенности японцев, негров, индусов и т.д./ и влекущие за собой конфликты с администрацией по хозяйственно-административным вопросам значительно легче разрешатся выделением "спецгруппы" в отдельный комвуз. Довод о лучшей возможности постановки интернационального воспитания студентов зарубежников в случае их совместного пребывания с советскими восточниками несостоятелен, т. к. интернациональное воспитание не достигается путем их совместного жительства в одном общежитии /по партийным же и учебным кружкам в основном студенты и сейчас работают раздельно/. Действительно же интернациональное воспитание может быть достигнуто лишь на практике партийной, профсоюзной, общественной работы студенчества. каковое легче будет организовать в случае наличия самостоятельного колониального ком-университета.

ВОСТ. СЕКРЕТАРИАТ ИККИ :

15. IX.28

П. С. Настоящий проект одобрен Англо-Американским и Латинским Секретариатами и Орготделом ИККИ.

[РГАСПИ, ф.532, оп.1, д.52, лл.87-88.]

92. ПИСЬМО ЗАМ. РЕКТОРА КУТВ Л.Д. ПОКРОВСКОГО К Т.Т. МОЛОТОВУ, БУХАРИНУ, КРИМИЦКОМУ, ПЯТНИЦКОМУ И ВОСТ. СЕКРЕТАРИАТ ИККИ

т.т. Молотову

Бухарину

Кримицкому

Пятницкому

Вост. СекретариатИККИ

По поводу сообщенного нам проекта Восточного Секретариата ИККИ, разосланного за подписью т. КУЧУМОВА от 15 сентября за № 904 считаем необходимым сообщить следующее :

1. В проекте Восточного Секретариата прежде всего подвергается ревизии целевая установка КУТВа, как университета интернационального, одной из важнейших задач которого является интернациональное коммунистическое воспитание членов зарубежных братских партий в среде под постоянным воздействием и в непрерывном, повседневном общении с партработниками советских национальных республик и областей.

Это повседневное общение, повседневное воздействие советской товарищеской среды проект пытается заменить только практикой партийной, профсоюзной и общественной работой, т. е. той стороной работы с зарубежным студенчеством, которая отнюдь не исключает первую, а является дополняющей ее и которая уже поставлена в КУТВе твердо на ноги.

Университет считает, что предложений изъять из советской среды зарубежное студенчество, прибывающее в КУТВ, как правило, крайне неустойчивым, сырым, с бесконечно большим количеством всевозможных предрассудков в политическом и партийном отношениях и предоставить его самому себе вариться в собственном соку в стенах колониального университета- может явиться лишь плодом недоразумения.

2. Проект далее опорочивает работу КУТВа над зарубежным студенчеством в областях учебной, методической, научно-исследовательской, подготовке литературы, постановке практической работы со студентами и хозяйственного обслуживания.

К сожалению, автор проекта, будучи одним из основных работников КУТВа два года тому назад, не заметил или не пожелал ознакомиться с той работой, которая произведена в Университете за последний год, и продолжает считать уровень работы таким же, как это было в период его работы в КУТВе.

Естественно, что новое руководство, принявшее Университет в конце 26 года в [···] что на уровне указанном [······] проекта и достаточно ярко [······] в ряде постановлений Агитпропа ЦК, прежде всего обратить внимание на создание известного стандарта - постановку работы на основном секторе и в течение первого года в общих чертах добилось этого. Следующий год был, главным образом, посвящен зарубежному студенчеству и Университет приветствовал бы создание любой комиссии, чтобы показать ей существующую постановку в областях:

1/партийно-воспитательной работы, 2/организационно-учебной, 3/методической, 4/подготовки литературы на своих языках, 5/значительного развития научно-исследовательской работы вообще и в частности по Зарубежному Востоку, 6/организации практики партийной, профессиональной и общественной как зимней, так и летней на двух старших курсах/ в этом отношении огромную роль играет объединение советских и зарубежных секторов т. к. зарубежные студенты прикрепляются к советским для проведения совместной пратической работы/ и, наконец, 7/ в области хозяйственного и бытового обслуживания.

Поэтому Университет полагает, что вместо проекта разрушения проделаннной коллективом работников КУТВ значительной работы с зарубежным студенчеством изъятием его из советской среды и созданием колониального университета, что имеет скрытой цълью объединить зарубежный сектор КУТВ с УТК, необходимо укрепить начатую работу, отдать больше внимания Университету, в чем ему отказывали за последнее время, и поддержать основное условие в работе по подготовке кадров для революционной работы на Зарубежном Востоке - интернациональное воспитание этих кадров.

ЗАМ. РЕКТОРА КУТВ /   Л.Д. Покровский/

23 Сентября 1928 г.

[РГАСПИ, ф.532, оп.1, д.52, лл.89-90.]

93. ПИСЬМО ЗАМ. РЕКТОРА КУТВ Л.Д. ПОКРОВСКОГО В МОСКОВСКУЮ ГОРОДСКУЮ КОНТРОЛЬНУЮ КОМИССИЮ ТОВ. КЛИМОВОЙ

В Московскую городскую контрольную комиссию
тов. Климовой

Познакомившись с материалом по делу обнаружения в КУТВе антипартийной брошюры, сообщаю следующее:

В связи с изучением 21 условия вхождения коммунист, партии в Коминтерн по курсу "Истории Коминтерна" 13-го сего мая, студентами корейцами, в кружке которых проходилась это тема, среди их личных книг была обнаружена брошюра с переводом на корейский язык статьи Гр. Зиновьева из дискуссионного листка "Правды", от 2 ноября 1927 года, №259. Студент, нашедший брошюру, передал ее переводчику Хвану, который и обнаружил ее антипартийный характер, после чего студенты передали ее своему преподавателю по Истории Коминтерна, слушателю восточного отделения Инст. Красн. Профессуры Истории т.Киму Михаилу. Тов. Ким не знал этой брошюры / тем более, что она была без начала и без последней страницы, на которой имелась подпись гр. Зиновьева/, но обнаружил троцкистский, антипартийный характер брошюры. К сожалению, вместе того, чтобы наряду с информированием центральных партийных органов, немедленно сообщить об этом местной партийной организации и руководству Ун-та, он сообщил об этом секретарю корейской нацгруппы тов. Муну, помощ. завед. корейской секцией тов. Паку Никифору и мимоходом пом. зав. иностранным сектором по массовой работе т.Ивинской, не удосужившись сообщить об этом ни секретарю цеховой ячейки сектора т. Полонскому / являющемуся в то же время зав. корейской секцией /, ни зав. иностранным сектором, тов. Васильевой, не говоря уже о том, что он не довел до сведения секретаря общеуниверситетской ячейки т. Блума и Ректората КУТВа.

Нужно добавить, что информирование секретаря корейской группы является неправильным ввиду того, что корейская нацгруппа ни в какой мере не является не только органом ВКП /б/, но и органом Коминтерна, так как корейская партия, ввиду ее разложения фракционной борьбой распущена Коминтерном, значительная часть корейского студенчества принадлежала к различным фракционным группировкам, о чем т. Киму Мих., как бывшему чл. ЦК Шанхайской фракционной группировке, было прекрасно известно. Кстати студент Тен-Мин, непосредственно передавший брошюру Зиновьева т. Киму Мих, сам являлся активным участником шанхайской группировки.

Тов. Ким Мих, получил брошюру от студентов к концу дня 13 мая, формально ограничившись сообщением об этом указанным 3-м товарищам, он в тот же вечер, как видно из документов, представленных им в МГКК, довел до сведения секретаря своей цеховой ячейки ИКП Истории тов. Мусланбекова, устроил в его присутствии расследование японского подавления к этой брошюре с помощью приглашенного для этой цели другого товарища - японца, кажется слушателя ИКП и в тот же вечер сообщил обо всем в ряд центральных органов партии.

14 мая тов. Пак и Ивинская довели до сведения секретаря цехячейки тов. Палонского; завед. сектором А "/иностранным/ тов. Васильевой и через них Зам. Ректора Покровского и секретаря общевузовской ячейки т. Блума.

Немедленно была выделена комиссия, в состав которой был включен т. Ким Мих. Комиссии в двухдневный срок было поручено узнать характер документа, проверить всю корейскую литературу и расследовать все дело. Комиссия нашла в вещах уехавших студентов еще два неполных экземпляра, на одном из которых была подпись гр. Зиновьева и в макулатуре библиотеки несколько /шесть/ разрозненных листиков. Тщательный просмотр. литературы во всех помещениях и архивах Ун-та больше экземпляров не найдено.

По всем данным статья Зиновьева была переведена в 1927 году, возможно в Университете в числе ряда материалов, связанных дискуссией того времени.

Такая же проверка переводов проводится и по всем остальным национальным секторам.

19 мая по докладу комиссии на руководстве сектора в устных выступлениях ряда товарищей обращено было внимание т.Кима на то, что он сигнализируя совершенно правильно и своевременно центральным органам, в то же время игнорировал центральные партийные органы и руководство Университета, что нужно было бы сделать ему как преподавателю и особенно воспитателю корейских товарищей в тот час же.

Тем более является странным, что 19 или 29 мая бюро цехячейки ИКП после того, как дело передано в контрольные органы, заслушало снова доклад Ким и снова, не проинформировавшись в нашей парторганизации, выносит полное одобрение поведению Кима.

Дополнительно к посланным нами материалам прилагаю при этом: 1/ акт комиссии по проверке корейской литературы и 2/ заявление Пом. Завед. корейской секцией тов. Пак Никифора на имя Завед. секцией.

ЗАМ. РЕКТОРА КУТВ   (Покровский)
25 мая.

[РГАСПИ, ф.532, оп.2, д.136, лл.13-14.]

VI
Протоколы заседания

94. ПРОТОКОЛ № 3 ЗАСЕДАНИЯ ПАРТ-ТРОЙКИ КОРЕЙСКОЙ ГРУППЫ ОТ 24/X-22 Г.

Повестка дня

1. Выборы литературы для перевода
2. Работа над беспарт. курсантами.
3. Текущие дела

Слушали		Постановили
1. Вопросу о литературах		На первых порах, наметили следующие книги. 1. О Ленине и ленинизме 2. Государство революции 3. Статьи и речи т. Ленина по вопрос у партстроительства. 4. Мировая партия Ленинизма
2. Работа над беспар. курсан.		Ввиду малочисленности комм-та, прикрепить на 4 курсанта одного члена РКП.
3. Текущие дела	Предложение т. Пак ин он	В том, что считает необходимо создать соответствующую обстановку, т.е. лозунги и портретов, ходатайствовать Клуб. отделом, чтобы удовлетворили. Если таковое нельзя путем отчисления из курсан. стипендии.
	о рекомендац. о переводе в член. т. Пак Никифор.	Со стороны парт-тройки возражения не имеется.

Парт тройка`

[РГАСПИ, ф.532, оп.2, д.132, лл.4-4об.]

95. ПРОТОКОЛ ЗАСЕДАНИЯ КОМФРАКЦИИ КОРЕЙСКОГО КРУЖКА ИНГРУППЫ ПРИ КУТВ ОТ 8/III-24 Г.

Повестка дня

1. О самовольном отсутствии тов. Ли Денир
2. Текущие дела

Слушали : Парторганизатор и ряд товарищей заявляют о том, что тов. Ли Денир уехал в город переводчиком на конгресс КИМ без ведома соответствующих партийных и комсомольских органов. Также он не заявил об отъезде кружку, что является пренебрежительным отношением к кружку. Тов. Ли Денир взял в качестве переводчика Тов. Тёхун – делегат на конгресс КИМа, причем последний также не заявлял об этом никому, что несоответствует поступку члена партии.

Постановили : 1) Тов. Ли Денир являясь студентом КУТВ и членом корейского кружка не заявил о своем отъезде никому, что является не соответствующим поступком студента КУТВ и выявил себя оторванным от жизни кружка и недисциплинированность. Поэтому комфракция коркружка ходатайствует перед бюро РКП и РКСМ выяснить это и привлечь к ответственности тов. Ли Денира.

Тов. Техун – делегат Конгресса Кима привлекая тов. Ли Денир переводчиком без ведома в соответств. Органы КУТВ поступил неправильно, что объясняется только его оторванностью от партии и поэтому комфракция находит необходимым уяснить тов. Техуну и партийность и обязанность члена партии.

А. Пак

[РГАСПИ, ф.532, оп.2, д.132, л.2.]

96. ПРОТОКОЛ ЗАСЕДАНИЯ ПРЕЗИДИУМА БЮРО

Протокол заседани президиума бюро, присутствовало Апоров- Ким- В. [···]

Повесткадня : 1. О партработе в Корейской группе

Слушали	Постановили
Доклад тов. Кима о положении в Корейской группе. Тов. Ким сообщает о ненормальностях в обозначенной группе, выражающиеся в склоках и тов. Пак Никифор дополняет, что Лиденир не спрашивая группу и бюро пошел на конгресс КИМа. Лиденир состоит членом КСМ, но ведет разлагающую работу.	Прикрепить к корейской группе тов. Ким Сантаги и Пак Инон и поручить ему повсемест. усиленную партийную работу, ликвидировать склочность. Поручить т. Апорову, Пак Никифору и Киму Сантаги выяснить положение в этой группе и лиц разлагающих изолировать.

Секретарь.

[РГАСПИ, ф.532, оп.2, д.132, лл.5-5об.]

97. ВЫПИСКА ИЗ ПРОТОКОЛА ПАРТИЙНОГО СОБРАНИЯ КОРЕЙСКОЙ ГРУППЫ ОТ 29/IX-24 Г.

Слушали	Постановили
1. О Ли-Денир - доклад Пак-Никифор Тов. Ли-Денир, будучи в КУТВ проявлял себя, как чуждый элемент Университету, который выражался в следующем его поведении: 1) Когда поручалась ему какая-нибудь работа, то он не доводил до конца, срывал, так напр. ему поручено было провести театральную постановку во время проведения мартовских празднеств, он за день отказался, и стоило громадных усилий, чтобы он выполнил 2) Всячески высказывался и подговаривал товарищей, что в КУТВ нечего делать, что тут нечему научиться и поэтому нужно поехать на место и в ходе практической работы можно подняться теоретическими познаниями, между тем сам т. Ли-Денир не проявлял стремления уехать. 3) Будучи недоволен полож. Университета и рядом товарищей, руководящих работой, т. Ли-Денир собирал вокруг себя несколько товарищей и беседовал о смене нескольких партийных товарищей от работы. Вдобавок ко всему сказанному, тов. Ли-Денир по своему социальному положению является чуждым элементом. Происходит из аристократической семьи, котор. выражается в его отношении с другими товарищами, как-то высокомерное отношение к другим и т.д. Исходя из таких мотивов, Партийно-Следственная Комиссия Бюро Ячейки РКП(б) решила откомандировать т. Ли-Денира из Университета.	Партийное собрание Корейской группы в целом одобряя постановление Партийно-Следственной Комиссии и исходя из следующих мотивов: 1) Разлагающее влияние тов. Ли-Денира на студентов Корейской группы своим подговариванием КУТВ-е нечего делать. 2) Подрыв и невыполнение порученных ему работ, которое выражалось в отказе его провести театральную постановку мартовского произ-водства. 3) Самовольное неисполнение порученной ему учебной работы, т.е. ему было поручено преподавание ру-сского яз. в корейской группе, котор. он самовольно бросил. 4) Собирание вокруг себя определенной группы и устройство совещания без ведома парторганизатор и одновременно агитация про-тив парторганизатора. 5) Вообще явно зловредно направленная работа против руководящих т.т., постановила ходатайствовать перед Бюро Ячейки РЛКСМ об исключении тов. Ли-Денир из союза, как ненужного и вредного элеме-нта.

Член Парттройки Корейского кружка

[РГАСПИ, ф.532, оп.1, д.422, л.2.]

98. ПРОТОКОЛ ЗАСЕДАНИЯ ОТ 24/XI-24 Г.

Доклад о партработе и положении курсантов Интернац.школы – Цай-ди-хин.

1. Работа Корейской секции при Партийном коллективе Интершколы по своей организационной структуре отличается от работы партийной тройки КУТВ. В течение года Корсекция выполняла лишь до директивы Партколлектива, а самостоятельную работу не вела.

2. Состав курсантов нашей школы является большинство активно участвовавшие раньше в фракционной борьбе. И в настоящее время эта привычка фракционной борьбы хотя в открытой форме не выявляется, но фактически существует в скрытом виде среди курсантов.

3. Работа Корсекции в течение года дала много положительных результатов.

4. Социальное положение и партийность курсантов
членов РКП-(б) 6, кандидатов 54, членов РЛКСМ 72,
Социальное положение: крестьян 60%, рабочих 30%, 10% прочих.

Общий уровень развития		
-ниже среднего	–	54%,
средн.	–	20%
самоучек	–	20%
высших	–	6%

5. Летом 24-го года внутри Корсекции между старыми партийцами чисто на личной почве создался склок: заявление Цой-дя-хина к военной школе, где обвиняется т. Охамука. Корсекция хотела разрешить этот вопрос, но не могла, благодаря воспрещения со стороны Военкомата.

6. В последнее время между ответственными работниками существует также склок, в самой острой форме. В связи с этим и среди курсантов существует тоже группировка. Часть одобряет одного, а часть – другого (вопрос о т. Охамуке – т. Алексея Пак). Корсекция хотела разрешить этот вопрос, но верхний орган не

разрешил этого. Объединенное заседание выбрало комиссию по делам т. Ахамука и т. Алексея Пак, который ныне приступает к работе.

7. Имея в виду эту картину руководящий орган Школы обращает серьезнейшее внимание Корсекции и скептически относится к [···]-корейцам вообще.

Доклад т. Ахамук о положении корейской роты.

1. В корейской роте всего курсантов 136, командиров и политработников – всего 11. Всего 147.

Кроме того в артиллерийном батальоне – 6 корейцев.

2. 3 курсников - 39, 2 курсников - 79, 1 курс. - 28.

3. Кошмарный вопрос уроженцев России – изучение корейского языка, а уроженцев самой Кореи – изучение русского языка.

4. В области политического воспитания дело обстоит слабо, благодаря отсутствию марксистски подготовленных работников.

5. В общем и целом работа в течение года была удовлетворительна.

Прения.

1. Ким-Сан-Таги – Что склок создается на основе личной ненависти. Подобная постановка вопроса не правильна. Дело в том, что создание склока – это борьба между различными уклонами, покоящаяся на определенной социальной базе. Подходя с такой точки зрения мы можем более продуктивнее ликвидировать ту причину, которая вызывает фракционную или склочническую борьбу. Склок, который появился с поверхностного взгляда на почве личного отношения – если мы глубоко рассмотрим, имеет глубокую социальную .... и историю (фракционную). Мы надеемся, что комиссия походя с этой точки зрения сумеет ликвидировать в корне эти ненормальности.

2. Нет никакой разницы между работой парттройки и корсекции. Но дело в том, что работа корсекции Интершколы не имела своей определенной линии.

3. Коль руководители не знают каково настроение масс – как это сказано на докладе, - то руководители не выполнили свою

ответственность. Партийный руководитель должен ясно учитывать настроение массы и командиров.

4. Словом, во-первых, корсекция не имеет авторитета среди низовой массы. Это объясняется тем, что у организатора корсекции нет партийного подхода к массам. Во-вторых, отсутствие активного участия партийцев в работе школы вообще и в частности в партийной работе. В-третьих, отсутствие твердой партийной линии и наконец слабость партийной и воспитательной работы.

5. Пак Алексей. Корсекция была совершенно в стороне от масс, совершенно не учитывала настроение командиров. Она должна отныне взять определенную линию и должна твердо руководить. ПАКТИН- т.т. – Пак А, [···], Ким-Сан-Таги и т.д. выставляли как-будто Корсекция была трудной. Эта критика не соответствует [···]

АХАМУК – Мы не должны обвинять исключительно одного парторганизатора. Все члены партии виновны почти целиком, ибо мы выбирали такого бездейственного. Поэтому в следующем выборе мы должны выбирать наиболее сильного работника в парторганизатора.

ЦОЙ-ЕН-КЕМ – Причина отсутствия партийного руководства в массах не лежит исключительно на нынешнем парторганизаторе. Предыдущие организаторы тоже не имели никакого авторитета в массе.

Заключительное слово т. ЦОЙ-ДЯ-ЕНА.

1. Причина отсутствия партийного руководства не подлежит всему членам партии. Я не выполнял свою ответственность – ответственность партийного руководителя.

2. Но все недовольства массы были с давнишнего времени нако- плены. Они только взорвались открыто при моем руководстве.

3. Настоящая дискуссия говорит, что политический уровень партийцев развивался и поднялся высоко. Положительный

результат то, что мы осознаем свою ошибку.

ТЕКУЩИЕ : А) О выборе комиссии для устройства вечера смычки КУТВ и Интершколы. Выбирается 3 товарища: КИМ-САН-ТАГИ, ЦОЙ-ДЕН-ХО и ПАК ПЕТР.

[РГАСПИ, ф.532, оп.1, д.422, лл.10-11.]

99. ВЫПИСКА ИЗ ПРОТОКОЛА МАНДАТНОЙ КОМИССИИ ПО ПРОВЕРКЕ КОРЕЙСКИХ КУРСАНТОВ КУТВ

присутствовали: т.т. Кучумов, Зав. Ингруппом, т. Берман. председат. бюро яч. тов. Ким-Сантаги и Пак Никифор

Слушали	Прстановили
1. Ли Енсик. Родился в 1902 г. Чл. РКП, послед. местожительство Никольск-Уссурийск, выехал из Корея в 1919 г. В У-те с 1921 г. с перерывом. В последнее время до прибытия в КУТВ был учителем. Командирован в У-т Д.В. Секретариатом Коминтерна в 1921 г.	Откомандировать на производство Мотивы: Во время 3-х летнего пребывания представлял собою партийный балласт, никакой активности, инициативности и интересов к партийной жизни не проявлял, в учебном отношении идет назад.
2. Ше Сан Ак. Родился в 1898 г., беспартийный, прибыл из Германии, где учился; из Кореи выехал в 1912 г. В Ун-те с 1924 г. Командирован Востотделом Коминтерна по рекомендации Ревсоюза Учащихся корейцев г. Москвы.	Откомандировать на производство с правом возвращения осенью 1925 г. Мотивы: Беспринципный политически не выдержан, полон интеллигентски не мелкобуржуазным индивидуализмом и мещанством, выражающемуся в обособленности от т.т. и в пренебрежительном к ним отношении. Нуждается в переварке в фабричном котле.

3. Ли Сан Хи. Родился в 1903 г. член К.К.П. с 1923 г., из Кореи с 1924 г., учился беспрерывно до прибытия в КУТВ. Командирован Примгубкомом РКП на основании телеграммы Восто-тдела Коминтерна.	Откомандировать на производство с правом возвращения осенью 1925 г. Мотивы: Будучи членом К.К.П, не вел никакой партийной работы, учился беспрерывно и со школьной скамьи прямо в КУТВ. Не имеет никакого представления о партийной работе и ее содержании. Необходима переработка на производстве в гуще рабочей массы.
4. Хо Ден Гир. Родился в 1905 г., беспартийный до прибытия в КУТВ учился беспрерывно. Из Кореи выехал в 1923 г. и год учился в Китае. Командирован Примгубкомом РКП на основании телеграммы от Восто-тдела Коминтерна.	Откомандировать на производство с правом возвращения к осени 1926 г. Мотивы: Слишком молод, не имеет никакого понятия […] и рево-люцион. движения. Имеет остатки религиозности. В КУТВ попал случайно.
5. Пак Фирхван. Родился в 1905 г. Беспартийный, до прибытия в КУТВ беспрерывно учился и попал прямо со школьной скамьи в КУТВ. Из Кореи выехал в 1924 г. Командирован Примгубкомом РКП на основ. телегр. от Востотдела Коминтерна.	Откомандировать на производство с правом возвращения к осени 1926 г. Мотивы: слишком молод, не имеет никакого революционного и жизне-нного опыта.
6. Ким Догу. родился в 1899 г., член ККП с 1921 г. Прибыл из Китая, из Кореи выехал в 1906 г. Командирован Примгубкомом РКП на основан. телеграммы от Востотдела Коминтерна.	Откомандировать на производство с правом возвращения к осени 26 г. Мотивы: По решению медицинской комиссии, определившей наличие трахомы ут. КИМ ОГУ, нево-зможность содержания его в общежитии и предоставить ему особого питания книг, и т.д., считать необходимым откомандировать.
7. Ким Ден-Ха. родился в 1897 г. Чл. РКП с 1920 г. Из Кореи выехал в 1918 г.. В последнее время учительствовал. В КУТВ учился в 21 г. до 22 г. Был командирован Дальбюро ЦКРКП. Был откомандирован из К-та в 22г. По его личному желанию совсем прибыл без командировки.	Откомандировать на производство. Мотивы: отсутствие командировки.

8. Тян Ди Вон родился в 1901 г. Чл ККП с 21 г. Прибыл из Приморья. Из Кореи выехал в 1910 г. Занимался учите- льством. Командирован Прим- губкомом РКП на основании телеграммы Востотдела Коминтерна.	Откомандировать на производство с правом возвращения к осени 26 г. Мотивы: безпринципность, партийно не выдержан, уклон интеллиге- нтско-мелкобуржуазного индиви- дуализма.
9. Ким Тону. родился в 1898г. Канд. РКП с 21 г. Из Кореи выехал в 1918 г. В У-те с 21 г. с перерывом командирован Дальбюро ЦКРКП.	Откомандирован постановлением Совета У-та (не мандатной комиссией).
10. Пак Ингю. родился в 1903 г. Канд. РКП с 21г. Прибыл из Приморья в У-те с 23г. Командирован Примгубкомом РКП.	Откомандирован на основании постановления медицинской коми- ссии с правом возвращения к осени 25 года.

Преседатель

Секретарь

[РГАСПИ, ф.532, оп.1, д.422, лл.15-17. / РГАСПИ, ф.532, оп.1, д.8, лл.41-42.]

100. ПРОТОКОЛ СОВЕЩАНИЯ ПРИ ВОСТОТДЕЛЕ КОМИНТЕРНА ПО ВОПРОСУ О КУТВ ОТ 10/XI-24 Г.

т.т Петров, Кучумов, Гусин, Фраткин, Алимов, Ким Сантаги

Слушали: доклад т. Кучумова о положении в Ингруппе

Постановили:

4. Корейскую группу сократить до 40-50 человек
6. Снестись с Военной школой в Ленинграде о дополнительном приеме 4 Корейских товарищей.

Председатель	(Петров)
Секретарь	(Фраткин)

Копия с копией верна /подпись/

[РГАСПИ, ф.532, оп.1, д.422, л.1. / РГАСПИ, ф.532, оп.1, д.422, л.34.]

101. ПРОТОКОЛ МАНДАТНОЙ КОМИССИИ ИН.ГРУППЫ ОТ 29/XI 24 Г.

Присутствуют : т.т. Кучумов, Берман, Ким-Сантаги и Пак Н.

Разбор Кор. кружка

	СЛУШАЛИ	ПОСТАНОВИЛИ
1	Хан Санхи в Ун-те с 1923 г.	Оставить
2	О-Чан-У в Ун-те с 1923 г.	Оставить
3	Пак-Ин-Он в Ун-те с 1923 г.	Оставить
4	Ко-Гвансу в Ун-те с 1922 г.	Оставить
5	Пак Федор в Ун-те с 1923 г.	Оставить
6	Пак-Тин в Ун-те с 1922 г.	Оставить
7	Хан Ингон	Оставить
8	Пак Анисья. пассивная слабо поспевает, не выявляет себя. Не цел. держать.	Оставить. Прикрепить одного партийца для воспитательной работы
9	Ким-Пеннюр	Оставить
10	Ли-Енсик. Проявил себя малоактивным, стремится идти дипломат. ведет себя	Откомандировать на производство
11	Ким Кванир. Не знает хорошо кор. яз. целесообр. пер. на осн. курс	Оставить и перевести на осн. курс
12	Пак Герун	Оставить перевести на 2 осн. курс
13	Югай Александр	Оставить
14	Ким Гюер	Оставить
15	КимБен-Гук. здоровый[···]беспартийный, пригоден на воен. службе.	Откомандировать в воен. школу
16	[···]	Оставить
17	Ким Денха	Откоманд. за отсутствие командировки
18	Ким Хобан	Оставить
19	Ким-Яксон. [···] элемент беспартийный.	Откоманд. на произв.
20	Тен-Хенчер	Откоманд. в воен. школу
21	Ли-Кон-Сиб, беспарт. Без практ. стажа и со шк. скамьи.	Откоманд. на произв.

22	Ли-Секхи	Откоманд. на произв.
23	Ким-Черкук	Оставить
24	Ким-Тенхин	Откоманд. в воен. школу
25	Ли-Патя чл. парт. с 1918 г.	Оставить
26	Ким-Дин	Оставить с вызовом в ячейку к тов. Берману
27	Ким-Ену	Оставить
28	Ма-Чунгер	Откоманд. в воен. школу
29	Цой Санфир	Оставить
30	Ли-[⋯]	Оставить
31	Ким-Хису	Оставить и приставить одного человека
32	Ма-Дюн	Откоманд. в воен. школу
33	Ким-Енчер	Оставить
34	Пак-Чансик	Откоманд. в Приморье
35	Пак-Темо	Оставить
36	Ким-Гванын	Оставить
37	Ли-Мин-Ен	Оставить
38	Ко-Хансу	Оставить
39	Нам-Динфе	Оставить
40	Пак-Ендин	Откоманд. в воен. школу
41	Пак-Фирхван	Откоманд. на произв.
42	Ли-Динфен	Оставить
43	Кан-Цайтен	Оставить
44	Ли-Тяен	Оставить
45	Го-Джин	Оставить
46	Но-Ченмук	Оставить
47	Тян [⋯]	[⋯]
48	Ли [⋯]	[⋯]
49	Ким [⋯]	Оставить
50	Ким [⋯]	Оставить
51	Кан [⋯]	откоманд. в армию
52	Ким-Хо	Оставить
53	Ким[⋯]	Оставить

54	О Чанер	Решить вопрос сообразно с решением
55	О[···]	Оставить
56	Ше-Сан-Ак	Откоманд. на произв.
57	Тен-Тен-Гван	Оставить
58	Ким-Тен-Ку	Оставить
59	Ким-Тогу	Откоманд. по болезни [···]
60	Но-Саннер. чл. РКП с 1921 г.	Принять
61	Пак-Енхи. канд. РКП с 1922 г.	Принять

Об обмундировании [···]

    I. Откомандировать в Ленинградск. воен. школу [···]

    II. Откомандировать на производство, оставлять [···]

    III. [···] работу по откомандированию [···] Кор. [···] т. Ким-Сантаги

    IV. Откомандировать на производство вне Москвы

    V. Откомандировать сроком на 1 ½ года т.е. с правом возвращения на 1926-1927 учеб. году

Председатель манд.комиссии   Кучумов

Секретарь   Н.Пак

[РГАСПИ, ф.532, оп.1, д.8, лл.44-45.]

102. ПРОТОКОЛ №1 ОТ 24/IX-24 Г. ОБЩЕГО ПАРТИЙНОГО СОБРАНИЯ КОРЕЙСКОЙ ГРУППЫ С УЧАСТИЕМ ВСЕХ СТУДЕНТОВ КОРЕЙЦЕВ КУТВ

Председатель т. Ким Сантаги. Секретарь Хан-Ин-гап.

Повестка дня :

1) Обсуждения положения о работе парттройки на Ингруппе.
2) Выбор парттройки

Слушали :

1. Положение о работе парттройки на Ингруппе – доклад тов. Бермана.
2. Выбор парттройки в корейской группе

Постановили :

1. Принять к сведению для руководства.
2. В парттройку корейской группы выбираются следующие товарищи.
1) Ким Сантаги
2) Пак-Тин
3) Пак Ин-он

Председатель
Секретарь

[РГАСПИ, ф.532, оп.2, д.132, л.3.]

103. ПРОТОКОЛ ЗАСЕДАНИЯ ПАРТТРОЙКИ ОТ 8/I-25 Г.

Порядок дня :

1/ Положение корейской группы

2/ О прокламации

Слушали	Постановили
1/ О Положении корейской группы	1/ Считать создавшееся положение в корейской группе серьезным и при котором нельзя вести плодотворно- партийно-воспитательной работы, необходимо нужно в ближайшие дни созвать общее собрание членов Р.К.П.К.К.П., Р.К.С.М. и К.И.С.М. 2/ Пригласить на собрание тов. Бройдо, Мусина и представителя Мандатной Комиссии.
2/ О прокламации	Для расследования прокламации назначить комиссию из следующих т.т. : 1/Ким Дин, 2/Очану и 3/Тю Ченсон.

СЕКРЕТАРЬ ПАРТРОЙКИ.

[РГАСПИ, ф.532, оп.2, д.132, л.7.]

104. ПРОТОКОЛ ЗАСЕДАНИЯ ПАРТТРОЙКИ ОТ 19/I-25 Г.

порядок дня:

1. О порядке предстоящ. общего собрания
2. Перевыборы партройки
3. Текущие дела.

Слушали	Постановили
I. О порядке предстоящего общего собрания предложение т. Ким Сангтаги: Ввиду серьезного собрания необходимо все подробности зафиксировать на русском и корейском яз. яз.	1. Намечается следующии порядок собрания. а) О полож. кар. гр.– Ким Сантаги б) О работе Манд. Комиссии-т. Берман.
2. Перевыбор партройки	2. В Президиум собрания намечаются след. т.т: 1) Ким Хобан-председатель 2) Очану-секретарь на кор. яз. 3) Пак Федор-секретарь на рус. яз. Перевыбор произвести на 21-е января.
3. Текущие дела 1) О статье т. Хан-Санхи в стенной газете от 15 января за № Т. Ким Сантаги заявляет, что подобные статьи, как т. Хан-Сан-Хи, носящие политический спорный характер необходимо нужно поместить с согласия Секретаря Парттройки и членов редколлегии. Почему такие статьи без ведома парттройки были помещены. Подобные поступки считаю недопустимыми. Т. Пак-Ин-Он на заявление т. Ким Сантаги отвечает следующее: Статья т. Хан-Санхи в редакцию поступила 2 месяца тому назад, но	Предложить тов. Пак-Ин-Ону -Редактору стенгаз. в следующие разы согласовывать все статьи, выпускаемые в стенной газете с мнением парттройки и одновременно выносится тов. Пак-Ин-Он строгий выговор.

| не была все время помещена. Помещение этой статьи от 15 января объясняется настойчивым требованием автора в выпуске его статьи с одной стороны и с другой я соглашался с этой статьей вследствие постепенного моего убеждения, что Приморская организация работает плохо, как то посылка телеграммы, поведение части курсантов и т.д. | |

секретарь парттройки

[РГАСПИ, ф.532, оп.2, д.132, л.10.]

105. ПРОТОКОЛ ЗАКРЫТОГО СОБРАНИЯ ЧЛЕНОВ РКП(Б) И РЛКСМ 20/I-25 Г.

При участии т.т Бройдо, Бермана, Кучумова и 2 представителей Коминтерна
Присутствуют: 45 человек
 Председатель КИМ-ХО-БАН
 Секретарь Очану и Пак Федор

Повестка дня
1. Доклад о политическом состоянии корсекции
2. Доклад мандатной комиссии.

Слушали:
1. Доклад т. Кимсантаги.

С 21 года до конца 23 года среди курсантов-корейцев существовало фракционное настроение по поводу исключения т. Лиденира в августе 24 г., было некоторое недовольство среди курсантов которые были послушны Лидениру. Это недовольство окончательно не изжилось. Но парттройке на это не пришлось обращать внимания, так как в связи с прибытием новых курсантов ей пришлось работать над ним. Было также подано одно заявление парттройки без подписей где обвиняет кто то кого-то между курсантами.

Было также и склочничество среди новых курсантов: «красное знамя» КСМ и т.п. Но это все мелочи. Это всё до мандатной комиссии или вернее до опубликования результатов комиссии. После информации результатов мандатной комиссии поднялся дикий шум в среде курсантов. В общем и целом этот шум сводился к тому, что мандатная комиссия это исполнительный орган парттройки и что парттройка неправильно сделала чистку и т.д. Это глупое толкование. Так могут толковать только те, которые не знают ни аза в Университетской структуре. Но я долго не остановлюсь на этом вопросе, ибо у нас будет специальный доклад Председателя мандатной комиссии.

Вся энергия парттройки затрачена была на то, чтобы изжить фракционность и добиться единства в среде курсантов. Но ответом со стороны курсантов части было бешенное сопротивление. Из всех способов сопротивления: самый злоумышленный - это то, что они стремились и стремятся надеть на лицо парттройки фракционную маску. Они кричат: "парттройка подходила к чистке курсантов с фракционной пристрастностью, что откомандированные товарищи это жертвы фракционности, и что они вполне достойные быть студентами КУТВ и т.д. и т.п. и пр.

Это бешенное сопротивление вызвало известную борьбу между новыми и старыми курсантами при изменении одной формы борьбы в другую первую скрипку играли некоторые новоприбывшие интеллигенты- мелко- буржуазно- индивидуалистические элементы. В качестве примера я скажу следующее: тов. Лименсен в беседе со мной между прочим сказал: "я разочаровался в КУТВ и хочу уехать обратно, потому что не могу осуществить свою цель. Цель моя была такая: где в КУТВ собирать вокруг себя по крайней мере 10 друзей - единомышленников. Но сейчас вижу что это цель не осуществима". Итак тов. Лименсен разочаровался ввиду того, что ему не удалось объединить вокруг себя 10 единомышленников. А тов. Кимхо сказал следующее: "деятельность парттройки – буржуазно- чиновническая. Я не хочу изучать русский язык, ибо все равно я здесь долго не останусь. Увольнение т. Пакдинсуна из числа лекторов и откомандирование т. Кимтону- результат фракционной пристрастности и тому подобное". Тут имеется не только мелкобуржуазный взгляд, но буржуазно адвокатские тонкости. Лигишек как сумашедший мальчишка, не зная в силу какого толчка, написал прокламацию, сквозь пропитанную ребяческой наивной угрозой. И здесь тоже говорится, что парттройка не правильно откомандировала товарищей и что властью злоупотребляли в пользу своей шкуры. и.т.п. очень много.

Одним словом, несколько вновь прибывших товарищей взяли на себя роль - надеть на лицо парттройки маску фракции и во-вторых надеть ту же самую фракционную маску на лицо тех старых курсантов, которые защищают линии Университета и парттройки. Зря вы кричите хором," парттройка фракционно-шкурническая организация и что она создала свою фракцию и т.д., ибо это смешно и нелепо.

Мы вели решительно борьбу с фракционностью и ее похоронили. Студенчество в общем и целом стремилось к единству. А тут вы, товарищи, хотите воскресить не существующую фракционность и заставляете нас тратить скромную энергию зря в том деле. Вы сами знаете прекрасно, насколько мешает этот вопрос нашей практической работе. Во время зимней экскурсии в Ленинград мы не могли устроить смычку только потому, что мешал этот вопрос. Мы в Ленинграде устроили совместное совещание с Ленинградскими ответственными работниками военшколы. Они одобрили курс нашей работы и мы единодушно постановили, что для нас не существует никакая фракция и что нам нужно беспощадно бороться с фракционными склочничеством.

Поступило предложение: задавать вопросы и открыть прения. После доклада мандатной комиссии и принимать одну резолюцию по 2 докладам.

(предложение принимается.)

2. Доклад т. Бермана о результатах мандатной комиссии.

Чистка или проверка произведена не только в корейской группе но во всех группах ун-та. Она имела своей задачей освободить, весь Ун-т с одной стороны от чуждых нашей (или братской Восточный партии, партийно не выдержанных, партийно не активных не имеющих опыта общественной работы, элементов из которых нет надежды приготовить профессионалов рево-люционеров, с другой стороны от академически неуспевающих студентов, принимая само собой разумеется во внимание социа-льное положение национальность, а следовательно уровень культурного развития каждого студента. (только под одну из этих рубрик могут быть подведены те несколько студентов корейцев действительно исключенных из КУТВ. При чем согласно с Восточным отделом Коминтерна в Корейской группе, было решено оставить 40-50 (вместо имешихся 74).

Исключено из Ун-та и отправлено на производство и на практическую работу СССР всего 9 человек(включая сюда одного, откомандированного не постановлением мандатной комиссии Ингруппы, а Советом Университета. 1 студент отправлен на лечение, согласно постановления медицинской комиссии.

Для усиления Ленинградской III Интервоеншколы выделено 10 человек.

По существу о результатах проверки- лучшим показателем правильности работы мандатной комиссии следует считать следующие статистические данные, свидетельствующие о значительном социальном партийном возрастном и т.д. составе после окончания работы комиссии.

А) возраст	в % до пров.	в % после-	+ или -	абс. чис до пров..	абс. ч. после	+ или- в %%
от 17-20	11.8	3.7	-8.1	8	2	-6
от 20-30	84.2	90.2	+6.5	63	49	-14
от 20 и выше	4	5.6	+1.6	3	3	0

Уменьшение прошло за счет молодняка при чем в %% отношении средняя группа(20-30) наиболее желательная для Комвуза увеличилась на 6.5%/ при абс. уменьшении на 14 человека.

Б) образ. ценз.	до	после	+ или -	до	после	+ или -
нисшее	32.4	38.9	+6.5	24	21	-3
среднее	54.8	57.4	-7.4	48	31	-17
высшее	2.8	3.7	+0.9	2	2	0

Уменьшение произошло за счет наименее ценного для Комвуза элемента студентов имеющих средне-учебное образование(абсолютное число, уменьшилось 17 чел. в %% отношении - 7,4%) возрос удельный вес части студенч. имеющего низшее образование.

В. Социальн. состава

Соц состав	(%) До	(%) После	(%) + или -	До	После	+ или -
Рабочие	14.8	20.4	+5.6	11	11	0
Крестьяне	27.0	31.5	+4.5	20	17	-3
Интелл. Учителя	10.8	9.3	-1.5	8	5	-3
Учащиеся	47.4	38.8	-8.6	35	21	-14

Социальный состав изменился значительно к лучшему за счет сокращения интеллигентов (главным образом учащихся) сильно возрос (%%/ +5.6%, +4.5%) рабоче-крестьянской части группы.

Партийный

партийность	допров. (%)	после (%)	+ или - (%)	до пров.	после	+ или -
члены РКП				17	15	-2
канд. РКП	35.1	40.7	+5.6	9	7	-2
чл. икан. РЛКСМ	14.8	18.5	+3.7	11	10	-1
чл. Кор. КП	17.8	11.1	-6.5	13	6	-7
чл. Кор. КСМ	9.5	12.9	׀3.9	7	7	0
беспарт.	23	16.6	-6	17	9	-8

Сокращение за счет беспартийных и членов коркомпартии. Принимая во внимание тот факт что Коркомпартия не признана Коминтерном, во первых, во вторых увеличение %% Кор. КСМ необходимо признать успешность работы мандатной комиссии и в отношении регулировании партсостава корейской группы.

Тов. Бройдо.

Немного отойдя от вопросов сегодняшнего собрания я скажу несколько слов о положении Турецкого кружка, где недавно было такое же явление, которое мы сейчас собрались обсудить на корейском собрании. Чем же объяснить это.

Революция очень трудно рождается особенно в тех странах которые ещё не имеют у себя развитого капитализма. Этим можно объяснить и ту сложную картину, которая происходит среди корейских коммунистов.

В Корее нет пролетариата, как класса. Больше того та крестьянская масса, которая составляет большинство не только не сознает задачи пролетарской революции, но даже она ещё не осознала свои классовые интересы.

Отсюда вполне понятно, почему так трудно рождается ККП и все корейские революционеры не могут дать правильного ответа на вопрос как делать революцию в Корее в том числе и ККП.

Ввиду того что ККП до сих пор не нашла ответа, она не может дать правильное направление и уничтожить группировки. Сколько группировок столько ответов на корейскую революцию. В этом смысле корейские революционеры ничего не стоят, ибо они большей частью интеллигентско-индивидуалистически настроенные элементы. И тот революц. товар. который получается в КУТВ и гроша не стоит. Они могут только как ворона повторять чужие слова и поэтому если спросить меня какую группу положить в основу при чистке. Я ответил бы, что никакой группировки, ибо ни одна ничего не стоит. Поэтому сторонник Корбюро у меня не получит Ленинский паспорт. Корбюро представляет только еще зачаток, который должен вырасти и объединить все революционное. Ким Тону и Ким Денха пишут заявления в коминтерн, ЦК и тед. о том что 18 человек откоманд. стоят за приморскую организацию, что, конечно, неправильно, и поэтому они откомандированы, что чистка происходила механически с целью выбросить как...... группу. Но хотя бы чистка носила механический характер в этом ничего страшного нет у нас корейцев 69 человек, между тем японцев всего 15. С точки зрения интересов мировой революции должно было быть обратное, японцев 69 чел, в корейцев 15 чел. Никто из вас ещё не вполне коммунист и не знает того пути по которому нужно итти. Это не значит, что не нужно вас держать, вы должны стремиться стать коммунистами и найти коммунистическую дорогу.

Тов. Ким Хо все время думает защищать тех, которые командируются, ему как то неловко расстаться с товарищами, которые ехали вместе с ним в одном вагоне и так долго. Конечно это плохая черта. У коммуниста не должны быть личные, семейные связи. Первым долгом у коммуниста должна быть связь с коммунистами. Другая позиция Ким Хо это недоумение почему его интеллигента с высшим образованием не откомандировали, а другого нашли нужным откомандировать. Товарищи пролетариат ведет большую борьбу где нужны руки, не только стреляющие, но и руки указывающие куда стрелять. Товарищи здесь задавали вопрос как будет целесообразнее оставлять одних по многу лет или же многих по мало лет. Одними рецептами на этот вопрос нельзя ответить.

Допустим тов. Ли гишек автор прокламации. Прокламация если бы направлялась против японских империалистов, то она была бы замечательна. Тут видна горячая кровь и острое перо, но тут коммун. который призывает к убийству своих товарищей делает дело помогающее японским жандармам. Но из-за этой прокламации мы его не откомандировываем, мы поработаем над ним еще год, нам нужны люли с горячею кровью и владеющие острым пером. Другое дело, если через год не исправится тогда выхода нет, ибо вообще он тогда не коммунист. Если исправится то он поедет с ценой 1 рубля, Ким Сантаги, на которого как сыплются обвинения стоит 20 коп. Над ним много мы работали. Часто мы его […] и вот теперь он стоит, что и объясняет ту работу, которая возложена на него. Почему Ким Тону несмотря на то, что здесь был два года и 1 год на практической работе ничего не стоит. Потому что считает себя уже членом центр. комитета, почему зададут здесь вопрос, только ругают одного Ким Тону. Потому что мы с него больше требуем, он здесь учился два года и был 1 год на практической работе, несмотря на это он не исправился. Мы его посылаем на производство, чтобы он там исправился и выявил себя. Если он исправится, для него снова двери Университета открыты настежь и поэтому он должен будучи на производстве поддерживать связь. В заключение я отвечу на заданный тов. Пак Ф. вопрос: как помочь создать коркомпартию. Вот если бы над этим вопросом вы сидели бы с утра до вечера то дело пошло бы гораздо лучше. Для этого нужно взяться усиленно за марксизм и ленинизм. Надо научиться тому революционному методу, при помощи которого можно было бы разобраться в той сложной картине, которая существует сейчас в корейском револ. движ. Для плодотворности этой работы - учебы мы доджны сделать себе лозунгом долой все фракции, ибо мы ещё не коммунисты. На вас много тратится средств. Русский рабочий не доедая вычитывает из своей заработной платы и отдает вам для развития революц. движения в Корее. Каждый рубль, который тратится на вас должен дать доход (а для этого вам нужно еще раз бросить все фракционные дрязги и взяться за поиски того пути по которому должны пойти коммунисты т.е. нужно изучать как можно больше историю РКП, программу и тактику Коминтерна и т.д.

Надеюсь, что вы здесь организованным путем вынесете резолюцию отвергающую всякую склоку, а те товарищи которые вели себя не коммунистично должны сознаться, подчиниться решению мандатной комиссии и наконец в третьих взяться усиленно за учение, способствующее к созданию Коркомпартии.

Речь т. Барового.

Товарищи мне, после прекрасной речи т. Бройдо ректора вашего университета, который с исчерпывающей ясностью изложил перед вами линию университета не остается много сказать. Скажу лишь, что Дальневосточный отдел Коминтерна, то что сказал т. Бройдо считает целиком правильным и целиком присоединяется к решению мандатной комиссии. Мне из телеграммы т. Пшеницына секретаря Губкома т. Сталину секретарю ЦКРКП(б) пришлось узнать, что из КУТВ вычищены по крайней мере судя по телеграмме «революционный кадр» всего набора в числе 29 ч. Помимо того из длинного заявления подписанного 6 товарищами Кимдону, Кимтенха, Лиенсик, Тяндинвон, Кимхежик и Лисанхи и поданного ЦКРКП(б) и ИККИ узнал, что чистка в КУТВ произведена «неправильно» и что в КУТВ злые элементы вычистили всех тех которые поддерживают Оргбюро по созданию Коркомпартии, которому удалось объединить на 99 % всех организац. В заявлении еще указано, что члены парттройки Кимсантаги, Пакинон противники оргбюро и что они вычистили тех которые поддерживают оргбюро, кроме того если взять вычищенных то они с революционными стажами и полезные элементы для корейской революции, а потому чтобы они и встали против Ким сантаги и Пакинона в осуществлении своей цели, постарались вычистить их из университета, так как их присутствие грозит могуществу 2-х указанных товарищей. Я знакомлю вас с материалом. Дальневосточный отдел еще до таких заявлений не желая вносить в вашу среду эту фракционную борьбу, продолжил как т.Хан менсе так т. Паккай не ходит в ваш университет.

Тов. Паккай мы говорили в случае если он хочет узнать обо всем, что касается корейских студентов, то пусть он обращается в партячейку то Ректору университета но ни в коем случае к студентам.

Мы уже по заявлению и телеграмме знали, что это бессмысленная борьба с их стороны. Поэтому так как мы думает что для вас сейчас самое главное учеба, учеба и учеба. Мы надеемся, что вы станете тем кадром, который заложит основной фундамент для грядущей корейской революции.

Я не знаю на каком основании парттройка говорит, что я действовал под влиянием других товарищей содействовать с кем нибудь. Относительно одного откомандированного товарища в ленинградскую военшколу – Мачунгера - я считаю, что мандатная комиссия неправильно сделала. Т. Пак Никифор сам сказал мне, что и он считает неправильным его откомандирование. Это тоже неправильный подход. По поводу моего тайного заявления парттройке, где я заявлял, что т Пак. Мингю агитировал меня за фракционность- я скажу что т. Пак. М. действительно сказал мне осенью 24 года: "У нас существует группа, поэтому мы тоже должны объединиться чтобы в будущем работать в полной солидарности.

Спрашивается, это разве не фракционная агитация. Относительно моего заявления парттройке по поводу фракционной агитации т. Тахуна представитель и завед. Дальневосточного отдела КИМ/ - вот доказательство: т. Техун сказал одному новоприбывшему ст-ту, что т.т Хен и Кимгюр склочники- поэтому остерегайся" - это разве не фракционная пропаганда.

Т. Кимчеркук.

Я как Владивостокский рабочий и прибывая сюда спросил у т. Кимпенюра о положении курсантов КУТВ. Т. Кимпенюр об этом мне ничего не сказал а пропагандировал меня против приморской организации и ответственных работников. Относительно откомандировании т. Мачунгера в военшколу я считаю это пристрастным ибо т. Мачунгер старый партизан и работник в Кандовской Компартии, т.т. из откомандированных Ким Тенха и Лиенсик. старые партийцы РКП и много работали по партлинии, а из товарищей оставленных есть такие больные и нездоровые напр.
Очану и Пак Софья эта яркая пристрастность.

Ким Тону.

Ректор Бройдо очень талантливо говорит. Он то «вознесет его высоко, то бросит в бездну без стыда»- с нами играет как будто с детьми. Однако мы не попадем на такую удочку. Будучи ректором Комвуза, не признает Оргкомиссию коркомпартий- это недопустимая вещь. Ясное дело, что такой ректор воспитывает не революционеров а фракционеров. Он думает, что кроме КУТВ нет основы коркомпартии, когда КУТВ представляет как ни больше не меньше- одно воспитательное учреждение революционеров. Он осуждает т. Лигишека за то, что он упрекал парттройку но поощряет и оправдывает тех которые идут против Оргкомиссии напр. Ким сантаги, Пак Инона и Хансанхи и т.п.. Правильно ли это? Марксистски и ленински подготовленный, он зазнается говоря, что как будто он на 100% хорошо знает о положении Кореи, тогда как он хуже любого из нас знает о Корее. Тов. Бройдо Боровой, представитель Коминтерна, слушает только одну сторону и обвиняет другую противоположную сторону. Явно – пристрастный подход. Относительно телеграммы приморской организации к т. Сталину – я не знаю кто из курсантов написал Владивостокской организации- но одно правильно что она возбудила ходатайство об откомандированных 29 товарищах хотя они сейчас и не откомандированы, но парттройка объявила нам, что будут откомандированы 29. Фабрика и завод как таковой не тюрьма, но в нашем случае это тюрьма, нас не оставляет ни в Москве и не в Приморье, а именно на фабриках и заводах. Урала и Донбасса и т.д.

Лиенсик.
Я тоже один из тех, подали заявление Коминтерну по поводу неправильного действия парттройки.

Ким Хенсик.
Я тоже один из подписавшихся на заявлении в Коминтерн за неправильное действие парттройки. При чистке коркоммунистов вычищено больше чем беспартийных. Неужели с точки зрения парттройки и мандатной комиссии корпартийца являются никуда негодными.

В число 18 чел, откомандируемых большинство поддерживающие орг. бюро по созданию Коркомпартии, а остальные оставленные главным образом противники оргбюро и незначительная часть нейтральные. Не только это. Командируются главным образом члены коркомпартии. Это показывает, что совсем не считаются членами коркомпартии. Результат мандатной комиссии является результатом чисто фракционной борьбы.

Нам Дзюнфе.
Причина склочничества среди студ. КУТВ лежит на приморск. орнанизации. Почему это так. Приморская организация, когда командировала курсантов в КУТВ, то командировала людей близких

и знакомых им даже путем фальсификации, т.е. делая фальшивых чл. Коркомпарт. Таким образом она командировала много людей в КУТВ и это факт. Например: Ким Енчер, Лисанхи Ким Хенсик. Когда они заполнили анкеты в КУТВ говорили: « я в Приморье по предложению заполнял как партиец, а здесь не знаю как написать. Как же мы можем смотреть на таких как на партийцев. Не только это. Было командировано много методистов (религиозная община). Относительно дела Лигишека надо сказать, что такой поступок для комсомольца совершенно недопустим. Статья Кимхо является ничем иным, как статьей периода 1921г. человека умалишенного, фракционной, беспринципной и ничего не представляющей.

Кимпенрюр.
я не знаю какого человека считают рабочим. Подобных товарищей как Кимчеркур нельзя смотреть как на рабочего. Я говорил против того, что Приморская партийная организация принимает в партию без всяких оснований сына шпиона японского милитаризма-Тангирхвана. Это еще не значит что я иду против Приморской партийной организации.

Посмотрим на новый набор студентов что Приморская организация командировала главным образом ещё вчерашних учащихся религиозной школы это факт.

Если без всяких оснований нападают на Приморск-партийную организацию это безусловно недопустимо, но в случае если обманывая РКП(б) делая фальшивых членов партии командируют по фракционным соображениям, то мы должны открыто критиковать за такой образ действия.

Т. Ким Тону говорит, что он всецело поддерживает Приморскую организацию. Это глупость, потому, что человек, который не признает представителей коминтерна и партийный орган при КУТВ как же может признать и насколько может поддержать тот орган, который признан Коминтерном. Относительно убийства 32 корейских партизан знает весь мир и пускает провокационные слухи, что это дело РКП(б) почему же орган Корсекции «Авангард» до сих пор молчал и не объявляет.

Лиенсик.

От речей Бройдо и Борового я не получил никакого толчка. Эти товарищи не разобрав наше заявление нападают на нас однобоко, т.е. примыкая к одной стороне ругать нас- это неправильно. Коркомпартия уже в течение нескольких лет вела фракционную борьбу. Но в настоящее время по моему нет никаких разногласий и даже наоборот дело обстоит хорошо. Шанхайская и иркутская группировки под руководством Коминтерна не только формально, но реально на 99% коркоммунистов объединились. Парттройка говоря, что выковывает ядро, почему по отношению к тем товарищам которые выдавая себя за нейтральных сеют раздоры не принимая никаких мер.

Мандатная комиссия, говоря что в основу её работы положены чистка от элементов чуждых партии и отстающих в академическом отношении, почему вычищает так активно работавшего как т. Ким денхва.- это неправильно. Я также по директиве партии учительствовал, говорят, что меня исключают, что я пассивный, но если пассивных командируют на производство то как же на производстве можно выявить свою активность. Лучше если откомандируете меня в Корею, где я хотя бы путем убийства японцев выявлю свою активность.

Почему же по отношению к таким товарищам, как Кимгюер, который ежедневно критикует оргбюро до сих пор не принимают никаких мер. Основа работы мандатной комиссии и парттройки правильна но действия неправильны.

Пяк Енхи.

Я новый студент. Не знаю прошлое. Я хочу говорить по тем вопросам, которые здесь обсуждаются перед нами первая задача-единое объединение. Я когда приезжал из Ленинграда сюда думал, что здесь получу опыт и также многому научусь от т.т. прибывших

Кореи, в смысле знакомства с положением Кореи и т.д. Но к сожалению здесь ничего не вижу, кроме как фракционных склок.

Будучи партийцами и за то, что они вычищены из университета обращаются прямо в высший орган минуя Университетский и партийный органы. Это не поступок партийцев, а больше того такое действие считаю реакционным и также фракционным. Не зная, что наш университет под руководством Коминтерна подготавливает кадр будущих революционеров, бессознательно говорить, что университет подготавливает фракционеров это ложь реакционеров. Стенная газета являяется таким органом, где студенты высказывают свой взгляд по тем или иным вопросам. Говорить, что она является, тем органом который идет против партийных организаций глубоко ошибочный взгляд.

Хен Чиртен.

По словам Кимчеркук и Лиенсик выходит, что РКП(б) является такой организацией, который надев маску обманывает массу. Приморская корейская организация признана Коминтерном а потому нужно абсолютно поддерживать ее это похоже на то, как вожди II Интернационала поддерживают рабочие партии. Перед оргбюро нет никаких принципиальных вопросов это факт. Корейские революционеры пока борятся за свои личные интересы.

По словам [⋯] член Оргбюро Пакынчир является сторонником его группы. Имменсен должен был ехать в Корею, но в силу сложившегося обстоятельства поехали Лисен и Тену вместо него. На основании этого можно определенно сказать, что оргбюро составлен из фракционных элементов. Говорят, что Ким-тенха вел работу в Корее, но я считаю, что его работа не дала хороших результатов.

Ло Шаннер.

Работа парттройки правильна. Фракционные споры это бессознательные, беспочвенные разговоры. Сейчас вряд ли найдется такой сумашедший, который бессознательно беспричинно и слепо защищал бы Шанхайскую или Иркутскую группировку. Относительно больных, что говорил Кимчеркук исходит от самого же больного человека. В нашем университете есть специалисты доктора, которым виднее кого оставлять, поэтому я беспокоюсь за него, что он понапрасну так ломает голову. Фракционные споры Кимдону слишком беспринципны. Мы если дискутируем по поводу приморской организации, то не с целью уничтожения этой организации, а обсуждаем её работу и метод. Все без исключения желают скорейшего создания коркомпартии. Кимдону свое выступление не может доказать фактическими данными. Я тоже, как Лиенсик против нейтральных. Если так, то спрашивается к какой группировке мы принадлежим. Я считаю себя ленинцем. Лигишек в своей прокламации пишет о пушках. Я хотел бы спросить у него, где эти пушки. Все таки статья Хансанхи не лишена фактов, но если другие критикуют на основании слухов носимых ветром, то это недопустимо. При этом нужно сказать, что такие товарищи ещё совсем не жили коллективной жизнью и такие действия по- детски наивный подход.

Хансанхи.

На мою статью, если смотреть с фракционной точки зрения, то безусловно можно обвинять. Несколько дней тому назад Кимдону, Лиенсик и Тяндинвок говорили, что нападать на Коминтерном признанном организации это слишком глупо или это есть реакционное действие. Наоборот посмотрим проводит ли эта организация директивы Коминтерна. Нет это доказано фактами.эта организация свои работы и директивы не проводит в жизнь. Если посмотреть на идеологию т.т. защищающих подобные организации, то ни больше ни меньше, как идеология фракционеров. Такие организации естественно само по себе должны отмирать

Т. Кимдону и К-о. говорят, что те которые поддерживают оргбюро откомандировываются из КУТВ, а те которые идут противо- ставляются. Такими словами якобы поддерживая оргбюро вместе с тем смотрят на высший орган Коминтерна как на неправильно пристрастно действующий орган. Это слишком глупо, потому что оно возникло от..... фракционного угара

Кодюн.

Где причина брожения среди студентов- во первых в неправильной командировке курсантов в КУТВ Приморский парт. организацией, что уже предыдущими товарищами указано и во вторых в разногласии среди вновь прибывших, а именно между чл. "ТЕХИДАН" (Красное знамя) и некоторыми товарищами по.......... вопросу об убийстве японской жандармерией Анму (националист). Поэтому и результаты мандатной комиссии рассматривают как фракционную расправу. Все такое мерзкое явление я с своей точки зрения рассматриваю как на фракционные дрязги периода 1921г. Если посмотреть на тов. Лименшина, то видим что тов, потому что, ему здесь не удалось набрать соответствующую группу своих сторонников впадает в пессимизм и хочет ехать обратно в Корею. Это доказыает, что он ещё живет и питается фракционной идеологией. Такое явление постепенно разлагает мозг студентов. Поступок тов. Кимтеха как старого члена партии 1920 г. который не признает партийную дисциплину и без основания через заявления желает получить поддержку высшего органа, нельзя не называть глупым. В заявлении сказано что Оргбюро вокруг себя объединяло 95% и что товарищи нападающие на такую организацию суть реакционеры. Товарищи заявляющие об этом говорят не столько за работу в Корее, сколько в защиту своих фракционных вождей.

Если бы оргбюро Объединило в Корее хотя бы 9% не то что 95% не считал бы их заявление ложью. Здесь некоторые говорят, что по отношению к. т.т. Кимтенха, Мачункер и Кимдону чистка неправильна, но я считаю, что решение мандатной комиссии вполне правильным ибо у них совсем нет партпоступка. Это доказано по отношению Кимтенха и Кимдогу их заявлением в Коминтерн, а по отнош. к Мачункор его выступлением на собрании по поводу их командировки. Эти товарищи без сомнения очень боятся тому что в КУТВ выковывают кадр будущих настоящих революционеров.

ИМЕНСЕН.

Я говорил относительно сгруппирования хотя бы 10 единомышленников, потому что т. Кимсантаги говорил, что здесь есть фракционная борьба. Поэтому я хотел собрать хотя бы несколько товарищей единомышленников не причастных в фракционной борьбе.

Это т. Кимсантаги неправильно понял и раньше говорил о том что здесь есть фракционная борьба, теперь же хочет сваливать всю вину на меня, и обвиняет меня в мелкобуржуазности. Наоборот его действия именно выражает мелкобуржуазную психологию. Говорят что в основе работы мандатной комиссии лежит чистка из университета элементов не имеющих практическ, революционного стажа, и отстающих в академической учебе. Тогда почему т. Кимдогу который получил глазную болезнь в Мадзагоу, ведя революционную работу: активно работавших в Кандо т.т Кандевон, Тян-динвон; в Корею активно участвовавшего в рабочем движении т.Лисанхи и также как всем известно т. Мачунгера едва спасшего из партизанского фронта свою жизнь мотивируя что они не подходят к основным принципам вычищают. Я это считаю совсем неправильным.

КИМЕНУ.

Конфликт между студентами в основном лежит в неправильной командировке студентов Приморской организацией. Когда производился набор курсантов вместо того, что бы ориентироваться на Корею они набор сделали вне Кореи по своей фракционной линии. Откуда это видно. Прикомандированным ККСМ-ом из Кореи товарищам говорили что в их распоряжении в КУТВ имеется только три вакансии и что они все заполнены. Так отказав им и отправив обратно в Корею они после этого командировали в КУТВ около 30 человек из своей группы. И это факт. Более того один из чл. ККСМ возвращаясь в Корею по пути попался в руки японской жандармерии.

КИМТОНУ возражая т. Бройдо говорил, что т. Бройдо ставит задачей подготовить фракционных элементов, это неправда. Согласно т. Бройдо мы должны в корне вырвать фракционные дрязги из среды студентов и давайте объединяться. Если мы не сможем объединяться, то опять будем топтать прежние дороги.

ПАКНИКИФОР.

Многие товарищи работу мандатной комиссии ещё не уяснили себе в принципе. Спрашивают, почему отправили больше партийцев нежели беспартийных. Вопросы такие очень глупые. Подобных партийцев как Ким Хенсик и Лиенсик, я не считаю партийцами. Потому что, за время пребывания в КУТВ они не проявили себя как коммунисты а даже были хуже беспартийных, Тов. Именсен очень интересно рассказывает о революционной деятельности многих товарищей и идет против решения мандатной комиссии. Но когда делали чистку, мы у них спрашивали: "В чем задача партии и какую партийную работу вели. Отказывается, что они ничего не понимают. Спрашивается , какую же партийную и революционную работу они могли вести и насколько успешно.

Лиенсик.

говорит, что основа мандатной комиссии принципиально правильна, но говорит результаты неправильны. Нападает на то что мандатная комиссия командирует наиболее активных он этим, как видно, указывает на самого себя. Он действительно в Приморье в течение года учительствовал. Это не малая работа. Приехав в КУТВ т. Лиенски, который раньше ходил на II основной курс, просил чтобы его зачислили на I курс Ингруппы. Тогда напрашивается вопрос, где же его развитие, идет ли вперед или назад. Откуда он возьмет доказательство что в КУТВ вел партийную работу. Прокламация Лигшека выражает его глупость, так что об этом даже нечего говорить. Но то что т. Лигишек не признает свою ошибку несмотря на то что, в душе уже признал ошибку, это есть интеллигентское упрямство мелкобуржуазная боязнь открыто нападает на парттройку, сколько выставляет себя совсем невинным и чистым существом перед массами. Это не больше ни меньше, как поведение адвоката.

Ким Черкук.
кичится тем что он рабочий. Но я таких рабочих не желаю. Он говорит относительно того, что оставили студ, прибывших из Японии. Чересчур уж не знает учение Ленина. Мы должны основываясь на учении т. Ленина научиться понимать, что такое рабочий. Относительно того что он говорит о больных. Я считаю уж слишком глупым выступлением поэтому на это не хочу обратить внимание.

ТЯНДИНВОН.
Я уже давно знал, что меня отправят на фабрику, поэтому я заранее заботился быть здоровым. Основные принципы мандатной комиссии совершенно правильны, но оставлен один человек, который как в политическом отношении так и по революционному стажу гораздо хуже меня. Оставление таких людей глупо и слишком неправильно. Если Ким Сантаги будучи членом мандатной комиссии, считает себя беспристрастным, то прежде всего он должен исключить свою жену Соню. Каким же поведением является оставление своей жены совершенно не имеющей никакой революционной заслуги. В процессе дискуссии выясняется, что больше половины признают что решение мандатной комиссии не правильным. Поэтому тоже я считаю что решение мандатной комиссии совершенно неправильным. Говорить против того, что из Кандо прибыл член христианской общины нечего, потому что в целях плодотворной работы корейские коммунисты под видом верующих состоят членами христианских общин. Их не мало. Это факт. Коркомсомольцы чем лучше корпартийцев. Если бы я здесь пробыл один год, то я уверен, что сумею найти подобных себе 10

тысяч коммунистов. Я никогда не забуду неправильным решение мандатной комиссии. Я никогда в жизни не позабуду это неправильное решение мандатной комиссии.

ЛИСАНХИ.

На мой вопрос ещё не дали конкретного ответа. Нам говорили раньше, что чистка в Ингруппе была вызвана потому что не хватает вакансии, а теперь говорят что она вызвана тремя основными причинами. Такой разноречивый ответ заставляет меня сомневаться в правоте сообщений. Командировку на производство мы не рассматриваем, как на отправку в ад, а наоборот как в школу. Тем не менее нельзя не говорить против неправильного решения мандатной комиссии. Я просил Кимсантаги, чтобы меня отправил обратно для ведения работы или в Корею в Хамхын, или в Приморье или в другое место, где бы я мог изучать марксизм. Вместо того, чтобы удовлетворить просьбу меня отправляют на производство, что неправильно. Хорошо ли плохо я в Хамхыне вел работу и думаю что найти подобных мне также трудно. В будущем, я тоже уверен, что сумею найти много людей подобных как я. Не получил же конкретного ответа на вопрос человек со средним образованием больше принесет пользу революции или человек с низшим образованием.

ПАК Ф.

Я на неправильной работе Приморской организации не буду останавливаться, ибо это многие предыдущие товарищи достаточно указали. Относительно решения мандатной комиссии в общем и целом считаю правильной. Но чистку считаю слабою, ибо не […] на 100% вся мелкобуржуазная шваль. Наглядным вещественным доказательством правильности решения мандатной комиссии-выступление здесь на собрании вычищенных товарищей. Вычище-нные товарищи говорят о фракционном характере решения мандатной комиссии. Да, с их фракционной точки зрения может быть так, но на самом деле нет ни на ноту фракционности. Задача

КУТВ прежде всего подготовить работников К[о]реи, поэтому нужно будет приналечь на марксизм и ленинизм плюс к этому изучение корейской действительности, что даст возможность разобраться в смысле происходящих событий и т.д.. Нужно будет дать студентам свободно обсуждать по корейским вопросам, одновременно обеспечивая правильное руководство в спорах в обсуждениях. Разумеется это не с целью примкнуть к той или иной группировке, а с целью найти правильную дорогу для будущей корейской революции и направления её по этому пути.

КИМДЕНХА.

Товарищи, прошу слушать мое слово не как слово исключенного из Ун-та а толкуйте беспристрастно. Говорю о политическом вопросе слудующее слово. Т. Хансанхи автор этой статьи, где обвиняет Приморскую организацию и сейчас утверждает, что подобная оргагизация должна умереть. Парттройка в своей статье иронически высмеивала Владивостокский орган Губкорсекции. Такие подходы все политически невыдержанные и слишком ленкомысленные. т.т Кимгюер и Хенчиреден сказали мне, что они с прошлого года были не солидарны с т. Кимсантаги, но-ныне объединились на почве оппозиции против Приморской организации. И т. Кимсантаги лично мне сказал, что он формально подчиняется Приморской органи- зации, но фактически не признает. Это все говорит, то что как то организованно ведут оппозицию против Приморья. Теперь относительно исключения меня из Ун-та я скажу, что ни в коем случае это неправильно. Я достаточно много имею практики, политически тоже сравнительно развит, относительно моего поведения, никто здесь не знает как я вел себя в Корее, но тут критикуют меня, будто я плохо вел себя. В заключении я скажу, что мандатная комиссия не подходила к каждому в отдельности тщательно. Вот ошибка ее.

КИМХО.

т. Пак Ник. тут меня обвиняют в том, что я будучи интеллигентом и политически неразвитым- не имею определенной линии. Поэтому я спрашиваю т. Пак Никифор как политически развитого и имеющего твердую линию- к какой фракции принадлежит. Я не знаю на основании каких фактов парттройка обвиняет меня, Лигишека и Лименсена на авангардной "оппозиции" новых курсантов. По поводу помещения в стенгазете моей статьи, я не знаю почему по этому вопросу меня обвиняют. Разве в стенгазете нельза излагать свою мысль. Тов. Кимсантаги как руководитель Корсектора находится в подозрении: «авось он иркутян», за это т. Ким имеет ответственность.

КИМГВАНЫН.
Считаю, что работа мандатной комиссии на 100% правильна. Тянтинхван и т.п. члены Кор. КП сами противоречат своими поведениями, мышлениями и фактами: Он или они защищают достоинство члена Кор. КП, но на факте противоречат. А именно: Тянчиенон говорит, что он в течение 1 года может собирать 10000 членов Кор. КП, но спрашивается такая партийность, имеет ли достоинство. т. Хэденгир в будничные дни не объявил себя членом Кор. КП, но чтобы присутствовать на данном собрании он спорит, что он тоже член ККП, а другие члены ККП поддерживают, мотивируя тем, что он не объявил себя членом ККП потому, что тут не обращали внимание на членов Кор. КП Член Кор. КП т. Лисанхи недавно объявил, что он здесь в КУТВ только узнал о необходимости смычки работников Кореи с работниками Японии. Спрашиваю: хорошим ли он был коммунистом, когда он не знает эту азбуку. Т. Войсенфир недавно в разговоре с КоХансу говорил такую вещь по отношению парттройки наше положение "подобно девице попавшейся в монастырь и находящейся в полном подчинении монахам. Это значит что они должны находиться в полном распоряжении парттройки в самом худшем смысле этого слова. Допустимо ли членам Кор. КП подобно пассивно сопротивлялись парторгану или ироническое проклятье. Ещё он с кем то сказал, что парттройка держит собак, т.е. шпионов. Относительно

откомандирования Кимтенха- я скажу- необходимо его откомандировать, на завод, ибо у него на 100% осталась мелкобуржуазная интеллигентская психология. Это я знаю по совместной работе во Владивостоке. Я считаю, что чистка была очень удачной и правильной.

ХАНИНГАБ.

Я целиком солидарен с докладами т.т. парттройки и мандатной комисс. т. Лиенсик сказал, что парттройка исключает тех, которые правдиво говорят, а оставляет тех которые подлизываются перед ней. Это просто бешенный мелко-буржуазный крик, который не следует и критиковать. Такой крик лишний раз доказывает, что линия партийной тройки была правильна, , что она твердо пошла вперед вопреки течению мелкобуржуазной стихии. Тот безнадежен кто не может видеть свою отрицательную сторону. Безнадежен Лиенсик и.т.д. потому что они смотрят на Коркомпартию, которая ещё не существует(как на идеальную Ком-. Партию. Откуда взяли, что Оргкомиссия объединила 99% Из головы Лиенсика и т.п. работников, а больше не откуда. Такое объединение антибольшевиков. Мы должны сознаться, что у нас пока большевистского ядра нет. Учиться ленинизму- вот наша задача для дальнейшей работы за создание настоящей Коркомпартии.

ПАКИНОН.

Много шума о стенгазете. Я конечно не хочу отрицать свою ответственность, по поводу опубликованной статьи, носящую характер обвинения деятельности Приморской организации, ибо я считаю, что партия может критически относится к деятельности партийной организации тем более когда у нас фактически нет пока настоящего опытного руководящего органа. Деловую критику и деловое возражение нам и нужно. В данном случае я позволил опубликовать в стенгазете статью т. Хансанхи где обвиняет, потому что она не опубликовала и не разъяснила в массе, ту такую громадную проблему, как убийство 32 корпартизан проблему, которую все население

Кореи находящееся в Китае и в России знают. Хансанхи также обвинял различную деятельность на основании фактов. Скрывать такую проблему - это просто придирка фракционеров к здравомыслящим товарищам. Удивительное дело, когда такие дисциплинированные "сознательно-централизованные" и "партийно-выдержанные" товарищи, которые не Позволяют относиться к Приморской организации даже критических, в деловом смысле этого слова, не признают, непосредственно руководящую партийную организацию и наивысшего органа – Коминтерн. Для таких товарищей Партийная организация является только Приморская организация, не только ни парттройка и не Коминтерн. У нас пока нет компартии в большевистком смысле этого слова. Отрицать этот факт- это равносильно отрицать большевистский принцип. Называйте меня контр-революционером, если объединила бы оргкомиссия по созыву Учредит. съезда ККП 99% коркоммунистов, как говорят это товарищи. Тут пахнет знакомым авантюризмом.

ТЮЧЕНООН.

Я поставлю вопрос ребром: теперь 2 позиции: одна защищающая линию партийной тройки и относящая так или иначе не с полной солидарностью к деятельности Приморской организации; другая обвиняющая парттройку, о том что якобы она к чистке подходила с фракционной пристрастностью и безусловно поддерживающей и защищающей деятельность Приморской организации. Какая линия правильна. Чей подход прав. Правы, конечно те, которые высказывают не смущаясь ни чем, что за это их называют фракционерами и подлизывающимися элементами перед парттройкой- что курс работы парттройки не только не фракционный, а большевистски выдержанный, ибо она вопреки шипенью вела твердую больше-вистскую линию и кто подходит здраво- критически к деятельности Приморской организации и нашли некоторые отрицательные черты. На самом деле ль парттройка и сторонники парттройки в данном случае ведут антиприморскую линию. Ничего подобного нет. Это только необоснованная ложь, сочиненная теми товарищами, которые были недовольны парттройкой, за то что мандатная комиссия откомандировала их и ведущие всякую ерунду чтобы свергнуть и втоптать парттройку в грязь. Почему это получается так, что старые курсанты целиком [или почти целиком] за парттройку и не согласны с некоторой деятельностью Приморской организации или как говорят оппозиционные товарищи "непризнание" и провокация Приморской организации. Потому что старые курсанты умеют различать хорошее от плохого и сумеют высказать указывая на правильность и скажет что правильно и наоборот. Это общий ответ. Конкретнее: потому что большинство старых курсантов и отчасти новые преимущественно комсомольцы высказали, что курс работы парттройки правильный. Потому, что они высказали, что чистка необходимая и в чистке нет никакой фракциnoй пристрастности, ибо новый набор студентов КУТВ Приморской организации был слишком "демократичен" и нет никаких фактов на основании которых можно сказать "чистка была фракционной, через фракционные очки этих товарищей, во всяком "негодном" случае могут видеть только свою фракционную оппозицию.

Потому, что они высказали набор курсантов вынешнего года Приморской организации был нехороший, что слишком много посылали сюда молодежи абсолютно политичеки неграмотных и абсолютно не участвоваших в революционной борьбе и только учивших в христианской школьной скамьи еще не изжитыми религиозным предрассудком- между тем когда мы знаем, что в Приморье около 15 косомольцев членов ККСМ пришедших тайком во Владивосток, чтобы попасть в КУТВ или партшколу, участво-вавших и активно работавших в Комсомольских организациях, которых целиком посылали обратно. Потому что большинство старых курсантов считали, что абсолютное молчание по поводу убийства 32 корпартизан Приморской организации неправильно, а надо было разъяснить и объяснить почему дело произошло, чтобы масса знала убедилась, что те которые говорят, что большевики это такие люди, которые хотят поголовно резать националистов. Вы, которые кричите что "чистка" была [⋯] нехорошая посмотрите и послушайте между собою, т. Тактиен говорит о поддержке христианских коммунистов и что необходимо нам нужно было сидеть в религиозной общине. Я не обвиняю его в том, что он сидел в христианской общине, но я только спрашиваю сколько ячеек создали в христианской общине. Ещё что сказал? Он сказал что если его оставят в Ун-те 1 год, то он в Корее в будущем году соберет 10000 партийцев. Это еще более "революционно" чем выражение "если я имею 1 стеклографический аппаратт то могу создать 2 правительство". Во всяком случае это тоже самое знакомое выражение "лидеров" Коркоммунистов, которые здорово врали Коминтерну в 19-21 году. /Оратор получает еще 5 минут /согласно голосования собрания./

Вы старые фракционеры которые знают только фракционную борьбу и слишком молодые члены ККП, которые никакого представления не имеете о большевизме обвиняете парттройку и тех, которые поддерживают её фракционерами, но этим вы добьетесь только выявления своей фракционности и нереволюционной физиономии. Отрицать все существующее на арене ревдвижения Кореи и не признавать свою партийную безграмотность - это кроме тех, которых глаза закрыты фракционной шорой могут только глупые. Очень жаль, что [вы говорите] речь т. Бройдо не только не имела никакого значения, но вы хотите извратить на свой лад, т.е. вы уже толкуете, как будто т.Бройдо тут хочет создать 3-ю фракцию. Возможно, что из вас кто-нибудь думает что т. Бройдо сторонник одной из фракции ибо он идет вопреки вашей воли. Относительно Лигишека скажу, что он в течение проживания в Ун-те занимался исключительно сплетничеством на руководителей. Я не буду расказывать о ложном сплетничестве Лигишека, а скажу одно: он теперь уже признался, что был не прав но здесь на собрании ...., только потому, что он хочет сохранить свою "горячую кровь" Эта ещё вреднейшая ложь. 2-3 дня тому назад он передо мной признался и принципиально и тактически что он был не прав. А здесь заново играет в мурки. Таким не место в Ун-те и в КСМ.

Относительно Кимхо я скажу, у него типично интеллигентская и мелкобуржуазно-индивидуалистическая псхология. Он написал две статьи в стенгазету где, первым долгом фабрикует 2 фракции, чтобы свергнуть и выругать 2 несуществующих, которые сотворены пером Кимхо. Ах, да конечно не разбирая даже какая «сторона права и т.д., чтобы не обидеть никого - просто общими / всегда достаточными у мел.-бур. интеллигента/ фразами говорит свысока нам "ярким фракционерам" : вы низкие» Он этим хочет показать свою "чистоту" и «сверхфракционнсть», но вышло наоборот: он показал свою интеллигентскую слабость и мелк-бур. колеблемость, шаткость и т.д и т.п. Единство для нас не создание Ⅲ фракции, а единство вокруг ленинизма, единство к направлению подготовки работников, способных к созданию Коркомпартии.

ОЧЕРТЮ.

Нам обидно, что мандатная комиссия не ценит участие в мартовской демонстрации. Эта выходит так, потому что Приморская организация не авторитетна. Во время "чистки" курсантов парттройка сказала, что место у нас мало, и поэтому "чистим". Но потом приняли новых курсантов из Ленингр. военшколы. Тут существует какая-то тайна.

ПАК София.

Товарищи. Мандатная комиссия- это личный орган т. Кимсантаги. Это вы так говорите потому, что вы не знакомы с азбукой большевизма. Вы обвиняйте парттройку, чисто с точки зрения индивидуального интереса. Вам необходимо нужно переварить в фаб-зав. котле, чтобы вы изжили мел-бур. индивидуализм, чтобы выковать из вас пролетарских революционеров. Вы считаете парттройку как будто семейной или шкурнической организацией: меня оставили будто- бы потому, что я жена Комсантаги. Однако мне не понятно, такие дисциплинированные товарищи по отношению к Приморской организации, почему вы так темны и по отношению к Университетской организации вообще и в частности - парттпройки.

ЗАКЛЮЧИТЕЛЬНОЕ СЛОВО т. КИМСАНТАГИ.

1. Ввиду того, что собрание большинством решительно высказалось, опровергло и осудило тех товарищей, которые нападали на партройку, что т. Бройдо сказал нам наиболее ценную для нас речь, я во избежании тафталогии, я не буду говорить по вопросу о том насколько и как они были неправы. Поэтому я остановлюсь исключительно на объяснении и выяснении тех нескольких вопросов, которые были подняты во время прений.

2. Т.т. обвиняющие мандатную комиссию или парттройку почти все говорят так: кого то и кого-то надо было оставить, а кого-то и кого-то надо было откомандировать, но вообщем и в целом никто не возражает о результатах мандатной комиссии, а наоборот все одобряют. Это совершенно неправильный подход к вопросу: мы должны иметь в виду об общем результате мандатной комиссии и если мы найдём положительный ответ то кончено дело благополучно. Не может быть разговора о фракционности и т. д. хотя бы потому что откомандированные и переведенные товарищи принадлежат к самой разнообразной фракции и т.д., а некоторые и не в состоянии принадлежать даже к какой-нибудь фракции.

3. Самая серьезная мотивировка - как я уже сказал для тех товарищей, которые столь серьезно обвиняют парттройку - эта "неправильное" откомандирование или оставление каких нибудь 2-3 товарищей. Повторяю 2-3 товарищей-личность. А самый наглядный и максимально правильный пример из "неправильно" откомандированных товарищей – это переведение т. Мачунгера в Ленингр. военшколу. Посмотрим теперь на столько ли неправильно было переведение т. Мачунгера. Правда он старый партизан и член. Кор. КП. Но спрашивается: неужели так грешно перевести такую личность в военшколу со стороны мандатной комиссии, когда она находила в нем соответствие. Военшкола эта

не такое низкое место, куда недопустимо попасть партизанам. Военная наука это не такая лишняя с которыми можно заниматься только низким людям. Военшкола тоже преподает курсантам политику. Онень преступно поступала мандатная комиссия, что она нашла что т. Мачунгеру больше соответствует военшкола чем Комвуз и перевела его.

4. Тут некоторые товарищи единогласно кричали: парттройка предрассудно и фракционно сделала чистку, ибо она объявила нам что чистку сделаем, потому что у нас места переполнены, но принимает новых курсантов из Ленингр. военшколы. Не будем горячиться и поймем в чем тут дело. Дело было так: согласно с Коминтерном и по просьбе самой военшколы - Ун-т решил посылать туда 10 человек и принимать оттуда 4 человека. Я думаю, что никто не будет возражать на такой обмен, а при чем тут фракционность.

5. Я не знаю, к сожалению, кто телеграфировал в Приморскую организацию, но он немножко пальцем в небо попал. После прикле[···] вания приказа У-та где пишется что в корейской группе останется до 40 человека, на совместном заседании работников Ингруппы с восточным отделом Коминтерна мы решили сформулировать "от 40-50." Не зная этого, они телеграфировали во Владивосток: "выгоняют 29.... Вопреки постановлению нашего Бюро ячейки они и других ввели в заблуждение. Впрочем не удивляйтесь как это Кимсантаги мог дейстовать в сторону уменьшения числа откомандированных.

Ввиду того что те товарищи твердо убеждены что по вопросу стеной газете - так как стенгазета является органом парттройки - вся ответственность по поводу выпуска всякой статьи, в конечно счете возлагается на меня как на секретаря парттпойки. Об опубликовании стенгазетной. статьи т. Хансанхи главное содержание знал приблизительно так что он в своей статье сделает некоторый исторический анализ и критикует на основании обобщения фактов, некоторую деятельность Приморской организации. Но я должен сказать вследствие незнания китайской грамоты - до тонкости не знал. Поэтому в этом отношении неросредственная ответственность возлагалась и возглагается на редактора члена парттройки. Мандатная комиссия, чего там, это просто воля Кимсантаги, я расскажу вам каково было моё мнение к отдельным товарищам и как на деле вышло. По отношении Кимтону я лично настаивал, чтобы его оставили в Ун-те. Мандатная комиссия не решила окончательно, и его откомандировал Совет Ун-та. Я решительно настаивал на том, чтобы откомандировать т. Кимдина, исходя из того что у него не изжита фракционность (доказательство то что он разочаровался из-за того, что он до сих пор не выполнял директивы взять в свои руки орган Ревсоюза. Это мне передал т. Липити член. РКП с 17 года. Я не обвиняю партийца по словам беспартийного, как это делает т. Кимтенха. Но моё предложение было отвергнуто, Кимдин остался и.т.д. и.т.д. Обвиняют парттройку и в частности меня в том, что мы являемся противниками Приморской организации. Я лично никогда не говорил против оргкомиссии, а наоборот советывал и не давал товарищам идти против какой либо парийной организации. В качестве примера является запрещение т.т. Кимгюер и Липити выступать ибо я заранее учитывал их настроение, что если они выступят то будет говорить против Приморской организации. Но в частности о составе Оргкомиссии соглашался с мнением т. Кимдина: состав комиссии является большинство из эмигрантов, каковую считал неправильным, как т. Кимдин так и я.

Тов. Тянпиенон в своем выступлении сказал, что будто Соня останется только, потому что, она жена Кимсантаги. Этим он показал себя насколько он недоверчиво относится к Университетским аппаратам вообще(включая и партройку) и лично меня. Во-вторых он целиком сохраняет тот буржуазный взгляд на женщин. Это просто наивно. Вообще т. Тяктинона понять трудно. Когда то он сказал: "ни за что и ни в коем случае он не поедет на фабрику", а нынче говорит: "я уже прежде знал, что вы меня пошлете на фабрику и поэтому я физически обеспечил свое здоровье, т.е. достаточно спортом занимался. Однако не следует толковать о нем. Кимтону такой "сознательно- дисциплинированный" по отношению к

Приморской организации почему то по отношению к представителю Коминтерна и Ректора КУТВ слишком несознательно непартийно и недоверчиво относится. Что то у него в голове неладное произошло.

Если основываться на телеграмме Приморского Губкома в нынешнем году в КУТВ командировок [исключительно] революционный кадр. Но я слыхал от нового студент Кимдина что новый набор в общей сложности даст не более 15 человек хотя бы с революционным духом, не говоря уже об их революционной активности. Почему обращаю внимание на Кимдина, ибо Кимдин непосредственно связан с комиссией. Посмотрим на Хеденкира, Лисанхи и Пакфирхан. Эти ли товарищи революционный кадр. Эти товарищи говорят, что [нас] вычистили из своекорыстных целей. На мандатной комиссии им был задан вопрос "после окончания не желаете ли быть попом. Отвечают "Не очень желаем Таких элементов можем ли мы принимать как революционный кадр.

Хотя я не знаю к какой группировке принадлжат те товарищи, которые обвиняют меня во фракционности, но я ни к какой группировке не примыкаю. Я с товарищами [Ханом] и Техун близко знаком, [о составе курсантов и о работе КУТВ- не веду с ним ни каких разговоров и] я избегаю сблизиться с ними. Из чего можно заключить что моё действие фракционное? Относительно Ким Техе и Пак Анисья в мандатной комиссии было много споров. Оставление их объясняется следующими причинами. Как вы товарищи хорошо знаете в условиях корейской действительности еще мало работниц среди женщин. Подготовить их до нынешнего уровня тоже не легкое дело. Вот почему они оставлены. Не подумайте также товарищи что Ким Техе оставлен по знакомству с Техуном. В заключении я призываю вам отныне выбросить с корнем фракционные дрязги, объединиться в стальное единство. Наша задача учиться, учиться и ещё раз учиться ленинизму и корейскую революцию направить по пути Ленина. Пред нами единственная задача. Подготовить […] кадр настоящих революционеров, которых мы можем преподнести в подарок коркомпартии и сказать. Вот наш подарок примите его.

Заключительное слово т. Бермана.

Основной документ, который перед нами и который нам нужно разрешить, обсудить и вынести свое отношение - это заявление от группы товарищей в коминтерн, ЦК и т.д.. Я не говорю о других документах. Почему я указываю на этот документ. Потому что анализ этого документа покажет нам физиономию опозиционно-настороенной группы, ибо в этом заявлении зафиксированы мысли этой группы. Подавшие это заявление первым долгом поступили антипартийно, ибо минуя Бюро ячейки и другие соответствующие органы партии они пытались доказать, что в КУТВ якобы существуют элементы, поддерживаемые Бюро яч. и ректором Ун-та т. Бройдо и все решения утвержденные ими явилось как бы расправой с какой то группой. Дальше в одном месте заявления говорится о какой то академической оппозиции. Такой группы и уклона вообще еще ни в одной партии не существовало и это чисто явление Ким Тону. Как называется фракция подобная Ким Тону. Товарищи раньше в начале я был за откомандирование Ким Тону, но не по тем причинам которые сегодня у меня проявились. После такого повеения, которое допустил Ким Тону я подымаю обе руки за его откомандирование. Ким Тону не дале от партии, он состоит во фракции клеветы, мещанства и склоки. Ким Тону собрал вокруг себя тех, которые были вычищены, несмотря на то что Ким Тону не состоит в Корейской группе и вычищен Советом Ун-та. В том отношении он склочен. Ким Тону ведет склоку из за побуждений и личного шкурнического интереса. Он ведет склоку потому что его вычистили. В этом отношении его фракция шкурническая мещанская. Ким Тону откомандирован и поэтому он клевещет на ответств. работн. КУТВ доноса неправильную информацию в этом отношении его фракция клеветническая. Это представляет одни документ который мы разобрали. Теперь тут все обвинение сводится к тому, что чистка явилась расправой одной группы над другой, расправой с Приморской фракцией. Представитель

Коминтерна и т. Бройдо как будто бы пристрастны. Откуда такое мнение. Они это утверждают потому что их больше бьют. Тут еще говорили, что т. Бройдо организатор новой фракции. Это чепуха. Тов. Бройдо вовсе не призывал к организации новой фракции он призывал вас отбросить все фракционности и дружно взяться за учебу. Тут некоторые товарищи неправильно выступали сыпля обвинения приморской организации. Я не знаю Приморской организации, но руготня излишня, нужна деловая критика. Тов. Ким Тону выступая говорил, что Берман как будто бы сказал ему, что он ведет агитацию и пассивен, что я никогда ему не говорил теперь в этом я убежден, а кроме того Ким Тону шкурник. Посылка на производство ему страшна, производство для Ким Тону не ссылка а выпрямление его партийности. На производстве с ним не будут обращаться так как мы здесь с ним обращались. За такие проделки, которые он здесь проделывал производств. ячейка по голове гладить не будет а сразу же выкинут, что конечно Ким Тону поймет. Дальше здесь т. Ли Енсик выступая говорил что Коркоммунисты сейчас объединены реально и только в КУТВ еще не объединены что поэтому нужно объединить учащихся. Товарищи Ли Енсик должен знать: сейчас учащихся, как он понимает нет, есть коммунисты и студенты КУТВ. Дальше он говорит что основные принципы руководств мандатной комисси правильны, но чистка была произведена неправильно. Тот коммунист который сегодня подписывается на одном т.е. утверждая что манд.комиссия правильно делала, а завтра подписывается под другим утверждающем направильность мандатной комиссии, вообще не коммунист.

Основной вывод, который я делаю заключается в том, что Бюро яч. или же т. Бройдо не намерены защищать ни одну фракцию. В самом деле смешно, почему Бюро ячейки может быть и открыто обсуждать о повещении Троцкого и Троцкизма, а против Ким Тону и его как будто бы не может. Если бы понадобилось защищать какую нибудь группу, то мы сделали бы это открыто и легко расправились бы. Наша задача создать крепкое ядро коммунистов из всех оттенков группы отбрасывая ненужные элементы, как Ким Тону и Ли Енсик. Тов. Бройдо не зря говорил отбросить фракцион. дрязги и дружно взяться за учебу, ибо это есть единственно возможный путь для создания крепкого ядря коммунистов.

Т. Ким Тону вносит предложение принять резолюцию по пунктам, а т. Ким Сантаги предлагает принять в целом. Принимается большинством против 4 резолюция в целом Ким Тону заявляет что, он и некоторые т.т. Не согласены с 2 и 6. Резолюция ставится на голосование. Принимается единогласно против одного Ким Тону. Ким Тону просит зафиксировать о том, что он не согласен с п.п. 2 и 6

ПРЕДСЕДАТЕЛЬ

СЕКРЕТАРЬ

[РГАСПИ, ф.532, оп.2, д.132, лл.11-25об.]

106. ПРОТОКОЛ СОВЕЩАНИЯ ПО ВОПРОСУ ОБ АКАДЕМИЧЕСКОЙ И ПОЛИТИЧЕСКОЙ ПРОВЕРКЕ СРЕДИ КОРЕЙСКИХ СТУДЕНТОВ КУТВ 30 ЯНВАРЯ 1925 Г.

Присутствуют: т.т. Петров, Воровой, Кучумов и Пак-Ай.

Слушали	Постановили
1. Заявление т. Пак-Ая, который считает:	1. Признать работу мандатной комиссии и администрации КУТВ по проверке среди корстудентов в общем и целом целесообразной и правильной.
1) Полезным дальнейшее сокращение корсектора за счет беспартийных до 45 ст.	
2) Неправильной и тенденциозной проведенную проверку	2. Состав корсектора на будущее время установить в 40-45 чел.
3) Неправильной позицию парттройки, выявившейся в статьях в стенгазете о чем им подано заявление в ЦКК.	3. Считать полезным и необходимым чтобы будущий прием состоял исключительно из членов и кандидатов компартий и комсомола.
4) Указывает на ряд студентов, неправильно исключенных и неправильно оставленных в университете.	4. Считать проведение новой проверки в данный период нежелательным. Это может внести новые осложнения в учебную работу университета.
5) Указывает на продолжающееся недовольство среди студентов КУТВ, уже перенесшееся в Ленинградскую Об''единенную Интершколу. В прениях выступавшие т.т. Кучумов и Воровой, соглашаясь с некоторыми предложениями т. Пакая, в большинстве вопросов с ним согласны не были.	5. Произвести временно приостановление Вост.отделом ИККИ откомандирование на производство четырех студентов.
Т. Петров, резюмируя обмен мнениями, вносит ряд предложений.	6. Признать, что обсуждение действий парттройки и ее позиции в вопросе и статьях в стенгазете вне компетенции данного заседания.
	7. Вопрос о т.т. Ли-Ги-шеке, (авторе воззвания против парттройки), Хан-Сан-хи (авторе статьи "Моя задача" в стенгазете) и т. (авторе второй статьи) отложить до очередного заседания коркомиссии ИККИ.

ПРЕДСЕДАТЕЛЬ   Петров

СЕКРЕТАРЬ   Боровой

[РГАСПИ, ф.532, оп.1, д.422, л.28.]

107. ПРОТОКОЛ ЗАСЕДАНИЯ ПАРТПЯТЕРКИ КОРЕЙСКОГО КРУЖКА ОТ 21/IV-25 Г.

Повестка дня

1. О выступлении т.т. Пак и Тен
2. О текущих делах

Слушали	Постановили
1. О выступлении тов. тов Пак и Тен на общем собрание корейского кружка	1. а) Вопрос о выступлении тов. Пак-Инвон на общем собрании корейского кружка передать в партийную комиссию Ингруппы для разрешения. б) Тов. Тен-Тен Кван вынести выговоры за неправильное выступление на общем собрании корейского кружка в) Тов. Но-Санер тоже вынести выговоры.
2. О текущих делах а) Покупки словаря на русско-японский для корейского сектора б) о высылке литературы в г. Вознесенск в) О переводе возвания крестинтерна на русский язык	2. а) Поручить Хан-венгий. б) Не высылать ввиду того что не имеется литературы. в) Поручается Пак Никифору.

[РГАСПИ, ф.532, оп.2, д.132, л.28.]

108. ПРОТОКОЛ ЗАСЕДАНИЯ ПАРТПЯТЕРК КОРЕЙСКОЙ ГРУППЫ ОТ 29/IV-25 Г.

Повестка дня

1. О постановлении парткомиссии ингруппы
2. О библиотеке корейского сектора
3. О выписке книг из корейской библиотеке в г. Владивостоке
4. О текущих делах

Слушали	Постановили
1. О постановлении парткомиссии ин.группы	1. a) О VIII пункте решения парткомиссии ингруппы, корейская партпятерка, считая вынесение этого вопроса на общий университетский суд не целесообразно, поэтому просит парткомиссию пересмотреть этот вопрос совместно с партпятеркой корейской группы. b) Остальные пункты принять к сведению для руководства дальнейшей работы в корейской группе.
2. О библиотеке корейского сектора	2. Для обследования книг выделить комиссию в следующем составе: тов. Цой Хичан от партпятерки, Кан-Чедан, О-Чану и Ким Хэнду - сроком представления работы дать одну неделю.
3. О выписке книг из корейской библиотеки в г. Владивостоке.	3. Просить парткомиссию сноситься через выше партинстанций о затребовании марксиских литератур из Владивостотской Корейской библиотеки при корсекции губком. РКП(б)
4. Текущие дела a) Об издании журнала на Корейском языке	4. Считать необходимым и целесообразным издание журнала на корейском языке b) Предложить ЛИК при корейской группе в недельный срок представить план изданий журнала.

[РГАСПИ, ф.532, оп.2, д.132, лл.29-29об.]

109. ПРОТОКОЛ ПАРТИЙНОГО СОБРАНИЯ КОРЕЙСКОЙ ГРУППЫ ОТ 16-ГО МАЯ 19[···] ГОДА.

ПОВЕСТКА ДНЯ: Доклад о политическом состоянии корейской группы - Секретаря партпятерки тов. ПАК-НИКИФОРА. -

ДОКЛАД тов. ПАК-НИКИФОРА.

Свой доклад я начну с резолюции общего партийного собрания Корейской группы в январе 1925 года, разбиравшего последнего склоку в корейской группе. Основной пункт резолюции гласит: Признать необходимым направить все силы на изучение ленинизма, программы, тактики и стратегии Коминтерна. Объявить решительную борьбу против всяких группировок и фракций.

Необходимо изучить все о чем говориться в этой резолюции, чтобы применить в условиях работы в Корее, где революционное движение развивается не нормально.

Уже во время перевыборов парттройки у некоторых лиц определилось определенное настроение, выражавшееся в том, что они проводили линию, что руководящие лица парттройки т.т. Пак-Никифор и Ким Сан-таги являются оппортунистами. Такое настроение породило теперешнее положение в Корейской группе.

Первым вопросом несогласия с новой парттройкой явились тезисы на Дальне-Восточную конференцию. Парткомиссия думала созвать Дальне-Восточную конференцию. Каждая группа должна была составить тезисы об экономическом положении и задачах коммунистов своей страны. Под руководством Коминтерна и Парткомиссии Ингруппы такие тезисы Парттройкой были составлены. На общем собрании коммунистов группы они были раскритикованны, но совсем не по существу. Главным образом напиралось на то, что там ничего не говорится о тех группировках и фракционной борьбе, которые существуют в Корее. Эти вопросы были парттройкой опущены сознательно, так как наша основная задача не затрагивать, тех вопросов, которые внесут только раздор, а применить все свои силы на изучение того о чем говорилось в вышеприведенной резолюции.

Вторым пунктом разногласия был вопрос о товсуде. На 2-х товарищей было подавно заявление одной студенткой (Пак-Соня), о том, что они часто, якобы в форме товарищеской шутки, ругаются неприлично при студентках. Рассмотрев это дело парттройка решила, что дело касается не только этих 2-х товарищей, а есть ненормальное явление во всей группе и решила поставить этот вопрос во всей его широте в воспитательной форме, чтобы изжить эту ненормальность. Многие же товарищи подошли к этому вопросу иначе, они находили, что вопрос не надо было передавать и тов.суд, а разрешить самим. В результате этого главный пункт резолюции товсуда был на общем собрании отменен и вынесена резолюция порицания к 3-м товарищам на которых было подано в товсуд и той студентке, которая подала заявление.. Такое разрешение этого вопроса не дало желательных результатов.

Ещё один пункт расхождения: после постановления собрания в январе студент Ли-Мин-Шен продолжал склоку, собирал подписки о т.т. и на все попытки остановить его отвечал, что он прав так поступать. Группа решила его откомандировать. Партпятерка в начале предлагала оставить его откомандирование до весны, но потом согласилась с мнением группы. Но Коминтерн не находил куда его отправить и в результате товарищ до сих пор здесь. Как реагирует на это большинство т.т. У них создалось мнение, что партпятерка игнорирует их решение и все таки хочет поступить по своему, но почему то, за исключением некоторых т.т. ни один не обращался за разъяснением этого вопроса в партпятерку.

Следующий существенный пункт разногласия – это закрытие комсомольского собрания. Партпятерка по предложению парткомиссии разработала несколько вопросов для постановки их комсомольском собрании. Решили поставить вопрос об обязанностях комсомольцев, их взаимоотношений с партийцами и беспартийными. Союзный организатор поставил вопрос об общем открытом собрании, вместе с беспартийными т.т. Докладчик

Тю-Чен-Сон касаясь вопроса о том как не должен вести себя комсомолец привел о т. Чо-Хуне, который говорил некоторым комсомольцам, что в группе есть неблагонадежные лица, комсомольцы стали распространять эти сведения среди беспартийных, выставлять Чо-Хуна, как фракционера. Некоторые беспартийные которых этот вопрос задел, на собрании стали обсуждать кем является Чо-Хун. Тут же некоторые комсомольцы стали друг друга называть контр-революционерами. Партпятерка видя, что собрание принимает нежелательный характер, переходит на личную почву в присутствии беспартийных - закрыло собрание. Этот момент внес недовольство среди беспартийных, создалось мнение, что партпятерка применяет насилие членам партии и комсомольцам было дано объяснение почему собрание было закрыто.

Если посмотреть на данное политическое положение группы, то все те моменты о которых здесь указывалось являются только причиной, корни же не в этом. Из выступления беспартийных можно видеть, что т.т. Пак-Никифор и Ким-Сен-Таги, будучи руководителями не дают группе возможности обсуждать все вопросы фракционной борьбы в Корее, а им, по их мнению, как будущим работникам в Корее надо знать и разбирать все эти разногласия в корейской компартии. В силу этого они выкапывают всевозможные старые истории, переходят на личную почву.

Все эти разногласия/ указанные здесь/ являются только поводом для выражения недовольства, главным образом беспартийными. Недовольство в том, что в течение 2-х лет Коминтерном ни разу не был поставлен в группе вопрос о внутреннем положении корейской компартии, о том, как развивается там движение. Были здесь делегаты на 12-й съезд партии, на 13 партконференций и Коминтерн не дал им возможности поставить в кор. группе такие доклады. Линия Коминтерна – была изолировать кор. группу, не вносить в нее тех разногласий, той фракционной борьбы, которая существует в корейской компартии. Конечно желание это очень естественно, но переговоры с Коминтерном не приводили ни к чему. Было предложено все внимание направить на изучение опыта русской революции, а не разбора разногласий. Недовольство всем этим было направлено на руководителей, стоящих во главе кор. группы. Обвиняли их в том, что они не интересуются теми вопросами, которые интересуют всех корейских т.т. что они не заинтересованы в корейской революции, не подходят как революционеры в Корее и т.д. Их желание - снять с руководства этих т.т. и развивать свою точку зрения. А их точка зрения приблизительно такая: что все ненормальности в корейском движении оттого, что им руководят эмигранты, нужно самим завязать непосредственную связь с Кореей. Нужно ставить все эти вопросы на обсуждение кор. группы и не только обсуждать, но и активно действовать/ В частности развивали эту точку зрения Ким-Ги-Ер и Хон-Чу-Чон,/ например если недовольны действиями приморской организации, то надо в этом

[해당 원문 1면 누락]

Самая активная группа - нашедшая себе мнимые переспективы - обвиняет Кима в оппортунизме.

Товарищи не любят науки, а дай им политические группировки. Вопрос был поставлен так, что пока корейская группа не успокоится нельзя ставить никаких докладов о внутрипартийном положении Кореи.

Настроение борьбы старое дело, раньше просто не находилось повода. 2 1/2 м-ца тому назад была принята резолюция, что линия партпятерки правильная. Ошибки конечно были, но вместо того, чтобы товарищеским путем исправить это - взяли неправильную линию. Молчали, а потом воспользовались выступлениями беспартийных и стали их поддерживать. Это совершенно неправильный подход/ непартийный. Обвиняют партпятерку в том, что она до сих пор не поставила этот вопрос на обсуждение группы. Если бы это было поставлено раньше, то т.т. забыли бы все на свете и совершенно отдались бы этой борьбе с пятеркой, а сейчас эта борьба у некоторых т.т. самоликвидируется.

Необходимо взять в основу дальнейшей работы 1/ резолюция собрания конца января м-ца, 2/ необходима коллективная работа, 3/ Партийное единство, 4/ все силы направить на укрепление корейской компартии, 5/ ИККИ просить, если возможно дать материалы для обсуждения, которые принесут пользу.

Вопросы

К КИМУ

Ли-Дин-Тек: Почему т. Ким против Кор. Бюро и в чем ошибки партпятерки.

Ответ: Субъективно против - к плодотворной работе не приведет. - Ошибки партпятерки были в неправильном подходе к делу товсуда. В закрытии комсомольского собрания - не было договоренности. -

К ПАК-НИКИФОРУ:

КИМ ПЕ НЮР: Подавшая заявление в товсуд написала неправду. Недовольство на ругань среди женщин – студенток не существовало. Как смотрит на это партпятерка.

ОТВЕТ: Вопрос ставился к партпятерке - решили поставить его на принципиальную почву, чтобы этого больше не было. Ругань есть, может быть в форме товарищества, но женщины этого не хотят. Это создает известное стеснение, может быть, шуточное, но стеснение.

КИМ ПЕ НЮР: Чем доказать, что партийцы идут за беспартийными:

ОТВЕТ: В момент: когда получился взрыв среди беспартийных, что делали партийцы - они говорили, что надо выслушать беспартийных, принять меры. А где до этого были партийцы. Другой пример – в присутствии беспартийных выступает член партии и говорит, что вот будет мандатная комиссия, она даст по шапке кому следует и тогда некого будет обсуждать, повторяет слухи, которые ходят среди беспартийных.

т.[…]: Тезисы, выработанные партпятеркой на ДальнеВосточную конференцию были приняты всем собранием, почему т. Пак говорит, что при обсуждении этих тезисов выявилась борьба.

ОТВЕТ: Уже тогда со стороны некоторых т.т. намечалась линия недовольства партпятеркой о невключении вопросов фракционной борьбы.

т. ПЯК ЕН ХИ: Зачем затронул т. Ли-Ми-Ен-Шена.

ОТВЕТ: Остановился потому, что как говорил у студентов было недоумение – почему он до сих пор не откомандирован.

т. ПЯК ЕН ХИ: Если в группе было такое отношение мужчин к женщинам /ругань/ ставился ли этот вопрос раньше на партпятерке .

ОТВЕТ: На вопрос смотрели спустя рукава, но когда он возник его надо было обсудить.

т. ПЯК ЕН ХИ: почему партпятерка допустила, чтобы на открытом парт-комсомольском собрании затронули вопросы, которые нужно было обсудить на закрытом. Почему допустила в стенгазету статью "Борьба" если она теоритически неправильна.

ОТВЕТ: В смысле организационном комсомольцы должны были сами организовать свое собрание, что вина комсомольской организации. Стенгазета еще не вышла, если статья и будет в стенгазете, то с критикой – почему она является левым уклоном.

т. ТЮ ЧЕН СОН: правильна ли линия патрпятерки по недопущению обсуждения полемики по корейским вопросам.

ОТВЕТ: Есть разделение в вопросах: вопросы экономического характера о перспективах революции, ее путях – эти вопросы мы должны обсуждать, но вопросы внутрипартийной борьбы, фракционной борьбы не принесут нам пользу. Я нахожу правильной линию, что их не надо обсуждать.

т. ПЯК ЕН ХИ: Не было ли со стороны членов партии указания на ошибки руководителей.

ОТВЕТ: По некоторым вопросам указания были. Но по вопросам товсуда и закрытия комс. собрания сомнения у членов партии были, ошибка их в том, что они не постарались выяснить эти сомнения в партпятерке.

т. ЛИ ДЭИ ТЕН: Не допускалась дискуссия по внутрипартийным вопросам давалось объяснение почему так.

ОТВЕТ: Неоднократно давались с прошлого лета.

т. О ЧАН У: Когда возник вопрос о ЧО-ХУНЕ были ли попытки со стороны партпятерки узнать где корни.

Правильны ли слухи об отправке на экскурсию по приказу партпятерки.

ОТВЕТ: Вопрос к нам не относится. Партпятерка не обязана обсуждать поведение всех членов партии.

Если даже правильно, то тут все же у т. О-Чан-У замечается уклон в сторону того, что партпятерка должна быть только исполнительным органом. Не может партпятерка по всем пустяковым вопросам собирать собрание группы.

Т. Ли Дингу: сколько недовольных линий и все ли они под влиянием КИМ-ГИ-ЕРА и ХЕН-ЧИН-ЧЕНА.

ОТВЕТ: Сколько недовольных сказать нельзя, но все они по вопросам недовольства блокируются о КИМ-ГИ-ЕРОМ и ХЕН-ЧИН-ЧЕНОМ.

тов. [···] : Если со стороны Ким-Гю-Ера и Хен-Чир-Чена было обвинение руководителей в оппортунизме, что делалось для разъяснения им.

ОТВЕТ: Был применен метод убеждения, если это не подействует, то придется применить метод принуждения.

т. ПАК ИН ОН: Кем был выделен Хан-Ин-Гап на конгресс Крестинтерна, кто выделил Ким-Хобана в товсуд.

ОТВЕТ: Партпятерка никакого отношения к этому не имеет. Был запрос в Бюро ячейки и она выделила.

т. ХАН СЕН ТЮ: Почему постановление корейской группы было отменено товсудом.

ОТВЕТ: Товарищи до сих пор не понимают, что корейское собрание не есть высшая организация и если вопрос передан в товсуд и тот находит, что постановление было не правильно, то он всегда может отменить.

т. КИМ ПЕН НЮР: Имеет ли право парттройка при расширении в партпятерку не обсуждать кандидатур на фракции, а прямо ставить на общем собрании.

ОТВЕТ: У нас была неправильная постановка вопроса, парттройка набиралась прямо на общем собрании с беспартийными. При расширении кандидатуры обсуждались в парткомиссии и по старой привычке поставлены прямо на общее собрание.

т. ПАК ЕН ХИ: Знала ли партпятерка, что в группе такое положение и если не знала то чем объяснить такое слабое наблюдение.

ОТВЕТ: До взрыва не знали в каких размерах, но тенденции знали. Наблюдение не могло быть глубоким - если со стороны членов партии видим отношение к партпятерке, как к чужому органу, с которым никто не делится своими наблюдениями. Если была ошибка в слабом наблюдении со стороны партпятерки, то и все члены партии виноваты в этом потому, что не делились своими наблюдениями.

т. ЛИ ДИН ГУ: Какими мерами изжить эти явления.

ОТВЕТ: Все члены партии должны осознать свои основные задачи, изучение ленинизма и т. д./ Нас послали сюда не для обсуждения вопросов фракционной борьбы, а именно для изучения. Должны все это осознать, сплотиться и давать должный отпор всем уклонам.

т. О. ЧАН. У: Почему со стороны некоторых т.т. были визиты к корресподенту ЧО-СЕН-ИРБО.

ОТВЕТ: посещение было запрещено. Было разрешено только одному тов. КИМ-ХО его навестить /они вместе учились/, но были даны директивы о конспиративной стороне КУТВ ни слова не говорить. Если были другие посещения, то партпятерка о них не знала. Если знали другие т.т., то почему они не довели до сведения партпятерки.

ПРИМЕЧАНИЕ: выясняется, что кроме т. Ким-Хо других посещений не было).

т. ЛИ ПИ ТИ: Взрыв недовольства уже 3 недели, были ли заседания партпятерки для обсуждения ликвидации этого.

ОТВЕТ: Вопрос был передан на разрешение в высшую инстанцию- в парткомиссию и поэтому партпятерка его не обсуждала.

КУЧУКОВ: Задано 3 вопроса, один как к председателю парткомиссии […] комиссии по разрешению вопроса. Обсудив комиссия решила не отвечать на вопросы и не выступать, пока все товарищи не выскажут своего мнения. На вопрос т. ПАК ИН ОНА / к председателю парткомиссии / может ли собираться пятерка по инициативе своих членов.и по распоряжению парткомиссии, и в том и в другом случае обязан предоставлять свои решения на утверждении парткомиссии..

Прения по докладу тов. ПАК НИКИФОРА.

ТОВ. НО-САН-ЕР: Все дело плохо оттого, что между руководителями и партийцами нет солидарности, и между членами партии и беспартийными. Причины:

I / Партийная невыдержанность членов партии :

Факты: На закрытом партсобрании выносят единогласно то или иное постановление, на общем собрании поднимают голос против своего же постановления. Если находят, что первое решение было неправильно, нужно 2-й раз рассмотреть на фракции.

Например: На перевыборах Рев. Союза учащихся корейцев г. Москвы некоторые т. т. подали голоса против своего постановления. Не все сознают, что плохо поступают. Некоторые сознают, например Тю-Чен-Сон, но т. Ким-Пе-Нюр до сих пор находит, что он был прав. Дело исправления ошибок партийцев должно быть делом самих партийцев, у нас часто беспартийные указывают и исправляют. Указывает как пример, на невыдержанность т. Ким-Пе-Нюра и Пак-Ин-Она, когда беспартийные подняли вопрос о пересмотрении партийной линии наших, партруководителей шли за ними.

2) Слабость пятерки.

Членов пятерки – 5-й между ними нет солидарности – все идут в разные стороны. Например: Дело Пак-Сони – т. Пак-Ин-Он / член партпятерки / высказывался против постановления партпятерки. Нет руководства: Когда на собрании беспартийные требовали рассмотрения линии партийной линии – Хан-Ин-Гап / председатель собрания / не мог руководить собранием. Не была дана пятеркой. Он только кричал, а партийцы на собрании шли за беспартийными.

3) Заседаний пятерки бывает мало. В группе бывают вопросы, которые необходимо сейчас же разрешать.

4) Секретарь партпятерки т.Пак−Никифор слаб, не может руководить. Когда комсомольцы или члены партии поступают неправильно не может им разъяснить правильную линию.

5) Не обращают серьезного внимания на стенгазету и статьи в ней. т. Пак−Никифор в докладе, в качестве примера, что есть левые уклоны, взял статью "Борись". Немного ее разукрасил, в ней не было ничего такого о чем говорил Пак−Никифор.

6) Слабое руководство комсомолом. Комсомольцы часто не понимают своих элементарных обязанностей, не понимают как должны вести себя на партийных собраниях. Партпятеркой в этом направлении ничего не сделано.

7) т. Ким−Сан−Таги, как руководитель неправильно понимает настроение кружка. Ким−Гю−Ер и Хен−Чир−Чен/Беспартийные/ не понимают вопросов : но не все партийцы находятся под влиянием, как выходит по словам Кима. Из этого непонимания вытекают нежелательные осложнения. Неправильно, что у этих 2-х т. т. есть пересрективы, а у других нет. В связи с этим Ким поднял вопрос-что т.т. на будущий год будут опять учиться в корейском кружке и учение русского языка ничего не принесет, это неправильно студенты не теряют время даром и усиленно изучают русский язык о том, чтобы на будущий год перейти на изучение подлинников. В этом они уверены.

8) Когда один беспартийный товарищ ЛИ−Т[···]−ЕН потребовал рассмотрения правильности партийной линии деятельности партруководителей т.т. Пак Никифора и Ким−Сан−Таги и их биографий, то т.т. Ким−Гю−Ер, Хен−Чир−Чен и Кан−Ча−Ден и др. повели агитацию, что наступил момент совершить революционный переворот в корейской группе, а если кто не сумеет использовать этот момент, тот не будет хорошим политиком. Если у нас имеются партийцы которые идут за ними, то их нужно исключить из партии, ВОПРОС т. Арешева: Среди кого вели агитацию эти т.т. о революционном перевороте.

ОТВЕТ НО−САН−ЕРА: Передал беспартийный т. О−Сен−Нюн.

т. ПАК-ИН-ОН:По инцинденту во время перевыборов Рев. Союза учащихся корейцев – много говорить не буду, но укажу на одно: т: Но-Сан-Ер говорит, что как будто при голосовании все партийцы шли за беспартийными, это неправильно Во время собрания выяснилось что постановление было не правильное, была выставлена неправильная кандидатура. Некоторые партийцы не хотели голосовать за кандидатуру выставленную фракцией. Пак-Никифор не мог уловить настроения и повернуть, линию, а твердо придерживался решения фракции, что вызвало возмущение всех. Ким-Сан-Таги сказал, что работал с Пак-Ин-Оном и будет работать, – я тоже думаю так, что буду с ним работать, но тогда когда Ким исправит свои ошибки:

1) Ким говорил, что он субъективно против Владивостокской организации, объективно же нет. Когда Ким-Ги-Ер написал статью, где критиковал деятельность Владивостокской орга-низации – Ким заявил, что он вполне содализируется с этой статьей, что тов. прав – подал заявление в Коминтерн, в Ленинграде же Ким говорил другое.

2) Когда Кутвянцам стало известно, что в Приморье были убиты 30 партизан, т. Пак-Ин-Он написал статью где высмеивал Губком, который не знает, что делается у него под носом. Ким поддерживал тов. Сейчас говорит, что он вносил поправки в его статью. Дальше – тогда же Ким предлагал послать копию этой статьи в "Авангард", согласился подписать копию. Когда ему дали на следующий день подписать Ким отказался, говоря, что только что приехал тов. из Приморья он отказывается подписать.

Одним словом про Кима можно сказать, что он троцкист, когда революция идет на убыль – он отстает, когда на подъем – а он участвует.

Еще факт: с товсудом, после заседания Ким призвал т. Пак-Ин-Она и сказал: признался, что ты неправильно поступил, а то я подам на тебя в товсуд. После этого еще раз угрожал тем же. В тоже время Ким говорил, что настала пора бороться с левыми. Это все доказывает, что Ким пользуясь авторитетом У-та давит на студентов. У него есть еще одна скверная привычка – когда ему говорят, что ты неправильно поступаешь – то Ким сейчас же говорит, что ты находишься под влиянием кого либо из беспартийных. Когда Пак-Ин-Он указал Киму на одну ошибку, то тот сказал, что он находится под влиянием Пак-Огай, заявил, что отныне мы разъединимся и просил секретаря партпятерки Пак-Никифора разобрать этот вопрос.

У тов Пак-Никифора отсутствует революционный опыт, но ввиду его молодости и если сравнить с Кимом – у него есть серьезные знания и если он будет находиться под хорошим руководством, то из него выйдет хороший работник.

Меня(Пак-Ин-Она) отделили от партпятерки и от других членов ее. Например: когда посылали делегата на конгресс Кресинтерна и в товсуд – все члены пятерки обсуждали кандидатуры, выставленные Бюро Ячейки – а я даже ничего не знал об этом заседании – никто ничего об этом заседании не говорил.

После того, как беспартийные подняли дискуссию – ни разу не было заседания пятерки – я неоднократно указывал Пак Н., но он не созывал, мотивируя тем, что вопрос передан на разрешение парткомиссии и парткомиссия не разрешает созвать заседание. Обсуждали этот вопрос вдвоем Ким и Пак Н. Было решено не устраивать заседания до мандатной: комиссии, из комиссии исключить из У-та 60% т.т., а потом уже устраивать заседания. Слышал это от Пак-Дина/ Все это доказывает, что Ким Дан Я, не революционеры, а "двадцати рубленые шкурники", которые хотят всех исключить, оставить только дураков, которые им бы подчинялись. Дальше– где факты что т.т. Ким-Гю-Ер и Хен-Чир-Чен - контр-революционеры, как говорил, Чо-Хун Если есть факты / на которые Пак в своем докладе не указывал /, то их надо исключить. По моему мнению т. Хен-Чир-Чен – энергичный революционер – если его называют контр-революционером, то это на личной почве, это делают люди, которые хотят исключить 80% и оставить дураков.

В заключении обращаюсь к Коминтерну и Киму дать определенные директивы о поведении, без этих директив – все время будут разногласия, поскольку т.т. пришли из разных организаций – каждый будет тянуть и свою сторону.

Вопрос: ПАК–НИКИФОРА к ПАК-ИН-ОНУ:

Товарищ говорил, что слышал от Пак-Тина, что решено исключить 80% студентов, пытался ли он проверить эти слухи в партпятерке. ОТВЕТ: Нет.

т. ЧЮ–ЧЕН–СОН:

1) О тезисах – были единогласно утверждены. Против выступил я, сказал, что тезисы имеют оппортунистическую окраску. Говорил вот почему – мы как марксисты знаем что из экономики надо вывести политику. В тезисах только экономика. Но ведь есть экономика и "экономика". В тезисах не указано то что было нужно указать.

2) О заявлении Пак-Сони.

Товсуд это не дискуссионный клуб – и поэтому разрешение вопроса в товсуде не может дать желательных результатов. Заявление Пак С. носит дискуссионный характер, а его поставили на товсуд. Уже сама постановка вопроса неправильная. На суде выяснилось, что Пак Соня говорила много неправды. Этот вопрос не нужно было ставить на товсуде. То что т.т. выступают против т.т. Пак Н. и Ким–Сан–Таги так у нас в У-те вообще существует антагонизм между студентами и научными сотрудниками.

Неправильная постановка [···] комсомольского собарния – вышла из за меня: я как докладчик и как секретарь комсомольской пятерки – был ответственен за него. Виноват я, виноват Ким-Хобан – союзный организатор, но виновата и пятерка - они члены кружка и руководители.

Все это сами по себе незначительные факты – почему же они имеют такое большое значение для корейской группы – что даже некоторые товарищи думают совершать "революционный переворот". По моему это объясняется тем, что слабые руководители – мало понимают движение Кореи. Если сравнивать наших руководителей с т.т. Ван–И–Секи Алимовым – то [···] эти руководители конечно лучше.

Пак Н. и Ким-Сан-Таги – русские корейцы, а к нам прибывают т.т. из Кореи. Разница между ними большая, не понимают друг друга, не могут обмениваться своими мнениями, нет общего. Всегда для обсуждения вопросов собираются по группам – Россия и Корея.

ВОПРОС т. КОЗЛОВА / Секретарь Бюро ячейки/

1) В чем выражается антагонизм между научными сотрудниками и студентами.

2) Если виноваты в неправильной постановке вопроса Тю-Чен-Сон и Ким-Хобан – зачем обвинять партпятерку.

3) Если и тов. находят, что причины для разногласий очень незначительные, то почему дело доходят до таких больших собраний. Как изменить существующее положение и что делалось в этом направлении самим Тю-Чен-Соном.

ОТВЕТ: Может быть антагонизм не в У-ком масштабе, а в ингрупповском (Примеры - турецкая группа – т. Алимов, китайская – т. Бан-И-Фей). В неправильной постановке комсомольского собрания я буду отвечать перед партпятеркой, а перед массами будет отвечать партпятерка, потому что Ким-Хобан созывал это собрание от имени партпятерки. Почему дело при маленьких разногласиях доходит до больших собраний – в этом слабость руководителей. О конкретных мерах я не думал (как изжить) я сам делал все то, что нужно было делать. В прошлом году на дискуссии выступал и говорил почему были неправы некоторые т.т. и т.д.. инцидент с перевыборами Рев. Союза для учащихся – на закрытом собрании защищал линию пятерки.

(Примечание : выясняется, что т. Тю-Чен-Сон на общем собрании выступал против решения фракции)

тов. КИМ-ЧЕР-ГУК:

тов. Пак-Никифор пытается найти причины ненормальностей, но \он их излагает в путанном виде. Ненормальности существуют не потому, что виноваты отдельные лица – а потому, что нет дисциплины. Пример, когда были убиты в Приморье 30 партизан, один партиец стал в присутствии беспартийных ругать приморскую организацию – тем предал партийный секрет.

Тю–Тюн–Сон вначале резко порицал т. т. на которых было подано заявление Пак С., но когда на собрании выявилось, что т.т. большинство против Пак–Сони – он повернул свою линию.

т.т. Хер–Чер–Чен, Ким–Ен и Ким–Гван–Ери (последний комсомолец) что-то агитируют между собой, когда я спросил в чем дело тов. Ким–Гван–Ери – тот ответил: пошел к черту. Это показывает что они хотели обсуждать какую-то оппозиционную линию. Партпятерка вела слишком умеренную политику, и поэтому возникает оппозиция. -

тов. ЛИ-ДИН-ГУ.

Мы должны каждое явление анализировать с точки зрения исторического материала. Если смотреть на доклад Пак Н. с этой точки зрения, то у него замечается уклон в сторону идеализма. Если существует ненормальности, то по докладу Пак Н. выходит, что виноваты только 4 человека (Ким-Гю-Ер / Хен-Чир-Чен / Пак Н. и Ким-Сан-Таги), и они являются разбойниками революции. Если посмотреть настроение курсантов, то все они против Кима и Пак Н., и в этом виноваты Ким и Пак Н. Наши ненормальности имеют старую историю. Собранные здесь т.т прошли подпольную работу, они теперь хотят ясно изучить путь по которому им надо идти. В этом желании встречают препятствие - незнание русского языка, решают приобрести корейскую литературу, собирают деньги, поручают выполнение т.т. Киму и Пак Н. - они до сих пор ничего не сделали. Выдвигают их в качестве руководителей в Рев. Союз учащихся - тоже ничего не сделано, мотивируют, что в силу объективных условий и т.д и т.д. 2 года назад у студентов было настроение против Пак Сони. Постановили даже исключить её из У-та. После успокоения этого настроения Ким заявил одному ответственному товарищу / от. секретарь Губкома Корсекции - Ли-Ен-Шен/, что он с трудом усмирил склоку между новыми и старыми студентами, хотел показать себя перед ответственным товарищем. Была написана одна статья в газете, Ким назвал эту статью контр-революционной и порвал её.

(Примечание : Выясняется, что статью порвал ответственный редактор стенгазеты по соглашению с партпятеркой)

Все корейцы, которые находятся в КУТВ собираются вести в дальнейшем революционную работу - ясно, что вопросы политики кор. компартии их интересуют, они хотят обсуждать эти вопросы, им не дают разъяснение всех тех вопросов, которые их волнуют, подавляют в них это желание угнетением, в результате т.т. которые уезжают в Корею служат там швейцарами, в лучшем случае - учителями.

Если т.т. высказывают другую точку зрения, чем т.т. Ким и Пак Н. - то им сейчас же говорят - вы находятесь под влиянием беспартийных. Но возможно, что мнение членов партии и беспартийных сходятся, не всегда беспартийные должны быть не правы.

Все это доказывает, что Ким-Сан-Таги и Пак Н. не революционеры, а мелко-буржуазные мещане, ищущие теплого местечка. Благодаря такому угнетению нашим партийцам остаётся только закрыть рот, им не дают дышать.

Эти ошибки наших руководителей погубят все перспективы др.товарищей.

Т.т Пак Н. и Ким-Сан-Таги недостойны быть руководителями. У них нет никакого революционного опыта, революционного духа, им нужно поработать в тяжёлых, подпольных условиях.

В этом вся пропасть между всеми членами партии и т.т. Пак Н. и Ким-Сан-Таги.

ВОПРОС тов. КИМ САН ТАГИ:

Как же послать нас на подпольную работу, если мы не революционеры.

ОТВЕТ:

Причина того, что вы не революционеры - это отсутствие революционного духа, не знакомы с условием подпольной работы, вам надо на этой работе закалиться.

тов. КИМ-ПЕ-НЮР:

Со дня пребывания в университете с 1923 года я не знал покоя, не мог учиться. Причины всех разногласий как будто бы не личного характера - оказываются серьёзными политическими разногласиями.

1) Группа тт., прибывших вместе с Пак Соней, созвала собрание корсектора и два раза постановила исключить Пак С. из У-та. Это до сих не приведено в исполнение.

2) Когда приехал т. Ли-Мин-Шек не было фракционной борьбы, но т. Ким-Сан-Таги сказал, что он усмирил склоку, для того, чтобы выставить себя перед ответственным товарищем.

3) Откуда получается пропасть между партийцами и беспартийными : мы, партийцы, сами отчуждаемся от беспартийных. Пример: обращение т. Ким-Сан-Таги с Ким-Гю-Ёром и Хён-Чир-Чёном. Ким-Сан-Таги созвал фальшивое партийное собрание. Я, будучи в то время парторганизатором ничего не знал о нём. Об этом собрании т. Ким-Матвей сообщил этим т.т. Они пришли на собрание. Их не пустили в комнату, Ким сказал, что вам нельзя здесь быть. Стали всех спрашивать, что здесь за собрание? Их послали к Киму - он на это ответил собрание или нет, это не ваше дело, это дело партийцев, вас не касается. Так обращаться с беспартийными нельзя.

Если мы находясь здесь в политической школе хотим дискуссировать о политическом положении Кореи, это не значит, что мы обязательно хотим разбирать вопросы внутри фракционной борьбы, можно обсуждать вопросы обще-политического движения Корея, вопросы работы среди крестьянства. Ким-Сан-Таги же на это всегда отвечает - не ваше дело обсуждать здесь все эти вопросы, ваше дело учиться, на это есть также и директива университета. Я спрашиваю неужели же мы совсем не должны обсуждать вопросы, касающиеся Кореи и есть ли такая директива от У-та.

В результате этого некоторые т.т. идут за Кимом, только учатся и не хотят интересоваться политической жизнью Кореи.

Я как партиец до у-та думал и знал, что партийцы имеют голос, здесь же партийцы не имеют никакого голоса. Нормально-то мы имеем голос, но фактически не имеем. Когда выбирали руководителей на бесп. собрании, то приходилось просто поднимать руку за, так как на фракции не обсуждались, а в присутствии бесп. не будешь выступать против. Только один раз по-моему настоянию, /при довыборах в парттройку/ предварительно в течении 30 минут обсудили кандидатуры. Когда с такими вопросами я обращался к Киму он отвечал, что у нас нет большой разницы между партийцами и беспартийным, если мы будем так делать и поступать, то получится антагонизм между членами партии и беспартийными. Думаю, что это неправильная постановка вопроса. Обязательно надо обсуждать на фракции. Хотя Ким и называет меня "левым ребячеством", "махаевщиной", но я думаю, что в вопросах соблюдения партийной линии я понимаю.

Есть ли у нас в уставе пункт, который разрешён бы так ставить вопросы.

Может ли член партии рассуждать так, как говорит Ким : субъективно, я против Приморской организации, объективно не могу быть против. Это не партийный подход к вопросу. Это есть смазывание вопроса.

У нас бывают иногда события, которые могут быть только при феодальном строе. В прошлом году давалась характеристика членам партии в присутствии беспартийных. Один беспартийный предложил - т.к. руководители, научные сотрудники- они очень слабые, за них должны отвечать все партийцы / тогда было 8 чел. /. Мы протестовали, но бесп. и комсомольцы стояли на своём, и мы остались в меньшинстве. Почему же была такая постановка вопроса, что партийцы должны отвечать за действия научных сотрудников: они нам говорили вы подпали под их влияние и как партийцы должны отвечать за них слабое руководство.

Дело с товсудом : т. Хен-Чир-Чен был не прав, но и Пак Соня была не права, надо справедливо подходить к вопросу. Хен-Чир-Чен хотя и беспартийный, но имеет голову и понимает, что такое угнетение женщин в новой форме, как говорит Пак Н.

Женщины у нас совсем не принимают участия в политической жизни. Пак Соня сказала в товсуде, что в корейской группе совсем не занимаются политическими вопросами, а исключительно хулиганскими выходками. Если бы это была не жена-Ким-Сан-Таги правильно бы разрешил этот вопрос, а тут он подходил, как слепой, не видя недостатков в поведении Сони.

Пак Н. в своём докладе указал, что партийцы не помогают партпятерке в её работе. Здесь мы ничего не можем сделать. Когда я обращался к Киму за разрешением тех или других вопросов по группе, в ответ слышал от него только обвинение в "левой болезни", "махаевщине" и т.д. Пытался поднимать вопросы на общих собраниях, в ответ на это мне заявляют, что со мной нельзя вести общего собрания. Ничего не выходило. 2 м-ца тому назад обратился к т. Кучумову : 1-й раз обращался, чтобы поговорить с [⋯] что слабое руководство пятёрки, он ответил - вы им поможете поднять работу. 2-й раз пошёл после доклада т.Бройдо и указал, что Ким-Сан-Таги поступает совсем иначе, чем указывал Бройдо. Кучумов на это ответил, что линия Бройдо и Кима не может расходиться. Я сказал, что мы к вам обращаемся, как к председателю парткомиссии и ушёл. После этого какой был смысл обращаться опять к высшим парторганам.

Вчера т. О-Чан-Ир сказал, что я нарушаю партийную дисциплину, основываясь на том, что на собрании Рев. Союза учащихся я голосовал против постановления фракции, но здесь уже указывалось, что кандидатура выставленная нами вначале оказалась неправильная, я тогда же на собрании говорил, что надо изменить нашу тактику, но Пак Н. не согласился.

Т. Ким-Ги-Ер говорит, что я агитирую среди беспартийных против Приморской организации, но это неправильно. Когда стало известно, что убиты 30 партизан, все стали обсуждать этот вопрос и я тоже принимал в нём участие, сказал, что если это правда, то это очень плохо. Думаю это не есть агитация против организации.

ВОПРОСЫ:

Тов. Пак-Никифор: Был ли ты на обще-ячейковом собрании, где утверждались кандидатуры в товсуд, в том числе и кандидатура Ким-Хобана.

ОТВЕТ: Пак Н. считает, что мы дураки. Если бюро ячейки само выставляет кандидатуру, то оно не знает всех нас и ясно обратится к т.т Киму или Пак Н.

ТЕН ДЕН ГВАН: Как ты оцениваешь Ким-Гю-Ера и Хен-Чир-Чена.

ОТВЕТ: Как революционеров.

КИМ ХОБАН: достойны ли они приёма в партию.

ОТВЕТ: Достойно. Они работали в подполье, здесь активно выступают.

Тов. ЛИ-ПИ-ТИ:

Я остановлюсь на оценке проделанной работы. Проделанное ценности не имеет, / только пожалуй тезисы /. Я нахожу, что пятёрка не работоспособна / пример тов. Ли-Минен/, который, когда его вызвали на заседание пятёрки заявил, я считаю свою линию правильной и буду впредь так поступать. На собрании фракции было постановлено его немедленно исключить. Пятёрка не внесла революцию, что если он будет продолжать тогда его немедленно откомандировать, а пока воздержаться. Потом под давлением всех - взяла своё решение обратно. Но до сих пор не привела в исполнение решения фракции. Пятёрка не могла правильно руководить жизнью сектора, слишком молоды для этого в смысле опыта.

В кор. группе есть ценные т.т , из которых надо воспитать будущих революционных работников в Корее. Надо обратить серьёзное внимание, но пятёрка не знает настроения членов партии, не говоря [···] о беспартийных.

В самой пятёрке нет договорённости, не могут сами по своей инициативе решать дела/ пример: передача дела в парткомиссию/. Своего руководства не могут проявить.

Пак Н. говорил, что члены партии идут в хвосте за беспартийными, откуда он это взял, фактов не приводит. Дальше он говорит, что можно обсуждать вопросы о перспективах революции в Корее, но он не понимает, что обсуждая эти вопросы нельзя обойти вопросы фракционной борьбы, этого сделать никак нельзя. Надо было ставить и эти вопросы, чтобы правильно воспитать студентов, кто-нибудь из вас всегда может быть завтра откомандирован в Корею, и там ему всё равно придётся столкнуться со всеми этими вопросами, но трудность будет в том, что придётся самому разбираться заново во всем этом, и может взять совсем неправильную линию.

Для правильной дальнейшей работы и для правильного воспитания студентов нужно Бюро ячейки и парткомиссии при выборах новой партпятёрки - обратить серьёзное внимание на подбор т.т., которые бы знали чем будет каждый партиец и беспартийный. Обращать больше внимания на мелочи, из которых выходит серьёзные дела.

В отношении Ким Сан Таги и Пак Н, так как они не вели массовой работы, и надо уйти из КУТВ, пойти работать в рабочую массу.

Тов. ПЯК-ЕН-ХИ:

Я остановлюсь на 3-х моментах:

1. Какова должна быть деятельность партпятёрки, и КУТВ собирает в своих стенах революционеров, которые пришли из различных организаций, с различными директивами и находясь в КУТВ каждый действует по своему.

Факты:

1) т.т. Ким-Те-Хе и др. пришли с определенной директивой от своей организации и это разоблачилось,

2) выявилось что приморская организация хотела сделать из КУТВ свою колонию.

3) т.т имеют тайную связь с своими организациями,

4) когда организации дерутся, то это переносится в КУТВ. Цель и задача КУТВ посредством всех тех т.т., которые приезжают сюда примерить эти организации. КУТВ в смысле организации коркомпартии должен играть большую роль.

2. Какова не была деятельность пятёрки. Пятёрка мало и плохо работала. В инциденте с товсудом Пак настаивал на своем мнении. Разрешение вопроса о комсомольском собрании было неправильно. Вся ответственность за неправильные действия лежит главным образом на Ким-Сан-Таги и Ким-Никифоре. Когда беспартийные подняли вопрос, я сомневался кто тут виноват и пошел к Киму выяснить этот вопрос и тогда же ему сказал, что пятёрка слабая, что все произошло вследствие слабого руководства. Ким со мной тогда согласился. Я сказал ему, что если поставить вопрос на общем собрании, то это будет мнение всех, лучше сами уходите с руководства, пока не сняли, на это Ким ответил, если даже все партийцы уйдут от меня, то на моей стороне бюро ячейки и Коминтерн.

В своём докладе Пак Н. пытается на первом месте выставить Ким-Гю-Ера и Хен-Чир-Чена, а за ними идут уже все партийцы.

ВОПРОСЫ:

КУЧУМОВ: тов. сказал, когда дерутся организации в Кореи - дерутся и здесь есть ли теперешняя драка тоже отражение драки в Кореи.

ОТВЕТ: Нет.

Алимов: Есть ли сейчас в группе товарищи, которых можно поставить для руководства.

ОТВЕТ: Есть.

КУЧУМОВ: Лучше ли будут новые товарищи.

ОТВЕТ: Думаю, что лучше.

Тов. ТЕО-ХИ-ЧАН:

В деятельности пятёрки мы все ответственные, но больше всего Ким и Пак. Недостатки Пак Н. : он знает, что в группе есть мелко-буржуазные уклоны, но не может найти рецепта для их излечения, выходит, что не излечивает, а поощряет. Пример. посылка на экскурсию, когда курсанты не знали по какой линии посылается экскурсия и стали обвинять пятёрку. Пак пришел и совсем запретил её, такими методами ничего не сделалось.

Ким - говорит, что цель у всех одна, причина разногласий

тактическая. Мы должны, говорит он, все время идти впереди, мы это хорошо знаем, но знаем так же и то, что должны идти впереди не отрываясь от масс.

ВОПРОСЫ:
ТЮ ЧЕН СОН: Солидарен ли с мнением Пак-Ен-Хи
ОТВЕТ: Нет не согласен. Надо считаться с мнением масс, тогда можно работать.

Тов. КИМ-ХОБАН:
Все нападают на партпятерку, но ни у кого нет принципиальных вопросов, все по пустякам.

Каково сейчас положение кружка - беспартийные идут отдельно от партийцев, партийцы отдельно от партпятёрки, комсомольцы сами по себе. Причина - нет солидарности. Товарищи не считают пятёрку своим органом, смотрят как на чужую, считаю руководителей молокососами, и не обращают на них внимания.

Относительно товсуда - ответственен я, а не пятёрка. Пятёрка даёт только идейное руководство.

Как т.т. соразмеряются с пятёркой - один или два за пятёрку - и все остальные против.

Т.т. поднимают вопрос о перевыборах Рев.Союза учащихся, но пятёрка здесь совсем не причём - выставлял кандидатуры тов. Пак Н., как председатель Союза.

Недостатки партийцев : когда пятёрка борется против рачения- партийцы не помогают ей в этой борьбе, держатся нейтрально.

Вовсе не все члены пятёрки находятся под влиянием Ким-Сан-Таги, мы признаем идейное руководство, но не находимся под его влиянием.

Недостатки пятёрки: 1) Отсутствие единства среди членов пятёрки. 2) Ребята считают так же недостатком, что пятёрка не ставит вопросов фракционной борьбы в Корее, я согласен, что надо было ставить, но есть объективные условия в силу которых именно теперь нельзя их ставить. 3) Отсутствие строгих мер - не могли справиться с уклонами. 4) не было разграничения между партийцами и беспартийными.

Пак-Ин-Он ставит в вину Киму, что тот после товарищеского суда призвал его и сказал - сознайся что ты был неправ. На это нельзя обижаться : партиец всегда может позвать партийца и указать ему на его ошибки.

Дальше Пак-Ин-Он указывает, что его отъединили от всей партпятёрки, и нахожу, что он сам отъединился.
Пак-Ин-Он и Ким-Пе-Нюр считают Хен-Чир-Чена и Ким-Гю-Ера хорошими товарищами, но выяснилось, что хотят совершить в группе "революционный переворот" - так как же они могут быть хорошими т.т.

Пак-Ин-Он допускает ошибку и прося Коминтерн дать единую директиву, но его выходят, что Коминтерн к бюро ячейки до сих пор не имели никакого руководства.

По-моему Пак-Ин-Он соглашатель : здесь он говорит одно, а на общем собрании учитывая настроение массы - поворачивает в другую сторону.

Тю Чён Сон как видно по поводу комсомольского собрания хотел сбросить всю вину на меня, но между нами была договорённость и если виноваты, то мы оба.
Повторяю, нет принципиальных вопросов, могли бы разрешить не доведя до склоки.

Надо объединить партийцев, больше солидарности, сплочённости парторганов с массой партийцев.

С такими фактами, которые выставляли т.т. против Кима и Пака им ни в коем случае нельзя уходить из У-та.

ВОПРОСЫ:
т. ВЛАДИМИРОВ: тов. КАТАЯМА хотел бы знать факты почему тов. плохо отзывается о Хен-Чир-Чёна и Ким-Гю-Ера.
ОТВЕТ: Раз они хотели совершить "революционный переворот", иначе говоря разрушить парт.организацию - о них иначе говорить нельзя.

ТЮ ЧЕН СОН: Если партпятёрка неправильно учитывает настроение массы и совершает ошибку, масса требует исправления - должна ли пятёрка исправить линию. Может быть нет принципиальных вопросов, но мелких так много, что качество переходит в количество.

ОТВЕТ: Если неправильно все направление пятёрки - то ясно она должна изменить свою линию. Такие мелкие вопросы, на личной почве, не могут из количества перейти в качество.

ПАК ИН ОН: Ким-Хобан затронул меня. Неправильно понял меня, и говорил, что Коминтерн и бюро ячейки должны дать твёрдые директивы, кто не будет подчиняться - тот будет исключен из У-та. О ЧАН У - большинство т.т. здесь говорили, что у Кима и Пака есть ошибки замечал ли ты их и старался ли исправить.

ОТВЕТ: Я не видел этих мелких ошибок.

Тов. ХАН-САН-ХИ:

По отчётному докладу пятерки видно, что пятерка как только то и делала, что боролась против Ким-Гю-Ера и Хен-Чир-Чена. Это недостаточно для деятельности партийного органа, которым должен руководить. По докладу обвиняются все почти т. т. в "хвостизме" обвиняют тех кто не хочет их слушать, а хочет прислушиваться к голосу массы и так действовать. В таком случае пятерка является органом буржуазной диктатуры, органом меньшинства. Дальше обвиняются т. т. в том, что они не помогают пятерке и идут с беспартийными. По моему мнению это не страшно. Если беспартийные говорят правильно, то их надо слушать. Наши руководители думают, что единство партийцев создается на подавлении беспартийных, что неправильная точка зрения.

Ким-Сан-Таги сказал, что наша цель одинаковая, а разногласия только тактические, но Ким забывает, что 2-й и 3-й Интернационалы, тов. имеют одну цель но тактические разногласия ставят их диаметрально противоположно.

Далее Ким говорят, что он действовал и будет действовать по директивам Коминтерна и т. Бройдо, но я думаю, что нет директив партпятерки выставлять на общее собрание с беспартийными одно решение, а потом под давлением масс брать его обратно.

Ким-Сан-Таги думает, что масса хочет дискуссию только по вопросам внутри-фракционной борьбой. Это не правильно, т. т. хотят обсуждать вопросы политического движения в Корее и они должны это делать.

Ким-Сан-Таги говорил, что у нас нет индивидуальных вождей – этим он хотел сказать - вождей нет - подчинитесь мне.

Когда я писал статью в газету, Ким-Сан-Таги говорил, что я находясь под влиянием Ким-Гю-Юра и Хен-Чир-Чена, когда спросил его где факты, ответил, что фактов нет, но что он так предполагает.

Ким-Гю-Ер и Хен-Чир-Чен обвиняют Ким-Сан-Таги в оппортунизме и я думаю, что у них есть факты и сам присоединяюсь к ним.

Пак-Никифор обвинял т. т. в том, что они хотели создать в Манчжурии аппарат связи для пересылки сюда корейской литературы. Когда Ким-Гю-Ер посылался в Манчжурию все были согласны поручить ему наладить там аппарат связи, а Ким-Сан-Таги до этого ещё по нарушению т. т. пытался завязать связь, посылал туда даже деньги, а теперь в этом обвиняют Ким-Гю-Ера.

На комсомольском собрании беспартийные подняли вопрос о Чо-Хуне. Наши руководители вместо того, чтобы выяснить вопрос его смазывают. А то, что т.т. обвиняют Чо-Хуна есть факты: 1) Он взял себе в качестве переводчика одного товарища, не спрашивая на то разрешения парт-органов. 2) Создал фальшивого комсомольца, который был выгнан из Кореи по краху казанных денег из Рев. Союза. Поэтому когда т.т. обвиняли его у них были факты.

Но партпятерка не хочет разрешить все эти вопросы, а просто смазывает.

Дальше т.т. Тен-Ден-Гван и Го-Дюн агитируют против Сеульской организации называя ее реакционной организацией и т.д. Другие т.т. не зная положение в Корее не могут с ними спорить, но т.т. Ким-Гю-Ер и Хен-Чир-Чен хорошо зная положение Кореи защищает Сеульскую организацию и доказывают всем товарищам, что Тен-Д. и доказывают что т.т. Тен-Ден-Гван и Го-Дюн не правы, тогда все

[…] остальные товарищи обвиняют их в фракционности, лжи.

Был созван Нар. съезд с определенной целью отразить Сеульскую организацию, но не будет ждать, когда обе организации начнут действовать, то ясно, что провалится не Сеульская организация.

Тов. Ло-Шен-Нюр здесь говорил, что слышал от т. О-Сен-Ню, что Хен-Чир-Чен и Ким-Гю-Ер хотят совершить революционный переворот, я после собрания пошёл к нему спросил, правда ли, что он говорил это, он ответил, что никогда не говорил.

Выступает факт, что т.т. хотят сказать вопрос с целью отстранить Хен-Чир-Чена и Ким-Гю-Ера неправильно излагают факты, совершенно их извращают.

Если т.т. обвиняют Ким-Сан-Таги, он говорит, если обвиняешь меня, значит идёшь против Бюро ячейки и Коминтерна.

ВОПРОСЫ:

ТЕН ДЕН ГВАН: Лично ли слыхал что т.т. Го-Дюн и я пропагандируем против Сеульской организации.

ОТВЕТ: от Го-Дюна слыхал лично, про Тен-Ден-Гвана предполагаю тоже.

КИМ ХОБАН: 1) Правильно ли по твоему на общем собрании по требованию Ли-Жин-Ена обсуждать вопрос о правильности парт. руководства.

2) Правильно ли на открытом комсомольском собрании обсуждать вопрос о Чо-Хуне.

3) После чего как Ким-Сан-Таги говорил, что ты находишься под влиянием беспартийных - пытался ли ты в партпятерки выяснить этот вопрос.

4) Правильно ли поступил т. Ким-Гю-Ер, что послал мандат на конференцию в Корею через другого товарища.

ОТВЕТ: 1) Считаю правильным и нужным

2) Поскольку вопрос возник, в его надо было обсудить.

3) Не обращался, потому что не доверяю пятерке.

4) На этот вопрос отвечать не буду.

ПАК НИКИФОР: солидаризируется ли тов. с позицией Ким-Гю-ера и Хен-Чир-Чена.

ОТВЕТ: если позиция правильная, то солидарен с ними.

ВЛАДИМИРОВ: откуда тов. знает, что Чо-Хун сделал фальшивого комсомольца и откуда знает, что тот украл деньги.

ОТВЕТ: Лично читал в газете /не в нашей/.

ВЛАДИМИРОВ: Считает ли тов. свою статью в газету против Оргбюро правильной и революционной?

ОТВЕТ: На основании фактов - сделал соответствующие выводы. Считаю статью правильной и революционной.

Построение Оргбюро и его происхождение нарушало директивы Коминтерна. (Надо было туда включить 4-х человек из самой Кореи. В Корее возникла Комиссия 10-ти которая действует против Оргбюро - все это доказывает неправильные действия Оргбюро)

ВЛАДИМИРОВ: Считаете ли т. допустимым для члена партии исправлять об ошибке Коминтерна, если Коминтерн не находит, что орган, который работает с его утверждением, действует неправильно?

ОТВЕТ: Товарищи почему-то то думают, что если говорить против оргбюро, то значит говорить против Коминтерна. Это неправильно. Если Оргбюро идет против директив Коминтерна, то мы должны сделать все чтобы разрушить такую организацию.

ВЛАДИМИРОВ: Если посмотреть на причины созыва Нар. съезда, то вытекает, что хотят разрушить Сеульскую организацию. В связи с этим считает ли тов. правильными поступки Сеульской организации и солидарен ли он с этой организацией.

ОТВЕТ: Считаю поступки Сеульской организации правильными и солидарен с ней.

Тов[…]: Что знает тов. о нелегальной работе. Оргбюро и считает ли Оргбюро органом Коминтерна, работающим по его директивам?

ОТВЕТ: О нелегальной работе - основываюсь на результатах легальной работы. Хотя Оргбюро и было утверждено Коминтерном, но не считаю его органом Коминтерна.

ЛО ШАН ЮР: Работает ли Оргбюро внутри Кореи?

ОТВЕТ: Работает, но ведет работу исключительно по разложению организации.

ВЛАДИМИРОВ: Товарищ говорит, что он читает газеты, что знает он об апрельском съезде и оппозиции Ким-Са-Гука и почему эта оппозиция была?

ОТВЕТ: По данным сведениям я знаю, что когда сторонники Сеульской организации обратились к инициаторам съезда - почему они созывают съезд, когда есть две федерации у которых скоро будет съезд отвечали, что это временная кампания, на вопрос почему все же съезд не по линии федерации - ничего не отвечали.

ВЛАДИМИРОВ : Была ли приглашена на Съезд Сеульская организация?

ОТВЕТ : Не знаю.

ВЛАДИМИРОВ : Знает ли товарищ, что те организации которые протестовали против съезда, потом на маленьких провинциальных съездах, оказались дутыми ?

ОТВЕТ : Правильно ли это не знаю, не читал в газетах.

ВЛАДИМИРОВ : Считает ли тов. достойным коммуниста строить всю свою оппозицию на основании газетных сведений?

ОТВЕТ : Я верю газетам, если не верить газетам, то не надо верить и Нар. Съезду.

ВЛАДИМИРОВ : Какие газеты читаете?

ОТВЕТ : Я верю своим газетам, но из буржуазных газет можно брать факты и я их брал.

ВЛАДИМИРОВ : Как тов, берет факты? Читал ли он что организации оказались дутыми, или выбирает только те факты, которые ему интересны? И читает ли он все номера газеты или нерегулярно?

ОТВЕТ: В газетах о том, что организации оказались дутыми не читал, но все номера получил.

ВЛАДИМИРОВ : Допускает ли тов, что будучи одностороне информирован он делает односторонние выводы.

ОТВЕТ: Если неправильная информация, то допускаю.

тов. ЛИ-ДЗИ: Пак Н. в своем докладе говорил, что все явления в группе, оттого, что пятерка не ставила на обсуждение вопросов внутри партийной борьбы в Корее. Я думаю, что это правильно.

Если и Коминтерн стоял на той точке зрения, что не надо ставить этих вопросов - то в дальнейшем надо эту линию изменить. Если вопросы внутри партийной борьбы Кореи ещё Коминтерном не выяснены, то тем более мы их должны обсуждать.

Пятерка не разграничивала партийцев и беспартийных. У наших партийцев нет единого мнения и когда какой-либо вопрос без предварительного обсуждения ставится прямо на общем собрании-партийцы не имея общей линии идут за беспартийными. У партийцев нет единого партийного мнения - партпятерка не учла все это, не знала настроения партийцев. Надо ставить такие вопросы на обсуждение. В 23 году т. Войтинский читал нам доклады об Иркутской организации и др. вопросы. Разъяснял их : После этого мнение всех партийцев было одинаковое. Теперь в Корее много того, что мы не знаем. Это плохо. Отсюда вытекает протест против работы пятерки. Если члены партии не знают всех этих вопросов не могут разъяснить беспартийным. Партпятерка не должна больше закрывать двери для обсуждения этих вопросов. Если этим руководит Коминтерн, то он тоже должен исправить эту линию. В стенгазете были статьи о задачах партии Кореи и все эти статьи писались беспартийными, а партийцы ничего не могли написать. Касаясь Чо-Хуна, могу сказать, что его появление, как представителя КИМа неправильно. Но дал определенной линии, а только спорил с беспартийными.

Тю-Чен-Сон сказал, что у нас здесь есть "русофилы", против которых идут все студенты и потому что они научные сотрудники. Это неправильно. Недовольство было не потому, а как я уже говорил, потому что не было понимания потребностей партийной массы.

Ким-Сан-Таги говорил, что студенты не знают своего пути, потому что не знают русского языка. То что они не знают своего пути, это правильно, но причина другая : не знание партийного положения Кореи.

Пак Никифор часто любит бросать слова "мелко-буржуазный уклон" Я сам читал статью, который он так называл, ничего в них нет такого. Это только доказывает что неправильное отношение к студентам.

СПРАВКА Ким-Сан-Таги : Я не говорил, что студенты не знают пути, потому что не знают русского языка.

Тов. О-ЧАН-У:

Я написал статью в газету, что нахожу линию партпятерки не всегда тактичной, / не могла разъединить партийную и учебную линию/, (пример - экскурсия), В одном кружке 1-го курса Ким-Сан-Таги сказал, что нездоровые элементы будут посланы на производство - это создало волнение. Стали обсуждать кого помнят. Ким не должен был так говорить.

товарищ. КАТАЯМА в своём докладе говорил : кто не знает русского языка должен его изучать, чтобы изучать здесь ленинизм, а кто плохо знает корейский язык - должен его изучать, чтобы суметь применить ленинизм в Корее. - Линия партпятерки как в этом была совсем не такая

Дальше - вопрос о Чо-Хуне: поскольку он возник мы должны были его обсуждать.

ВОПРОСЫ:

КИМ ХОБАН: Сколько раз ты сам открыто на общих собраниях критиковал линию партпятерки.

ОТВЕТ: Ни разу.

т. ВЛАДИМИРОВ: Не есть ли по мнению тов. проявление шкурничества то, что партийные товарищи боятся идти на производство? Ведь всех нас время от времени посылают на производство. Стоит только побыть за границей как тебя посылают на производство.

ОТВЕТ: Партийцы не должны бояться производства. Но у нас создалось мнение, что на производство посылается только нездоровый элемент, поэтому были волнения.

тов. ВЛАДИМИРОВ: Допустимо ли чтобы коммунист, который не согласен с линией и тактикой организации, оставался бы в этой организации и боялся бы идти на производство?

ОТВЕТ: Не допустимо.

тов. ВЛАДИМИРОВ: Если тов на предыдущий вопрос ответил, что недопустимо, значит причин для разногласий уже нет?

ОТВЕТ: Дело в том, что ребят волнует вопрос, что на производство будет послан нездоровый элемент.

тов. ВЛАДИМИРОВ: Если меньшинство не согласно с большинством, линия которого одобрена партийными органами, что должно делать меньшинство?

ОТВЕТ: Подчиниться, а если не подчиниться, значит нарушают дисциплину.

Тов. ПАК-ТЯ-МО:

Если т.т. Ким-Гю-Ер и Хен-Чир-Чен хотят совершить революционный переворот, то они контр-революционеры. Но сначала надо посмотреть в отношении кого они хотят совершить этот переворот? В отношении Ким-Сан-Таги и Пак Н. Можно ли исправить положение удалив этих товарищей? Да, можно. Причины, что ими не довольны - уже много говорилось. Но вот ещё пример : один курсант на занятиях спросил Ким-Сан-Таги почему равное жалование. Ким ответил зависит от разных технических причин и т.д. И привел пример : вот я / сказал он про себя / не могу жить вашей жизнью. Это показывает что у Ким-Сан-Таги есть мелко-буржуазный уклон. В товсуде Ким защищал свою любимую жену, говорил много неправды, все перевернул, угрожал т.т. и т.д.

Все это показывает, что Ким пользуясь своим положением - использует его для личной выгоды. Это доказывает, что Ким-Сан-Таги не революционер, а интересуется только своим 120 рублевым жалованием.

Тов. ХАН-ИН-ГАП:

Большинство т.т. обвиняли лично Ким-Сан-Таги и Пак Н., но некоторые и непосредственно пятерку. Конечно у пятерки могут быть ошибки, но нет ни одной работы, в которой не были бы допущены ошибки. Главный вопрос в том как изменить эти ошибки,

тут нужна помощь со стороны всех партийцев - этого не было.
Причины :

1) Недоверие к парторгану, к партпятерке, а если не было доверия - не было поддержки.

2) Неправильное понимание со стороны партийцев демократического централизма.

3) Непонимание вопросов работы вышестоящих органов.

4) Сохранение старых традиций /говорят/, что вся пятерка находится под влиянием Ким-Сан-Таги, это и есть сохранение старых традиций : теперь мы верим не отдельным лицам, а организации/.

ЗАКЛЮЧИТЕЛЬНОЕ СЛОВО тов. ПАК НИКИФОРА.
Мне почти не приходится говорить в заключительном слове, ибо все материалы выявленные здесь говорят одно, что эта борьба, направленная против партпятерки и в частности против Ким-Сан-Таги и Пак Н. - является не чем иной, как борьбой, направленной против Коминтерна и его работы в Корее, борьба против партии, направленная против единства партии. Как не печально, но нужно констатировать тот факт, что внутри корейской группы в КУТВ существует определенная политическая группа с определенной задачей подрыва всей работы Коминтерна в Корее. Использовав тот момент, что Коминтерном и КИМом не ставились в группе доклады, освещающие внутри-фракционные вопросы Кореи эта группа сплотила вокруг себя т.т. Пак-Ин-Она, Хан-Сан-Хи, Тю-Чен-Сона, Ким-Пе-Нюра.

Остальные т.т. не стояли на этой позиции, они были недовольны, […] партпятеркой, но ничего не знали о существовании этой группы.

Эта группа чтобы развить свою работу должна была поставить себя в легальное положение.

Кто же мешал ей в этом? т.т. Ким-Сан-Таги и Пак Никифор, которые имея некоторое доверие со стороны органов У-та и Коминтерна проводили линию изоляции группы от всех вопросов, вносящих раскол. Надо было их устранить ставя перед собой задачи: 1) Мобилизации масс и сплочении вокруг своей платформы 2) устранение препятствий, которое существовало перед ними, для осуществления 1-й задачи и легализации себя. Эта группа даже доходит до мысли использовать японскую полицию против тех организаций с которыми она борется.

Надо было сначала подделаться к руководящим лицам в коргруппе КУТВ, завоевать их доверие, а затем дискредитировать в глазах массы. Примером может служить Тю-Чен-Сон, который - в своём заявлении на имя комиссии говорит "Поэтому я грубо говоря с маской подходил к Ким-Сан-Таги" и дальше в своём выступлении он говорил "в неправильной постановке комсомольского собрания я буду отвечать перед пятеркой, а перед массами будет отвечать партпятерка." Ему не важно, что он будет отвечать перед партпятеркой, ему важно, что удастся дискредитировать партпятерку перед массами.

Дело во всей этой истории не в товсуде, не в закрытии комсомольского собрания, а дело в том, что эта группа направляет свою работу против линии и работы Коминтерна в Корее.

Является вопрос проникла ли эта борьба только в проделах КУТВ или она является отражением того, что делается в Корее? Ясно - она есть отражение того что делается так в Корее - с одной стороны - Сеульская организация, с другой коркомсомол и те организации, которые руководятся коммунистами.

Здесь в КУТВ - группа [⋯] работу за создание партии против линии Коминтерна.

Наша ближайшая цель в КУТВ - создать революционеров, которые могли бы создать корейскую компартию. Задачи : изучить опыт русской революции / тов. Ленин говорил что это основная задача не только для русских, но и для всех иностранцев/.

Но наших т.т. не интересуют эти вопросы, единственный интерес для них имеют вопросы борьбы в Корее, направленной некоммунистическими организациями против коммунистической.

Осведомленные только одной стороной, имея факты из буржуазных газет - не понимая линию Коминтерна - борятся против нее.

Вся та грязь, которая здесь разливается имеет своей целью замаскировать свою работу и посредством налипания этой грязи удалить препятствие, которое стоит перед ними.

Те товарищи, которые не уяснив положение группы, и тем самым подливают масла в огонь - должны теперь в этом сознаться

СПРАВКА ТЮ ЧЕН СОНА: Тов. выступая здесь против Сеульской организации, под знаменем защиты ориентировки КИМа, защищает только одного члена В.О. КНМа тов.Чо-Хуна спекулирует этим. Я не могу здесь открывать секрет КИМа, иначе я мог бы возразить.

СПРАВКА ПАК ИН ОНА: До сих пор я не знал, что в группе существует такая политическая группа. Работаю вместе с Ким-Гю-Ером в Рев. Союзе, часто возвращаемся домой вместе, он неоднократно заводил разговор о Сеульской организации - я говорил ему, что тебе не будут верить ибо их газетные сведения [⋯] общем в одном деле, но никогда никаких разговоров на эту тему не было. Это доказывает, что никакой фракции нет, если есть, то пусть Пак Н. окажет кто председатель, кто секретарь, какие документы у этой группы есть.

СПРАВКА КИМ ПЕ НЮРА: Пак Н. говорил что я блокируюсь с ЛИ-Мин-Еном через Ким-Гю-Ера и Хен-Чер-Чена, как же это так, когда я с 23 года веду с ними борьбу.

ПРЕДЛОЖЕНИЕ ПАК ЕН ХИ: Заключительное слово Пак-Никифора есть новый доклад, который задает совсем новые вопросы предлагаю открыть прения. Если прения не будут открыты, то пусть комиссия относит какие факты, что в корсекторе существует политическая группа?

ПО ПРЕДЛОЖЕНИЮ КОМИССИИ: - все заявления по заключительному слову и справки в письменном виде подаются в комиссию.

Тов. ВЛАДИМИРОВ: т. Тю-Чен-Сон сейчас подал заявление в котором указывает, что где-то, кто-то называл. Сеульскую организацию контр-революционный - У меня таких сведений нет. Но эта организация определена на апрельской конференции объективно сыграла на руку японской полиции.

ТЮ ЧЕН СОН: Есть факты, что Чо-Хун называл её контр-революционной.

тов. ВЛАДИМИРОВ: подтверждает свои слова, приводя пример с Брандлерон, и спрашивает Тю-Чен-Сона на основании чего он строит свои обвинения.

ТЮ ЧЕН СОН: на основании газетных фактов.

тов. ВЛАДИМИРОВ: Как можете вы на основании одних газетных фактов, а да еще не буржуазных газет наводить на тов. клевету.

ТЮ ЧЕН СОН: Не дело комиссии вмешиваться в эти дела, но вам не мешало бы почитать хотя бы буржуазные газеты, вы в корейских делах ничего не понимаете. Вы оказали, что слова о Чо-Хуне клевета, если вы сказали это от имени комиссии - я требую разъяснения а если от своего имени, требую чтобы вы взяли свои слова обратно. До рассмотрении не имеете права называть клеветой.

[РГАСПИ, ф.532, оп.2, д.132, лл.30-45об.]

110. ПРОТОКОЛ ЗАСЕДАНИЯ СПЕЦИАЛЬНОЙ КОМИССИИ ПО РАССМОТРЕНИЮ ПРОЕКТОВ ТОВ. О-ХА-МУКА ОТ 19 МАЯ 1925 Г.

Присутствовали: О-Хамук, Техун, Наманчун, Аширов, Владимиров.

Слушали :	Постановили :
ТОВ. О-Ха-мук в разъяснении своего проекта организации специальной школы для Дальне-восточных национальностей, указывает на неудобства включения корейской группы в Объединенную Интернациональную Школу в Ленинграде. Причины : неподходящие климатические условия(30% больны), национальные особенности корейцев, отдаленность и трудность комплектования, в случае экстренной надобности. Тов. О-Ха-мук ссылается, напр., на монголо-бурятсую школу в Верхнеудинске, по образцу которой могла быть создана в Иркутске школа для свех восточных национальностей. Тов. Владимиров предлагает разрешить вопрос принципально, желательно ли со- здание отдельной новой школы или возможно присоединить корейцев к существующей уже школе в Ве- рхнеудинске. Тов Намманчун предлагает считаться также с хозяйственными и политическими моментами проекта. Тов. Аширов полагает, что т.к. вопрос не встречает принципиальных возражений, то по чисто техническим соображениям было бы предпочтительнее выделить корейскую группу из Интернациональной школы в Ленинграде и присоединить ее к	Доложить Востотделу о том, что комиссия считала бы желательным выделение корейских товарищей(в составе одной роты и полуроты смешанной) из Ленинградской Интершколы и присоединение их к монголо- бурятской школе в В. Удинске. В учебных интересах целесообразнее произвести это мероприятие до начала учебного году, т.е. до августа. 2. В отношении ходатайства о приеме в КУТВ 12 военных курсантов окончивших школу, передать т. Владимирову для согласования о КУТВ. 3. Относительно перевода 19-ти военных курсантов на высшие военные курсы и РККА, договориться с РВС.

Верхнеудинской монголо-бурятской школе, как это проектируется в отношении якут. Очевидно, этот вопрос придется согласовать с НКИД.	
Тов. О-Ха-мук соглашается с мнением большинства комиссии о предпочтительности присоединения корейской группы Ленинградской школы к монголо-бурятской школе в Верхнеудинске, и просит лишь об ускорении реализации этого проекта и энергичной поддержки Востотдела.	

[РГАСПИ, ф.495, оп.154, д.248, л.133.]

111. ПРОТОКОЛ № 1 ЗАСЕДАНИЯ ПАРТПЯТЕРКИ КОРЕЙСКОЙ ГРУППЫ ОТ 8 ИЮНЯ 1925 Г.

ПРИСУТСТВОВАЛИ: Катаяма, Вознесенский, Хохлопкин, Пак Н., Ким Хобан, Хан Инган, Тёхычан

ПОРЯДОК ДНЯ:

1. Политическое и моральное состояние группы.
2. О проведении резолюции комиссии от 1/VI-25 г.

СЛУШАЛИ :	Постановили :
1. Политическое состояние группы - информация Пак Н. С момента принятия резолюции комиссии по корделам от 1/VI-25 г. у большинства тов. заметно недовольство решением этой комиссии, но открыто выражали свое недовольство только несколько человек /Тю Ченсон, Пак Енхы и Ким Пеннюр/, которые тотчас же после оглашения резолюции потребовали отмены, чтобы я собрал собрание коммун. группы, которая обсудив вынесла бы свое мнение. В этом было отказано категорически, на что тов. ответили, что они развязаны и будут действовать вплоть до Ц.К.К. В связи с откомандированием ряда товарищей по малоуспешн. и т. д., в группе настроение недов. видимо увеличивается, но в окрытой форме. Этому способств. взбудоражив. со стороны отдельных откомандиров. в части остающихся и также перерешение относительно Пак Ан и Ким Чегука, оставл. коих расшифровали как проделку секретаря партпятерки. В общем и целом настроение и положение в группе неспокойное. Тов. Владимиров вносит предложе-	Заслушав сообщение о политическом состоянии корейской группы заседание партпятерки считает необходимым индивидуальную обработку наиболее упрямых товарищей с этой целью на первых порах к т.т. Тю Ченсона и Пак Енхи прикрепить тов. Цой Шену.

ние вызвать т. Тю Ченсона и Пак Енхы. При прибытии этих товарищей ставятся перед ними вопросы о подчинении их резолюции комиссии, на что тов. Тю Ченсон отвечает следующее : "Я с одним пунктом никак не соглашаюсь и не подчиняюсь, именно с пунктом, где говорится о выдержанности руководящих товарищей и невыдержанности тов. бывших в оппозиции. Тов. Пак Енхы после ряда разъяснения данных ему, в числе которых были также сообщение со стороны т. Катаяма о том, что резолюция является временной мерой для испытания кто прав и неправ и что к концу лета примется мера к тем, кто окажется неправым отвечает, что он подчиняется и будет ждать до осени.	
Проведение резолюции.	Ставя изживание склочных настроений различных уклонов, как задачу, под углом этого зрения выработать план работы на лето. Выработку плана поручить товарищу Пак Н., и представить его на следующее заседание

[РГАСПИ, ф.532, оп.2, д.132, л.49.]

112. ПРОТОКОЛ ЗАСЕДАНИЯ ПАРТПЯТЕРКИ КОР. ГРУППЫ ОТ 14/VI-25 Г.

Присутствовали : Пак Н. Хан-Ингап и Техычан

Порядок дня: 1. Дача характеристик

1/ Ли Дюнгу канд. РКП с 1924 года.	Партийно выдержан и дисциплинирован В вопросах текущей жизни недостаточно ориентируется. Теоретическая и практ. подготовка недостаточно. Пассивен. Товарищеское отношение хорошее. Нужно послать на произ. работу.

ПРЕДСЕДАТЕЛЬ

СЕКРЕТАРЬ

[РГАСПИ, ф.532, оп.2, д.132, л.50.]

113. ПРОТОКОЛ № 2 ЗАСЕДАНИЯ ПАРТПЯТЕРКИ КОРЕЙСКОЙ ГРУППЫ ОТ 16/VI-25 Г.

ПРИСУТСТВОВАЛИ: т.т. Владимиров, Катаяма, Пак Н., ХанИнган, Техычан, Нам Манчун и Вой Шену.

Порядок дня.

1/ План работы корейской группы
2/ Текущие дела.

Слушали :	Постановили :
1/ План работы корейской группы	Принять предлагаемый план. При чем доклады с коминтерна согласовать с ним.
2/ Текущие дела. а/ о докладе Фокина. б/ об обращении отд. студ. в Коминтерн. Обращение отдельных студентов в коминтерн по делам КУТВ вносит разлад в партпятёрку и умаляет авторитет секретаря партпятерки.	Просить Фокина ответить на вопросы. Отдельные члены пятерки не должны помимо секретаря пятерки давать те или иные обещания отдельным студентам.

Секретарь   /Н.Пак/

[РГАСПИ, ф.532, оп.2, д.132, л.51.]

114. ПРОТОКОЛ № 6 ЗАСЕДАНИЯ ПАРТПЯТЕРКИ КОРЕЙСКОЙ ГРУППЫ ОТ 14 АВГ. 1925 Г.

Присутствовали : т.т. Владимиров, Пак Н. Ханингап, Техычан, Хохлоткин

Порядок дня :

1/ Заслушивание отчетов руковод. групп по разработке вопросов кор. револ. движения.

2/ Введение в состав Партпятерки т. Цой Шену

3/ Пересмотр характеристики т. Тю-чен-сону

4/ Текущие дела

Слушали :	Постановили :
1. Заслушив отчетов руководителей групп : а) Отчет т. Но-шаннер по крестьянск. движен. Тема была разбита на пять частей и поручена по одной части каждому. Четыре товарища представили и только остался доклад Хан Ин-гап. Собранные материалы еще не систематизированы.	а) Предложить группе по разработке крестьянск.. вопроса колективно разработать собранные материалы в виде систематизированной статьи, положив в основу доклад тов. Но Шаннер и представить в ближайшем же будущем в партпятерку.
б) Отчет т.Очан-у по женскому вопросу: Тема была разбита на 5 частей и поручена каждому, но ввиду отсутствия материалов и недостаточной подготовки самих членов группы материалы собраны недостаточно. Собранные материалы еще не разработаны.	б) Составить доклад из собранных наличных материалов, причем сконструировать доклад на основе опросника, предлагаемой т. Каспаровой Срок представл. доклада 1 неделя т.е. к 25/VIII.
в) Отчет тов. Ко Хансу по религиозн. вопросу. Доклад был разбит на 5 частей соответственно на личностей главнейших религиозн. сект(Христианск, Чендогё, Почёнгё, Пильге и др.) и поручено каждому собрать матер. по одной религии, что сделано после чего коллективно группа составила один цельный доклад. При чем по христианск. религии материалы достаточны, а по остальным же недостат.	в) Предложить группе доклад дополнить моментами нашей тактики и отношении […] Кроме того дополнить положение Кореи в период движения Тон-хаков-первоисточника возникновения Чендогё. Доклад представить к 25/VIII

2. Введение тов. Цой Шену в партпятёрку - предл. т. Пак. Ввиду отсутствия большинства членов партпятерки желательно введение тов. Цой Шену в состав парпятерки в качестве времен. секретаря пятерки	2. Ввести тов. Цой Шену в партпятерку в качестве времен. секретаря и просить парткомиссию ингруппы утвердить это введение.
3. Пересмотр партхаракт. тов. Тю Ченсона Генсона. Характер. тов. Тю Ченсоны, данная на прошлом заседан. (от 12 авг.) не утвержедена парткоммисией и требуется пересмотрение. Причем парткоммиссия не утвердила пункты об искренности т. Тю и рекомендацию в ТИЖ.	Заседание партпятерки пересмотрев характеристику Тю Генсона большинством против одного находит совершенно излишним пункт об искренности и нецелесообразным рекомендации в Т.И.Ж. дает следующую характеристику : Тов. Тю-Чен-сон недостаточно дисциплинирован и недостаточно партийно-выдержан ; нуждается в руководстве ; желательно, чтобы он еще поработал в выдержанной партийной среде. Рекомендуется на низовую работу в рабочую среду.
4. Текущие дела : а) Письмо т. Кучумова о предложении Ким-Гюера созыв собрания для обсуждения вопроса : "Каким должен быть студент КУТВ-кореец	4. По вопросу предложения Ким Гюера о созыве Собрания для обсуждения вопроса: "Каким должен быть студент-кореец" КУТВ вызвав т. Ким Гюера, выяснить, что он разумеет над этим.

Примечание :

тов. Владимиров не соглашаясь с мнением большинства тов. о излишности пункта об искренности тов. Тю просит зафиксировать свое следующее мнение :

Ввиду выраженной точке зрения на тов. Тю-чен-сона о том, что он ничем не доказал своей искренности в отношении революции, и считал его искренним и истинным революционером, остаюсь при прежнем своем мнении, что Тю искренний и истинный революционер, но недисциплинирован и нуждается в партийном руководстве.

Настоящее свое мнение, расходящееся с мнением других товарищей прошу присоединить к протоколу для сообщения с К.И.М.

Секретарь пятерки   Н. Пак

[РГАСПИ, ф.532, оп.2, д.132, лл.52-53.]

115. ПРОТОКОЛ №1 ОБЩЕГО СОБРАНИЯ КОРЕЙСКОГО КОМСОМОЛЬСКОГО КРУЖКА ИНГРУППЫ ОТ 5/XI-25 Г.

23
6АН

Присутствуют 10 членов.
Председатель – т. Огай. Секретарь – т. Югай.

Порядок дня:

1. О воспитательной работе чл. РКЛСМ – докл. т. Очертиева.
2. Текущие дела.

Слушали :	Постановили :
Тов. Докладчик говорит, что 4 конференция разрешила вопросы таким образом, во-1-х, чтобы каждого члена РКЛСМ воспитывать так, чтобы он понимал окружающую обстановку нашей страны, во-2-х, он, комсомолец, является помощником партии, поэтому необходимо изучить историю РКП и политику партии данного периода времени и, в 3-х, комсомолец является проводником пролетарской политики. Итоги работы истекшего периода: Во 1-х, 42 чл. Городских организаций были вовлечены в союзные кружки. В городах кружков насчитывалось 26 тыс., а слушателей 450 тыс. Несмотря на такие мероприятия, но все же неграмотных и малограмотных в комсомоле в целом составляет 3/4 части. Недостатков в работе : в союзных кружках ребята плохо усваивали. Почему Во 1-х, занятия не проходили систематически, во 2-х, не было хороших и подготовленных руководителей. Кроме того, отсутствовала литература. Не связывали преподавание теории с техническим моментом. Не было увязки с партпросвещением. Перспективы: Для того, чтобы изжить эти недостатки и пойти по правильному пути необходимо перейти с системы кружковой работы к школьной системе, а в деревнях к школе передвижек.	Доклад принять к сведению.

Преимущество школ от кружка заключается, во 1-х, что будет определенная программа, во-вторых, будет определенный метод, в 3-х, будут книги.

ЦК для разноколиберных школ выпущены учебники.

Кроме того, городских активистов-комсомольцев передать на партпросвещение. Их будет воспитывать партия, а для деревенских активистов создать курсы-съезды и пропколлективы. В деревнях культурную работу сосредоточить вокруг изб-читален и клуба.

Необходимо усиленно вовлекать беспартийную молодежь, а для этого устраивать в клубах и избах-читальнях разумные развлечения и усилить спортивное дело.

Еще докладчик говорил, как должны вести воспитательную работу в комсомолах нацреспубл.

Собрание закрывается в 11 ч. 40 мин.

Председатель:

Секретарь:

[РГАСПИ, ф.532, оп.2, д.133, л.3.]

116. ПРОТОКОЛ СОВЕЩАНИЯ ЧЛЕНОВ ПАРТИИ КОРЕЙСКОЙ ГРУППЫ ЭКСКУРСАНТОВ

ПРИСУТСТВОВАЛИ : т.т. Ким Сантаги, Пак Н. Техыган, Ким Дин, Хан Санен и Ли Дюнгу.

ПОВЕСТКА ДНЯ:
1/ О сепаратном поведении студ-кор. экскурсантов.

СЛУШАЛИ :	Постановили :
1. О сепаратном поведении студ. корейцев-экскурсантов. Тов. Ким Сантаги - Коммунисты везде и всюду должны быть руководителями и направлять дело в правильное русло. В допущении сегодняшнего собрания студентов и просоединение к поставлению собрания о выделении делегации в интершколу для связывания с ней и устройства вечера смычки выявляется отсутствие у членов партии своего партийного лица. В данный момент по ряду причин невозможно устройство вечера смычки с курсантами интершколы. без ведома членов парттройки устроенное собрание является игнорированием партийного руководства. Несмотря на это члены партии участвовали на этом собрании и голосовали за предложение, говорящие о выделении делегации для сношения с интершколой. Причем в делегацию выбран беспартийный. Кроме того на данном собрании тов. Ли Пити давая беспартийному собранию причины невозможности устройства вечера смычки в данный момент говорил о серьезной внутрен. обстановки Интершколы, что совершенно недопустимо. Тов. Ли Пити - будучи членом партии и считал невозможным простой силой запретить обсуждение вопроса о смычке и устройства его не давая причны на это. Тов. Ким Сантаги - на каком основании вы говорили беспартийному собранию, что	В виду того, что среди курсантов Ленинградской Военшколы замечаются склоки. 1. Посему кикаких вечеров смычки не устраивать 2. Административным порядком запретить ходить в военшколу, через экскурсионного старосту. 3. Указать т. Ли-Пити что подобные выступления недопустимы и предложить ему реабилитировать перед собранием.

Интершкола находится в положении разложения и даже возможна ликвидация этой школы.

Тов. Ли Пити - Надо было со стороны членов парттройки предупредить всех членов партии о положении и невозможности устройства смычки.

Тов. Хан-Санхи - В допущении сегодн. собрания члены партии допустили ошибку, но ввиду внезапного устройства со стороны беспартийных этого собрания мы не успели учесть эту ошибку.

Тов. Пак Н. - Члены партии ответственны в допущении устройства собрания, не уведомленного партийному руководителю экскурсией.

Секретарь парт-тройки

[РГАСПИ, ф.532, оп.2, д.132, лл.6-6об.]

117. ПРОТОКОЛ ОБЪЕДИНЕННОГО СОВЕЩАНИЯ ОТВЕТСТВЕННЫХ РАБОТНИКОВ СРЕДИ УЧАЩИХСЯ КОРЕЙЦЕВ КУТВ И ИНТЕРНАЦВОЕНШКОЛ

Председатель – ЦАЙ-ДЯ-ХЕН

Секретарь – ЛИ-ДЕН-НУ

Присутствуют: т.т. ОХАМУК, КИМ-ДЕН-ЧЕР, ПАК-АЛКЕСЕЙ, ЁНДИХЁН, АН-ГИ ШЕК, КИМ-ТАКО, ПАК ПЕТР, ПАКТИН, КИМ-САН-ТАГИ, ПАК НИКИФОР.

ПОРЯДОК дня:

1) Доклад о партработе партийной тройки корсектора при КУТВ (Ким-Сан-Таги).
2) Доклад о деятельности партколлектива корсекции при Интернацвоеншколе - Цай-Дя-Хён.
3) Текущие дела.

Слушали:

I. доклад тов. КИМ-САН-ТАГИ имеет следующее содержание:

1. От 1921 года до конца 1923 года среди курсантов- корейцев КУТВ существовало фракционное настроение, которое существует на арене ревдвижения Кореи(Так наз. Шанхайская, Иркутская и объединенная фракции).

2. С конца 24 года среди курсантов – корейцев КУТВ создалось единое мнение ненависть к фракционной борьбе и стремление к созданию единой коркомпартии. Лозунги: "Долой фракционность" и "За создание единого ядра, способствующего к организации коркомпартии" были идейным руководством, вокруг которых все курсанты идейно объединились, чтобы осуществить в дальнейшем эти лозунги.

3. Социальный состав курсантов КУТВ таков: учащихся,

приезжающих в Москву со школьной скамьи- 38, учителей 8, крестьян- 20 и рабочих - 8, всего 74.

4. принимая во внимание, что подобный социальный состав курсантов, естественно должен сопровождаться с мелко-буржуазно-кустарнической иделологией- работа партийной тройки, под непосредственным руководством Бюро ячейки ВКП(б) и Коминтерна революционеров. В результате про-дуктивной работы парт. тройки удалось сконцентрировать к изучению ленинизма, изживая склочничества.

5. К чистке курсантов парттройка подходила чисто с большевистской точки зрения и находила нужным откомандировывать нескольких товарищей на фабрики и заводы, а нескольких перевести в Интернецвоеншколу

6. Главная задача парттройки заключается в уничтожении сгнивающих фракционностей и воспитании большевистских кадр работников, которые бы могли отдать всю свою энергию и усилие к созданию и укреплению Коркомпартии.

II. Доклад т. ПАК НИКИФОРА о положение корсоюза учащихся Московы.

Он остановился на следующих моментах.

1) Задачи Союза
2) О результате деятельности Союза
3) Об издательской работе
4) Об исследованиях и контролировании корейских учащихся в Москве.

Прения.

Тов. ПАКТИН – Доклад т. Ким-Сан-Таги является высказыванием общего мнения курсантов-корейцев-КУТВ, стремящее к уничтожению фракционности и склочничества. Настоящее совешание должно выработать твердую руководящую линию для дальнейшей рабрты.

Тов. ОХАМУК – Курс работы парттройки КУТВ является при существующих условиях- самой соответственной и необходимой.

В КУТВ существовало большое количество фракции, а именно: центр. правое и левое крыло шанхайской фракции, ирукутской и т.д. и пр. Единство в нашем понимании- это значит объединять на почве марксизма. Чтобы добыть такое единство, первым долгом, мы руководители должны работать в тесном и полном согласии.

Тов. КИМ-ДЁН-ЧЕР – Тов. Ким-Сан-Таги специально приезжал к нам, чтобы сообщить о курсе их работы и познакомиться с нашей работой. Считая работу парттройки КУТВ правильной, мы должны стараться провести в жизнь эту линию в нашей работе.

[…] добыть единство и солидарность с Приморьем, КУТВ и Интершколой.

Тов. ПАК-НИКИФОР – Задача настоящего совещания заключается не в том, чтобы выработать тактику корревдвижения, а заключается в том, чтобы намечать правильный курс работы в области воспитания кадров пролетарских революционеров, т.е. выковать из учащихся настоящих ленинцев. Главная наша задача- выковать из наших курсантов таких революционеров, которые бы шли по пути Ленина. Мы ставим перед молодыми курсантами - изучение Ленинизма.

Тов. КИМ-ТЕК-СЕН – Принимая во внимание, что Приморская организация фактически препятствует в нашей воспитательной работе курсантов- мы предупреждаем тов. Ким-Сан-Таги остерегаться и дать себе ясный отчет о Приморской организации.

Тов. ЕН-ДИ-ЕН – между выступлениями т.т. Ким-Сан-Таги и Пак Никифора мы находим противоречия, а именно: а т. Ким-Сан-Таги указал о необходимости уничтожения фракционности, а т. Пак указал первым долгом учиться ленинизму. Я говорю, что без окончательных похорон фракционности- немыслимо правильное изучение ленинизма. Поэтому мы должны поставить задачи, в первую очередь, изжить фракционность, чтобы правильно изучить ленинизм.

Заключительное слово т. Еим-Сан-Таги.

1) Теперь среди курсантов не существуют никакие фракции- или

фракцион, настроен.

2) Так наз. Шанхайские или Иркутские фракции и т.п. - они ни к чему не годны. Поэтому мы должны объединиться вокруг ленинизма, борясь решительно с теми тенденциями, которые хотят создать среди курсантов какую-либо группу или Фракцию

3) Относительно обсуждения Приморской организации- я должен сказать- как организацию мы должны всячески поддерживать по всей её практической работе, но по отношению к отдельным работникам- мы можем дать деловую критику.

4) Вся наша работа должна базироваться на Корее и помочь всячески в создании коркомпартии.

[РГАСПИ, ф.495, оп.154, д.248, лл.130-132.]

118. ПРОТОКОЛ ЗАСЕДАНИЯ ПАРТТРОЙКИ ОТ 8/XI-26 Г.

присутствуют : Догмаров, Кимсантаги, Искрын и Тюченсон

Порядок дня:
1) Обсуждение проекта о связи с основниками.
2) О переводе членов и кандидатов в члены ВКП.
3) О плане проработки решения XV партконференции.
4) Вопрос о деньгах, оставшихся от Ревсоюз, коручащихся г. Москвы.
5) Вопрос о денежном сборе в пользу арестованным революционерам.
6) Текущие дела.

Слушали :	Постановили :
1. Проект о связи с основниками.	1. Поручить тов. Ким отстаивать перед парткомиссией мнения парттройки.
2. О переводе член Кор. КП	
3. О проработке решения XV Партконференции.	2. На следующ. очередном собрании парткомиссии поставить вопрос о переводе, предварительно подготовив все формальности.
4. Вопрос о деньгах Ревсоюза.	
5. Вопрос о сборе помощи корейским революционерам (Доклад тов. Искрына)	
Цель сбора: чтобы содержать живую революционную силу, т.е. обеспечить наших т.т. находящихся в Корее материальные условия, чтобы т.т. могли стать профессиональными революционерами.	3. По международному вопросу – Тюченсон, по хозяйственному вопросу – Догмаров, по вопросу об оппозиционном блоке – Ким С.
Способ сбора и его источник Способ – постоянное отчисление. Источники: студенты и служащие корейцы КУТВ.	4. а) Поручить т. Ким С. собрать эти деньги в начале декабря. б) поставить этот вопрос на заседании парткомиссии.
От платы переводчика и от переписчика и от других служащих-корейцев вообще.	в) поставить перед парткомиссией вопрос о

Тюченсон. Я согласен с выводами Ким С. Но с одним не согласен: От служащих-корейцев КУТВ по 10% от холостых и от семейных по 5% жалования. От гонорара переводчика и переписчика по 50%, от служащих вне КУТВ по желанию (постоянно)

Прения
Ким Сантаги
Мнения хороши, но неосуществимо.
От студ. по 1 руб. много.
Нужно по 50 коп.
Служащих разделить на 2 категории нельзя.
От служащих нужно отчислять по 5% и от переводчика и от переписчика нельзя отчислять по 50%, а нужно по 20%.
От переводчика и от переписчика отчислять по 20% нельзя, а – по желанию.

Догмаров. Поддерживаю выводы Тюченсона, ибо мы должны смотреть и положение помогающим. От переводчика и от переписчика по 10%.
Слушали.
От студ. отчислять минимум 1 руб. ежемесячно.

6. Заявление тов. Искрына. Считаю заседание состоявшееся от _____ числа, которое приняло календарный план несправедливым, ибо оно состоялось без меня.
Я решительно протестую против подобного игнорирования члена (меня) парттройки.
После выступления остальных т.т. тов.Искрын заявляет, что если т.т. желают чтобы я сработал вместе с вами, то вы должны не игнорировать меня, а также перевести точно в основном, что говорят т.т. на русском языке.

переводе эти деньги в распоряжение Кор.КП.

5. Поставить на очередном заседании вопрос об отчислении в следующем виде:
1) от студ. кор.сектора – по 50 к.
ежемесячно.
2) от зарплаты корейцев КУТВ по 5%.
3) вести переговоры с другими корейцами.
Тов. Искрын остается при своем мнении.

6. Считать принятие календ. плана при отсутствии тов.Искрына – случайной ошибкой.

Секретарь парттройки Коркуржка.

[РГАСПИ, ф.532, оп.2, д.134, лл.1-4.]

119. ПРОТОКОЛ ЗАСЕДАНИЯ КОРЕЙСКОГО КРУЖКА ОТ 7/XII 26 Г.

присутствуют т.т. Догмаров, Ким, Тю Ченсон, Искрын, Сидоров, Землин

Повестка дня
1. О национальной конференции
2. Об отчете парттройки перед парткомиссией
3. О переводе членов ККМ в ВКП
4. О предстоящем партдне

Слушали :	Постановили :
1. О национальной конференции - Ким Сантаги	1. Поставить на национальной конференции две основные проблемы а) обзор революц-движения после июньское сбытие б) Политика Генерал-Губернатора 2а) Назначить докладчиком тов. Искрин б) Докладчик должен представить в следующем заседании тезис.
2. Об отчете коркружка перед парткомиссией	2. Докладчик должен в своем докладе отметить два вопроса, кроме прочих вопросов. а) О слабом руководстве со стороны тройки над работой КСМ б) обработке и воздействие на колеблющихся т.т. и об оппозиционной группировке внутри кружка
3. О переводе членов ККП в ВКП 1) Искрин 2) Востоков 3) Динамитов 4) Гранатов 5) Миноносцев 6) Сидоров 7) Сибирская 8) Громов 9) Батраков	3. Просить парткомиссии ходатайствовать о переводе в ВКП. всех указаных товарищей, за исключением тов. Батракова.
4. Об очередном парт дне	4. Поставить по календарному плану

Секретарь Тройки   (подпись)

РГАСПИ, ф.532, оп.2, д.134, лл.7-7об.]

120. ПРОТОКОЛ ЗАСЕДАНИЯ ПАРТ-ТРОЙКИ КОРЕЙСКОГО КРУЖКА ОТ 25 ДЕКАБРЯ 1926 Г.

Присут. – т.т. Догмаров, Ким, Тю, Искрин

Повестка дня

1. Учет и руководство работы член. кружка
2. Разгрузки работы
3. Текущие дела

Слушали :	Постановили :
1. Имеются 15 различных работ. В работе заняты 25 чел. нераб. остались 8 чел.	1. Созывать 28 ч. с/м 8 ч. вечера. Совещание на котором необходимо пригласить одного работника раб. в Бюро общ. огранизации. И поставить следующие вопросы. 1) Клуб комиссии 2) проф.делегата 3) Комис. для общества 4) издательск. отдел
2. разгрузка работы	2. а) Для равномерного привлечения к работе член. кружка необходимо снять т. Ким Ену с района и взамен т. Трактору б) Возбудить перед парткомисии о том чтобы снять тов Тю ченсона от комсомол тройки взамен его прикрепить другого
3. Текущие дела а) Выделение одного человека в МОПР б) Зав. библиотекой в) О т. Слесареве. Хотят его отправить или откомандировать в Корею по болезни. г) О даче рекоменд. и вступление в ВКП Пак С.	3. а) Выделить т. Николаеву б) Выделить т. т. Громова и Кимдогу в) Поручить т. Киму, для переговор с т. Кучумовым о том, что его оставить в университете и отправить на юг или соответствующее место для скорейшего исцеления г) Дать рекомендацию т. Пак Соня.

Секретарь Партройки   (подпись)

[РГАСПИ, ф.532, оп.2, д.134, лл.8-8об.]

121. ПРОТОКОЛ ЗАСЕДАНИЯ ПАРТТРОЙКИ КОРЕЙСКОГО СЕКТОРА ОТ 23/I-27 Г.

Присуствуют: Ким-Сантаги, Искрин, Тюченсон и Землин

Повестка дня:

1. Намечание докладчика по китайск. вопросу
2. План работы на 2-ой триместр
3. О работе редколлегии
4. О сборе газетных материалов
5. О [⋯] поступления для отправки в Кор. КП.
6. Заявление тов. Ким-Гван-Ери
7. Текущие дела

Слушали	Постановили
1. Намечание докладчика	1. Докладчиком назначить тов. Ким-Сантаги
2. О агитаторск плане	2. Поручить агитпропу выработать план, положив в основу непроработанные на 1-ом триместре вопросы и предложенные тов. Ким вопросы. План требуется на утверждение к следующей среде.
3. О редколлегии	3. Поручить тов. Ким-Сантаги переговорить с парткомиссией по поводу организации редколегии для переводч. работы и об обеспении людьми для переписки
4. О сборе газетных матер.	4. а) Считать что работа в этой области производилась без всякой системы. б) Все получаемые газеты сосредоточить в кабинет Востоковедения. Для наблюдения этой работой назначить специального товарища, Рекомендуется тов. Динамитов в) Широко оповестить студентов, чтобы газеты не брались с собою.
5. О деньгах тов. [⋯] в Кор. КМ	5. Находящиеся в руках разных товарищей деньги собрать не позднее 20-го февр. не представляющих к указанному сроку деньги передать в тов. суд.
6. Заявление тов. Ким-Гванери	6. Просить парткомиссию об удовлетвор. просьбы тов. Ким.
7. Заявление тов. Тю Ченсон	7. Просить ячейку о разгрузке тов. Тю. Просить о снятии с него обязанности с одного прикрепленного.

[РГАСПИ, ф.532, оп.2, д.134, л.11.]

122. ПРОТОКОЛ ОЧЕР. ПАРТ. СОБР. КОРЕЙСКОГО СЕКТОРА ПРИ КУТВ ОТ 28/I-27 Г.

Присутствовали 27 человек были избраны председателем Ким-Дехе и Ким-Дин.

Порядок дня :
1) О китайском вопросе
2) Текущие дела

Докладчиком выступал тов. Ким-Сан-Таги о китайском вопросе.

Докладчик выделял эту тему в трех главах : во-первых, Пролетариат можно себя овладеть гегемонию в китайской револ. во-вторых китайская революция будет направлять по какой линии же по буржуазной или социалистической линии. и в-третьих, мировая буржуазная политика о китайском вопросе.

Докладчик подробно объяснял по разному примеру : китайский пролетариат до некоторой степени может себе приобрести гегемонию революции, отсюда по данному китайскому обстоятельству революции может быть мимо буржуазной т.е. по социалистическому пути. Какова политика буржуазн. в Китае?

об этом знаю, что буржуазия готовит, интервенцию в Китае, но бур. интервенция не может подавить революционую силу Китая, в результате победу получат китайцы, потому, что у буржуазных стран существует между собою непримиримые противоречия и т.п. После доклада были вопросы и ответы потом выступали на прениях следующие товарищи :

1. Шешунмин – короткий очерк Китайской революции
2. Пак Дин – В Китайской революции гегемония будет в руках пролетариата и так же в корейской революции будет гегемония пролетариата.
3. Нам-уюн-фио – Китайская революция есть национально-освободительная т.е. против иностранного империализма она

должна идти по такому пути, которому мимо капитализма к социализму по этому должна играть главную роль пролетариата и т.д.

4. Км-Ену – Китайская революция - против империализма, поэтому надо объединить вокруг компартии все существующие слои, отсюда я не согласен с мнением тов. Сталина, выдвигаем лозунг "Диктатура пролетариата и крестьянства". Лозунг тов. Сталина по моему еще [⋯] и т.д.

5. Петров – я думаю вполне, можно выдвигать лозунг "Диктатура пролетариата и крестьянства" по дальнейшей перспективе.

6. Землин – Для оживления крестьянства должно конфисковать землю от кит. помещиков.

7. Ко-хансу – Для завоевания масс к себе теперь выдвигать обязательно лозунг "Конфискация земли". Китайская революция должна под руководством пролетариата только могут победить до конца революции. А в Корейском положении гегемония пролетариата по-моему еще несоответствующий лозунг.

8. Ли-дёну – Китайская революция ведет удар на феодализм и империализм...... Направление линии не к буржуазному характеру, а не к буржуазному т.е. к тенденции социализма. Конечно гегемония должна будет в руках пролетариата. Под гегемонией пролетариата проводить тактику единого [⋯].

9. Цой-сену – Причина победоносной революции Китая быть результат единого фронта....... для обеспечения единого фронта надо выдвигать лозунг "Конфискация земли и национализация имущества" и т.д.

В заключительном слове докладчик тов. Ким-сантаги говорил по следующему содержанию :

1) Надо уничтожить базис империалистов в Китае, по этому должно выдвигать в конце концов лозунг "Национализация земли"....

2) [⋯] По китайскому данному своеобразному положению должно выдвигать лозунг "Диктатура прол. и крестьянства." по мнению тов. Сталина.

3) [⋯] Единый фронт есть тактика поэтому всегда можно применить по обстоятельствам.

4) Китайская революция безусловно будет идти на путь не к буржуазному отсюда осторожно принимать меры по отношению буржуазии.

Председатель   (подпись)
Секретарь   (подпись)

[РГАСПИ, ф.532, оп.2, д.134, лл.12-13об.]

123. ПРОТОКОЛ ВНЕОЧЕРЕДНОГО ЗАСЕДАНИЯ ПАРТИЙНОЙ ТРОЙКИ КОРЕЙСКОГО СЕКТОРА КУТВ ОТ 3/II-27 Г.

Присуствуют : Ким-Сантаги, Тю Чен-Сон, Ко-Хансу, Сидоров, Цой-Шену и Землин

Слушали :	Постановили :
1. О проведении годовщины мартовской революции 1919.	1. Провести совместно с военной школой 2. Для ведения подготовительной работы создать комиссию из 3-х человек. 3. Комиссия избирается в составе: Ким-Сантаги, Стулова и Ко-Хансу.

Председатель

Секретарь

[РГАСПИ, ф.532, оп.2, д.134, л.14.]

124. ПРОТОКОЛ ЗАСЕДАНИЯ ПАРТРОЙКИ КОРСЕКТОРА ОТ 26/IV-27 Г.

присутствуют : Кимсантаги, Искрин, Тюченсон, Цойшену и Кохансу

повестка дня:

1. Партхарактеристика [...] товарищей.

2) Наличие кандидатуры партройки

3)

Слушали :	Постановили :
1. Партхарактеристика	1. Поручить т.т. Ким С. и Цойшену представить формулировку характеристики на заседании будущей субботы на обсуждении тройки.
2. Кандидатуры тройки	2. Наметить след. т.т. 1) Искрин 2) Миноносцев 3) Сидоров
3. об отчете работы партройки	3. Отчет поставить на закрытом собрании членов партии и на закрытом собрании членов партии комсомольцев.
4. Кандатура редакции стенгазеты	4. Наметить след. т.т. 1) Гранатов 2) Шешунмин 3) Востоков
5. о даче рекомендации для вступления в кондидаты ВКП т.т. Землину, Николаеву, Шешунмину	5. Дать

[РГАСПИ, ф.532, оп.2, д.134, лл.15-15об.]

125. ПРОТОКОЛ ЗАКРЫТОГО ПАРТИЙНОГО СОБРАНИЯ КОРЕЙСКОГО КРУЖКА ОТ 18/V-27 Г.

Повестка дня :

1) Отчет парттройки - Ким Сантаги

2) Перевыборы

1. Доклад тов. Кима

Политическая обстановка кружка по сравнению с прошлых годов была благоприятная и деловитая. Работа тройки протекала дружно. Но были разногласия среди членов тройки по 2 вопросам, о котором я скажу в конце доклада. Стенгазета издавалась аккуратно и регулярно. Агит-проп. план по местным вопросам не весь выполнен, в виду отсутствия материалов в Востсекретариате и перегрузки работников из ИККИ. Общий агит-проп. план проработан на 100%.

Наши недостатки:

Прежде чем изложить о недостатках сообщу в нескольких словах об инцинденте закрытом мною статью тов. Нама, помещенной в Стенгазете. Я закрыл эту статью по поручению представителя Кор. КП тов. Тёдону. Но после закрытия статьи на заседании партройки большинством голосования решили снова открыть статью. Но я все же с согласия Бюро яч. ЦКП КУТВ снова закрыл статью.

Другое разногласие в партройке - это произошло по вопросу о денежном сборе от студентов нашего кружка в пользу арестованных т.т. в Корее. Но этот вопрос был поставлен на Заседании парткомиссии и своевременно разрешен.

Теперь перехожу к недостаткам. Первый недостаток по моему заключается в том, что после доклада тов. Кимчерсу у некоторых товарищей появились неясные представления по вопросу о линии ИККИ и работе Кор. КП. Новому составу тройки необходимо вести соответствующую [···] по ликвидации этих неясностей. Следующий недостаток : среди некоторых т.т. в последнее время появились как-бы прения в товарищеском отношении. Надо изучить причины этого ненормального явления и изменить его.

Наконец, последний недостаток относится к связи тройки с парткомиссией. Старая тройка, или вернее, члены старой тройки(Искрин и Тюченсон) по тем или иным причинами не посещали заседаний парткомиссии.

Вот те недостатки, которые нужно изменить новой тройке.

Прения

Тюченсон. До последнего времени политическая линия партройки по корвопросу выражалась в том, что категорически не признала курс на объединения с комгруппой.

Но линия нашей партройки была насколько неправильной выражавшейся в том, что она категорически не признала держать курс на объединение с Сеулчененкой. Почему закрыли мою статью? Потому, что там я как раз излагал наши старые взгляды по отношению комгруппы Сеулчененкой при чем эта статья была известна. т. Кимсантаги и тов Цойшену. Они на 100% одобряли мою статью. А потом почему закрыли? Выходит, что наша КУТВ-янская линия не точно выражала линию Кор. КП и ИККИ. А почему мы недавно обвиняли тов Пак-Дина в недоверчивости к партии?

Потому что он именно держал тот взгляд на комгруппу Сеулчененкой, что наша партия держала.

3. Искрын.

По мнению тов. Нама получается, что если старая линия ИККИ была права, то новое решение не право и наоборот. Нужно ставить вопрос так: группового приема в партии нет, а почему у меня сейчас большое сомнение - почему наша партия применяла груповой прием? Я думаю что прошлогодняя линия ИККИ по корвопросу была совершенно права, но в этом году ИККИ принял новое особенное решение, потому что в Корее были особенные условия, которые заставили ИККИ принять особенное решение. Мы должны требовать из ИККИ разъяснения этих особенных условий. Я тоже как член тройки обвиняю тов. Кима - почему он на заседании тройки не информировал нам, что он сделал цензуру по поручению представителя Кор. КП.

4. Востоков. Васильев был прав когда он сказал, что ИККИ не дал и не даст Кор. КП директивы, где предлагали бы Кор. КП на объединение с комгруппой Сеулченнемков. Но в настоящее время в Корее мы имеем исключительные условия, которые диктовали ИККИ. Принять ИККИ исключительные решения. Мы должны требовать из ИККИ докладчика, который бы одобрил эту линию. Я одобряю поведение тов Кимсантаги, ибо он принципиально прав.

5. Ким-Дин.
Линия партройки по корейскому вопросу была несоответствующей. Это можно доказать статьями т.т. Тюченсона и Цойшену, где они обнаруживаются над тем, которые высказывали за обсуждение с компартией Сеулчененкой. Линия партройки была не права по той причине, что мы здесь в КУТВ не знали действительную линию ИККИ. Я во Владивостоке читал объяснительный лист по резолюции ИККИ по корвопросу, где черной по белому написано, что Коминтерн держит курс на объединение. Мы здесь осенью прошлого года спросили от тов Васильева, который ответил отрицательно.

6. Батраков.
Коминтерн признал комгруппу Сеулчененкой как "комгруппу" а не как контр-рев. группы. Ясное дело, что Кор. КП была права, когда она приняла ее. Здесь в прошлом году т.т. ввели нас в заблуждении говоря, что якобы в резолюции ИККИ по корейскому вопросу имеется пункт, где предлагает Кор. КП не держать курс на объединение с [⋯]. В резолюции нет, повторяю, такого пункта. Эта - мысль товарища Васильева. О том, что наша линия партройки неправа можно доказать статьей тов Намдюнфе, которая одобрена Кимсантаги и Цойшену, где он писал, что новым представителям нужно идти во II Интернационал, а не в III Интертационал. Это

же грубое искажение линии ИККИ и Кор КП.

7. Гранатов.

Вопрос о комгруппе, я считаю так или иначе становится вопросом об основной линии партройки. Принципиальным и коренным образом не прав групповой прием в партии, курс который совершен Кор. КП. Но, хотя я решительно против группового приема в партии, но не могу сказать точно почему ИККИ все таки одобрял подобную линию Кор. КП. В виду малой подготовки я не могу одобрять или отрицать решение ИККИ.

8. Цойшену.

Партия всегда сделает в своем развитии поворот. Нет абсолютной истины. Решение ИККИ тоже не всегда остается неизменной. В прошлом году права была прошлогоднее, а в этом году новое. Допустим, что прошлогоднее решение ИККИ было не право, но и в этом случае прошлогодние оппозиционеры были не правы. Ким Дин сказал нам, что он читал какой-то объяснительный листок, но Васильев сказал, что нет такого листа. Кому верить? Конечно Васильеву.

9. Миноносцев.

Высказывался в духе речи тов Цойшену.

10. Пак-Дин.

Высказался в духе речи т. т. Ким Дина и Тюченсона.

11. Сидоров.

Я думаю, что у нас произошли подобные недоразумения по основному вопросу партии по этой причне, что у нас была слабая связь с Вост. отд. ИККИ.

12. Ханингаб. По докладу тов. Кимсантаги можно установить (особенно по закрытию статьи), что Кимсантаги присваивал личный

авторитет, за счет авторитета организации, т.е. тройки. Этот товарищ, не годится.

Заключительное слово тов. Кимсантаги. Ханингаб сказал, правду, что не нужно присвоить авторитет отдельным работникам за счет организации. Но он был не прав, когда он меня в этом обвиняет, ибо я такого не сделал.

Все т.т. были правы, которые говорили, что закрытие статьи в стенгазете, принципиально было право но технически было не право.

Пак-Дину не понятно, почему именно выпускали статью т.т. Тю и Цой, а Нам закрыл. Я же ведь сказал, что это сделано по поручению представителя Кор КП, который не был в Москве к выпуску статьи т.т. Цой и Тю.

Кимдин сделает не хорошее, когда он говорит, что линия наша была не права, по причине, что мы не знали. Это же ведь смешно. Можно, конечно, обвинять тов. Васильева, в том что, он искажал линию ИККИ. Но нельзя обвинять его, в том, что он не знал линию ИККИ. Мы будем просить в ИККИ, чтобы нам ясно разъяснили о Коминтерне. Но мое мнение, которое уже я успел выссказаться, заключается в том, что и прошлое и нынешнее решения ИККИ были правы.

Наша обязанность - безусловная поддержка партии. Но такие типы, как тов. Батраков, которые хотят за счет нового решения ИККИ оправдать свою старую оппозиционную ошибку нам опасны.

II Перевыбор партройки. Список предложенный тройкой: Искрын, Миноносцев и Сидоров. тов. Ким-Дин предлагает другой список: Кимсантаги, Пак-Дин и Миноносцев.

Постановили единогласно выбраны т.т. Искрын, Миноносцев и Сидоров.
III Перевыбор редакции стенгазеты тройки предлагает следующий список: Гранатов, Шешунмин и Востоков.
Единогласно утверждено.

Председатель
Секретарь

126. ПРОТОКОЛ ОБЪЕДИНЕННОГО ЗАСЕДАНИЯ ПАРТТРОЙКИ КОР. КРУЖКА ОТ 15/V-27 Г.

Присутствуют : Ким-Сентхяк, Искрин, Миноносцев, Сидоров, Кохансу и Цой-шену

Повестка дня :

о распределении работы новой тройки

текущие дела

Слушали :	Постановили :
о распред. работы	Секретарь-Искрин Зав. агит. Миноносцев Зав. орг. Сидоров
Текущие дела о связи с парткомиссией	Считать необходимым посещение заседания парткомисии.

127. ПРОТОКОЛ ЗАСЕДАНИЯ ПАРТИЙНОЙ ТРОЙКИ КОРЕЙСКОГО КРУЖКА ОТ 31/V-27 Г.

Присуствуют : т.т. Искрин, Сидоров, Миноносцев, Землин, Петров, Знаменский и Цой-шену

Повестка дня :

1) об откомандировании 9-ти товаришей
2) Текущие дела

Слушали :	Постановили :
Постановлением университета откомандировываются	Просить правление университета бюро ячейки ВКП и ИККИ об оставлении следующих товарищей:
по болезни: Ким-Тен, Слесарев, Мешков, Светилов	Тракторов, Батраков, Мешков, и Шерин
по академич. неуспеваемости: Ким-Догу, Батраков, Тракторов, Шерин и Ким Мария	Тройка считает, что т. Тракторов является единственным рабочим в кружке и в учебной работе успевает наравне с другими товарищами. Т. Мешков он в настоящее время вполне здоров и поэтому может заниматься. Замечается рост по сравнению с прошлым годом. Т. Батраков вполне успевает в учебной работе и заметен рост по сравнению с прошлым годом. Шерин не мог проявить себя за короткое время своего пребывания. Поручить переговоры т.т. Искрину и Цой-Шену

Председатель

Секретарь

[РГАСПИ, ф.532, оп.2, д.134, л.26.]

128. ПРОТОКОЛ ЗАСЕДАНИЯ КОМИССИИ ИККИ ПО ВОПРОСАМ КОРЕЙСКОГО КРУЖКА КУТВ 20-ГО ИЮНЯ 1927 Г.

Присутстсуют: т.т. Катаяма (председатель), Петров, Шумяцкий. Переводит Кахан.

СЛУШАЛИ	ПОСТАНОВИЛИ
Об академическом и политическом состоянии корейского кружка КУТВ.	а) Сообщение т. Шумяцкого принято к сведению.
Тов. Шумяцкий дает соответствующую информацию и между прочим сообщает, что из корейских студентов в этом году окончили курс 5 чел. Откомандирование 8-ми студентов проведено всецело педагогической комиссией на основании их академической неуспеваемости, а также принимая во внимание состояние здоровья. При этом не было какого-нибудь влияния со стороны тех или иных группировок внутри коркружка. Предназначенные раньше к сокращению т.т. Шерик и Тракторов теперь правлением оставлены в КУТВ по политическим соображениям.	б) Обследовать в четверг 13.VI корейский кружок КУТВ на месте (ст. Выково) и произвести некоторую политическую чистку. в) Кооптировать для этой цели из состава парткомиссии КУТВ т.Левицкого. г) Взамен вычищенных дать ЦК Кор. КП наряд на командирование к учебному году несколько партийцев из самой Кореи. д) Считать необходимым постепенно изолировать т. Ким-Сан-Де-ги от работы в корейском кружке.
Тов. Ким-Сан-Де-Ги в наст. время не является ни членом парттройки, ни руководителем агитпропработы парткомиссии ячейки КУТВ, а только используовывается для отдельн. докладов и для проработки некоторых вопросов.	
Фракционные группировки внутри кружка имеются при настоящем составе создать главное ядро кружка из товарищей, поддерживающих позицию теперешнего ЦК Кор. КП невозможно. Это будет возможно только при новом наборе, что имеется в виду. Высказываются также т.т. Катаяма и Петров.	

ПРЕДСЕДАТЕЛЬ С.Катаяма

Т.Шумяцкий

[РГАСПИ, ф.532, оп.1, д.423, л.3.]

129. ПРОТОКОЛ СОВЕЩАНИЯ ОТ 23/VI 1927 Г.

ПРИСУТСТВУЮТ т. т. КАТАЯМА, ПЕТРОВ, ШУМЯЦКИЙ

Слушали	Постановили
1. Доклад тов. ШУМЯЦКОГО о состоянии корейского сектора КУТВ. Докладчик подробно охарактеризовал партийно-общетвенный и учебный облик 18 студентов-корейцев, указав, что, максимальный контингент корейцев, которых Университет может обслужить на обоих его курсах, отнюдь не должен превышать более 20-ти человек. В этих пределах только может идти речь о дополнительной разверстке.	1. а) Откомандировать вследствие слабого состояния здорвья т. СИБИРСКУЮ из-за неуспеваемости тов. ТРАКТОРОВА. б) На четыре вакантных места для ЦК Кор. Компартии разверстку, указав ему на необходимость командировать в КУТВ четырех физически вполне здоровых (т. е. не больных венерическими, кожными, глазными, легочными и хроническими болезнями молодых людей не старше 25 летнего возраста, способных перенести в течение 2-3 лет напряженную умственную работу в московских критических условиях и обязательно рабочих или крестьян, коренных жителей Кореи, не бывших в эмиграции. в) Что касается, тов. ШЕРИНА, то принимая во внимание с одной стороны настояния т. КАТАЯМА, с другой - заявление КУТВ об отсутствии у т. Шерина самой элементарной подготовки и общественных навыков, с третьей - согласно Правления Университета попытаться в новом учебном году подтянуть названного товарища до уровня других студентов первого курса - предложить Шерину в течение летних вакаций заняться усиленной подготовкой предстоящему учебному году, дабы не ставить Университет перед необходимостью откомандирования его в средине нового учебного года.

[РГАСПИ, ф.532, оп.1, д.423, л.6.]

130. ПРОТОКОЛ ОБЩЕГО СОБРАНИЯ ПАРТКРУЖКА КОРЕЙСКОГО КУРСА ОТ 8/X 1927 Г.

Присутствуют : 13. членов и кандидатов, комсомол, беспартийных.
Отсутствуют : [···] членов и кандидатов.

Председатель т. Сибирская.
Секретарь т. Петров.

Порядок дня :
1. [···] Международное положение и опасность войны [···]
2. [···] Текущие дела [···]
3. [···]
4. [···]
5. [···]

[РГАСПИ, ф.532, оп.2, д.134, лл.27-28об.]

131. ПРОТОКОЛ № 6 ОБЩЕГО СОБРАНИЯ ПАРТКРУЖКА КОРЕЙСКОГО КУРСА ОТ 5/XII 1927 Г.

Присутствуют : 12 членов и кандидатов, 11 беспартийных.
Отсутствуют : [···]. членов и кандидатов.

Председатель т. Огнев
Секретарь т. Земин

Порядок дня :

1. Доклад о праздновании 10 лет Октябрьской революции.
2. Отчет о работе парттройки.
3. Перевыбор новой тройки и редакции стенгазеты.

Слушали :	Постановили :
1. Вопрос отложен ввиду отсутствия докладчика.	Резолюция. Общекорейский парткружок слушая доклад тов. Искрына постановили следующее: I. Обще работ партройки удовлетворительно 1) Политическое руководство партройки было праверно и воспитательные работы удовлетворительны. 2) Во время перевыбора в мае 1927 г. поручившие работы (сбор газет. материала, тов.отношение, связи КСМ) хорошо [···]. и выполнены. 3) Во время летний отчета в августе с/г поручившие работы (корпартийный вопрос, вопрос ЯКИ и подготовка литературы) не выполнены, ввиду объективных условий, но об этом работе тройки было удовлетворено. 4) работа о компании против суда кор.коммунистов принципиально выполнена праверно и сбора жертвование и его результат тоже удовлетворительно.

2. Вопрос тов. Искрын о работе парттройки. Парттройка перевыбрана в мае месяце, но настоящий отчет только с начала сентября месяца до сих пор. Это время нам придется особенная обстановка, значит суд корейского коммунистов. Поэтому наша работа много касается вне университета. Внутри наших работ было очень удобной положение.

1) Члены кружка старые и их сознательности выше.
2) Политически не уклон.
3) Товарищеское отношение хорошее.
Состав кружка – 23 ч.(из них 3 новые)
11 член партии,
2 кандидат партии
1 беспартийны.

на кружке [⋯ ⋯] ч. исключение 3 новых 100%.
Агитпроплан [⋯ ⋯]
созданы.
1) Международное положение в опасности войны
2) Китайский вопрос
3) Положение внутри партии
Эти три вопроса выполнены.
4) Вопрос кор.ком.партии
5) [⋯ ⋯] Якинской партии
6) Отчет о сборе газет.материала.
 Эти три вопроса не выполнены:

это объясняется объективными условиями.
Новой тройке надо обратить внимание.
4-й вопрос. Коминтерн совсем отказал дать докладчику.
Поэтому я предлагал вопрос о национальном едином фронте и создании национальной партии.
КЛ... согласовал, так как новая тройка короткое время надо выполнить.
О стенгазете. Наша работа была хорошей.
[⋯] - газетный материал наш кружок только продолжал работу.

II. Собрание парткружок предлагает новую партройку следующие:
1) Надо поставить вопрос национального единого фронта и вопрос ЯКИ в агитпропплане и срочно выполнить эти вопросы.
2) Подготовка национальной литературы срочно надо выполнять с согласованием Востококабинета и парткомиссии.
3) Надо продолжать в компанию против суда коркоммунистов и созывать митингу обще корейского граждан и широко агитировать этот дело.

Единогласно принимал.

Это был пример для других кружков.
Связи комсомольской тройки.
хороший.

[⋯].Вост. кабинета. Это вопрос
много раз скандалили даже с
парткомиссией.

Но только на днях несколко газеты
и журналы выдал бы.
Не [⋯] [⋯] новая тройка [⋯]
[⋯].
О [⋯] против суд корейских
коммунистов 17/IV собрать митингу
был удовлетворительным
Постановили сборы жертвований и
выдать комиссии сейчас
продолжить работу
Перевод газетного матераиала. Этим
материалом помогать работу МОПРа.
Новая тройка тоже сможет временно
созывать митингу.
Политические и товарщеские
отношения очень здоровы.
Прения был следующие т.т.
Шешунмин о вопросе
востоковедения.
Николаев об общест. работе
Ласточкин, Гранатов, Знаменский,
Петров.

3. Вопрос.

Тов. Искрин выдвинул следующую кандидатуру в качестве организатора тов. Гранатов и два членов.	Три товарища выбраны единогласно.
тов.тов. Громов и Огнев, член редакции стенгазеты выдвинул следующие т.т.: Миноносцев, Знаменский и Сибирская.	Три товарища единогласно выбраны.

[РГАСПИ, ф.532, оп.2, д.134, лл.30-31об.]

132. ПРОТОКОЛ ОБЩЕГО СОБРАНИЯ ПАРТРКУЖКА КОРЕЙСКОГО КУРСА ОТ 20 ЯНВАРЯ 1928 Г.

Присутствуют : 9 членов икандидатов 10 беспартийных.

Отсуствуют : 5 членов и кандидатов

Председатель т. Землин

Секретарь т. Ласточкин

Порядок дня

1. О революционном движении во внешной Монголии

2. Джанбалон

3. Текущие дела

Слушали :	Постановили :
1. Товарищ Джанбалон остановился на следующих мнениях: а) Ига китайского милитаризма и возмущение монгольских трудящихся против гнета Китая б) Объявление автономии в 1912 в) Оккупация генералом Ше-Шу-Динин в 1918 году. г) Изгнания Шешудинина и Унгерии при помощи Красной Армии д) Строительная работа Монгольской республики по некапиталистическому пути е) Роль НРП и Ревсомола в революции	Заслушав доклад тов. Джанбалома о революционном движении Монголии и строительстве ее собрания констатирует, что угнетенная Монголия в союзе с СССР освободилась от китайского милитаризма и русской белогвардéйщины. Трудящиеся Монголии под руководством Коминтерна и в союзе СССР и революционным движением народов Востока минуя капиталистическую [···] и построят обобществленное хозяйство. Да здравствует Революционная Монголия! Да здравствует Коминтерн! Да здравствует смычка Трудящихся Монголии с СССР! Да здравствует смычка Революционной Монголии с революционным движением

[РГАСПИ, ф.532, оп.2, д.135, л.2.]

133. ПРОТОКОЛ №1 КОНФЕРЕНЦИИ 2-ГО И СПЕЦСЕКТОРА ОТ 31/V 1928 Г.

О библиотеке для уезжающих.

Все студенты выпускного курса просят библиотечки. Не всем можно дать такие библиотечки. Те, которые могут получать - получат их как напр. монголы, основной курс : одним словом кроме зарубежников по понятным вам причинам.

Прения.

Тов. СУХАРЕВ. Необходимо обратить сугубое внимание на приемы. До сих пор к нам попали не только чистые пролетарии, а лжепролетарии и всякие воры. Очень мешало нормальному ходу занятий - частая смена преподавателей и неоднородность кружка. Заведующий оказал, что студенты халатно относились к предмету военной теории - совершенно правильно. Но это потому, что этот предмет был неинтересно поставлен и - отсюда неинтерес к нему. Необходимо в будущем учебном году все указанные мною дефекты устранить.

Тов. УМИД. Наши программы устроены так, что все предметы друг друга повторяют и поэтому к некоторым предметам мы относились халатно, т. к. они не были для нас интересны. Теперь хочу сказать о консультации. поскольку мне известно, то на основном курсе пратикуются коллективные консультации : мне думается, что такие консультации дали нам гораздо больше пользы, чем индивидуальные. В дальнейшем необходимо обратить внимание на организацию экскурсий. В этом году у нас было очень мало экскурсий. Необходимо обратить сугубое внимание на прием. К нам попадают несоответствующие элементы и наша обстановка их неудовлетворяет поэтому имеются такие случаи, что студенты, прибывшие некоторое время желают уехать обратно. Нам обязательно нужна библиотека, ибо без книг мы никакой научной работы вести не сможем.

Тов. Берковский. Несмотря на то, что этот учебный год имел гораздо больше возможности поставить дело как следует, все-таки учебная работа была поставлена гораздо хуже, чем в прошлом году. Нами были внесены разные предложения для улучшения постановки учебной работы, но они так и остались на бумаге. Между предметами намечаются повторения, что делает предметы до некоторой степени неинтересными. Большим минусом являлась частная смена преподавателей. В наших условиях очень сильно отзывается такая перемена преподавателей, для того, чтобы преподаватель узнал нас как учебную единицу и как партийную и пока он сам привыкнет к нашему языку, чтобы понять нами высказанную мысль, требуется много времени.

Что касается библиотечки для выпускников, я думаю, что доводы тов. СИДОРОВА неправильно. Каждый за нас имеет свои возможности перевести книги. В общем об этом Учебной Части нечего беспокоится - это наше дело. В крайнем случае пусть нам дадут деньгами.

Тов. АЛЕКСЕЕВ. Совершенно неправ тов. Берковский, когда он говорит, что в этом году нет никаких успехов и как-будто в этом году у нас дела обстоят еще хуже. А тот факт, что у нас имеется 3-й курс - не является достижением.

Я думаю, напрасно тов. Берковский так выступал, мы видим в этом учебном году целый ряд достижений, как в смысле программ, сборников заданий и так далее. Что касается приема, как некоторые т.т. здесь высказывались, то я думаю, что не виноват не Коминтерн, когда он присылает нам товарищей, которые не удовлетворяют нашей обстановке, а мы сами тем, что мы не сумели изжить у наших новых т.т. разные настроения. Ведь каждый из нас приезжает - сразу трудно привыкнуть к непривычной обстановке, а поэтому задача старших т.т. - умение подойти и разъяснить когда т.т. разочаровываются. Многопредметность мешала глубже проработать курс : поэтому я предлагаю сократить число предметов. Не хватает литературы, как, например, учебника Солнцева. По нему работал и основной курс и

Спецсектор : в таких случаях необходимо увеличить количество экземпляров. Недостаточна была связь Учеб. части со студенчеством. Держать более тесную связь с кабинетом Востоковедения и овосточить наших преподавателей.

После обследования ЦК была выбрана специальная комиссия, но мы студенты такую комиссию не видели.

Тов. ТОКА. Заслушав доклад тов. Сидорова мы можем констатировать, что общая линия была правильная. Необходимо при укомплектовании состава преподавателей иметь ввиду, чтобы они были связаны с КУТВ не только по учебной линии, а и по партийной. Нельзя скрывать, что смена заведующих имела свое отражение. Ведь новому человеку в нашей обстановке, столь простой, очень трудно сразу охватить все. Хочу сделать замечание тов. Сидорову : по его словам выходит, что наш студенческий состав малопролетарский и он только один чистый пролетарий. "Подумаешь", какой пролетарий.

Тов. ДЫЛГИР. Курс страноведения по Монголии был из рук вон плох. Преподаватель недостаточно знает Монголию- ни внутреннюю, ни внешнюю. Единственное, что он нам мог сказать - это количество сказал, которое нас меньше всего интересует. Неоднородность кружка и пассивность студентов очень мешало кружку.

Тов. ЗЕЙД. Я хочу остановиться на вопросе лабораторном методе. Мне думается, что было бы гораздо продуктивенее, если бы мы распределили занятия таким образом.

Скажем у нас имеется 4 предмета : мы в первые две недели прорабатываем задание / целиком с конференцией / по 2 продмета, а вторые 2 недели остальные 2 предмета. Тогда мы бы в действительности глубоко разрабатывали задания, а теперь в начале дается по всем предметам плановое занятие, потом для всех - консультация и потом конференция. Студентам трудно концентрировать свое внимание на нескольких предметах сразу. Потом нам трудно было за последнее время с расписанием : мы совершенно не знали точно - какие именно занятия будут завтра или послезавтра : все время расписание менялось : то преподаватель не приходил, то он отложил на другой день и т.д. / как напр. рапорт /.

Тов. ЛОТФИ. Я совершенно не согласен с тов. Зейдом. Я считаю, что самый правильный метод - есть развернутый лабораторный. Но у нас он исковеркан в этом смысле, когда индивидуальная консультация превращается в коллективную и преподаватель не имеет никакой возможности хорошо изучить студентов, что сказалось на наших уч. характеристиках. Я их читал и мне кажется, что ни один преподаватель не дал точную развернутую характеристику и отчасти неправильную. Но здесь виноваты сами студенты. Когда преподаватель приходит на консультацию, к нему идут около 10-ти студентов сразу и вместо консультации в консультационной проводят чуть ли не конференцию. Что касается экономики СССР, я думаю, это как отдельный предмет не нужен, а можно включить это в задание по политэкономии.

Тов. ШЕ-СУН-МИН. По отношению к прошлому году несомненно есть большие достижения как в организационном отношении, так и в учебном. Нельзя подпадать под индивидуальные настроения.

Тов. СЛЕСАРЕВ(преподав). Связь предметных старост с кафедрами не недостаточная. Экономкабинет работает очень хорошо. У нас по всем заданиям есть литература и сами задания выставляются в наших витринах. К каждому заданию мы имеем соответствующую диаграмму.
Мы держим самую тесную связь с библиотекой, с кабинетом Востоковедения, которые всегда подбирают соответствующую литературу на разных языках в достаточном количестве. Студенты об этом знают.

ЗАКЛЮЧИТЕЛЬНОЕ СЛОВО тов. СИДОРОВА.

Товарищи, я умышленно не сказал всего, потому, что считаю, что это дело самих студентов.

Что касается связи с кабинетом, то в своем докладе оговорился, что я человек новый, может быть работы некоторых кабинетов не знаю. Но все-таки, мне кажется, что связь с кабинетами была недостаточная. Может быть по экономике связь была лучше. Насчет приема пара слов. Я присутствовал на Мандатной Комиссии по приему и должен сказать, что мы к приему относимся не так легкомысленно, как это думается некоторым из студентов. Подход довольно серьезный и уделяется сугубое внимание. Что касается метода работы, то я вполне присоединяюсь к мнению тов. Лотфи, а не к тов. Зейд.

Неправ тов. Слесарев, когда все переносит на студентов. Здесь роль преподавателя как руководителя должна быть колоссальная. Руководитель должен узнать каждого студента в отдельности со своими особенностями восприятия ту или иную дозу преподнесенную преподавателем. Кружки в этом году будут реогранизованы по признакам их однородности.

В конце конференции был оповещен новый учебный план.

РЕЗОЛЮЦИЯ.
Заслушав отчет тов. СИДОРОВА собрание отмечает следующие достижения и недочеты :

I/ Взятый курс Учебной Частью и Университетом на удлинение срока обучения с 2-х до 3-х собрание считает правильным, это дает следующие преимущества :

   а/ При удлинении срока обучения с 2-х до 3-х лет явиться возможность получить больше знания по ленинизму и стабилизировать комуниверситет в действительно высшую коммунистическую школу.

б/ Эти же мероприятия дают возможность увеличить занятия по русскому языку, а русский язык даст возможность развернуть лабораторный метод работы и использовать богатую русскую марксистско-ленинскую литературу.

в/ Увеличение часов для русского языка даст возможность изжить на старших курсах систему перевода и сблизит студентов с преподавателями.

2/ Технические мероприятия и плановость работы со стороны Учебной Части за истекший год улучшились:

а) Значительно улучшились сборники заданий как в методическом, так и в техническом отношении.

б) Составление расписаний и распределений аудиторий по отдельным кружкам и группам.

3/ Считать правильным, курс взятый Учебной Частью, по привлечению студентов Спецсектора на практическую работу не только зимой, но и летом в пределах СССР и за его пределами/в Монголию, Тув-Республику /.

4/ Учитывая все достижения и мероприятия, принятые со стороны Учебной Части, собрание отмечает следующие недостатки :

а/ Ввиду того, что часто менялись заведующие Учебной Части Спецсектора, наблюдался отрыв Уччасти от студенческой массы и наоборот.

б/ Благодаря большой нагрузке преподавателей, в большинстве случаев учебной и партийной работой в других университетах, неприкрепленность преподавателей к кружкам вызывает у некоторых преподавателей пассивное отношение к своим занятиям и кружкам.

в/ Очень слабая связь студенческой массы с разными кафедрами, Предметной комиссией и т.д. благодаря пассивному отношению представителей студенчества / предметных и прочих старост / с одной стороны и с другой стороны плохая заинтересованность и привлечение последних Предметной Комиссии к той или иной работе / по разработке задания и т.д./

г/ Слабо обратила внимание Учебная Часть и кабинет наглядных пособий на снабжение аудиторий соответствующими взглядными пособиями по характеру занятий или предметов.

д/ Мало было обращено внимания на соответствующие экскурсии, соответственно разным предметам или занятиям, а только формально указывалось в заданиях, но это не выполнялось.

е/ Плохой подбор и неоднородность состава кружков, мешали продуктивной работе отдельных кружков по отдельным предметам.

Учитывая все достижения и недостатки, собрание предлагает следующие мероприятия :

1/ Для укрепления связи Учебной Части и студенческой массы, уничтожить текучесть и частую смену заведующего, необходимо связать студентов с Учебной Частью в единое целое по всей работе.

2/ Комплектовать преподавательский состав таким образом, чтобы они работали не только по учебной линии, но и по возможности, были прикрепленными в паркружках и освобожденными от работы в других учебных заведениях.

3/ Оживить работу Предметной Комиссии путем привлечения предметных старост, освободив последних от большой партийной и общественной работы, считая работу предметных старост основной нагрузкой для него /для предметного старосты/.

4/ Получая революционную теорию марксизма-ленинизма, считаем необходимым указать Уч. Части, чтобы полученные книжные знания дополнялись практикой в виду углубленных экскурсий.

С этой стороны собрание считает необходимым улучшить общую постановку дела экскурсий, стремясь увязать их с проходимыми не курсах дисциплинами, причем размах экскурсий не должен ограничиваться только пределами Москвы, но стремиться показать другие крупные промышленные очаги нового социалистического строительства, а именно : Ленинград, Волховстрой, Баку, Донбас и т.д.

5/ Изжить параллелизм в работе разных предметов путем согласования Учебной Части с Предметно-Методической Комиссией и наоборот.

6/ При комплектовании учебных кружков, Учебная Часть должна обратить внимание на однородность состава кружков.

7/ По возможности сократить многопредметность для старших курсантов обратить внимание не на количество, а на качество, т. е. на перво-необходимые предметы /истмат, ленинизм, политэкономию, страноведение и т.д. /

8/ Для плодотворной работы и занятий студентов равномерно распределить их нагрузку путем согласования Учебной Части с общественными организациями, в особенности больше освободить оканчивающих студентов.

9/ Ввиду длинного весеннего семестра, сделать в середине 2-го семестра 2-х недельный перерыв для студентов в Спецсектора.

10/ Учитывая неудачи, опыт организации, размещение студентов в общежитиях по национальному принципу, предложить Учебной Части договориться с Хоз. Отделом относительно размещения студентов по признаку интернациональному и курсовому.

11/ Предложить Учебной Части согласоваться с органами Университета и провести в жизнь выдачу оканчивающим студентам литературы, которая полагается оканчивающим, а если невозможно выдать литературу, то вместо литературы выдать деньги.

12/ Поручить Учебной Части усилить перевод марксистско-ленинской литературы по отдельным национальным языкам и достать больше литературы на нацязыках стран Востока.

13/ Считать правильной установленную Учебной Частью систему дипломной работы старшего выпускного курса : это будет являться лучшим показателм зрелости студентов в усвоении марксистско-ленинской методологии.

Предложение тов. СЛЕСАРЕВА в виде дополнения в общей резолюции :

1/ Продолжить и расширить опыт экономического кабинета : указание в заданиях, соответственной темы и дополнительной литературы по странам в соответствии с национальным составом кружка.

2/ Считать совершенно необходимым участие студенческих представителей в работе предметных комиссий и кафедр в особенности по вопросам методики, а также в начале учебного года информировать студентов об имеющихся кабинетах и их задачах, привлекая к работе последних представителей кружков.

Резолюция с предложением тов. Слесарева принимается единогласно

ПРЕДСЕДАТЕЛЬ	/КЕСМАН/
СЕКРЕТАРЬ	/СТРУЛЬ/

[РГАСПИ, ф.532, оп.1, д.66, лл.13-15об.]

134. ПРОТОКОЛ № 2 КОНФЕРЕНЦИИ 1-ГО И ПОДГОТОВИТЕЛЬНОГО КУРСА ОТ 2/VI 1928 Г.

ПОВЕСТКА ДНЯ : I/ Доклад тов. СИДОРОВА об итогах учебной работы по 1927/28 уч. год.

Председатель – тов. САТАРОВ.
Секретарь – тов. СТРУЛЬ.

Доклад тов. СИДОРОВА.

Товарищи, при организации наш Университет являлся лишь маленьким филиалом того, что мы имеем сейчас. Сейчас мы имеем настоящее высшее учебное заведение с штатом, хорошоква-лифицированных преподавателей, с богатой библиотекой и хорошо-оборудованными кабинетами. Тов. мы не должны забывать, что у нас условия работы весьма трудные. Во-первых, у нас имеется архипестрый состав слушателей, занятия проводятся через переводчика, который часто искажает основной смысл занятия, ибо переводчики у нас не особенно квалифицированные и перебрасываются с предмета на предмет по мере надобности. Поэтому основная задача наших студентов, особенно студентов Подготовительного курса, приняться за изучение русского языка, ибо без этого выйти вперед не сумеет. Студенты выявляют желание к переходу на лабораторный план занятия. Это желание вполне законное, но и опять таки это можно достигнуть только при достаточном владении языком. Учебной Частью и Правлением Ун-та приняты все меры к переводу литературы на национальные языки. Имеется строгий календарный план по всем секторам, особенно для I-го и 2-го курса.

Студенты отмечали оторванность кабинетов от студенческой массы, многие студенты не знают о существовании некоторых кабинетов. В дальнейшем мы в начале учеб. года поставили студентов в известность о всех видах наших отделов, как учебных, так и других.

Мне думается, что учебные предметные старосты также не знали точно своих функций и для этого в дальнейшем примем меры или путем инструкции, или совещаний и т.д. На заседании Академкомиссии этот вопрос обсуждался и пришли к тому выводу, что хотя институт старост себя не оправдал, но необходимо его оставить и оживить его деятельность, самой же Академкомиссии необходимо придать больше самостоятельности и поднять ее авторитет.

Связь студентов с Учебной Частью была хорошая, но дальнейшая наша задача – является индивидуальный подход и преподавателей, и Учебной Части и Парткомиссии к каждому студенту в отдельности. Роль преподавателя громадна ; он должен знать вас не только как студентов, но и как партиец, ваши бытовые условия и так далее. При лабораторном методе я думаю мы этого достигнем. Я должен сказать т.т., что преподаватели Подготовительного и I-го курса знают очень хорошо своих студентов, они представили в Учебную Часть полную развернутую характеристику о каждом студенте в отдельности, где чувствуется, что преподаватели в действительности изучили студентов. Они гораздо лучше знают студентов, чем преподаватели 2-го курса. В общем итоги этого учебного года весьма положительные.

Прения.
Тов. ЗИВЕР. Я первый год в Ун-те. Несмотря на то, что я начал на три месяца позже учиться, все-таки я сделал большие успехи, благодаря вниманию преподавателей и Учебной Части. Были некоторые недостатки. В течение I-й половины учебного года состав кружка был непостоянный, мы начали – было 4 студента, через месяц приехал еще один студент, через несколько времени еще I студент и преподавателям уже приходилось ломать наш нормальный ход занятия по русскому языку, например, преподаватель делил свои часы пополам : нам 45 минут и слабым 45 минут ; вот это то отрицательно и отзывалось на наших занятиях.

Поэтому необходимо на лето обратить внимание на русский язык. Наш преподаватель по математике очень хороший.

Тов. КАМРАН. Академкомиссия решила оживить институт предметных старост ; по моему мнению это лишнее, ибо никакой пользы предметные старосты не принесли и не принесут и поэтому нужно его ликвидировать.

Тов. МАХИН. Я тоже буду говорить о предметных старостах. Я сама была предметной старостой, но я же по всей своей заинтересованности не могла не отразить мнение кружков. Для этого необходимо было посещать каждый кружок хотя бы 2 или 3 раза, а у меня такой возможности нет, иначе мне бы приходилось бросать занятия. Что касается преподавателей – то все преподаватели нашего кружка были хорошие, кроме лектора по истории ВКП – тов. Хавенсона. Он не умеет учитывать настроение студентов. У него никакого подхода нет. Таких преподавателей нам держать в Ун-те не имеет никакого смысла. Связь с Учебной Частью была недостаточная ввиду часто смены заведующих. Экскурсий было очень мало.

Тов. АХМЕТОВ. Наш учебный год начался на 3 месяца позднее в виде позднего пребывания студентов. В начале в нашем кружке было 12 студентов спустя некоторое время из кружка выделили 5 человек – наиболее сильных и организовали . . . 8 кр. на 1-м курсе. По математике и естествознанию преподавание шло через переводчика. Но наш переводчик не был достаточно подготовлен для этого и мы его совершенно не поняли. Через некоторое время был нам дан другой преподаватель тов. Хури, который нас совсем не удовлетворял. После многих переговоров с Учебной Частью этот преподаватель был снят и к занятиям приступили тов. Миндер и и ХАСИН. Здесь мы настаивали, чтобы по математике шло занятие на русском языке и мы в конце концов этого добились, и успехи очень большие, поэтому я предлагаю, что в дальнейшем занятии вести без переводчиков, а прямо приступить на русском языке. По политграмоте лектор нас не удовлетворял, хотя он свой предмет знает очень хорошо, но у него нет никакого метода. Все неясные вопросы по политграмоте мы выясняем на уроках по газете в русском языке. Я предлагаю математику и русский язык перевести и в лагерь.

Тов. ПРИГОРНЫЙ. Наш учебный староста тов. Майхен не выполнял свою задачу. Он часто пропускал занятия. Когда студенты нашего кружка спрашивали у него, почему он не посещает занятия, то он отвечал, что он очень занят и болен. Тогда мы обращались в Учебную Часть с просьбой переизбрать учебного старосту – нам ответили, что в середине учебного года старосту переизбрать нельзя. Я считаю, что это ненормальное явление. Что касается занятий, то по экономгеографии и профдвижению мы почти ничего не получили, т.к. у нас не было преподавателя около 3-х или 4-х месяцев.

Тов. МИХАЙЛОВ. Я считаю, что наш учебный год равнялся 4 ½ месяца всего –навсего, потому что мы в начале учебного года опоздали на 2 ½ месяца. 1 месяц продлился партмесячник и еще некоторые дни отдыха. Учебная Часть уделила мало внимания этому кружку, часто менялись переводчики и преподаватели. Нельзя сказать, что кружок не успел, но при достаточном внимании Учебной Части мы могли делать гораздо большие успехи. Предлагаю студентов, которые не могут быть переведены на первый курс, оставить на Подготовительном и обязательно устроить в лагере занятия по русскому языку.

Тов. ВАСТАНИ – т.т. Великовский и Вульфиус очень старательно относились к своим занятиям, что касается тов. Завенсона, то он за 1-й семестр с нами работал очень хорошо, а второй семестр было ни для нас, ни для него не интересно, потому что мы все время повторяли пройденный курс. Относительно экскурсий – нельзя сказать, что было мало. У нас было 6 экскурсий / текстильная ф-ка,

Исправдом, Верхов. Суд, Подпольная Типография и т. д. Кроме этого мы слушали Шахтинское Дело / – это не мало.

Предлагаю следующее : 1/ Созывать каждые 1 ½ мес. собрания преподавателей и студентов по кружкам. 2/ После обеда ставить только 3 задания, т. к. до 5. 30, а то мы очень устаем и от последних занятий ничего в голове не остается. 3/ Подготовить литературу для 1-го курса.

Тов. ДОРИЖАВ. Очень мешало нашим занятиям преподаватели – студенты, как Жамболок, Идан-Суруи. Так как они сами являются студентами, а занятия у них часто совпадают с часами наших занятий – вообще они часто манкировали.

Тов. ВАМИКТОВ. Напрасно тов. Махина нападала на тов. Хавенсона. Не всегда надо искать причину в преподавателях и в Уч. части, а иногда не мешает в самом себе. Тов. Махина по этому предмету ничего не успела, потому что много пропустила и потом не было литературы, доступной для нее.

Тов. Хавенсон часто сам, по своей личной инициативе, доставил нам доступный материал. Нашего кружка по уровню развития можно разделить на 3 кружка. Насчет экскурсии нужно сказать, что организатор экскурсии был очень слаб для этой работы, хотя он очень хороший товарищ, но он совсем растерялся.

Тов. Чилит и Харту /переводчик перевел сразу для двоих / Кружок наш неоднородный. Перевод в нашем кружке необходимо улучшить. Словаря у нас нет своего, но есть китайско-японский, который мы могли использовать с успехом, но сколько мы не хлопотали перед Уччастью, все–таки мы в этом году не добились. Просим обратить внимание Уччасти, чтобы в будущем учебном году эти словари были.

Тов. САБУРОВ. У нас занятия часто пропустили, потому что кружок состоит на 5-ти студентов. Одни все время манкировали занятиями, а остальные часто хворали. Если двое захворали, то занятия уже не могли состояться и такие случаи были довольно часто. До рождества у нас было всего-навсего 2 предмета: История ВКП и И.О.Ф. Нормальные занятия у нас установились только после рождественского перерыва. Наши лекторы все хорошие, за исключением лектора по совстрою.

У него нет метода работы. Потом, как кончает свою лекцию, сейчас же уходит – не желает дискуссировать и отвечать на вопросы. Перевод литературы для нас неподходящий, особенно по политэкономии. Учебную программу мы не закончили, особенно у нас хромает математика и русский язык. Поэтому мы очень просим организовать в лагере занятия по этим предметам. Экскурсий было очень мало. Благодаря тов. КАМИНСКОМУ – мы с ним провели несколько экскурсий.

Тов. ЭРДЫН–ВОЛОК. Наш кружок Интернациональный. В нем преобладают монголы и тувинцы. Они слабо знают языки и не умеют пользоваться русской литературой, поэтому наши конференции проходят очень вяло. Всегда высказываются одни и те же студенты / 3 или 4 студента присутствуют, а остальные совсем не ходят на конференцию, а если ж бывают, то не принимают участие. /По политэкономии наш лектор не удовлетворяет, о чем было несколько раз сообщено Уччасти. Может быть она свой предмет знает, но методом никаким не владеет. Она работает с нами 4 часа без всякого перерыва.

Тов. КАМИНСКИЙ. Я хочу отметить те недостатки, которые необходимо устранить :

1) переброску студентов из кружка в кружок в середине Уч. года.

2) к нам студенты приезжат не все в одно время, это очень отражается на учебе – необходимо здесь найти какой-нибудь выход.

3) В лагере устроить занятия для более слабых студентов по русскому языку и по математике.

Тов. ТЕРЕГУЛОВ. Наши кружки слишком громоздкие : по 20-25 чел. в кружке. С таким кружком, да еще через переводчика, работать невозможно. Для Спецсектора самый большой кружок не должен превышать 15-18 чел. Кроме того кружку мешает частый прилив студентов. У меня в кружке имелось 4 мертвых душ, которые только числились на бумаге.

Тов. САТАРОВ. Кружки страшно разнородные по уровню развития. Приходиться часто работать с меньшинством кружка. Студенты часто сами манкируют занятиями : то не подготовляются, то совсем отсутствуют, а вину бросают на лектора и на Уччасть. Поэтому студенты должны знать что они должны подтянуться, а Участь в свою очередь должна принимать все меры к улучшению учебной работы и позаботиться о литературе.

РЕЗОЛЮЦИЯ.
Заслушав и обсудив сообщение Учебной Части об итогах учебного года, собрание Подготовительного и 1-го курсов считает необходимым отметить то, что линия Уч. Части на создание из Спецсектора высшего института – сети линия проходящая.

Собрание также отмечает правильную линию на обязательное овладение студентами русского языка в рамках Подготовит. 1-го курса, чтобы уже на 2-ом курсе перейти полностью на лабораторный план на русскую литературу.

Как положительное достижение собрание отмечает переход к печатным изданиям, введение в старших курсах летней практики для Спец-группы и дипломных работ.

Говоря о недостатках и указывая на необходимость устранения, собрание отмечает :
1) недостаточное обеспечение литературой на национальных языках, а также недостаточное обеспечение в количестве экземпляров и основной и русской ;
2) В части экскурсий собрание предлагает изжить внешне-организационные неувязки, а также стремиться ставить экскурсии

в прямую связь от проходимых предметов ;

3) собрание отмечает недостаточную твердость Учебной Части в деле подтягивания недисциплинированных в учебе товарищах в тех, которые проявляли явную халатность ;

4) Необходимо стремиться в рамках интернациональных кружков, подбирать состав студентов по приблизительному уровню развития ;

5) Стремиться более точнее и целесообразнее распланировать в расписании предметы, дабы избежать тяжелой умственной нагрузки в вечерние часы ;

6) Предложить в будущем учебном году чаще созывать собрания по курсам, совместно с преподавателями, дабы иметь возможность изживать недостатки в процессе учебной жизни ;

7) Необходимо Учебной Части теперь же продумать вопрос структуры студенческих организаций и их связей с Учебной Частью, кабинетами и кафедрами ;

8) Учебная Часть должна принять все меры к тому, чтобы избежать перемены преподавателей в течение учебного - года, а также переброски слушателей из кружка в кружок ;

9) Необходимо серьезно поставить вопрос подготовки переводчиков в направлении предстоящей для них переводческой работы в кружках и, закрепляя за предметами, систематически повышать их квалификацию. –

ПРЕДСЕДАТЕЛЬ   /Сатаров/
СЕКРЕТАРЬ   /Струль/

[РГАСПИ, ф.532, оп.1, д.66, лл.18-19об.]

135. ПРОТОКОЛ ОБЩЕГО СОБРАНИЯ КОРЕЙСКОГО ПАРТКРУЖКА ОТ 24/XII 1928 Г.

Присутствуют: 21 членов и кандидатов, 3 беспартийных.

Отсутствуют: ....членов и кандидатов.

Председатель т. Землин

Секретарь т. Горский

Порядок дня :
1. Об итогах ноябрьского пленума о правой опасности

Слушали :
Краткий очерк доклада

Конечно у нас было много успехов. Например: большой темп развития крупной промышленности, увеличение валового продукта, увеличение вложения капитала, улучшение жизненного уровня рабочих, уменьшение себестоимости. Но наряду с этим очень много затруднений: товарный голод, сырьевой вопрос (мало чугуна), отсталость темпа развития с/х, в связи с этим обострение хлебной проблемы. Эта проблема прямо связана с проблемами валового баланса страны. Кроме этого есть основной вопрос это отсталость нашей страны в отношении развития промышленности чем кап.страны. Наша генеральная линия политики государства есть индустриализация страны по максимальным темпам.

Независимость нашей страны прежде всего требует развития производства, средств производства.

Проблема индустриализации страны диктуется очень остро еще и внутренней обстановкой, опасности обороны страны, строительство социализма.

Конечно легкую промышленность должны развивать сответтственно.

Для того, чтобы обеспечить максимальные темпы нашей промышленности необходимо дальнейшее максимальное проведение рационализации и снижения себестоимости.

Наше с.х. очень медленно развивается. Пока оно не дошло до уровня довоенного периода. Особенно товарность продукции очень отсталая. Причины этих явлений – сильное разрушение во время войны и революции, раздробление земель аграрной революцией.

Недостаточность покупательных сил сел.-хоз. и т.д.

При этом правоуклонники говорят о деградации сел.хоза, но это неверно.

В связи с этим уклонник требует всеобщее развитие с-хоза, помогая кулаку, игнорируя коллективизацию сел-хоза.

[이하 1매 판독 불가]

На прении выступали товарищи Северов, Анисов, Капелович, Петров, Гранатов, Горский

[РГАСПИ, ф.532, оп.2, д.135, лл.37-38об.]

136. ЗАСЕДАНИЕ ПАРТРОЙКИ

Присутствовали: т.т. Якобсон, Востоков, Огнев, Маяков, Искрин, Землин

повестка дня:
1) разделение труда внутри тройки
2) Нагрузка членов кружка
3) По агитпропплану

Постановили :
1)

Организатор	т. Огнев
Агитпроп.	т. Землин
Член	т. Искрин

2)

Председатель редколлегии	т. Знаменский
член	т.т. Маякова и Востоков
Сводка газет. мат.	т.т. Гранатов, Тракторов и Минаева
Член Бюро перевода	т.т. Ким хобан, Марсин и Громов
Уполномочен. по профком.	т. Сибирская
Уполномочен. по клубе руки прочь от Китая	т. Северов
Уполномочен. по мопра	т. Сидоров
Уполномочен. по шеф. над. д. и осоавиах.	т. Громов
Уполномочен. по друг детей	т. Минаева
Уполномочен. по О. дол неграм	т. Горский

3) Заседание поручил т. Землину, что приготовить агитпропплану до следующего заседания.
4) Текущие дела

1. Регулярное заседание парттройки будет во вторник каждой недели.
2. Передовую статью в следующем номере стенгазеты поручил т. Огневу.

[РГАСПИ, ф.532, оп.2, д.135, л.39.]

137. ЗАСЕДАНИЕ ПАРТТРОЙКИ КОРСЕКТОРА

Присутствовали : т.т. Востоков, Маяков, Землин, Гранатов, Громов, Искрин, Огнев, Петров.

1. Отчет профуполномоч. тов. Искрина

Условия работы
  1) Только выполняет директивы профкома.
  2) Сначала учебного года не работал, только начал работать числа 10-го сентября.

Два раз был на собрании профком.

Первый раз вопрос обмундирования. Я передал свои мысли и учет желающих тот или иной способ получения средств.

Второй раз для нас не касающий вопрос был.

В течение этих времени несколько раз получил кинобилет.

Отчет редколлегии тов.Громов

Мы начали работу 15/IV с/г. Разделение труда:

Громов – передовая статья и парт.жизнь. Петров – КСМ и студенческая жизнь. Горский – литература и проч.

Выпустили 3№. Наметили кому какой статью.

1 № – 17 ч. участвовали. Номер выпускников и остающихся.

2 № – 17 ч. наметил (1 ч. не писал) юбилейный номер нашей стенгазеты - вот номер.

3 № – наметил 8 ч.(1 ч. не писал) посвященный номер […] и

Аннексии

Кореи. Последний номер поздно выпустил в виду того, что объективные условия, не могли раньше. Общее сравнение предыдущего: первые два номера не хуже, но последний номер не так, как раньше.

Трудные моменты:
1) Статью до срока не закончит
2) Технические трудности
3) Получающие материал из парткомиссии не достаточно
   В дальнейшем надо ликвидировать.
   Отчет сбора газетн.материалов – тов. Огнев
   После поручения работу от Искрина собрал материал и приклеивали. Но во время каникул не могли продолжить работу в виду того, что газету посылали практиканту, во 2-х у нас не был материала для приклеивания и до сих пор. То, что нам нужно все отметили разделение труда: Огнев- председатель, 2 товарища – помощники.

Об издании следующего номера стенгазеты.
Обыкновенный номер до 10/Х с/г.

О II-ой заем индустриализации
Третьекурсник надо купить в течение 5 месяцев.

О политическом состоянии кружка
Будучи разногласия о принципиальном вопросе как будто разделяет на две части внутри кружок.
В дальнейшем надо обратить внимание на это.
Во-первых надо слушать решение КП и положение Кор. КП.
Во-вторых поднимать авторитет партройки.
Т. Востоков, Земблин, Гранатов разъяснил непримерный подход на собрании тов. Маякова. Т. Маякова признал свою ошибку.

Письмо тов. Пакхенену. Принял писавшее организатором.

Выдвинул новых кандидатур партройки и председатель редколлегии, сбор газетн. материалов и комсомольский прикреплен.

К. партройки	Землин, Марсин, Сибирская
П. редколлегии	Знаменский
Сбор газет. мат.	Гранатов
КСМ прикрепл.	Искрин

К следующей неделе надо готовить докладчику об Индуском революционном движении.

[РГАСПИ, ф.532, оп.2, д.135,лл.39об.-40.]

138. ПРОТОКОЛ ЗАСЕДАНИЯ ПАРТКРУЖКА ОТ 19/I 1929 Г.

Присутствуют [···] членов и кандидатов [···] беспартийных.

Отсуствуют [···] членов и кандидатов.

Председатель т. [···]

Секретарь т. [···]

Порядок дня
1. Агитация
2. О поднятии активных членов кружка

Слушали :	Постановили :
I. Агитпропплан 1) Военная опасность 2) Колониальный вопрос 3) Корейский вопрос (решения Коминтерна) 4) По газетной сводке	Утверждены

II. О подъеме активности членов кружка
1) Усиление спорта
2 активное участие работ клуба
  а) Усиленно вовлекать студентов на экскурсии
  б) Организовать народный хор и др.
  в) активное участие в стрелковом конкурсе
	Через соответствующих уполномоченных необходимо поднимать активности членов кружка
	Для организации народного хор намечаем комиссию. т. Сидорова, Тракторова и Гванова

[РГАСПИ, ф.532, оп.2, д.135, л.41.]

139. ПРОТОКОЛ № 1 ОБЩЕГО СОБРАНИЯ КОРЕЙСКОГО НАЦКРУЖКА ОТ 5/X-30 Г.

ЗНК

Секретно.

Присутствовали на собрании: 39 студентов и аспирантов, 5 основников корейцев, от Ленинского курса - тов. ТЕН, ЦОЙ, ПАКАЙ, ЛИЧУ, КИМ-ДЕНХА

Повестка дня:
1. Отчетный доклад нацорга
2. Перевыборы нацорга : редколлегия : тройки по сводкам коргазет.
3. Разное

Председатель собрания Т. Пакай
Секретарь - Власов, Тень, Сенжаб, Егунов.

СЛУШАЛИ I. Отчетный доклад тов. Анисова / имеется напечатанный сжатый доклад /

Прения /прилагаются/

ПОСТАНОВИЛИ : /Резолюция прилагается./

СЛУШАЛИ II. Перевыборы нацорга.

ПОСТАНОВИЛИ : Нацогром выборы тов. ЛИ БЯК

СЛУЧАЛИ III. Перевыборы редколлегии.

ПОСТАНОВИЛИ : В редколлегию избрать : т.т. ЛЕБЯК, АНИСОВА, МАРКУС, КАНАЛОВА и МАЯКОВУ.

ПРИМЕЧАНИЕ : Ввиду неполной стенограммы в протоколе не отражены подробные выступления, и выступления некоторые т.т. совсем нельзя было фиксировать из-за того, что в корейском протоколе почти не записаны. Поэтому этот протокол дает общее представление, потом заключительное слово докладчика тоже не зафиксировано, но оно основано на конкретном разъяснении проекта резолюции, которая принята собранием.

/АНИСОВ/

ЛАСКОВЫЙ. Очень хорошо, что т.т. делают самокритику, но наша самокритика после решения ИККИ не должна проходить по тому пути, по которому направлялся раньше в Китайской компартии, а на основе большевизма. Нам нужно остановиться, почему и на какой основе складывалась наша фракционная борьба. Причиной нашей фракционной борьбы является внедрение в наше движение националистических элементов, которые боролись за местечко вождя. Для нас признание о том, что вел фракционную борьбу - это не важно, а важна ликвидация фракционной борьбы. Я не сознательно вел фракционную борьбу, оказался использованным фракцией "Хва-еу". В 1926 г. поступил членом Киткомпартии и там же в Шанхае был "эмиграционное бюро", т.е. орудие фракции "Хва-ео" и тогда я стоял на платформе партии, что оказалось защитой фракции хвое и тогда мне поручили работу о воспитании внутри военной школы революционеров, что оказалось борьбой за линию фракции хвае. После в 1928 г. приехал в Москву. В это время узнав о том, что Ким-Гюер и Лидонхви приехали в ИК, чтобы расколоть партию. Я сказал т. Де-тек-тину, что против таких проступков по следующим соображениям : что партию признаю со стороны ИККИ, несмотря на это они, организуя другую партию, пришли получить утверждение, если так, то выходит что всякий человек, организуя новую партию, стремится на получение утверждения. Когда я так относился, к тогда существовавшим партиям, то Ким-доня рассказывал, что партия расколется и т.д. и хваевские товарищи тогда меня обвиняли, как эмэровца. а эмэровцы считали меня хваехвевцом. После беседы с Ким-доня я решил ждать решения Коминтерна по этому вопросу и поддерживать это решение.

Особенно в наших прениях недостаточно выступали вожаки среди нас.

Из вышесказанного моего положения видно, что я не нахожусь ни в какой фракции. Всякое словесное признание ничего не стоит, мы можем только в процессе работы в Корее ликвидировать фракционную борьбу и проводить совместную работу.

[···]ОВИЧ. Из выступления многих т.т. фигурирует термин о субъективности и объективности и этим самым говорят, что пришлось участвовать в фракционной борьбе. Это не есть большевистское признание и самокритика. Мы должны определенно сказать, виновны в том, что из-за фракционной борьбы со стороны нас довели дело до того, что многие революционеры томятся в тюрьмах японского империализма, хотя это не есть открытое предательство, но вследствие фракционной борьбы мы имеем такую печальную картину, которую мы имеем. Когда я впервые вступил в Кор. КСМ, я не знал о фракции тем более об эмэре, но я под руководством высших товарищей комсомольской организации, и после партийной, я активно выполнял их платформу, тогда .... считал правильным, что является фактически активным фракционером эмэрской группы. И поэтому нельзя говорить, что я вел несознательно и т.д. Я утверждаю что, сознательно проводил эмэровскую линию, ибо я действовал на это платформе по кор.вопросу. Выступление т. Брагина очень двусмысленно, он не может сделать четкий, ясный политический вывод о своей фракционности, несмотря на то, что отдельные моменты, утверждаемые самим, характеризуются как хваевская линия. Это потому что т. Брагин еще не осознал свою ошибку и не понимает нынешней установки КИ. Нам нужна беспощадная самокритика. Поэтому я обязуюсь, что если будет какая нибудь малейшая фракционность независимо от бывших личных отношений, беспощадно разоблачать и на основе марксизма решать такие вопросы. Все, что отдельные товарищи могут сделать по разоблачению и ликвидации фракционной борьбы, мы должны сделать. За время пребывания в партии и в "КУТВ"е я хотел вести и вел работу за партию, но это действие направлялось обратно. т.е. в пользу эмэровской группы. Но я был убежден в том, что и в Корее и в Москве эмэровские товарищи в теоретическом и в друг. отношении стоят правильно, что несравнимо с друг. фракциями : Особенно это мне глубоко впечатлилось когда я в КУТВ встретил эмэровских и хваевских товарищей. Поэтому когда был доклад т. Эдерсона, у меня все же было сомнение т.к. мне казалось, что издаваемые журналы группой эмэра и т.д., можно считать все же они работают, из-за этого я был против другой группы. И после доклада т. Мадьяра я много думал, что раз я стоял на платформе эмэра против других групп и их платформ, то этого нельзя сразу бросать, а стоит еще подумать и это искренне говоря было поступком недоверия Коминтерну. Поэтому, когда написал заявление в ИККИ в течение трех суток много думал и мне создавалось даже такое сомнение, а если это получится неправильно, и т.д. - вот все мои ошибочные взгляды. Поэтому в дальнейшем необходимо укрепить партийные кадры и строго соблюдая дисциплину, должны бороться за единую монолитную партию. Все должны конкретно проводить работу по разоблачению и ликвидацию фракции, бывших своих групп. Широко развернуть проработку проблем корейской революции и на правильной линии по корвопросу мы можем добиться консолидации наших сил.

ДОРОВ. Когда я был в Корее, по газетным сообщениям узнал, что в Корее существуют социалистические огранизации и одновре-менно я думал, что эти организации работают для интересов рабочего класса в Корее, но когда я прибыл сюда, в то же время я узнал, что все эти огранизации ведут фракционную борьбу. Когда я прибыл в КУТВ, я был уверен, что в КУТВ не может быть фракционной борьбы, но на самом же деле и здесь также имела место фракционная борьба. Когда я был в Крыму, я узнал, что кто принадлежит к группе "Эмэр" и кто к "Хвае". Это можно было узнать, судя по разговорам и встречам отдельных т.т. Здесь много таких т.т., которые недостаточно владеют самокритикой. Когда я прибыл в Москву, тов. Марсин пришел ко мне и спрашивает о принадлежности к какой группе, так напр., он спрашивал, что "от какой группы вы приехали сюда" и т.д. Конечно, такое поведение его говорит о его чисто фракционном духе. И это не только Марсин, но и другие т. т., в том числе и Егунов. И напр., т. Миронов, когда в Отузах он мне рассказывал о корейской фракционной истории, критикуя другие фракции, он заявил, что он то не вел фракционную работу. Все это правильно. В дальнейшем необходимо ликвидировать ту фракционную борьбу, которую мы имеем и борясь со всякими оппортунистическими течениями и на основе единого взгляда по корейскому политическому вопросу, мы должны объединиться. Поэтому я предлагаю в дальнейшем развернуть обсуждение вопросов рабоче-крестьянского движения в Корее. И организованным путем должны разрешать хоть мелкие вопросы в нашей жизни.

КИМ-ЧАН-ГВЕР. Я не имею никакого отношения к каким бы то ни было фракционным группам. Фракционная борьба длилась в течение нескольких лет и впоследствии она не принесла никакой пользы, а наоборот. Из выступлений многих т.т. я узнал, что в КУТВ имеются и группа Эмэр и группа Хвае. Мы должны коренным образом разрешить фракционный вопрос на этом собрании. Товарищи и из группы Эмэр и из группы Хвае все прибыли в СССР с одной и той же целью. Поэтому товарищи должны хорошо учиться в КУТВ и бороться за единство. Уже с 1919 г. мы везде, где собираются три корейцы, имеем две группы. Я точно не знаю эту причину. Нужно покончить с этим, со стороны аудитории прерывают меня и я думаю - это тоже остатки фракционности.

ЧАНОВА. В отчетном докладе большое место занимают фракционные вопросы, и следовательно вопрос о ликвидации фракционности приобретает главное внимание. Это собрание шагнуло вперед в смысле самокритики. В 1925 г. я впервые вступила в союз женщин /несен-допухве/ и в 1926 г. я узнала, что в Корее фракционная борьба. Я думаю, что одна из этих групп, руководимая Коминтерном, стоит на правильной линии и постаралась найти такую же организацию, что впоследствии я вступила в Кор. КСМ. Я работала под руководством этого союза. Во время большого ареста в 1928 г. я узнала что тут существует группа Эмэр, после этого я приехала в КУТВ. В это время я знала эмэровскую группу, как самую лучшую организацию, ибо она смогла командировать студентов в КУТВ. После прибытия в КУТВ я узнала о роспуске Корпартии. В первое время я была уверена, что эмэровская группа, хорошо выполнив решение Коминтерна, восстановить Коркомпартию. Но в процессе моей учебы я поняла, что точка зрения о создании партии вокруг одной группы неправильна. В дальнейшем мы должны ликвидировать все фракционности. Тов. Миронов написал статью в стенгазете, что он не принадлежал в группе "Хвае" и в прениях, хотя он хотел частично признаться, но совершенно недостаточно. Выступление тов. Власова то же, по моему, неправильно, его выступление сводится к тому, что якобы он не знает товарищей из группы эмэра, имел письменные телеграммные связи и что кто не знал такой деятельности, тому можно хорошо сделать перелом, а кто знал, тому труднее, это неправильно, ибо идет речь не о степени, а об окончательной ликвидации фракционности.

В заключение я хочу подчеркнуть, что кто хочет стать революционером, тот должен и коренным образом ликвидировать фракционную борьбу и на основе единства политической линии корейской революции, т. е. на основе линии Коминтерна, мы должны добиться сплочения для чего требуется изучение и обсуждение нами всех политических актуальных вопросов корейской революции.

ЕГУНОВ. Я спрашивал тов. Дорова, о том, что он от какой группы приехал? но я не спрашивал это с фракционной точки зрения, как это думает сам т. Доров. На этом собрании мы имеем большой перелом. Это собрание имеет большое значение не только потому, что мы разоблачаем свои ошибки, но и потому, что оно будет иметь большое значение в случае практического выполнения. Мы не должны разрешить вопросов математически или по гегелевской философии. Мы можем добиться большого лишь в том случае, когда мы практически выполним. Во время моего приезда в Москву по рекомендации т. Хон-намгю, я передал письмо т. Техуну. Во время пребывания в военной школе встречал т. Марсина, он сказал, что он придет ко мне. Тов. Ким-доня мне сказал, что он может сделать, чтобы я перешел в КУТВ и предлагал мне перейти, но я отказался. После, по моей собственной просьбе, меня перевели в КУТВ. В 1926 г. я был хваевской группе, я писал в "Донаилбо" политическую статью против эмэровского органа "Массовая газета" по вопросу июньских событий. В КУТВ после прошлогоднего собрания везде товарищи нападали на меня, ибо я на этом собрании высказался против всех групп без исключения. В этом собрании также имеются положительные и отрицательные стороны. Положительная сторона заключается в том, что будет большевистское объединение в процессе принципиальной дифференциации. Тов. Мальцев попытался скрывать свою фракционную борьбу со своей прошлой историей, а тов. Брагин обрисовал свою деятельность так, как будто он только один пытался стоять на линии Коминтерна, и тов. Марсин также не проявил, что он будет до конца ликвидировать фракционную борьбу. Тов. Анисов в своем докладе лишь подчеркивал, что своя группа была правильной. Без выставки может существовать фракция. Я считаю, что пока эмэровская идеология осталась как и раньше. Я спрашиваю тов. Анисова, что "... будешь ли ты вожаком внутри эмэровской группы или будешь борцом за революцию?" Я в КУТВе был защитником принципиальной линии, но только не было обстановки для выполнения этого.

Вопрос : 1/ Анисов : не имеется ли политической ошибки в вашей июньской статье? ЕГУНОВ - Не знаю.

2/ Власов : Как ты понимаешь решения ИККИ о себе? ЕГУНОВ - я не знаю содержания этого решения.

ЛОПАТИН. Корейское движение - в прошлое время было движением мелкобуржуазной интеллигенции и люмпен-пролетариев, поэтому оно не только не могло представить интересы рабочего класса в

Корее, но и объективно в руках интересов японского империализма. Это собрание разоблачило недостатки прошлого собрания. Это собрание имеет историческое значение в смысле ликвидации фракционной борьбы в Корее. Но все же она означает лишь первый шаг вперед и мы должны дальше шагать по этому направлению, путем развертывания самокритики. Я участвовал с 1928 г. в корейском движении. В 1924 г. я начал работать на предприятии, где в 25 г. вступил в профсоюз, который находился объективно под влиянием группы "хвае". Когда я вступил в нелегальную орга-низацию и находился в ячейке, я не знал фракционного секрета. После прибытия в КУТВ я узнал, что в "КУТВ"е существует эмэровская группа, противопоставляющаяся решениям Коминтерна 1928 г. по корвопросу и следовательно, мне пришлось бороться против этой группы, за линию Коминтерна. Я думал, что можно организовать Кор. КП рабочими, крестьянами и революционными интеллигентами. После того, когда я узнал о существовании эмэровской группы, я сблизился с теми товарищами, которые заявили о поддержке линии КИ. Однажды тов. Ким-Хобан, вызвав нас в помещение парткомиссии, сказал нам, что существует эмэровская группа, противопоставляющаяся Коминтерну, что нужно бороться со всеми теми, которые противостоят линии Коминтерна, в том числе и с эмэр. Значит ли это, что мы имели отношение к хваевской группе? - Нет. Мы не имели какой связи с ней. Перед отъездом т. Ким-хобана, мы собрались впятером с т.т. Тегин, Олагин, Брагин, я и Ким-Хобан, где Ким-хобан рассказал о том, что он уезжает и говорил о необходимости в дальнейшем, чтобы не допускали эмэровского влияния, а чтобы ..... руководил т. Брагин. В это время я оцениваю т.т. Ким-хобана и Брагина не как хваевцами, а как товарищами, стоящими на линии Коминтерна. И то, что т. Ким-Хобан, вызывая нас, говорил о необходимости борьбы против эмэровской группы, я считаю правильным, не фракционным, ибо они поддерживали линию Коминтерна. Моя ошибка в этом вопросе заключается в том, что я не сумел рассказать об этом перед всеми товарищами, ибо мой кругозор был узким. В дальнейшем мы должны еще большее активное участие принять в деле ликвидации фракционной борьбы. Что касается выступления т. Марсина, то он лишь признает свою ошибку в области организационных вопросов, настаивая на своих прошлых политических взглядах. Тов. Мальцев написал статью в стенгазете по вопросу создания Центр. Комитета Кор. КП. По моему, это рассуждение является старой позицией о восстановлении ЦК без низовой организации партии.

ОЛАГИН. Бессомненно, как вы все знаете, что я тоже принял участие в фракционной борьбе. Я заявляю, что было время, когда я защищал свою группу, но в настоящее время я не имею никакого отношения ни с какими группами. Наша самокритика не должна следовать примеру самокритики подобно журналу "Современный этап" или "Классовая борьба", ибо они самокритикой не ликвидируют своей группы, а наоборот защищают ее. Выступление т. Марсина неправильно потому, что по его мнению как будто эмэровская организация возникла для борьбы против фракционностей. Эмэровская теория была правильна, но постольку, поскольку она не вышла из рамок фракции, она ничем не отличается от других групп. Без ликвидации фракционной борьбы невозможно создать большевистскую партию. Сеульско-Шанхайский блок есть фракционный и он провозгласил гегемонию буржуазии и поэтому неправ т. Мальцев, когда он не говорит откровенно об этом блоке. Что такое хваевская платформа? После июньского события 1926 г. почти все члены партии были посажены в тюрьмах, а оставшиеся пытались возродить хваевскую силу, что не имело никакого успеха. Они выдвигали лозунг : "возвращайтесь в 1925 г." / а в журнале Тихоокеанский рабочий пишет : "Авангард в Корее создан в 1925 г. и этот авангард был посажен почти весь в тюрьму в июне 1926 г.; авангард, создавшийся после этого, не является подлинным авангардом". Неправильно, когда говорят о том, что Хваевская группа внутри КУТВ"а не имеет платформы. Статья т. Миронова, которая была помещена в стенгазете, была не первым наброском, которые у него были. Первую статью он показал нескольким т.т., а затем порвал его и написал вторично, не только это во время отдыха он агитировал, что я не вел никакой фракционной борьбы. Утверждение правильности "Тихоокеанского рабочего" со стороны Миронова и Никифора Пака - это и есть платформа хваехвцев. Это еще не значит, что платформа хваехвцев одинакова с платформой "Классовой борьбы". В борьбе против двух групп в КУТВ"е есть возможность появления примиренчества, а также имеется опасность оформления третьей группы. Внутри КУТВа мы должны провести работу вокруг тройки. Неправы, когда т.т. Марсин или Славин говорят, что они долго думали после решения Коминтерна. То собрание, имевшее место с Ким-хобаном и где участвовал я, сейчас считаю это фактически было проведением хваевской линии под предлогом против эмэра и за линию Коминтерна.

ЯНОВСКИЙ. Я утверждаю, что доклад был правильным, и также прения до некоторой степени имеют в себе перелом. Я будучи одним из Иркутской группы, вел фракционную борьбу в рамках русской партии и в 1924 г. порвал с этой группой связь, об этом заявил Намманчуку. Но после этого в процессе работы в комсомольской и партийной организации, я проводил линию так называем, манжчурского эмэра. Это несомненно означает, что фракционно поддерживал эмэр, ибо я считал линию эмэра правильной. Я был выдвинут в состав парттройки фактически в качестве представителя эмэра боролся с т. Огневым до 3-х час утра. Тогда был вопрос о том, что тов. Личун неправильно перевел статью стенгазеты в Удельной японским товарищам и об этой статье, написано т. Личуном. Борьба против эмэровской группы - это еще не значит линия КИ. Имеются те, которые под предлогом о солидарности линии КИ, на деле проводят хваевскую линию. Тов. Ким-доня по поводу прокламации, выпущенной союзом молодежи в Китае /вопрос манчжурской автономии/, даже поднял вопрос в парткомиссии, но он ни слова не критиковал требований своей группы по вопросу автономии.
Хваевская группа использует Тихоокеанский рабочий, проводит

хваевскую линию. Если мы не выйдем из рамок своей фракции, то мы никогда не можем стоять на линии Коминтерна, китайская стена, которая существовала между нами, мешала нашему делу. Прежде всего необходимо разрушить эту стену и в практической работе мы должны выявить себя.

ВЕНКОВ. Я за последнее время совсем незнаком с нынешним положением Кореи и не читал журналов "Классовая борьба" и "Тихоокеанский секретариат" и манчжурские прокламации и т. д. Примерно четыре года тому назад я активно боролся за Хваевскую группу. Я принадлежал к хваевской группе по линии КСМ партий и легальной организации. Но борьба, развернутая в 1926-27 г. не была абсолютно для хваевской группы, а борьба за линию КИ. Я больше не имел никакого отношения к хваевской группе с того момента, когда я ушел из "КУТВ"а. В дальнейшем мы должны объединиться политические взгляды, мы должны иметь единство, мы не должны подозревать друг друга. Т.т. Марсин, Мальцев и др., которые вели фракционную борьбу, после решения КИ не могут оспаривать. Это факт. Неправы они, когда в своих выступлениях не дают ясной позиции. Также неправ т. Брагин, когда он говорит, что он не вел фракционной борьбы. Можно сказать, что эмэровские товарищи до некоторой степени /хотя не все/ сделали самокритику, а хваевские т.т. /Брагин, Макова и т.д./ сделали недостаточно; в дальшем выступлении должны развернуть подлинную самокритику.

Василевич. Здесь. некоторые т. т. раньше меня выступавшие, вместо того, чтобы откровенно высказаться и признать свои ошибки во всем, пытались прикрывать и замазывать. Такие т.т. недостойны звания революционера. Их мы не можем оценивать иначе, как теряющих политическую жизнь. Тов. Лопатин не признает объективную роль фракционности. "Хвайохой" - это исходит из того, что он сам еще недостаточно изжил фракционность. В самом деле, не признать фракционного поведения Ким-Хобана - это значит замазывать факт. Тов. Егунов говорил, что до сих пор не участвовал ни в какой группе, видимо он нигде не работал. Я участвовал с 1924 г. во фракционной борьбе. Я понимаю фракционную борьбу как борьбу из-за власти, из-за места Ту линию, по которой я до сих пор шел, считаю неправильной : Я раньше при заполнении разных анкет выдавал свою фракционную деятельность, как правильную. Несколько м-цев тому назад я подал в ИККИ заявление, где признал и разоблачал свои ошибки и ошибки своей группы. Я знаю "Ден-ыбу", как контрреволюционную организацию /фашистску/. Убийство революционеров с ее стороны и т.п. - все это нужно считать одним из результатов фракционной борьбы...

ГЕНИН. Очень затруднительно говорят - "признаю или исправляю" ошибки прежней фракционности. Но уверен, в том, что на основе большевистского воспитания можно более или менее быстро изжить. Фракционность нельзя изжить путем бичевания одной группой другой и наоборот. Нельзя согласиться с тем, что только шли слепо, благодаря идущей своей группе по линии КИ, или только потому, что среди т.т. своей группы много было толковых - это неправильно : такие т.т. неизбежно в дальнейшем должны колебаться. Тов. Марсин недостаточно высказался - это непартийно и неправильно. Я с 1923 г. находясь на местах, участвовал по незнанию во Фракционной группе. Непосредственно к группе "Хвайохой" не привыкал, но признанную Коминтерном партию всегда поддерживал. Я вне Кореи слыхал лозунг : "всех прошлых коммунистов исключить из рядов партии", "в партии остались одни только высшие интеллигенты / сыновья помещиков/", но с такого рода утверждениями не мог согласиться. Поэтому я стал на точку зрения объединения всех фракций с тем, чтобы объединенными силами бороться против МЛ. Были два пути борьбы против М.Л. : I/ борьба вне МЛ и 2/ внутри МЛ. Но не имел никакой возможности проникнуть во внутрь МЛ. а потому эта задача для меня была непосильна, а потому приостановился. В этот момент было созвано совещание приморских активистов / членов ВКП/б//, где было вынесено решение о беспощадной борьбе против МЛ. С этим решением я был целиком согласен и крепко поставил перед собою задачу борьбы с МЛ. С этим убеждением прибыл в Москву. Здесь по этому же вопросу имел беседу с тов. Огневым. К этому времени вышло было решение КИ о роспуске партии. Это решение меня сильно обрадовало. Т.т. [···] МЛ и до сих пор выпячивают вопрос о их правильности в теоретическом отношении. Борясь против такого рода утверждений, я сам попал на линию фракционности. Я считаю своей ошибкой в прошлом след. : Участвуя на собрании, созванном Ким-Хобаном, где обсуждались и выносились мероприятия борьбы против МЛ - это /мероприятие/ само по себе считаю правильным. - но сейчас считаю недопустимым то, что тогда был секретный созыв собрания.

Сожалею, что тогда не сделали открыто. Объединение корейского кружка : японским произошло не с целью борьбы о МЛ. Говорят, якобы в комнате Кореевой устроили какое-то фракционное собрание. Это неверно. Доказательством этой неверности такого утверждения будет то, что раньше я обращался по фракциошным вопросам к тем или иным т.т., но всегда беседы были устроены в лесу. Почему же в этот раз, если они не дураки, устроили в таком открытом месте, как комната тов. Кореевой. Здесь говорили, что в КУТВе есть "Хоайохой" с платформой. Если платформа "Хоайохой", напр. "Назад к 1925 г." и "Кимцан приезжал в Москву..." и сделать отсюда, что в КУТВе есть "Хоайохой" с определенной платформой - это неправильно. Поведение т. Огнева по отношению к т. Миронову неправильно. Что же касается "Тихоокеанского рабочего журанла", то он выходит под руководством профинтерна и КИ, поэтому, если там имеется фракционность, то профинтерн и КИ разрешат соответствующим образом. Руководящая нацкружком тройка не энергично и недостаточно себя проявила. По моему, это обстоятельство являлось причиной к распространению слухов" о разногласии внутри тройки.

Тов. МАЯКОВА. То, что в Корейской КП собраны интеллигенты,

мелко-буржуазные элементы - констатировал и КИ...

Вступившие в группу "Хоайохой", ездила по местным организациям и вела агитацию, участвуя в женогранизациях, работала среди женщин. Против нас боролся Сеульский Союз Молодежи, но в конечном счете мы получили признание, мы победили. В 1925 г. я находилась в Шанхае в пути к Москве на учебу. Я прибыла в Москву в 1927 г. Здесь я видела разгар фракционной борьбы и только наблюдала....

ДИНАМИТОВ. Надо развернуть самокритику, беспощадно бить тех, кто будет вести гнилую фракционную дрязгу : бить себя и других. В 1919 г. за участие в мартовском движении попал в японскую тюрьму. После выхода из нее в самых тяжелых условиях, добывая самостоятельно себе кусок хлеба, учился / "кохак"/. Здесь я имел массу недовольств против существующего общественного порядка. В это время я достал книжку, выпущенную японским анархистом Оски под названием "Обращение к молодежи", которую я с рвением читал. Она очень понравилась. Она сильно меня заинтересовала и втянула в новый революционный путь. Во время происшествия национального съезда в Корее /"Миндюнундондядайхой" которому сильно препятствовал Сеульскому Союзу молодежи и из-за чего шла ожесточенная борьба между последней и "Хоайохой", и моя позиция была на стороне "Хоайохой".

Я считал и боролся против Сеульского Союза Молодежи за его роль в то время, как агента японского империализма. Спустя некоторое время я вступил в "Шинхынченнендонман" : здесь я во время выборов впервые узнал о существовании партии и о существовании какого-то разногласия внутри партии. Т. о., я в то время считал наилучшей организацией "Хоайохой" и в ее пользу со всей энергией работал. Прибыл в 1926 г. в КУТВ и здесь в течение 6 м-цев до определения в больницу никакой фракционной борьбы не было. В больнице, узнав, что многие стали против существующей партии, я возражал против такой беспринципности. Несмотря на то, что эмэровская группа вычищала всех т. т. из другой группы / в этом я усматривал ошибки со стороны МЛ/, я разделял точку зрения МЛ-ровцев и признал МЛ партию. После выхода из больницы, я близко чувствовал к эмэровцам.....

КАНАЛОВ. О внутриуниверситетском вопросе. Если мы говорим о прошлой фракционной дрязге, как мелкобуржуазном течении, то в какой форме внутри У-та она проявилась? Конечно, одним настоящим собранием фрацонная борьба не изживется. Если посмотреть в действительности, каково было наше отношение к новым т.т., то нужно сказать след. Напр., тов. Гванов объясняет свое халатное отношение к вновь прибывшим т.т. тем, что он якобы боялся обвинения его в фракционной борьбе, в том случае, если он сблизиться с ними. Это объяснение, конечно, не соответствует действительности. Тов. Власов говорил, что в течение прошлого года надо было новых т.т. воспитать так, чтобы они стали на определенной точке зрения по вопросу о ликвидации фракционной борьбы. Это тоже неправильно. Бывшие т.т. "хоайоховцы" должны признать свои прежние ошибки. Докладчик говорил, что среди нас есть оппортунисты и затем как будто бы в решениях КИ сказано о совершенном отсутствии в Корее теоретичских вопросов - это неверно. Что же касается моей принадлежности к группе, то все знают - кто я...

Я считаю переход наших т.т. в особо выделенный курс совершенно правильным. В прошлом у меня много было остатков мелкобуржуазной идеологии. В скором будущем, работая среди рабочих тамтам, я буду прилагать все усилия для большевизирования себя.

Вывод

1. Скоро ликвидировать мелкобуржуазное течение в комдвижении.

2. Исключение фракционеров из наших рядов.

3. В КУТВ в будущем признать исключительно т.т. из рабочих и крестьян.

СТАХОВСКИЙ. Я не согласен с т. Лопатин, когда он принимает линию КИ только как ликвидацию МЛ-ровской группы. Я считаю, линия КИ заключается в ликвидации всех фракционных групп. Непризнание тов. Пак Никифором фракционности Ким-Хобана иначе я не могу толковать, как желание продолжать и в дальнейшем в скрытой форме фракционную дрязгу. Бывшие эмэровцы в КУТВе - Власов и Марсин боролись между собой по вопросу, выдвинутому Власовым, о том , что МЛ был пролетарский в теоретическом отношении, но огранизационно - не пролетарский. В этом вопросе Власов по существу не признал.

Тов. Цой-Шену, к сожалению, не занимался самокритикой, т.е. он был теоретическим руководителем Искрина, в то же время он тогда играл главную роль, но об этом он не говорит. Мое участие во фракционной борьбе в сознательной форме выразилось с момента поступления в КУТВ. Фракционная борьба имеет теоретические корни, но тов Цой-Шену об этом молчит - неправильно поступает. Я о своей работе написал подробно в стенгазете. Поскольку я принадлежал к одной группе, постольку я вел фракционную борьбу. Я поддержал орган МЛ группы, но сейчас не поддерживаю. У меня есть горячее желание ликвидировать фракционную дрязгу. Чтобы ее до конца изжить, нужно действовать организованно.

Вывод

1. Исключить из наших рядов тех, которые хоть немножко будут продолжать фракционную борьбу.

2. Еще многое зависит от хорошего руководства делом ликвидации этой борьбы.

ГУРЬЯНОВ. Решение КИ имеет большое значение. В деле ликвидации фракционной борьбы нужно разоблачать деятельность всех групп среди низовых масс. Массы оторвать от фракционных лидеров и в процессе революционной работы среди рабочих масс их организовать. В КУТВе мы должны изучать теоретические вопросы, увязывая с конкретной практической задачей дня. Мало было тесной связи с японским кружком. Близость японского кружка только с одной группой имеет исторические причины. Напр., дискуссия с тов. Ким-Даня о роли японского империализма в Корее.

В дальнейшем я считаю возможным вопросом - это установление тесной связи с японскими т.т. и привлечение их в дело изучения практических вопросов. Особенно сильно вовлекать в эту работу т.т., перешедших в особый /краткосрочный/ курс.

ПАКЛИН. Термины- объективность и субъективность - есть различие между ними, но в политическом смысле они одинаковы. Я был в близких отношениях с МЛовцами. Я не знал о существовании центра в эмэровской группе. Поскольку я активного участия не принимал в фракционной борьбе и стоял как бы в стороне, постольку я не знал, что происходило в МЛ-группе. В настоящий момент мы константируем кризис фракционной борьбы и в это время мы должны решительно наступать по линии ликвидации этой борьбы. Одновременно нам необходимо изжить старые привычки. Разрозненное руководство совершенно недопустимо, а нужно и необходимо единое руководство. Уничтожить тайные связи. Если невозможно открыть среди нас те или иные секретного характера связи и переписки, нужно их направлять немедленно в КИ. Только одного наказания недостаточно. Нужно по вопросу о ликвидации фракционной борьбы заключить договора соцсоревнования.

ИКОТИН. Утверждение на этом собрании относительно якобы улучшения, по-моему, опасное. Потому что, если во время доклада тов. Мадьяра продолжали борьбу в скрытой форме, то в настоящий раз откровенно выявляют фракционные дрязги - это есть усиление этой борьбы. Самокритика тов. Гванова есть не больше и не меньше как самохвальство. Тов. Брагин боясь фракционности трусливо вывертываются. Он говорил, только об объективности и субъективности, а это неправильно. Неверно то утверждение, что якобы в II-ом парткружке велась фракционная борьба.

Я участвовал во фракционной борьбе с 1925 г. Она выражалась

в беспрекословном подчинении более знающим т.т. По прибытии в КУТВ впервые встретился с тов. Ким-Хобаном. Во время беседы с ним, последний закрыл двери на замок. Отсюда у меня возникло сомнение по отношению к нему. В то время кто-то стучался в двери, но он не открыл. Это тоже натолкнуло на мысль - не есть ли тут фракционность? Исходя из всего этого, можно узнать фракционность - или нефракционность. Во время выезда т. Ким-Хована я участвовал на заседании пятерки. Не является ли причиной к существованию разногласий в тройке фракционное соображение по отношению к прибывшим или прибывающим в КУТВ студентам. Если это так обстоит, то явно немарксистский подход.

ШЕН-У-ШЕБ. 10 лет тому назад я вел фракционную борьбу. Ее нельзя ликвидировать путем личных нападок. Надо бить по теоретическим неправильностям того или много товарища. Поэтому у меня сложилось сомнение в том, что фракционизм не есть ли результат скопления личных обид. В результате фракционной борьбы все секреты давались врагам. Как ликвидировать фракционность? Я считаю - нужно беспрекословно подчиниться решениям КИ и на основе этих решений неподчиняющихся им исключать из наших рядов.

КИМ-ДОНУ. Поскольку я здесь с самого начала не участвовал и кроме тово ничего нового к тому, что сказал в прошлом году, постольку не имею сказать. Прошлогодняя точка зрения по этому вопросу остается и по сие время без изменения.

МАРКУС. Я был использован прошлой фракционной борьбой. До 1929 г. работал в легальной организации. Думая, что всем коммунистам так или иначе в силу стечения обстоятельств приходится вести фракционную борьбу, я продолжал оставаться в одной группе. В 1929 г. слыхал о решении КИ, которым Кор. КП была распущена. После этого как раз распускали ячейку, где я состоял, разъясняя, что некому-де работать и в силу усиленного террора. На собрании ячейки всего участвовал 4 раза. Слыхал о теории Ангванчена. На пути к Советскому Союзу некто спросил меня : почему, мол, я не видел директивы КИ, посланной в "Хвайохой". Из этого распроса я впервые узнал, что командирован "Хвайохой". Во время поступления в КУТВ мне передавали, что здесь есть фракционная дрязга, поэтому я был предупрежден ни с кем не связываться, корме как с тов. Ким-Хобаном. Я эти указания выполнял в полной уверенности в правоте моих действий. Относительно Ким-Хобана здесь многие т.т. говорили, но я лично не могу ничего сказать. Но надо сказать по поводу того, что в запертой комнате беседовал он и кроме того, Ким-Хобан при отъезде отсюда имел беседу с определенными лицами - это несомненно есть фракционность. Лопатин не считает этакое поведение Хобана фракционностью - это неправильно. Из ответа Ким-хобана на мой вопрос, как он смотрит на образование краткосрочного курса, мне ясно было, что он смотрел на это дело, как фракционер /"хвайохой"/. С этим явлением я боролся ради решений КИ. Миронов написал в стенгазете 3 раза ; он пока старается скрывать старую фракционность Его деятельность не совпадала с интересами рабочего класса Кореи. Тов. Мальцев в своем выступлении здесь не доказал и не показал себя, как искреннего, бросающего прежнюю фракционность. Марсин такое еще не изжил, еще у него есть больше, чем у кого либо другого. В дальнейшем не надо допускать этих т.т. принимать участие в корейском вопросе. Я предлагаю, в дальнейшем всех тех, кто здесь совершенно открыто, честно и искренне не высказывался о своих ошибках, исключить из Ун-та.

ЛИБЯК. Из выступлений т.т. я не вижу пока, как в дальнейшем работать и как практически изжить всю грязную дрязгу. Фракционная борьба сильно мешала парт-общественной работе. Зачастую партийные секреты передавались беспартийным. Стенгазету в дальнейшем нужно выпускать периодически, обязательно в срок. Личное отношение надо укрепить. Не нужно смотреть через цветные очки. Кроме того не допускать устраивания частных собраний. Поскольку я давно был оторван от ревдвижения Кореи, постольку во фракционной борьбе не участвовал.

ГАЛИН. Я в Корее не знал о существовании фракционной борьбы. Но с момента поступления в КУТВ пришлось получить такое влияние. В Корее ничего не знал. Несмотря на мои старания связаться с руководящими т.т., я не мог связаться. Здесь по прибытии сразу начали расспрашивать, из этого я понял, что т.т. спрашивали из фракционных соображений. Надо особо осторожно и критически относиться к каждому из т.т.

ЧЖЕН Алексей. Прежде всего и раньше всего, чем кто-либо, так назыв. вожди должны признать и разоблачать свои ошибки, иначе нельзя. Студенты КУТВа, которым предстоит работа в Корее, больше всего и крепче должны быть спаяны и едины. Бессмысленного и беспринципного объединения не должно быть. На основе определенного и правильного решения вокруг конкретного вопроса должны объединяться. Кто бы то он ни был, у кого еще остались фракционные пережитки, должен откровенно свои ошибки признать и разоблачить. После этого собрания фракционность совершенно не будет изжита. Могут быть случаи, когда тот или иной товарищ попытается использовать решения КИ, под прикрытием : чего будет замазывать свои ошибки. Нам с такого рода явлениями тоже надо бороться. Не должно иметь место солидарность между лицами, состоящими в одной какой либо группе. Кроме того, не надо подходить к товарищам с предвзятой мыслью.

КИМ-СИН-БОК. Ссылающихся на объективные и субъективные условия и тем самым замазывающих сущность своих ошибок нужно исключить из У-та и отправлять на заводы с тем, чтобы там их исправить в котле пролетарской массы.

ЛИЧУН. Я не сумею резюмировать всех выступлений и дать

соответствующие оценки за неимением времени. Я скажу только относительно себя. Поскольку я являюсь одним из руководителей и поскольку в прошлом являлся активистом во фракционной борьбе, считаю необходимым подзаняться самокритикой, но об этом после найду время и скажу. Не было в действительности вопроса в Удельной. О том, что я, желая противопоставить МЛ-у, хотел использовать японский кружок и якобы хоа-охой-вцы собрались в каком то помещении - разговор, не имеющий никакого основания. И также нет смысла того разговора о том, что якобы 2-ое были и т.д. Таким делом никто из кутовцев не мог сознательно руководить и не было нигде такого чудака. Если, скажем, кто-нибудь этим занимался, то надо полагать, либо я, либо Брагин. Но я не занимался, а Брагина бы никто не стал слушаться. Часто бывали случая собраться с отдельными т.т., у которых так или иначе имеются остатки фракционности, это объективно может являться фракционностью и такое явление еще впереди будет формально иметь место, но нужно изжить. У нас - у тройки не было принципиально неправильного руководства.

Принятие резолюции.

Пак Никифор. возражает против принятия проекта резолюции за основу, т.к. в нем /проекте/ имеется противоречие : в начале говорится - "фракц, борьба еще окончательно не изжита", а это ведь говорят Пак/ результат неправильного руководства, между тем дальше говориться, что руководство было правильно. Раз есть противоречие, то я возражаю против принятия этого проекта за основу.

Ким-Дону. Если еще не изжита фракционность из-за неправильного руководства, то такую вину можно приписать КИ. Такая постановка вопроса неправильна. Руководство со стороны тройки было правильно.

Каналов. Дополнение. Надо внести в резолюцию о социальных

корнях фракционной борьбы, как мелкобуржуазная идеология.

Ким-Тенха. Особо включить в резолюцию причину фракционности нет надобности ; ибо об этом уже было не раз отмечено в ряде решений КИ.

Маякова. Настоящая резолюция слишком резко бьет группу "хоа-йохой", я против этого момента. Затем, я не признаю того, что якобы хоайохой-вцы вели скрытную фракционную борьбу. Пункты, касающиеся "Хоайохой: нужно выбросить. Линию КИ целиком выполняли, но только обнаружились некоторые моменты старого фракц. остатка. Это можно отметить.

Капелович. При помощи формализма не следует замазывать сущности.

Брагин. 1/ Нужно отметить конкретно, кто именно вел неправильную линию, нежели отмечать как обнаружение фракции "Хоайохой: в целом. 2/ Отметить, что хоайоховцы активно действовали по изжитию фракционности. 3/ Отметить МЛ-цев, как объективную, так и их субъективную роль фракционной борьбы.

Цой-шену. Хоайхойвцы на деле действовали фракционно - это факт. безусловно фракционность этих т.т. совершенно не изжита.

Маякова. Я стою за свое прежнее предложение.

Постановили:
Проект резолюции принять за основу большинством /при 2-х воздержающихся и 3-х против/.

Паклин. Стоя на точке зрения того, что сейчас идет процесс разложения фракций, но тот или иной товарищ никогда во фракционной борьбе не участвовал, поэтому себя считают стоявшими и стоящими на линии КИ, - таких т. т. надо считать страдающими мелкобуржуазной идеологией. Надо включить в качестве фракционера Брагина в резолюцию. Дать оценку тем которые говорили об объективных и субъективных вещах соцсоревновании.

Цой-Шену. В добавлении т. Паклина 2-ой пункт нужно выбросить.

Марсин. Я не согласен вносить слово "процесс", а лучше сказать "ликвидирован".

Постановили:
О "процессе", как в проекте резолюции - принять.

Вонков. Если включать Брагина в резолюцию как фракционера, то нужно включить и Анисова, а потому не следует включать ни того, ни другого.

Маркус. По моему, нужно включить в резолюцию т. т. Анисова, Цой-Шену, Власова, Гванова и т. д.

Цой-Шену. Тов. Маркусову надо сказать, что он слишком нервно-расстроенный. Он очень не осторожен, поэтому надо поставить о нем вопрос. Прикидываясь, якобы что очень справедлив, мешает разрешению вопросов. Включать всех т.т. в резолюцию мы не должны. В проекте резолюции упомянуты трое, а это, по мнению тройки, было недостаточно, поэтому включены слова "и т.д."

Постановили:
За принятие целиком проекта резолюции голосовало большинство /против : Маякова, Миронов, Икотин и

Венков. Надо отметить относительно парторга, который сам ведя фракц. борьбу. руководил.

Анисов. Работа отсутствовала. Она начата с момента назначения 3-х прикреплённых. А с этого же времени не было замечено ничего приниципиального много не было, поэтому такого рода обвинения не следует приписать.

Личун. По поводу парторга следовало бы отметить, но т.к. он говорил, что ничего не делал до тройки и обнаруженного факта нет, потому нужно отвергнуть последнее предложение.

Икотин. То, что говорится о правильном руководстве со стороны тройки, не соответствует действительности. Среди тройки - какие разногласия были?

Цой-Шену. Никаких принципиальных разногласий не было, но могли быть отдельные разногласия в работе. в действительности в проведении линии КИ никакого разногласия не было.

Мальцев. Я о разногласиях внутри тройки слыхал от Северова, которому возражал и разъяснил о вредности таких слухов.

Миронов. Дано было задание т.т. написать в стенгазету, но они не выполнили. Их нужно здесь отметить.

Брагин. Относительно того, что 11-й кружок вел фракционную борьбу, это партийно неправильно ; нужно отметить.

Цой-Шену. О том, что 11-й кружок не был фракционным, все уже знают и также Ун-тет осведомлен. Поэтому здесь снова нечего отмечать.

Постановили:

Предложение т. Брагина отвергнуто большинством /при голосовании За - I/.

Брагин. Об изучении комсомольских вопросов и организации кружка

Постановили:

Принята резолюция со всеми принятыми дополнениями и изменениями в целом большинством. При чем трое голосовали против : Маякова, Пак Никифор и Маркус, и воздержавшийся I - Брагин.

Выбор нацорга.
Выбрать тов. ЛИБЯК, за - 26.

Выбор редколлегии :
Выбрать редколлегию :

[РГАСПИ, ф.532, оп.1, д.425, лл.1-6.]

Отпечатно в 3-х экз. :

экз. №1 -
" №2 -
" №3 -

140. ПРОТОКОЛ № 2 СОБРАНИЯ КОРЕЙСКОЙ ГРУППЫ ОТ 7-ГО ЯНВАРЯ 1931 Г.

Собрание открывается в 19 час. Присутствовало - 37 чел.

Повестка дня :
1. Утверждение плана работы.
2. Распределение и назначение обязанностей.
3. Обсуждение о т. Миронове
4. О т. Анисове.
5. Освобождение и перевыбор нацоргов.
6. Разное

Председатель – Лопатин
Секретарь – Даров

1. СЛУШАЛИ : Намеченный план работы группы - т. Либяк.
ПОСТАНОВИЛИ : План работы утвердить. Причем необходимо создать кружки "изучения профдвижения", "крестьянского движения" и "движения молодежи" - в Корее. Нацгруппу разбить на звенья. Организационно вопрос поручить нацогру, совместно
с тройкой /прикрепл./

2. СЛУШАЛИ : О распределении обязанностей.
ПОСТАНОВИЛИ : Назначить : для сводки материалов   -   т.т. Мальцев, Генин и Светов.
Для перевода литературы – уполномочить т. Олагина
Для печати – уполномочить т. Лопатина
Для читки и перевода газет – т.т. Анисова, Хван-Донюк и Пак И.И.
Упономенный об-ва - т. Дюмин.

3. СЛУШАЛИ : Заслушали о тов. Миронове.

Тов. Личуна. По заявлению т. Светова в Коминтерне, в мае м-це т. Миронов. Тов. Миронов рассказал о прошлом корейского революционного движения - Сущность этого рассказа заключается в следующем : "Тов. Пакчай - вождь шанхайской группы - неправильно относился к злоупотреблениям с 400.000 руб.

Тов. Цой-Шену - обнаружил конспирацию. В 1924 г. я из Владивостока с соответствующими заданиями для создания корейской партии, поехал в Корею, но т. Цой передал об этом Ким-Сагук, а Ким-Сагук распространял об этом сведения и я попал под полицейское преследование, т.е. Цой дал материал к моему тюремному заключению. И в заявлении требовал необходимого разъяснения, т.д. данные т.т. Пагхай и Цой являются нацприкрепленными по линии Коминтерна.

В связи с этим, Коминтерн вызвал т. Миронова и спросил об этом, но т. Миронов отказался, а потом при частичных допросах, он отвечал как выше указано.

Коминтерн решительно предлагал :

а/ У Миронова появил прошлое фракционной идеологии. Он не сказал о своей ошибке - фракционности,

но в данное время сознается в своей ошибке - дать строгий выговор?

или

б/ Тов. Миронов, как вождь фракционеров и при условии сознания своей ошибки и за ликвидацию фракционности - командирован на учебу, но несмотря на это решается продолжать /как указано выше/ самую грязную фракционную борьбу. Необходимо принять решительные меры и исключить из Университета? Эти два решения предложения Комнитерн предлагал обсудить демократическим методом на открытом собрании коргруппы.

Дополнение т. Кимденха. Тройка приняла заявление т. Светлова, но не могла разъяснить, поэтому передано в Коминтерн. Из

Коминтерна т. Мадьяр вызвал т. Миронова. Тов. Миронов сказал это безосновательно. Но при частичном допросе

Как вы думаете относительно т. Пакгай о 400.000 р. .

Отношение т. Цой с Вашим арестом?

Ответ на это сходился с заявлением т. Светова.

Коминтерн решился на два предложения :

I / Оставить в Университете и вынести строгий выговор или исключить из Университета? - передать на обсуждение корейской нацгруппы, находящейся в процессе ликвидации фракционности.

По требованию собрания заслушали т. Миронова.

Тов. Миронов. Об этом до сих пор молчал, но находил нежелательным открывать или обойти, а наоборот желал сказать Зам, но по указанию т. Мадьяра, чтобы никому не говорить - и я не сказал. Отрицал это при Коминтерне у т. Мадьяра - по забывчивости но при частичном допросе дал свою точку зрения. Я знаю, и считаю, что наша фракционность не только принесла вред по своим действиям, но принесла и принесла пользу империализму.

Процесс 400.000 р. - это является частичкой истории фракционной борьбы, не говоря сейчас о тогдашнем времени - все знают, что это важная проблема.

Я сказал, что 400.000 р. безусловно расходовались на фракционную работу шанхайской группы, поскольку, постольку т. Пагкай принадлежит к составу этой шанхайской группы.

Насчет т. Цой - Когда я работал в Корбюро, несмотря на посторонние почерки [···] почетным солдатом Хан-мен-шай. В момент раскола гайзо и чанзо /перестройка и созидатель / я отошел от гайзо /перестроитель/ и при совместном решении программы компартии - т. Цой-шену, Ким-Сагук, Цитовича и т.д. они застаивали свои фракционные интересы. Когда я получил задание организовать компартию и Ким-Сагук - комсомол в Корее, уехали в Корею. Но при работе Ким-Сагук хотел обладать моей работой и получились разногласия, и он раскрыл мою конспиративность.

Об этом т. Цой в Москве говорил мне : "Ким раскрыл твою конспиративность, а я заботился об отправке Кима в Корею".

Я сказал, как указано, а не сказал как в заявлении т. Светова что т. Пагкай является вождем процесса 400.000 р. за т. Цой - шпион, из-за которого я попал в тюрьму.

Если поставить вопрос, тогда ты прав. Я должен дать ответ, что подчеркиваю фракционность и беспринципность, и одновременно сознаю свою фракционность, неверность. Однако, я считаю себя виновным в своей невыдержанности. Еще товарищи должны считать, что если я хотел провести фракционную борьбу, то должен провести в более организованном порядке, но это - не для фракционной борьбы.

Еще утверждаю свои ошибки - объективно я утерял авторитет партруководит. т. Пак и т. Цой.

Решение Коминтерна по отношению меня считаю партийно-воспитательным в моей фракционности. Действительно не может не быть мое дело объективно фракционной борьбой.

После Коминтерна я пошел к т. Светову и спросил рассказать, но он сердился и не отвечал. А я пошел к т. Дорову, он ответил : "не помню". Отсюда я еще мучился больше, т.к. т. Доров утверждает и критиковал Светова : "Если сомневается, почему не сказал на месте? и даже после подачи заявления молчал?" В тот момент я спрашивал т. Олагина - как сделать? Олагин отвечал : "Обсуждать в Коминтерне".

Я сейчас нахожусь в своей комнате, поэтому считаю неорганизованным, придется заботиться о себе.

У Тов. Светова личные отношения со мной очень хорошие, т.к. учимся в одном классе.

Но если характеризовать его, я считаю, что он не выявляет своей политической деятельности и только заслушивает, даже не имеет товарищеской критики и больше держится дипломатически.

Когда были в Крыму, т. Светов отказался написать ответ на письмо т. Алексеева, что содержание письма неправильно, т.к. сущность письма спрашивало отношение между старыми и новыми товарищами.

Спустя несколько дней я сказал т. Светову о его неправильности, но он сердился и отвечал : "Я не так сказал / т. о. не отрицал написать ответ на письмо Алексеева/. На это я сказал ему, что у него нет коммунистической этики и больше не хотели разговаривать. По этой причине он не говорил со мной и даже на прошедшем собрании не задавал вопроса.

Последний раз я сказал в Коминтерне свои ошибки и обещал ликвидировать эти фракционные остатки. Всем бороться с фракционными тенденциями и за решения Коминтерна. Я пойду на фабрику, помогая соцстроительству и хочу учиться у рабочих поведению.

Слово т. Светова.   В еждневной жизни отношение с т. Мироновым было как политическое. Он несколько раз рассказывал о прошлом, что не было со стороны его не одной ошибки, а все проводил принципиально. Итак, я много думал. Но как раз, еще в Крыму собралось нас 3 человека. Миронов снова рассказал о прошлом, но не сказал ни одной своей ошибки, только сказал, что Пакгай - вождь шанхайской группы и является вождем процесса 400.000 р., а т. Цой-шену дал материал Ким-сагуку и я попал в тюрьму, об этом он слышал непосредственно от т. Цой.

Это все ясно, что это фракционный режим. Даже после объяснения индивидуальной характеристики, он написал статью в стенную газету, где пытался скрыть свои ошибки. Это всем известно. Я хотел разобрать это, но Миронов мне сказал : у себя только дискуссии и дискутировать" и не хотел эту проблему разрешить, как следует. Поэтому я не говорил с ним.

После этого в комнате т. Олагина, я спросил Дорову, и он отвечал : "помню"

После собрания нацгруппы в прошлом году - очень надеялись не т.т. Цой, Пакгай и Личуна. Но если поверить Миронову, то они не только не надежны, а даже являются не аннулируемыми и виновниками революц.движения. И я хотел разрешить проблему и это заставило меня написать заявление. Миронов пришел ко мне и спросил : "Почему ты так кусал меня?" И Доров спрашивает меня : "Когда [······] Миронова полиции и тот был арестован?"

После всего мое мнение : Миронов, как бывший фракционер, несмотря на результат индивидуальной чистки от Коминтерна, продолжает фракционность и я поддерживаю предложение Коминтерна - исключить из КУТВ.

Слово т. Дорова. В июне м-це в Крыму я однажды читал Сталина о фракционной борьбе Американской компартии и вспоминал корейскую фракционность. Я спросил т. Миронова рассказать об истории фракционной борьбы в Корее. Тов. Миронов рассказал о благовещенских событиях, о злоупотреблениях с 400.000 рублей шанхайской группой и подчеркнул, что это есть фракционная борьба, она не только не дала пользы, но принесла большой вред. Я сам по себе думал, "почему же он, зная вред, продолжал фракционность?" - Это от элементов интеллигентского слоя, скрывавшихся в ревдвижении.

После прибытия в Москву в комнате Олагина Светов спросил меня : "Помните разговоры Миронова в Крыму?" Я отвечал "Хорошо не помню". А после этого, когда Миронов пришел ко мне и сказал : "Я когда сказал, что Цой дал материал в полицию и меня арестовали, и пакгай - вождь процесса 400.000 рубль.? Я отвечал ему : "Я хорошо не помню. Итак прошло. После чего я пошел к Светову и указал на его неправильность, что он не сказал об этом Миронову до заявления и после того заявления, чем не помог уничтожению фракционности, а подлежал "ликвидаторской группе".

Прения.
1. Слово т. Маркуса. "Ким-Сагук... встречается со мной... раскрывает конспиративность... Тян-дексу в процессе 400.000 р. имеется отношение с т. Мальцевым и Пакгай" - Об этом я думаю и считаю - растрачивать и не растрачивать - одно и то же, разницы нет.

В КУТВянской жизни мы видали проведение ликвидации фракционности, но еще осталась тенденция. У т.т. Марсина, Мальцева, Стаховского, Анисова и т. д. еще имеются недостатки. Особенно у т. Миронова раскрываются еще фракционные остатки, именно - показания стенной газеты и жизни Крыма.

Я предлагаю ему - пойти на фабрику и хорошо научиться работать, после того уже работать в Корее.

2. Слово т. Власова. В наших рядах обсуждение товарища для нас имеет очень важное значение. Но вопрос короток и ясен : а/ Получено продложение Коминтерна, б/ из слов тов. Миронова - что он, сознавал свои ошибки, пытается под личными отношениями скрыть политические свои ошибки, говоря о них якобы по указанному заявлению. т. Светова, но на самом деле по информации двух товарищей, а не по заявлению, - по допросу в Коминтерне.

Еще Миронов сказал : "Несмотря на то, что сейчас - задача ликвидации прошедшего, - я сакзал". Это значит, что несмотря на этот момент - он неудачно сказал, т.е. неправильно ищет разрешения своей ошибки. Ему трудно их исправить при Университете, и я предлагаю отправить на фабрику по желанию его.

Предупреждать такие опасности, которые еще не проявлены, как напр. у Миронова. Я подчекиваю это, и одновременно считаю толчком к ликвидации фракционности. Товарищам, находящимся в одной группе с Мироновым, подчеркиваю, что нужно беспощадно раскрывать и выявлять свою деятельность.

3. Слово т. Ласковского. Случаен или неслучаен этот вопрос - можно пока не говорить этого. Центральный для нас вопрос : - продолжается фракционность или нет? Безусловно, процесс о 400.000 рубл. - исторический кусочек.

Ошибки не в том заключаются, что спрашивали и рассказывали для будущего опыта, взятого из прошлого, а в том, что это не личное, и еще не ликвидировать фракционность.

Мое заключение, что у Миронова фракционность ликвидирована не вполне. Нам необходимо ликвидировать фракционность и вовлекать в революц.движение.

Я предлагаю, чтобы Миронов через стенгазету самокритиковал себя и оставить его в Университете, чтобы научить марксизму.

4. Слово т. ПАК Никифора. Настоящий вопрос необходимо использовать для нашего опыта. Он не ликвидировал фракционность. Я абсолютно предлагаю отправить его на фабрику, т.к. он старый революционер, но не имеет богатого опыта непосредственной связи с рабочими и осталась фракционность.

Настоящий вопрос не возник на личных отношениях, но впечатление Светова нехорошее, т.к. я с Мироновым был в

Коминтерне в качестве переводчика и об этом знаю хорошо.

5. Слово т. Маяковой. Дело - продукция фракционности. Обсуждение этого нацсобрания не является демократичеким, а предмет уничтожения фракционного духа. У Миронова ясно выявилась тенденция фракционности, т.к. Миронов к Светову относился несамокритически, а Светов к Миронову - только зорко наблюдая деятельность.

Безусловно хорошо полит. и партийное обсуждение, но неприятно, что без надобности рассказывали личное происхождение других.

Результат близкого отношения Миронова к Светову, привели Светова в противоположную сторону.

В заключение, я согласна отправить на фабрику.

6. Слова т. Венкова. Дело Миронова - не в заявлении Светова, а находится в уничтожении корней фракционности, которые у него еще существуют. При условии признания ошибки со стороны Миронова, мы не можем слепо утверждать его фракционером.

Миронов на этот раз безответственно высказал. Отправим Миронова на фабрику для закалки настоящим большевиком.

У Светова проявляется неправильность в ежедневной жизни, что он, не зная сущности ликвидации фракционности, без меры кроет, и оценивает товарищей с особыми очками.

7. Слова т. Генина. Обсуждение истории бывшей фракционности - это не есть ошибочно. Я не могу определить по выступлениям троих, но в основном по точке зрения Коминтерна мы можем обсудить Миронова. Мой вывод - направить его на производство /фабрику/. т.к. у него осталась тенденция фракционности. Тов. Светов, несмотря на подачу заявления, на прошлом собрании ни задал вопроса, не обсуждал и я сомневаюсь - он тоже не является

ли фракционером? или не поколебался ли сторону какой-нибудь группировки? Тов. Светов - должны провести ликвидацию фракционности сознательно и осторожно.

8. Слова т. Анисова. С разрешением этого вопроса - развить перспективы будущей нашей работы. Сделанное Мироновым - не случайно, потому что дела фракционности.

Основные ошибки Миронова : с одной стороны, по его выражению, "субъективно не решал, но объективно есть фракционность". с другой стороны, не срывание авторитета Пакгай и Цой, а остатки фракционности.

Тов. Миронов, желал исправить свои ошибки, не знает как исправить. Он думает, только возможно исправить на фабрике, но не знает, как исправить в Ун-те. Отсюда даже он не понимает сущности отправления на фабрику. Я предлагаю отправить на производство /на фабрику/.

9. Слово т. Нам-Хонсена. Сущность этого обсуждения безусловно важна. Так как все высказались об этом, - я не остановлюсь на этом, а скажу о выступлении т. Генина : "Я, - говорил т. Генин, не мог определить по выступлениям троих, но... и т.д. Я противопоставляю его выступлению. По выступлению Миронова я вполне могу определить, как Миронов, не желая исправить себя по большевистски, замазывает личные отношения, т.е. указывая "неправильность" Светова, пытается скрыть свои ошибки. Как сознавать свои ошибки? Неправ т. Миронов, что не желает исправить в кутвянской жизни, также неправ он в том, что будто выход из КУТВа не имеет никакого значения и более того - будто за ним не имеется никаких ошибок. Поэтому - отправляем на фабрику.

10. Слово т. Капеловича. По выступлению троих, особенно т. Миронова - есть фракционная точка зрения. Я согласен с тем, что отправить его на фабрику. Сущность отправления его на фабрику заключается в том, что там выкорчуются из него корни и остатки

буржуазно-интеллигентских идей и в дальнейшее время правильно будет работать в Корее. Обсуждение дела 400.000 р. - правильно, но неправильно применение для продолжения фракционности. Дальше. 400.000 р. выданы из Коминтерна в конспиративном порядке и рассказывание этого всем неправильно. Например, допустим, что Коминтерн кому-нибудь сдал деньги для партработы, а он, получивший средства, неправильно их расходовал, - разве это можно распространять для сведения всех? - Неправильно.

Еще некоторые товарищи, считают, что "Тов. Светов, несмотря на возможность разрешить лично, подал заявление - это неправильно и т.д." - Это совсем неправильно. считаю, что т. Светов совершенно правильно являлся исполнителем задач Коминтерна. У меня было бы такое дело - я не стану скрывать.

11. ХВАН-ДОНЮК. Данный вопрос не только касается тов. Миронова, но он должен являться для нас уроком. Конкретно говоря, неоспоримо данный вопрос является фракционным и антипартийным; судя по сегодняшнему выступлению нам ясно, что у него имеется фракционноотъ и нелишне будет указать разговор тов. Миронова в Крыму, что бессомненно так и было. По сегодняшнему выступлению видно :

1/ "Поскольку это является историческим фактом, то диску-ссировать по данному вопросу не неважно, но не время". Эта цитата говорит о том, что у себя не было ошибок, но на самом деле эта критика не для ликвидации фракционности, т. к. не говорит о своей фракции /где принадлежит т. Миронов/ лишь критиковал другую фракцию.

2/ По выступлению т. Миронова исторические события не являлись только как исторические, а теснейшим образом связан с политическим, вопросом дня. т.к. вопрос шанхайской группы наложил на т. Пакая, а вопросу Ким-Сагуг - на т. Цой-шену.

3/ Личность т.т. Цой-шену и Пакая не есть личность, как таковая, а до некоторой степени связаны о Коминтерном, поэтому, если развивать аргументацию т. Миронова дальше, то получается элементы игнорирования Коминтерна. Кроме того, по выступлению т. Миронов больше касался личности т. Светова с тем, чтобы под этим мотивом попытаться замазывать свою ошибку, поэтому эта попытка является неоспоримым фактом остатков фракционности. В заключении предлагаю отправить на производство или вынести строгий выговор с предупреждением по усмотрению степени признания товарища.

12. МАРСИН. Поручение со стороны Коминтерна для более демократического разрешения данного вопроса в нашем кружке является одним из важнейших вопросов в процессе ликвидации фракционной борьбы и для осознания нами правильного разрешения вопроса.

Несмотря на ясность идейной установки Коминтерна, я до некоторой степени сохранил фракционную линию, т.е. сознательно вел фракционную борьбу, но в настоящее время сознательно осознав свою [фракционность], решаю идти по правильному пути и шагаю по этому пути.

Судя по выступлению т. Миронова: "Сказанное Световым то, что я не говорил, не знал, что т. Северов будет понимать так". Несмотря на то, что т.т. Пакай и Цой-шену работают в Коминтерне, т. Миронов утверждает, что "объективно не прав, а субъективно прав" и т.д.

В заключение, - мне кажется, если разговор тов. Цой-шену направлялся по линии ликвидации фракционности, то разговор т. Миронова является - продолжением фракционности, и кроме того по настоящее время никто не утверждает, что Кимсагук являлся шпионом. Исходя из этого я считаю - послать т. Миронова на производство. Последним для всем необходимо проверять друг друга путем взаимного разговора и бесед.

13. ОЛАГИН. Если в 1930 г. - мы получили строгую индивидуальную характеристику, то в 1931 г. мы взяли на себя обязанность

обсуждения одного товарища, Данный вопрос / о т. Миронова, Во-первых, дает нам политическое воспитание, а во-вторых, дал энергию для ликвидации фракционности. Тов. Миронов получаемую самокритику со стороны нашего кружка, именно эту причину ищет в заявлении т. Светова, поэтому получается /по Миронову/, что Коминтерн реагирует только основываясь на заявлении личности, что /по Миронову/ получается в данном случае.

Коминтерн является своеобразной и биржей /где те или иные вопросы, реагируют по просьбе всякой личности. Кроме того, т. Миронов в лице т. Сватова не считает подлинным ликвидатором фракционности, а утверждает, что это личная склока ; именно эту неправильную мысль необходимо изжить.

Но это не значит, что т. Миронов не есть коммунист, а эти факты говорят о том, чтобы направить товарища на производство для окончательного изжития фракционности. Относительно этого вопроса я не хотел, а т. Миронов говорил мне : "Нет так монотонно-изолированного человека, как я ; везде и всюду говорят, что я веду фракционную борьбу, хотя бы данный вопрос. Тов. Светов утверждает, что я сделал, а т. Даров утверждает - нет, ну а как мне решить вопрос?" Я сказал, поскольку подаю заявление в Коминтерн, то поскольку должно быть решение КИ.

13. КАНАЛОВ. Настоящее постановление кружка по вопросу т. Миронова должно считаться одним из постановлений КИ.

Поскольку данный вопрос возникает на почве фракционности, то не только т. Миронов, но и другие находятся под влиянием фракционности.

То, что т. Миронов не ликвидировал фракционность, это ясно со всех сторон. Хочу подчеркнуть способ разрешения вопроса, то, что т. Миронов говорил об отправлении себя на производство, забывая работу в Корее, возникает на почве боязливости, испытанную товарищем в прошлые годы.

Тов. Светов находится под влиянием фракционности и примиренчески относится к ним, т. к. вне Ун-та все знают его. Еще говорят, что т. Марсин хорошо консультирует т.т. по учебным заданиям, а т. Анисов говорит, что наилучший товарищ в смысле ликвидации фракционности, - все эти рассуждения неправильны.

И то, что написал в КИМ заявление т. Светов - это для разрешения вопроса не верно.

Тов. Власов много говорит по-большевистстки, но на деле сам не проводит в жизнь /ВЛАСОВ - укажите факт/

14. ЯНОВСКИЙ. Выступление т. Миронова очень туманное, в особенности судя по вчерашнему выступлению, это значит, что товарищ, с одной стороны признает свою ошибку, а с другой стороны прикрывает под видом личной склоки. Выступление т. Генина о том, что по выступлнеию трех т.т. нельзя разрешить вопрос, но на основании указания Коминтерна вопрос разрешим. Кроме того подозрение за заявителя /т. Светова/ "не является ли фракционным?" Эта трактовка имеет под собой большую опасность. Если допустим, вдали от КИ, в своей стране будет возникать такой вопрос, где нет непосредственного руководства КИ, то как будешь реагировать?

В таких случаях непризнание правильности товарища под мотивом фракционности, это несомненно неправильно.
Я считаю поступок т. Светова правильным и обвиняю тех т.т., которые не признают правильности в лице т. Светова. И в заключение я согласен направить т. Миронова на производство.

15. ИВАНОВ. ОБ отправке т. Миронова на производство - я согласен, ибо это является не только уроком для него, а также и для нас всех.

Выступление т. Ким-Денха о разъяснении решения злостности фракционной борьбы, я лично одобряю, но со стороны третьего лица очень неудобно было слушать /ибо выступление было очень нервным/. И то, что т. Светов подал заявление в КИ, не дав товарищеского совета по адресу т. Миронова - неправильно, ибо это является сбором материалов для того, чтобы выкинуть из нашего круга, а не есть рецепт для исправления товарища. Кроме того, когда организовали краткосрочный курс, т. Светов спросил, кто является инициатором? и всю эту ошибочную сторону т. Светова мы должны включить резолюцию, указывая правильный путь.

16. ИКОТИН. Об отправке т. Миронова на производство - я согласен. Подачу заявления т. Световым в КИ я считаю правильным, но собирая материальны повседневно в отношении т. Светова, я считаю, что это не исходит как указание к ликвидации фракционной идеологии т. Миронова, а на почве фракционности.

В заключение, я утверждаю, что у т.Светова гораздо больше фракционности, чем у т. Миронова.

17. КИМ-СЫНБОК. Если т. Миронов осознает по большевистски свою допущенную ошибку, то оставить в Университете. Собрание требует заключительного слова т. Миронова.
Слова т. Миронова - выступление многих т.т. я принимаю с большой благодарностью, в особенности считаю правильным разъяснение т. Хван-Доннюк.
 Хотя уеду из Ун-та, но личных недовольств по отношению к личностям у меня не будет, а лишь только глубоко запомню указание и советы товарищей.
 Хотя мою ошибку можно исправить в Ун-те, но, учитывая свой личный момент, лучше будет пойти на производство.
 То, что я ухожу из Ун-та, это не значит, что в кругу Ун-та много т.т. из другой фракции, а лишь только исправить и изжить свою ошибку до конца. Выступление т. Власова о том, что разоблачать несмотря ни на что т.т., принадлежащих к своей фракции, - это есть ни что иное, как ораторство.
 Данная дискуссия не только является регулятором направления к правильному пути для меня, но и является уроком для всех т.т. почему и прошу серьезного разрешения вопроса.

Заключит. слово т. Кимденха. Партия большевиков всегда любить своего члена путем беспощадной самокритики ошибок тех или иных т.т.

Ошибку т. Миронова мы должны считать, как ошибку одного большевика Кореи, поэтому должна быть беспощадная самокритика данному товарищу, а Коминтерн уже принял такую меру. Моим выступлением т. Иванов недоволен, но мое выступление является ничем иным, как добавлением к выступлению т. Лигун и укреплением решения Коминтерна.

По выступлению т. Маяковой - хотя она считает необходимым послать на производство, - но "невыдержанное и несвоевременное выступление". Такая оценка неправильная. Поступок т. Светова правилен, что он сообщил в тройку и в Коминтерн, и КИ тоже считает правильным.

По вчерашнему выступлению некоторых т.т. было - было утверждение о том, что у т. Светова имелось фракционное влияние, но я считаю, что в таких вопросах мы должны отнестись серьезно, лишь тогда мы можем ликвидировать окончательно фракционность. Оценивая по выступлениям многих т.т, я считаю, что основная линия решения данного вопроса есть правильная и с воспитательной стороны также является методом прогрессивным по сравнению с предыдущими временами. В процессе собрания была видна слабость дисциплины и плохое настроение, поэтому считают необходимым изжить.

В заключение я тоже солидаризируюсь с стправкой на производство.

Справка т. МАЯКОВОЙ. 1. Я в выступлении больше внимания уделила отправке т. Миронова на производство, но несмотря на это т. Ким-денха под видом моей невыдержанности, критикует меня как фракционерку. Поэтому я считаю подобное выступление неправильным со стороны руководящего лица.

2. Заявление т. Светова в тройку и непосредственно в Коминтерн и т.д.

/по второму пункту собрание отнимает слово, ибо это не справка, а прения/

Предложения т.т.

1. ХВАН-ДОНЮК
   1. Утвердить, что у т. Миронова есть фракционность
   2. С условием, если сознательно осознает допущенную ошибку, то объявить строгий выговор с предупреждением, оставив в У-те.

2. Предложение ЛАСКОВА.
   1/ Отправить т. Миронова на год на производство, после дать возможность учиться и отправить в Корею.
   2/ Способ борьбы против фракции у т. Светова не большевистский.

3. Предложение ЯНОВСКОГО. Поступок т. Светова партийно неправильный.
4. Предлож. МАРКУС.
   1/ Метод борьбы у Светова правилен, но поступок - личная нападка, поэтому просить КИ строго осудить.
   2/ Базируясь на отдельных вышесказанных предложениях, считать оценку КИ правильной и отправить т. Миронова на производство.

ПОСТАНОВИЛИ :

1. Отправить тов. МИРОНОВА на производство.
2. Поступок т. Светова считать как партийно правильный.

СЛУШАЛИ :

Просьбу т. Миронова :

1/ дать рекомендацию для вступления в ряды ВКП/б/.

2/ По усмотрению - результата работы на производстве решить вопрос - или оставить в Ун-те или отправить в Корею.

ПОСТАНОВИЛИ :

В просьбе тов. МИРОНОВА о т к а з а т ь.

СЛУШАЛИ :

1. Информ. тов. КИМ-ДЕНХА о тов. Анисове.

Во время отчетного собрания т. Анисов указал о том, что "в Удельной было собрание о слиянии с японским кружком". Хотя это указал якобы под видом самокритики своей фракции, но вышло ударом по другой группе. И после допроса у т. Дарова и решение тройки констатирует - необоснованным фактом, поэтому предлагает т. Анисову признать неправильность выступления.

Тов. АНИСОВ. Вам известно, что мое мнение было направлено указать фракционность своей группы относительно другой, но считая решение тройки правильным, признаю неправильность выступления.

ПОСТАНОВИЛИ :

Считать ошибку тов. АНИСОВА признанной.

СЛУШАЛИ :

Заявление нацорга тов. ЛИБЯК об освобождении от обязанностей нацорга.

ПОСТАНОВИЛИ :

Освободить тов. ЛИБЯК от обязанностей нацорга.

СЛУШАЛИ :

О выборе нацорга.

ПОСТАНОВИЛИ :

Выбрать нацоргом тов. ДИНАМИТОВА.

СЛУШАЛИ :

РАЗНОЕ : а/ Заявление т. ВЛАСОВА о характеристике для передова в ВКП/б/

ПОСТАНОВИЛИ :

Дать характеристику, что тов. ВЛАСОВ по линии ВКП/б/ - вел правильную линию.

По линии братской компратии - он принадлежал к фракционной группе, но в последнее время он признал свои ошибки и борется за линию Коминтерна.

СЛУШАЛИ :

Заявлении т. ГУРЬЯНОВА. т. СТАХОВСКОГО и т. КАПЕЛОВИЧ - о характеристике для перевода в ВКП/б/

ПОСТАНОВИЛИ :

Дать характеристики всем, как ВЛАСОВУ, при чем тов. Капеловичу особенно подчеркнуть, как активность.

СЛУШАЛИ :

Заявление т. КАНАЛОВА о рекомендации для вступления кандидатом в члены ВКП/б/.

ПОСТАНОВИЛИ :

Рекомендовать тов. КАНАЛОВА в кандидаты в члены ВКП/б/

СЛУШАЛИ :

Тов. МАРКУС предложил обсудить отношения ЕГУНОВА с ПАКСОМ в Крыму.

ПОСТАНОВИЛИ :

Поручить нацоргу, чтобы расследовать и поставить на следующем собрании.

ПРЕДСЕДАТЕЛЬ
СЕКРЕТАРЬ

Отпечатно в 3-х экз. :

экз. № 1 -
" № 2 -
" № 3 -

[РГАСПИ, ф.532, оп.1, д.425, лл.14-20.]

141. ПРОТОКОЛ СОБРАНИЯ НАЦ. КРУЖКА /КОРЕЙСКИЙ/ 17/X-31 Г.

Секретно.

Повестка дня: 1. Очередной доклад деятельности корейского нац. кружка.

2. Перевыборы

3. Разное, с относительным запросом т.т. Венкова и Дорова.

По отчетку /кор. кружок/ докладчик : аспирант тов. Ким-День-Ха.

1. О задачах революции Кореи и о задачах организации кор. компартии.

2. О задачах кор. студентов КУТВа, разрешение актуальных вопросов, и перспективы дальнейшего направления.

   а/ В основном разрешена фракционная борьба, но еще нужно выкорчевывать их и зорко следит за борьбой внутри предприятий Кореи с белым террором.

   б/ В острый период 30/31 гг. были развернуты практические работы на рабочих, крестьянских и комсомольских кружках. Стенгазета в сравнении с предыдущими годами идет вперед.

   в/ Несмотря на это в отчетный период темп деятельности неравномерен и слаба дисциплина. Хладнокровно относились к практическим работам.

ПРЕНИЯ.

Тов. ДОРОВ. – Не согласен с докладчиком в вопросе т.т. Венкова и о себе, т.к. недооценка объективных причин.

Тов. ВЛАСОВ. Нужно бороться с оторванностью среди студентов теории от практики. Нужно связывать теорию с актуальными вопросами данной страны.

Предложение: Равномерно нагружать студентов не более одной нагрузкой. В стенной газете изменить содержание.

Тов. КАПЕЛОВИЧ. – а/ Возникающий корейский вопрос связывать с Манчжурским[Маньчжурским] вопросом.

б/ Уже переведенные материалы редактировать и печатать.

Тов. Ли-Бяк. – а/ Бдительно следить за фракционной борьбой.

б/ Иметь твердый план в кружках и их осуществлять.

в/ Соц. соревнование. Организовать соревнующееся звено.

Тов. ОЛАГИН. – Подтянуть аспирантов в Страноведении в активном участии на собраниях.

Прения товарищей Егунова, Генина, Светова и т.д. - повторение выше изложенного.

Заключительное слова докладчика :
Бдительно следить за фракционной борьбой.

Коллективно на внеуниверситетскую практику : профсоюзную КИМ, М. Аграги. Институт. Собрать материалы. Связывать теорию с практикой. Строго соблюдать дисциплину.

Перевыборы

Кандидат т. ДАРОВ - 16 чел.

          ЛИ-БЯК - 2 чел.

          ГЕНИН - 6 чел.

          СТАКОВСКИЙ - 2 чел.

          ХВАН - 1 чел.

Выбран тов. ДАРОВ.

Редакцию газет :

Кандидатура : т. СВЕЦОВ - 18 чел.

          СВЕТОВ - 20 чел.

          ХВАН - 2 чел.

          ЖУРАВЛЕВ - 20 чел.

          ГЕНИН - 21 чел.

          ЛАХМЕТОВ - 16 чел.

Выбраны : т. СВЕЦОВ, - ЖУРАВЛЕВ, ГЕНИН и СВЕТОВ.

Фин. : кандидатуры т. ЧАНОВА - 15 ч.

          КАБИДУЛИН - 8 ч.

          ГОРИН - 4 ч.

Выбран тов. ЧАНОВА.

Переводчик "Правды" - т. ЛИ-БЯК и т. ПАК Никифор.

    Разное :

Информация тов. ЛИ-ЧУН относительно вопроса т.т. ВЕНКОВА и ДАРОВА. О тов. Венкове и о Дарове не только решает тройка но должно решать и собрание. Во-первых относительно поступка т. Венкова, который касается не только дисциплины партии, а также и политических вопросов. Во-вторых он член ВКП/б/. уже давно проживает в СССР. Саботирование на работе как беспартийного, хуже того, в строительстве социализма беспартийные массы с энтузиазмом участвуют, а т. Венков не делал этого. Поэтому тройка решила об откомандировании его из Университета, со строгим выговором перевести его на другую работу.

Тов. Даров - несмотря на его ссылку на прения - объявить ему строгий выговор.

Прения :

Тов. Венков. – Я не думал, что по этому поводу возникнут вопрос. Я не мог работать в колхозе потому, что болею и об этом знает наша амбулатория.

После возвращения из Крыма меня направили в колхоз. Пробыл там несколько дней. Кроме 8-ми часовой физической помощи не вел парт-работу и даже некогда было читать газеты. Питание плохое для всех товарищей. Поэтому мы заявили колхозу что едем обратно в Москву. После приезда в Москву я обратился к т. Занбергу и к Завед. сектором "А". Они не только ругали нас, но и приказали немедленно возвратиться в колхоз. Здесь получилось будто бы я их навещал и что они жаловались на недостатки в колхозе, поэтому на другой день я снова возвратился из колхоза и опять обратился к тов. Замбергу. После этого он предложил мне быть переводчиком японских товарищий, но я отказался, а потому по просьбе японских товарищей я переводил им. Если я был виновен в этом, то это индивидуальная вина.

Тройка не разобрав подробности моего дела решила исключить меня из Университета - это неправильно.

Тов. Марсин. – Исторически их поступки неправильны, поэтому тройка должна передать это дело в парторганизацию.

Тов. Власов. – В вопросе о них решение тройки важнее, чем парторганизации. Находясь в СССР, будучи организатором беспартийных масс, совершил беспартийный поступок - поэтому решение тройки правильное.

Тов. Нам-Хан-Сен. – Их дело яснее ясного, но они свою вину сваливают на тов. Замберга, это совершенно недопустимо. Поэтому согласен с решением тройки.

Тов. Пак Никифор.. – Их дело исключительно беспартийное, поэтому нужно их откомандировать из Университета. Они должны признать свою ошибку.

Относительно тов. Венкова собрание единогласно постановило
откомандировать из Университета.
Отнисительно тов. Дарова - отложить до будущего собрания.

ПРЕДСЕДАТЕЛЬ   /Генин/
СЕКРЕТАРЬ   /Стаховский/.

Отпечатнано в 3 экз.
№ 1
№ 2
№ 3
З-ПФ. 25/XI- 31 г.

[РГАСПИ, ф.532, оп.1, д.425, лл.32-34.]

142. ПРОТОКОЛ № 1 ЗАСЕДАНИЯ ТРОЙКИ ВОСТОЧНОГО СЕКРЕТАРИАТА ИККИ

г. Москва
20 февраля 1933 г.

Повестка дня
1. О тов. Ким Ден Ха

Слушали:
1. О тов. Ким Ден Ха

Постановили : В целях устранения недочетов в корейской секции КУТВ отстранить т. Ким Ден Ха, как несправившегося с возложенными на него задачами, допустившего в секции нездоровое положение, не поставившего своевременно [вопроса] об этом перед руководством сектора «А» и Восточного секретариата, а также и за то, что совершил ряд других ошибок (пьянка со студентами и др.).

2. Вместо Ким Ден Ха временно заведование корейской секцией в КУТВе возложить на тов. Котельникова, обязав его приступить к этим обязанностям 22/ II с.г. Зам. утвердить Пак Никифора.

3. Поручить парткомиссии сектора «А» срочно довести настоящее решение от имени руководства сектором до сведения всех студентов корейской секции, разъяснив им характер и причины, создавшие нездоровое положение в секции и мобилизовать их активность на немедленное их изжитие, на поднятие качества учебы, развертывание массовой работы, соцсоревнования и ударничества.

Председатель П. Миф.
Секретарь Матюшкин

[РГАСПИ, ф.495, оп.154, д.501, л.1.]

143. ВЫПИСКА ИЗ ПРОТОКОЛА ЗАСЕДАНИЯ КОМИССИИ СЕКТОРА «А» ПО УТВЕРЖДЕНИЮ ХАРАКТЕРИСТИКИ СТУДЕНТОВ ВЫПУСКНИКОВ ОТ 22/V-33 Г.

11	Утвержден. характерист. на т. ДЮМИНА.	Утвердить характеристику на т. Дюмина, вынесенную зав. секцией , откомандировать на производственную работу на завод вне Москвы
12	Утвержден. характерист. на т. ХВАН.	Утвердить характеристику на т. Хван вынесенную зав. секцией, оставить переводчиком в секции
13	Утверждение характер. на тов. ДОРОВА.	Утвердить характеристику на т. Дурова, вынесенную зав. секцией, откомандировать на производственную работу на завод вне Москвы
14	Утверждение характерист. на тов. ЧЕН-МИНА.	Утвердить характеристику на т. Чен-Мина, вынесенную зав. секцией, отправить в страну.
15	Утвержден. характерист. на тов. КИМ-ЧУН-СЕН.	Утвердить характеристику на т. Ким-Чун-Сен, вынесенн. зав. секцией, откомандировать на производ. работу на завод.
16	Утверждение характер. на тов. ВАН-СЕН-МИН.	Утвердить характеристику на т. Ван-Сен-Мин, вынесенную зав. секцией, отправить в страну.
17	Утверждение характер. на т. СЕН-УЕН.	Утвердить характеристику на т. Сен-Уен, откомандировать в распоряжение Профинтерна.
18	Утверждение характер. на т. МУН.	Утвердить характеристику на т. Мун, вынесенную зав. секцией, оставить устроить на учебу на курсах по переподготовке партактива.
19	Утверждение характер. на т. ГАБИДУЛЛИНА.	Утвердить характеристику на т. Габидуллина, вынесенную зав. секцией, откомандировать на завод.
20	Утверждение характер. на тов. ЯКОВ.	Утвердить характеристику на т. Яков, вынесенную зав. секцией, откомандировать в страну.
21	Утверждение характер. на тов. ХАН-ГЕН-У.	Утвердить характер. на тов. ХАН-Ген-У, вынесенную зав. секцией, вопрос об использовании отложить временно.

| 22 | Утверждение характер. на тов. КИМ Петр. | Утвердить характ. на тов. Ким Петр, вынесенную зав. секцией, оставить переводчиком в секции № 5. |

144. ПРОТОКОЛ ПРОИЗВОДСТВЕННОГО СОВЕЩАНИЯ ПРЕПОДАВАТЕЛЕЙ И СТУДЕНТОВ ОТ 31/XII-34 Г.

Присутствуют : т.т. КАПЕЛОВИЧ, КИМ-ДАНЯ, КИМ-ИРСУ, ПАК-ДИУН.

ПОРЯДОК ДНЯ:

1. Итоги выполнения учебного плана за 1-й семестр.
2. Проверка соц. соревнования и выделение ударников.
3. О партийно-воспитательной работе.

СЛУШАЛИ :

1. Об итогах выполнения учебного плана за 1-й семестр. информация тов. КИМ-ДАНЯ.

Учебный план по темам выполнен на 100%, а по часам перевыполнен, благодаря большому количеству дополнительных занятий, данных всеми преподавателями.

Применение полит-минимума, как универсально-учебной программы, дало нам положительные результаты, ибо она дает; по словам студентов, возможность студентам изучать специальные знания в данном времени, по данным предметам не усложняя головы.

Усвояемость студентов по учебе вполне удовлетворительная. Студенты умеют ставить и обобщать вопросы с правильной партийной точки зрения и связывать их с вопросами страны, особенно с своим собственным опытом.

Показатели выполнения учебного плана.

Дисциплина.	План.	Выполнение по темам.	По часам.	% %.
полит-минимум	470	100%	475 ч	101%
Пробл. св. страны	134	100%	143 ч	106%
Текущая политика	120	100%	133 ч	110%
ВСЕГО	724	100%	751 ч	103%

Качество работы.

	Полит-минимум.	Пробл. св. страны.
КИМ-ИРСУ	Отлично	Хорошо.
ПАК-ДИУН	Отлично	Хорошо.

В кратких выступлениях ряд товарищей отметили :

а/ Недостаточность литературы на родном языке, нужно подготовить к переводу больше материалов для будущих студентов.

б/ Несмотря на полное выполнение учебного плана, перегрузка преподавателей /ХВАН/ затрудняла нам своевременный успех в учебе, и из-за этого в последнее время студенты были перегружены. Необходимо избежать таких затруднений в будущем.

в/ Признавая выполнение учебного плана удовлетворительным, как в количественном, так и в качественном отношениях, в дальнейшем нам надо взять курс на пересмотр учебного плана в II-м семестре и добавить туда предмет Диамат / хотя бы 50 часов/.

СЛУШАЛИ:

2. Об итогах проверки соц.соревнования и выделение ударников. Обязательства, взятые преподавателями в договорах, в основном выполняются. Нарушений труддисциплины в основном нет. Есть случаи пропусков по уважительным причинам, но эти пропуски возмещены. Благодаря перегруженности отдельных преподавателей, последние не могли дать полностью дополнительных занятий, обещанных и [···]

Студенты показали не только свое хорошее отношение к учебе,

но даже перевыполняли свои обязательства по соц.договору, заключенному между собой.

Исходя из проверки соц.договоров, Секция выдвигает следующих товарищей ударниками и на премирование :

1. КАПЕЛОВИЧ - преподаватель.
2. КИМ-ИРСУ - студент
3. ПАК-ДИУН - студент

После выступления ряда товарищей -

ПОСТАНОВИЛИ:

а/ Утвердить список ударников, выдвинутых Секцией.

б/ От имени совещания выдвинуть т. КИМ-ДАНЯ ударником.

в/ Отмечая высоко-качественное преподавание тов. ХВАНА, необходимо констатировать частую несвоевременную явку его на занятия, хотя в некоторых случаях это было следствием перегрузки.

СЛУШАЛИ :

3. О партийной-воспитательной работе со студентами.

Специфические условия нашего положения требуют от преподавателей дать студентам не только академическое обучение, но и повседневное партийное воспитание, как в преподавании, так и в повседневных встречах и беседах их со студентами. В этом отношении преподаватели нашей Секции работают хорошо. Но, к сожалению, ввиду малочисленности студентов в 1-м семестре не было организовано особого докладного собрания, но вместо собрания все важные политические и текущие пробелемы и некоторые особые темы объяснялись студентам в форме беседы и разгворов. В отношении конспирации нарушений никаких не наблюдалось, несмотря на невыгодность нашего положения для конспирации.

Культурно-гигиеническое обслуживание в общем можно считать нормальным.

ПОСТАНОВИЛИ :

Работу партийной-воспитательного характера считать удовлетворительной. Нужно поручить Секции организовать несколько докладных собраний на особые темы по стране и о международном положении /во II-м семестре/. Просить администрацию перевести нас в другое место, которое соответствовало бы конспирации.

/КИМ-ДАНЯ/

[РГАСПИ, ф.532, оп.1, д.428, лл.8-8об.]

145. ПРОТОКОЛ № ПРОИЗВОДСТВЕННОГО СОВЕЩАНИЯ СЕКЦИИ ОТ 5/III 1935 Г.

Присутствуют : т.т. Капелович, Хван-Тонюк, Горохов, Кин-Хек-Чен, Ким-Даня, Ким-Ирсу, Пак-Диун и Хан-Мун.

Порядок дня:
1. Итоги выполнения учебного плана за январь-февраль месяцы.
2. Проверка сов.соревнования.
3. Текущие вопросы.

СЛУШАЛИ : Итоги выполнения учебного плана за январь-февраль месяцы. (Информация т. Ким-Даня).

С состоянием выполнения учебного плана вообще неблагополучно, так как план группы "А" выполнен только на 88%, а группы "Б" - на 90% Еще хуже положение с такими предметами, как полит.мин. в группе "Б" и партстроительство в группе "А".
Первый выполнен только на 76%, а второй на 40%. Это несомненно ставить под угрозу срыва выполнения плана в намеченные сроки. Пропуска занятий по этим предметам, конечно, являются в результате уважительных причин, все-же такое положение дальше нетерпимо.

О дисциплине. Кроме такого большого количества пропусков, у нас часто бывают опоздания на занятия со стороны преподавателей, хотя эти опоздания сразу компенсируются дополнительными занятиями, но в будущем нужно покончить с такой практикой.

О качественных показателях студентов. Качество работы можно считать удовлетворительным. Группа "А" показала : 80% отлично и 20% уд. ; группа "Б", которая недавно начала работу, также показала не плохие результаты. Во первых, у них нет неуд., в 10% - отлично, 48% - хорошо и 42% - уд. Надо добиться улучшения качества путем повышения активности студентов, путем оказания помощи отстающим студентам и со стороны преподавателей и передовых студентов.

О дополнительных занятиях сверх плана. Нужно отметить большое количество дополнительных занятий, данн. некотор. преподават. - т. КАПЕЛОВИЧ дал 31 час, из них 17 час. по порядоку увелич. плана, а 14 час. бесплатно ; тов. КИМ-ДАНЯ - 6 час. ; ГОРОХОВ - 4 часа и ХВАН-ТОНЮК - 1 час.

В связи с перестойкой учебного плана тактику должны закончить к 1-му апреля вместо 1-го июня и в связи с отставан. некоторых предметов с марта месяца придется увеличить количество часов-до 190 час. в группе "А" и до 170 час. в в группе "Б". Это обстоятельство требует от нас работать с большей напряженностью.

ВЫСТУПЛЕНИЯ.
ПАК-ДИУН - Нужно покончить с самовольным изменением времени занятий. Опоздание и несвоевременный уход со стороны преподавателей нарушают дисциплину. Я получил плохую характеристику по тактике (уд.), так как преподаватель явился в аудиторию не в намеченное время и проводил испытания.

КИМ-ИРСУ. Согласился с требовонием т. Пак и добавил просьбу, что т. Хван должен освободиться от нагрузки вне нашей секции.

ХАН-МУН. Предлагает усилить активность новых студентов путем огранизации рационального использования свободного времени.

ГОРОХОВ. Помещение секции негодно для конспирации и также неудобно для учебы, так как, например, учебн.пособия для естествознания невозможно использовать и этим самым затрудняется учебный процесс.

ХВАН-ТОНЮК. - Надо усилить дисциплину и также роль преподавателей в деле воспитания студентов. Нужно требовать, чтобы все преподаватели активно принимали учатие в собраниях секции и студенческих коллективах.

КАПЕЛОВИЧ. - Нужно хорошо организовать отдых и прогулку студентов для освежения головы, ибо воздух в нашем помещении нехороший. У нас с культ. обслуживанием беда. Даже нет не одного дивана. Когда ребята устают, то ложатся на кровать во время перерыва занятий.
Просить администрацию, чтобы нам предоставили соответствующие условия для отдыха.

ПОСТАНОВИЛИ :
1. Усилить производственную дисциплину преподавателей. Принять меры к ликвидации пропусков, опозданий на занятия и т.д. Точно придерживаться перерывов во время занятий.

2. Усилить роль преподавателей в деле воспитания студентов. Преподаватели должны уделить больше внимания на изучение студентов и на оказание правильной орентировки, принимая активное участие на собраниях, беседах студентов.

3. Считать положение с недовыполнением учебного плана по партстроительству для группы "А" и полит.мин. для группы "Б" нетерпимым. Слабо используются экскурсии как учебное пособие. Нужно принять меры : а) совсем освободить т. Хван Тонюк от нагрузки в секторе "Б", обязать т. Цой больше уделять времени на работу в нашей секции ; б) создать условия для максимального использования учебных пособий, имеющихся в нашем университете, особенно в области естествознания ; в) надо организовать больше экскурсий и обязать культработника ликвидировать срывы по нашему плану.

4. Качество работы в январе-феврале мес. можно считать неплохим. Необходимо повысить активность студентов, тем самым улучшить качественные показатели студентов. Надо принять меры к усилению культ. работы со студентами:

   а) В обязательном порядке студенты должны находиться на улице не менее 30 мин. в день. Организовать специальные прогулки за город или в парк в выходные дня для освежения головы.

   б) Организовать не менее двух раз в месяц культурные вечера с изучением революционных песен и массовых танцев и т.д.

   в) Просит администрацию достать диван и ...., которые давно нам обещали. Таким образом, сделать март месяц переломным месяцем к лучшему выполнен, учебного плана как в количественном, так и в качественном отношен.

СЛУШАЛИ: Проверка соц.соревнования.

Соц.соревнование между преподавателями (информ. т, Ким-Даня) и между студентами (информ. т. Ким-Ирсу).

Секция выдвинула следующих преподавателей и студентов как ударников :

Преподаватели.	Студенты.
т. КАПЕЛОВИЧ	т. КИМ-ИРСУ
т. ГОРОХОВ	т. ПАК-ДИУН
	т. ХАН-МУН
	т. КАН-ИНСУ

ПОСТАНОВИЛИ:

1. Утвердить список ударников, выдвинутых секцией.

2. Усилить активность преподавателей среди студентов в их общественной и культурной жизни путем участия на собраниях и массовых играх студентов, путем сопровождения студентов в кино, театр, экскурсии и т.д.

3. Улучшить качество показат[елей] студентов путем повышения активности студентов, путем оказания помощи отстающим студентам со стороны преподавателей и передовых студентов.

Обязать всех преподавателей и студентов, чтобы стали ударниками с марта месяца.

ЗАВ. СЕКЦИЕЙ   (Ким-Даня).

[РГАСПИ, ф.532, оп.1, д.428, лл.16-18.]

146. ПРОТОКОЛ СОВЕЩАНИЯ ПО ОТЧЕТУ Т. КИМ-ДАНЯ, СОСТОЯВШЕГОСЯ ОТ 20/VI-35 Г.

Присутствовали : т.т. МЕЛЬМАН, КРЕВИНЬ, ЦОЙ-ШЕНУ, КИМ-ДАНЯ.

СЛУШАЛИ : Доклад т. КИМ-ДАНЯ об итогах работы секции.

Тов. КИМ-ДАНЯ подчеркнул, что работа секции шла в нормальных условиях, в результате чего к концу года пришли с хорошими показателями качества учебы. Все студенты являются ударниками и выделены на премирование. Каждый студент имеет ту иную общественную нагрузку. В дальнейшем надо пересмотреть учебный план, добавив эконом.политику и если будет время, то включить изучение японского языка, рев. движение Японии и Китая. За недостатком времени по политэкономии остались не пройденными всеобщий кризис и империализм. По плану изд-ва из пособия готовится перевод учебника ист. ВКП(б) КНОРИНА, политэконом. СЕГАЛЬ и шеститомник ЛЕНИНА. Имеющиеся тетради по истор.рев. движения подвергнуты тщательному пересмотру на предмет их использования. Сами студенты представляют из себя ценный материал и поэтому для нас стоят очень важные задачи вооружить этот материал.

К недостаткам надо отнести следующее :

Большинство студентов не знают страну. Поэтому необходимо усилить преподавание вопр. страны и партстроительства.

Тов. КИМ просит руководство выделить крепких преподавателей по ленинизму и истор.рев. движения. Студенты не довольны преподаванием с переводчиком и нужно через специальные семинары подготовить преподавателей из корейцев, которые смогут преподавать на родном языке.

Надо поднять активность и энтузиазм преподавателей, т. к. в текущем году с их стороны имелись частые опоздания на занятия.

В лагерях студенты также показали себя как очень дисциплинированные. Подготовили стенгазету, где подробно освещается и работа в лагере. Сдали норму на 1 степень "Ворошиловского стрелка" и готовятся к сдаче II ступени.

ПРЕНИЯ.

Тов. ЦОЙ-ШЕНУ. Практ. недостатки работы таковы :

Секция претерпевала несколько раз переселение. Пребывание на Неглинке совершенно не обеспечивало конспирации и там студенты были предоставлены сами себе. Плохо было налажено культ. обслуживание.

Нет ванны и студенты купаться едут в Москву.

Медицинская помощь часто дается несвоевременно. Нет преподавателя физкультуры и товарищи делают утреннюю зарядку самостоятельно и не правильно. Плохо обстоит дело с театральным обслуживанием.

Недостаточно был проработан спецкурс, т.к. преподаватель выполнил весь курс в течение неск. дней, занимаясь по 10 час в день.

Место пребывания не удачно, засижено, там часто встречаются посторонние корейцы и это излюбленное место японского посольства.

Тов. МЕЛЬМАН. Состояние секции в целом надо считать политически вполне здоровым и нормальным. Группа заслуживает того, чтобы ее выдвинуть как краснознаменную.

Основные недостатки с точки зрения учебной работы :

1. Не оправдала себя программа политминимума, которая давалась в начале учебного года.
2. Недостаточно были обеспечены учебными пособиями.
3. В парт.-воспитательной работе не был до конца продуман вопрос о структуре студ. огранизации.
4. Недостаточно еще студенты осознают нашу действительность.
5. Надо включить в учебн. план прохождение курса смежных стран (Японии и Китая)

Предложить т. КИМ-ДАНЯ, на основании нашего нового типового учебного плана и на основе сделанных замечений, внести поправки в уч. план и продлить след.уч.год до 1/VII. Осенью учебу начать с 15/IX.-

ПРЕДСЕДАТЕЛЬ   (Мельман).
СЕКРЕТАРЬ   (Корычева).

[РГАСПИ, ф.532, оп.1, д.428, лл.44-45.]

147. ПРОТОКОЛ ПРОИЗВОДСТВЕННОГО СОВЕЩАНИЯ СЕКЦИИ № 14 ОТ 5/XII 1935 Г.

Присутствуют : т.т. Шену, Капелович, Лидзону, Ким-Даня, Ханмун и Ханчерир.

Порядок дня : 1. Об итогах выполнения учебного плана на ноябрь месяц.
2. Проверка соц.договоров.
3. Дальнейшие задачи.

СЛУШАЛИ: Доклад т. Ким-Даня об итогах выполнения учебного плана.

Изложив ряд дефектов в ходе прохождения некоторых предметов, он указал на то, что состояние выполнения учебного плана с начала этого семестра, совсем неблагополучно, наблюдаются случаи недопустимого нарушения производственной дисциплины со стороны преподавателей.

По отношению качественных показателей студентов также отмечается некоторое отставание по сравнению с прошлым годом.

В сязи с решением VII конгресса Коминтерна и применен. стахановского метода в работе школы, т. Ким-Даня выдвинул ряд предложений - о пересмотрении уч. плана, программ, плана парт.-воспительной работы и т.д. и необходимости усиления производственной дисциплины, повышения квалификации преподавателей и подготовки новых кадров, рациональной огранизации всего учебного процесса, особенно в распределении времени студентов и т.п.

ПОСТАНОВИЛИ : Считать, что выполнение учебного плана с начала этого семестра неудовлетворительно, наблюдается безобразное нарушение производственной дисциплины.

Качественные показатели студентов можно считать вообще удовлетворительными, но надо отметить, что это далеко отстает от того уровня, который был достигнут в прошлом году.

Для поднятия работы применения стахановских методов провести следующие мероприятия :

а) Пересмотреть программы по истории рев. движ., проблемам своей страны и строит. партии и составить соответствующую программу по истории ВКП(б) к 15/XII. Обязать всех преподавателей представить в секцию календарные планы прохождения предметов - к 15/XII.

б) Пересмотреть календарный план парт.-воспитательной и культ.-массовой работы в целях улучшения качества работы и перераспределения времени студентов.

в) Обязать секцию совместно с кабинетом составить минимум необходимых учебных тетрадей по всем предметам на родн. яз. и пересмотреть к 1/1-36 г. те тетради, которые уже составлены по проблемам страны.

г) Предупредить преподавателей, нарушающих производственную дисциплину и принять меры для того, чтобы не было повторения подобных явлений и обязать их в декабре восполнить срывы занятий, допущенные ими в ноябре.

д) Обязать студентов и преподавателей пересмотреть свои соц. договора к 15/XII.

е) Для повышения квалификации преподавателей и подготовки новых кадров, просить администрацию принять в семинар Аспирантуры по истории ВКП(б) т. Ли-Дзону и выдвинуть соответствующим образом из корейских товарищей на специализацию по ленинизму.

Ввиду перегруженности т. Капелович, которая мешает его работе, просить руководство университета разгрузить его от некоторых нагрузок, как например, изучение японского языка и т.п.

ж) Для усиления воспит. работы и изучения студентов обязать преподавателей более тесно связаться со студентами путем бесед, совместных игр, посещен. театров, кино и т.д.

з) Ввиду невозможности совместной учебы одного нового

студента со старшей группой, огранизовать для последнего учебу отдельно.

СЛУШАЛИ : Доклад т. Хан-Мин о проверке соц. соревнования. Проверка показывает общую активность студентов без исключения как по линии учебы, так и по линии общественной работы.

ПОСТАНОВИЛИ :

Выделить ударниками следующих товарищей :

ХАНЧЕРИР, ХАН-МУН, КАН-ИНСУ.

Пересмотреть соц.договоров под углом зрения применения стахановских методов работы - к 15/XII.

ЗАВ. СЕКЦИЙ № 14 :　　　　　　　　(Ким-Даня).

Выполнение учебного плана в октябре м-це.

Предмет.	количество часов :		% %
	по плану.	выполнено.	
Политэкономия (Хван)	45	45	100
Истор.рев.движения (Капелович)	29	29	100
Истор.ВКП(б) (Ли-Дзону)	10	10	100
Пробл.своей страны (Ким-Даня)	10	10	100
Текущая политика (Капелович)	8	8	100
	102	102	100

Примечание : Сведения составлены по пересмотренному плану.

Выполнение учебного плана в ноябре м-це.

Предмет.	количество часов :		%%
	по плану.	выполнено	
Соцстрой (Хван)	27	25	92.6
Истор.рев.движ. (Капеловчи)	27	27	100
Истор.ВКП(б) (Ли-Дзону)	43	39	90.7
Пробл.св.страны (Ким-Даня)	42	42	100
Текущая политика (Капеловчи)	14	13	93
	153	147	96.8

Качественные показатели студентов.

фамилия.	Соцстрой	Ист.рев.дв	Ист.ВКПб.	Проб.св. страны.	Тек. пол.
Хан-мун.	хор.	уд.+	хор.	хор.	уд.+
Пакмунсик	вуд.	уд.+	уд.	хор.	уд.+
Канинсу.	хор.	уд.+	хор.	хор.	уд.+
Динбансу.	вуд.	уд.+	уд.	хор.	уд.+
Ханчерир	хор.	уд.+	хор.	отл.	уд.+

Состояние дисциплины на ноябрь м-ц.

	опаздывание.		Восполнено.	
Хван-Тонюк (соцстрой)	14/XI	30 м.	22/XI 30 м.	
	16/XI	15 м.		
	20/XI	45 м.		
	28/XI	1.40 м.		
	3.40 м.		30 м.	
Капелович (истор.рев.движ.).	5/XI	5 м.	1/XI	10 м.
	29/XI	10 м.	7/XI	35 м.
			17/XI	15 м.
			20/XI	20 м.
			23/XI	5 м.
			26/XI	35 м.
	20 м.		2.30 м.	
Ли-Дзону (история ВКП(б).	1/XI	5 м.		
	3/XI	1.00 м.		
	15/XI	1.00 м.		
	17/XI	20 м.		
	19/XI	1.00 м.		
	25/XI	10 м.		
	27/XI	1.00 м.		
	29/XI	20 м.		
	5. 10 м.			
Ким-Даня (пробл.св.страны).	22/XI	5 м.	15/XI	15 м.
			16/XI	25 м.
			19/XI	10 м.
			27/XI	5 м.
	5 м.		1.10 м.	
Капелович (тек.политика):			15/XI	20 м.
			19/XI	10 м.
			21/XI	5 м.
			25/XI	10 м.
			27/XI	10 м.
			1.10 м.	

[РГАСПИ, ф.532, оп.1, д.428, лл.52-55.]

148. ПРОТОКОЛ ПРОИЗВОДСТВЕННОГО СОВЕЩАНИЯ СЕКЦИИ № 14 ОТ 4/I 1936 Г.

Присутствуют: т.т. КАПЕЛОВИЧ, КИМ-ДАНЯ и все студенты

Порядок дня: 1. Об итогах выполнения учебного плана на декабрь.
2. Проверка соц.соревнования.
3. Текущие дела.

СЛУШАЛИ: Доклад т. КИМ-ДАНЯ уб итогах выполнения учебного плана.

Состояние выполнения учебного плана на декабрь месяц улучшается. Выполнение плана в количественном отношении такое - из 152 час. фактически выполнено 154 часа, но здесь были некоторые изменения. По предмету - соцстрой вынужд. дать 9 час. дополнительно из-за этого не могли начать партстрой, который намечен в этом месяце - 9 час. Качественные показатели студентов можно считать удовлетворительными, так как немалые успехи сделали, чем в прошлом месяце. Особенно нужно отметить большие успехи студентов по предмету Соцстрой - на последнем экзамене получили отметку "отлично", кроме одного - "хорошо".

Не ряду с этими успехами мы вынуждены еще раз подчекнуть, что мы еще окончательно не изжили безобразного нарушения труд. дисциплины со стороны преподавателей. С этим нужно покончить.

Выступлен. ряда товарищей.

ПОТАНОВИЛИ : Считать выполнение учебного плана на декабрь месяц удовлетвор. в количественном и в качественном отношении. Особо отметить большой успех студентов по предмету - соцстрой.

Еще раз поставить перед всеми преподавателями вопрос о поддержании производственной дисциплины.

СЛУШАЛИ : Доклад т. Хан-Мун о проверке соц.соревнования. После пересм. соц. договоров под углом зрения применения стахановских методов работы, активность студентов повышается. Студенты все без исключения показали хорошее качество работы как по линии учебы, так и по линии общественной работы.

Вопрос об ударниках : кто является ударником в связи с повышением качества работы.

Раньше мы считали ударником того, кто имел по учебе отметки выше 3 "хор" без "неуд.", кроме активного участия в общественной жизни студентов, но этого мало, чтобы быть ударником по-новому, по-стахановски, поэтому нужно установить новый критерий для выделения ударников.

ПОСТАНОВИЛИ : Выделить ударниками всех студентов по старому критер. - т.т. Ханчерир, Канинсу, Хансун, Пакмунсик, Динбансу.

Пересмотреть критерий выделения ударников по-новому, по-стахановски. По этому вопросу спросить руководство Отдела Кадров.

Зав. Секцией № 14 :

(КИМ-ДАНЯ).

Выполнение производственного плана на декабрь 1935 г.

Секция № 14.

По количеству.

	По плану	Фактич. вып.
Соцстрой	38 ч.	47 ч.
Истор.рев.движения	30 ч.	30 ч.
История ВКП(б)	30 ч.	30 ч.
Пробл.своей страны	30 ч.	31 ч.
Текущая политика	15 ч.	16 ч.
Партстрой	9 ч.	-
Итого	152 ч.	154 ч.

По качеству.

Предметы.	Ханчерир. № 1598.	Канинсу. № 1591.	Ханмун. № 1565.	Пак. № 1601.	Динбас № 1592.
Соцстрой	оч. хор.	оч. хор.	оч. хор.	оч. хор.	хорошо
Ист.рев.движения	оч. хор.	хор.	хор.	хор.	хор.
История ВКП(б)	оч. хор.	оч. хор.	хор.	посред.	посред.
Пробл.св[оей] страны	оч. хор.	хор.	посред.	хор.	посред.
Текущая политика	оч. хор.	хор.	хор.	хор.	оч. хор.

Отлично   - 40%

Хорошо   - 44%

Посредст.   - 16%

[РГАСПИ, ф.532, оп.1, д.428, лл.56-57.]

149. ПРОТОКОЛ ПРОИЗВОДСТВЕННОГО СОВЕЩАНИЯ СЕКЦИИ № 14 ОТ 17/II-36 Г.

ПРИСУТСТВУЮТ : т.т. КАПЕЛОВИЧ, ЦОЙ-ШЕНУ, КИМ-ДАНЯ и все студенты.

ПОРЯДОК ДНЯ :

1. Об итогах выполнения учебного плана на 2-семестре.
2. Проверка соц.соревнования.
3. Текущие дела.

СЛУШАЛИ :

Доклад т. КИМ-ДАНЯ об итогах выполнения учебного плана.

В виду досрочного проведения зимних каникул - с 16-го января вместо 1-го февраля, учебный план, намеченный на 2-м семестре, недовыполнен на 80 часов, т.е. 469 ч. из 549 ч.

Но это недовыполнение плана будет обеспечено выполнением в следующем периоде, так как мы начали нынешний семестр на полмесяца раньше, чем это было намечно в плане.

В качественном отношении выполнение плана можно считать удовлетворительным. Студенты довольно активно занимались. Все стремятся быстрее развиться. Усвояемость студентов по всем предметам высокая.

В начале учебного года были сомнения о годности и способности некоторых преподавателей, например по отношению тов. КАПЕЛОВИЧА и ЛИ-ДЗОНУ, но опыт трехмесячной учебы нам показал, что эти товарищи полностью оправдали свои способности как преподавателей, так и полит-воспитателей.

Наряду с этими достижениями, у нас имели место серьезные недочеты и дефекты, с которыми нам в дальнейшем нужно бороться и исправлять. В этом отношении нужно, прежде всего отметить безобразное нарушение производственной дисциплины со стороны некоторых преподавателей - опозданий на занятия по 10-15 минут накопилось до 80-ти академических часов. Это говорит о наличии в прошлом семестре не менее 20 опозданий преподавателя в месяц в среднем. Такое положение дальше терпеть нельзя.

В области составления учебной программы дело обстоит неблагополучно, так как им одна программа не была принята своевременно, а некоторые и до сих пор не представили окончательной программы. В отношении учебных пособий и учебных тетрадей положение еще хуже, чем с программами, ибо в этом отношения в течение последних 3-х месяцев ничего сделать не успели. Мы получили учебный материал, главным образом, вне издательства.

Когда-то было решение о том, что кабинету в целом надо обслуживать в помощь дали учебному процессу данной секции, но у нас ничего не сделано. Конечно, здесь есть объективные причины, но это не все. Нам нужно начать действительную работу в этой области. Дальше - мы огранизовали экскурсии, соответствующие учебному процессу.

Теперь надо кратко отметить о дефектах в преподавании и самостоятельной работе студентов. В виду отсутствия литературы, у нас учеба по всем темам происходит лекционной системой и студенты записывают и работают над своими записями. Здесь затруднения заключаются в том, что и преподавателю невозможно говорить настолько медленно, чтобы студенты могли записать, все что он сказал - с одной стороны, и в другой - студенты не в состоянии сами умело разбирать, что является более важным и главным и что нужно записать, и что не нужно. Затем студенты имеют тенденцию механического усвоения своих записей или литературы без самостоятельной продуманности и отвечают на вопросы точно так, как он записал в тетради.

Нужно применить новые методы в преподавании и в самостоятельной работе студентов. Для этой цели, прежде всего, нужно составить учебные пособия и учебные тетради по тем предметам, по которым имеется мало для совсем не имеется литературы.

Наконец, наши недочеты состоят в том, что с самого начала возникновения стахановского движения мы все время говорили о применении стахановского метода в нашей учебе, но до сих пор ничего конкретного предпринять не удалось, а если что и сделано, то без той эффектности, какую бы мы хотели.

Нам нужны продуманные и конкретизированные мероприятия, которые фактически нам помогут в деле повышения производственного качества, в улучшении партийно-воспитательной работы и усиления производственной дисциплины и т. д. Сейчас мы вступили в последний и решительный этап нашего пребывания в КУТВ. Это требует от нас и мы должны отдать последнюю энергию и активность за лучшие результаты в деле подготовки себя к ожесточенной борьбе, стоящей перед нами, уже не говоря о сохранении переходного Красного знамя.

Выступили. т.т. ЦОЙ-ШЕНУ, КАПЕЛОВИЧ и все студенты.
Ряд товарищей подчеркнули необходимость применения соответствующих мер против дальнейшего нарушения производственной дисциплины, недостаточности литературы, о необходимости организации экскурсий больше, чем в прошлом семестре ; об улучшении лекционной и записной системы, о применении конкретных мероприятий в смысле стахановского метода во всех областях нашей работы.

ПОСТАНОВИЛИ :

1. Считать выполнение учебного плана во втором семестре удовлетворительном в количественном и в качественном отношении.
2. Признать достойной активность, проявленную как со стороны студентов, так и со стороны преподавателей.
3. Отмечая безобразное нарушение производственной дисциплины со стороны преподавателей, необходимо принять соответствующие меры с тем, чтобы таких нарушений в этом семестре не повторялось
4. Поставить перед руководством Университета вопрос о восстановлении работы Корейского кабинета и ставить перед

кабинетом определенные задачи в помощь нашей учебе.

5. Обязать каждого преподавателя представить в Секцию план экскурсий по своим предметам о том, чтобы аккуратно их организовывать.

6. Обязать Секцию и всех преподавателей проводить в жизнь намеченный план по изучению страны.

7. Рационально распределить бюджет времени студентов, чтобы это могло обеспечить от перегруженности в этом длинном /5 месяцев/ и напряженном семестре.

СЛУШАЛИ :
Доклад Хан-Мун о проверке соцсоревнования.

Активность студентов значительно повысилась с того времени, когда соц.договора пересмотрены под углом зрения применения стахановских методов работы. Все студенты без исключения выполняют свои обязанности, принимают активное участие в политической жизни Секции и в общественной, массово-культурной работе.

Качественные показатели студентов по учебной линии можно признать вообще хорошими, но надо отметить то, что несмотря на это, мы, обязавшись получить по всем предметам оценки не ниже "хорошо", на самом деле этого добились не все. Это является единственным недовыполнением у некоторых товарищей. Из четырех предметов, по данным экзаменов и последних показателей, получены следующие отметки :

Хан-Черир - 3 "отлично" и 1 "хорошо".

Пак-Мунсик - 2 "отлично" и 2 "хорошо"

Канинсу - 2 "отлично", 1 "хорошо" и 1 "посредств."

Хан-Мун - 1 "отлично", 2 хорошо" и 1 посредств."

Динбансу - 3 "хорошо" и 1 "посредств".

Выступили :

Ряд товарищей высказали мнение о критериях для выделения ударников после применения стахановсково метода работы в нашей учебе : можно ли считать ударником того, кто кроме прочного выполнения других обязательств, имеют по учебе отметки - свыше 3 "хорошо", без "плохо", или нет. - Большинство выразили точку зрения о том, что поскольку пока еще не установлено нового критерия, то мы можем дать на этот вопрос положительный ответ.

ПОСТАНОВИЛИ :

1. Выделить ударниками по старому критерию т. т. Хан-Черир, Пакмунсик, Канинсу, Хан-Мун и Дин-Бансу.
2. Выдвинуть т.т. Хан-Черир и Пакмунсик на премирование, если это полагается.
3. Поручить нац-бюро выработать новое содержание договоров соц.соревнования к 25 февраля 1936 г.
4. Просить риководство Университета о вопросе пересмотрения критерия выделения ударников по-новому, по-стахановски.

Зав. Секцией № 14   /КИМ-ДАНЯ/.

[РГАСПИ, ф.532, оп.1, д.428, лл.67-69.]

150. ЗАСЕДАНИЕ МАНДАТНОЙ КОМИССИИ

Присутствовали : т.т. Геронимус, [···], Хамсуваров, Хохловский, Великовский

Председатель- Геронимус

Секретарь- Траикин

Слушали:	Постановили :
1. Дело тов. Цой-ше-ну В. А. /кореец, коман. ЦККП	Зачислить кандидатом 1-й очереди в счет разверстки Коминтерна
2. Дело тов. Хон-сек-хи /кореец, коман. ЦККор.К.П	" "
3. Дело тов. Тен-вон-джун /кореец, коман. ЦКККП/	" "
4. Дело тов. Хан-ик-чу /кореец, коман. ЦКККП/	" "
5. Дело тов. Тен-тон-хун /кореец, коман. ЦКККП/	" "
6. Дело тов. Ли-джун-гу /кореец, коман. ЦКККП/	" "
7. Дело тов. Ли-дзон-у /кореец, коман. ЦКККП/	" "
8. Дело тов. Пак-дин /кореец, коман. ЦКККП/	" "
9. Дело тов. Ли-дзи-тек /кореец, коман. ЦКККП/	" "
10. Дело тов. Ким-семун /кореец, коман. ЦКККП/	" "
11. Дело тов. Ко-кваншу /кореец, коман. ЦКККП/	" "
12. Дело тов. Ким-кван /кореец, коман. ЦКККП/	" "
13. Дело тов. Ким-сен-хо /кореец, коман. ЦКККП/	Откомандировать за непригодностью к учебным занятиям
14. Дело тов. Ли-ен-му /кореец, коман. ЦКККП/	" "
15. Дело тов. Ем-че-хун /кореец, коман. ЦКККП/	" "
16. Дело тов. Ким-шен-ир /кореец, коман. ЦКККП/	" "
17. Дело тов. Тен-кен-дин /кореец, коман. ЦКККП/	" "
18. Дело тов. Ли-хен-губ /кореец, коман. ЦКККП/	" "
19. Дело тов. Дорожкова Николая /кореец, коман. ЦКККП/	" "
20. Дело тов. [···]-тен-кен /кореец, коман. ЦКККП/	" "

21. Дело тов. Ким-тен-кен /кореец, коман. ЦКККП/	" "
22. Дело тов. Ким-пен-ен /кореец, коман. ЦКККП/	" "
23. Дело тов. Пан-усек /кореец, коман. ЦКККП/	" "
24. Дело тов. Де-гебан /кореец, коман. ЦКККП/	" "
25. Дело тов. Ли-тай-ЕН /кореец, коман. ЦКККП/	" "
26. Дело тов. Кирилова А. о зачислении его студентом Ун-та. /Тюрк, приб. из Азербайджана/.	Зачислить кандид. 1-й очереди в счет разверстки К.У.Т.В.
27. Заявление тов. Щукина об оставлении его в Ун-те. /Откоман. проток. № 16/	Отклонить
28. Заявление т.т. Джегутанова Н., Курджиева, Джалафара и Борлакова. М. о зачислении их студентами в Ун -т. /карачаевцы, коман. Наробразом Кар. Чар. Области/.	Откомандировать за превышением разверстки.
29. Заявление т.т. Квачадзе, Мамаладзе, Пачулик о зачислении их студентами в Ун-т или включить в список студентов, намеченных в Зиновьевский Университет. /коман. ЦККП Грузин в университет им. Свердлова, не принят. ввиду отсуствия партстажа/.	Отклонить
30. Заявление тов. Савика о зачислении его студентом в Университет /вторичное/ откоман. постан. Мандатной Комиссии от 27/IX-	Отклонить
31. Заявление тов. Сулейманова о зачислении его студентом в Ун-т в счет разверстки ЦК РКСМ /тов. Сулейманов включен в список студентов, намеченных к откомандированию в Зиновьевский университет./	Отклонить

ПРЕДСЕДАТЕЛЬ

ЧЛЕНЫ КОМИССИИ

VII

Постановления и Резолюции

151. РЕЗОЛЮЦИЯ

Совместное Заседание актива КУТВ и Интершколы заслушав доклад Цой-дя-хен о положении Коротделения при Интершколе констатируя следующие факты :

1. Отсутствие партийно-руководственной линии бюро секции.
2. Отсутствие инициативной и в разрешении вопросов, относящийся к корсекции.
3. Слабость партийной работы в секции считаем необходимым для оздоровления внутренного положения секций следующее :
   1/ Взять строгое партийное руководство в повседневной партийной и учебной и др. работе секции.
   2/ Теснее сблизиться с Бюро коллективом, правильно информируя о положении Корсекции в Бюро требует усиленного внимания и руководства со стороны его.
   3/ Усилить партийно-воспитательную работу в секции путем систематического освещения всех вопросов в партийном массе.
   4/ Присоединиться к резолюциям заседания от декабря 1924 г.

ПРЕДСЕДАТЕЛЬ
СЕКРЕТАРЬ

[РГАСПИ, ф.532, оп.1, д.422, л.12.]

152. РЕЗОЛЮЦИЯ

Совместное заседание актива Интершколы и КУТВ заслушав доклад тов. КИМ-САН-ТАГИ о положении КУТВ постановляет следующее.

Линию партийно-воспитательной работы считать правильной, но одновременно считает необходимым отметить следующее :
1. Необходимо расширить объем работы, базируя на Корею т.е. неограничиваться только партийной работой КУТВ.
   а/ Путем изучения политико-экономического положения в Корее
   б/ Изучения революционного движения в Корее.
   *Примечание : По возможности издавать изученные материалы.
2. Вести беспощадную борьбу с остатками фракционной борьбы, которая мешает нашей работе по подготовке революционного кадра.
3. Необходимо установить более тесную связь и сближение, чем было до сих пор, без чего может возникнуть нежелательное отношение между Интершколой и КУТВ под влиянием различных фракционных тенденций.
4. Дать максимум усилия для создания коркомпартии. Вести активную борьбу под руководством Коминтерна с лицами и организациями, мешающими созданию К.К.П.

ПРЕДСЕДАТЕЛЬ
СЕКРЕТАРЬ

[РГАСПИ, ф.532, оп.1, д.422, л.13.]

153. РЕЗОЛЮЦИЯ ОБЩЕГО СОБРАНИЯ ЧЛ. РКП, ККП, РКСМ, ККСМ ПО ВОПРОСУ ЧИСТКИ

1. Призвать к порядку откомандированных т.т. и потребовать от них немедленной работы в направлении указываемом У-том.

2. Признать ложными все измышления откомандированных, которые утверждают, что откомандирование есть фракционная расправа.

3. Признать необходимым направить всю свою работу на изучение ленинизма, программы, тактики и стратегии Комнинтерна и объявить решительную борьбу против каких бы то ни было группировок.

4. Передать Дисциплинарной тройке Бюро РЛКСМ дело тов. ЛИГИШЕКА

5. Дополнения. Признать линию парттройки и мандатной комиссии правильной.

6. Считать выступления т.т. подавших зявления в ЦК и ИККИ проявлением шкурничества, попыткой организации склоки, приводящей к дезорганизации партийной работы в Корейской группе.

Все - за
1 (Ким-Тону) - против.

[РГАСПИ, ф.532, оп.2, д.132, л.26.]

154. ПОСТАНОВЛЕНИЕ КОМИССИИ ПО КОРЕЙСКОМУ ДЕЛУ ОТ 1/VI-25 Г.

ПРИСУТСТВОВАЛИ : т.т. КАТАЯМА, Владимиров, Кучумов.

I.

1. Объективные препятствия в особенности - малочисленность, распыленность промпролетариата при намечающемся сотрудничество кор.буржуазии с японской / в развертывании массового революционного движения в Корее, после подавления мартовского восстания 1915 года и как следствие находяшийся в самом начале, затяжной, болезненный процесс образования партии пролетариата, выкристаллизования ее из огромной массы буржуазных революционеров, перекрасившихся в коммунистические цвета, находит себя отражение в корейской группе КУТВ А.

2. Студенты корейской группы - в большинстве своем эмигранты выходцы из мелко-буржуазн. среды, или вовсе не бывавшие в Корее или оторвавшиеся от революционного движения своей страны более, нежели 5 лет / с момента мартовского восстания. / - принесли с собою в КУТВ навыки и идеологию к склочной борьбе разлагающих себя фракционных политич. организаций в Корее, навыки нетоварищеских, непартийных отношений, личного подсиживания, мелкой интриги, навыки блоков с беспартийными против парт. организаций, не понимать роли и организационных принципов пролетарской партии.

3. К тому же в течении всего почти времени существования корейская группа была лишена возможности обсуждать и знакомиться с современными вопросами корейского движения. Игформация получаемая группой складывалась из отдельных номеров буржуазных газет по информации товарищей, сравнительно недавно / 2-3 г. / приехавших из Кореи и сохраняющих персональную эпизодическую связь с некоторыми

работниками движения.

4. Такое положение естественно способствовало закреплению в группе старых фракционных отношений и способствовало тому, что на почве мелких факторов или личных недоразумений развивались принципиальные разногласия и начиналась склока.

5. С другой стороны часть группы наталкиваясь, при желании поставить на обсуждение корейские вопросы, на противодействие со стороны наиболее патийно-выдержанной части коммунистов, группы-партпятерки, и в частности т.т. Ким-Сантаги и Пак Никифора, видит в них основных виновников такого положения в группе и направляет против них свою деятельность, квалифицирующих их как политически нескольких товарищей, взявших монополию на управление группой и использующие ее в своих личных целях.

6. Таким образом мы имеем сейчас положение когда против партпятерки сблокировались самые разнообразные элементы, которые ведут против нее борьбу, как на линии своих фракций, так и по причинам местного характера. В соответствии с этим несколько различны и цели этой группы, часто ограничивается постановкой вопросов об изменении персонального состава руководящего парткадра КУТВ, другая часть идет дальше-ставя себе задачей создание базы / фракции / в КУТВе для борьбы против существующего Корбюро и за влияния из КУТВа на общий ход движения в Корее.

7. Следует отметить однако, что партпятерка проводя в общем правильную линию, направленную на изживание фракционного наследства КУТВа, а также на выяснение в первую очередь членам пятерки их отношение к беспартийным и комсомольцам на выяснение организационных основ партии- не оказалась достаточно сильной и авторитетной, отчасти благодаря отсутствия единства в своей среде / отчасти благодаря личным качествам руководителей / для того, чтобы избежать иногда ненужных конфликтов и чтобы закрепить партийное влияние на "беспартийную" часть группы, в большинстве своем больше

связанную с движением и сравнительно недавно эмигрировавшую, что даже возможность невыдержанной части группы усилить на нее свой натиск. Принимая во внимание все вышеизложенное комиссия предлагает партпятерке и коммунистам группы руководствоваться в будущей работе следующими основными в данный момент для группы положениями :

1) Корейская-группа в ближайшее же время должна усилить изучение ленинизма, особенно проведение его в связи с конкретными особенностями корейского революционного движения, путем постановки докладов товарищей из Коминтерна, КИМа, путем постановки зимой курса Корее-ведения.

   Одновременно продолжить борьбу против всяческих попыток внесения в группу фракционной борьбы внутри ККП, в частности же против попыток части студентов из Москвы оказывать влияние на судьбу Корейской партии на партработу в эмиграции или во внутренней Корее.

   Основание для этого : а/ большая часть студентов достаточно давно оторвалась от Кореи, б/ они еще не имеют достаточно револ[юционного] стажа и полит. опыта, в/ в условиях наст. внутрипарт. борьбы это будет означать закрепление фракц. борьбы, а не изживание ее. г/ нельзя руководить из Москвы непосредственно, помимо Коминтерна в особенности.

2) Точно также следует усилить работу по воспитанию членов партии, проведя усиленную борьбу против всяческих / объективных и субъективных / блоков с беспартийными / или комсомольцами /, закрепляющее фракционно-склочные навыки в группе.

   Однако недопущение блоков, оформление партийного ядра ни в коем случае не должно выражаться в тактику отталкивания беспартийных отрыва беспартийных от партии. Правильная линия - всесторонний учет настроения "беспартийных" широкое вовлечение их в работу - участие в издании стенгазеты, в учебном старостате, органов коммун[истов] и пр. Вообще беспартийные в КУТВ должны рассматриваться как товарищи близкие к партии, ближайшие кандидаты для вступления в нее.

3) Коммунисты группы должны не увеличивать / мнимых / расхождений между "русскими" корейцами и "внутренними" корейцами. Следует установить линию на объединение, взаимное понимание, поддержку на [основе] изучения ленинизма, корейского революционного движения и борьбы против фракционных навыков работы.

4) Точно также комиссия считает неправильным подчеркивание / мнимых / противоречий между научными сотрудниками и студентами.

Научные сотрудники - партийный актив КУТВ. Линия не установления взаимных товарищеских отношений, доверие к научным сотрудникам со стороны коммунистов в первую очередь

5) Комиссия наблюдая не здоровые отношения между коммунистами в группе, квалифицирует их, как признак мелко-буржуазности группы, непонимающей пролетарской спаянности, пролетарской организованности.

Группа должна установить товарищеские отношения, большее доверие между членами группы в первую очередь между коммунистами, проведя решительную борьбу как против всех форм подпольной работы, против организаций / Ли Гишек, Ли Миншен, Тю, СенСон / так и против замыкания в национально-ограниченные рамки.

6) В целях придания партпятерки большего авторитета временно ввести в ее состав представителей Коминтерна, не переизбрание в данный момент.

7) Принимая во внимание факт предупреждения тов. Пак-Инона, парткомиссией зимой 1924 г. с одной стороны, не выдержанность проявленную Пак-Иноном на целом ряде беспартийных собраний пос[ле] предупреждения, с другой стороны - комиссия снимает его с работы в пятерке.

8) Комиссия считает необходимым передать вопрос о письменных и устных заявлениях т. в связи с работами Комиссии т. Тю Ченсона в партийно-следственную комиссию ячейки КУТВ.

9) Комиссия считает возможным возврашение в КУТВ наиболее выдержанных т.т. из числа студентов корейцев, откомандированных зимой 24 г. на производство, возложив организационное оформление этого мероприятия на учебную часть КУТВ.

10) Комиссии не считать нужным производить перевыборы пятерки до окончания срока ее полномочий, признав однако целесообразным .... пятерки должного авторитета, пригласить весь состав временно представителей Коминтерна.

[РГАСПИ, ф.532, оп.1, д.422, лл.30-31об.]

155. РЕЗОЛЮЦИЯ ПО ОТЧЕТНОМУ ДОКЛАДУ О РАБОТЕ ПАРТТРОЙКИ КОРСЕКТОРА

1. Считать правильным политическое руководство тройки и работу ее одобрять.

2. Констатировать, что взаимоотношение между членами партии и также студентов было деловитое и хорошее. Но за последнее время у некоторых т.т. появились некоторые взаимные недомолвки. Новой тройке необходимо изжить ее.

3. Несмотря на разные слухи вне университета работу тройки по проведению мартовской годовщины считать удовлетворительной.

4. Закрытие статьи тов. Намдюнфе принципиально считать правильным, но технически, ошибочным.

5. Т.к. последнее решение ИККИ по кор.вопросу освещался недостаточно ясно и поэтому вносит неясность в правильном понимании его, парткружок просит ИККИ дать докладчика по этому вопросу.

Примечание :
Резолюция предложенная тов.Искрыном принята единогласно с поправкой тов.Цойшену. Пятый пункт внесенный тов. Цойшену принят по большинству голосования, так как по V пункту были поставлены 2 формулировки (другая формулировка, которая не принята принадлежит тов. [Шиченсону?])

[РГАСПИ, ф.532, оп.2, д.134, лл.23-23об.]

156. РЕШЕНИЕ СОБРАНИЯ 18 КРУЖКА КОР. ПАРТТРОЙКИ ОТ 6/I 1928 Г.

У японских империалистов арестовавших 101 ч. Кор. коммунисты, из них о мертвом тов. Бек Кан-Хыме. Нас Кор. парттройка вызывается делегаты по 2 ч. или 3 ч. из Ленинского курса, военного пехотного и артиллерийской школы, Сун Яксенского университета и Кор. клуба, и организовывается траурное воспоминание тов. Бек Кан-Хыма в 8/I-1928 г. Порядок собрания как следующий:

1. Доклад биографий тов. Бек Кан-Хыма.
   Докладчик тов.Миноносцев
2. Слово делегатов.
3. Чувственное слово из студентов.
4. Принимается резолюция.

Кор. парторганизатор

Гранатов

[РГАСПИ, ф.532, оп.2, д.135, лл.1-1об.]

157. РЕЗОЛЮЦИЯ ЗАКРЫТОГО СОБРАНИЯ VI ПАРТКРУЖКА СПЕЦГРУППЫ

Приняли.

Заслушав отчет парторгана тов. ВОСТОКОВА собрание постановляет следующее :

1. Партийное руководство и общую работу парттройки считать удовлетворительной.

2. По агитпропплану много не выполнено, в виду того, что за отчетный период были летние каникулы и особенно зависит от трудности поучения докладчика из Коминтерна.

3. По поводу разногласия по вопросам корейской ком.партии внутри кружка имеются разногласия. Поэтому в скором вермени надо выполнить в агитпропплане намеченные вопросы : решение Коминтерна о корейском вопросе и положение корейской Ком. партии.

4. В дальнейшем на основе практической работы, так укрепить единство внутри парткружка и усилить товарищеские отношения. Таким образом, единодушно выполнить решение Коминтерна.

5. Предложить Парткомиссии и Учебной части в нашем кружке начать переводную, издательскую работу.

6. Чрез Парткомиссию и кабинет Востоковедения необходимо срочно достать материал, касающийся дипломной работы.

20/IX-28 г.

[РГАСПИ, ф.532, оп.2, д.135, л.14.]

158. РЕЗОЛЮЦИЯ

Не приняли.

1. Закрытое партсобрание Кор. сектора КУТВ заслушав отчет парттройки считает политическое воспитание и работу среди партийцев неудовлетворительным.

2. В течение работы парттройка не могла работать своим самостоятельным духом, так как она связана раскол внутри Кор.компартии и Фракционной борьбы привлекла в одну фракционную группу, течение, которое неустойчиво в принципах партии.

3. Заявление Комнтерну против дела о делегате Кор. Ком. партии на VI Конгрессе Коминтерна, как будто, верно, чтобы удалить фракционное действие внутри партии, но с другой стороны, само заявление помогает фракции и скрывает неправильность одной группы и пробуждает политическое разногласие внутри кружка. Несмотря на это, обманув Высший партийный орган Университета, заявлял, считает это большим недостатком и одновременно в дальнейшем обсудите вопрос и разрешите.

4. Внутри парткружка, начиная с Корейского партийного вопроса появляются политические разногласия и зарождается раскол товарищеских отношений, кроме того, среди партийцев есть неправильное понимание корейского парт.вопроса. Несмотря на это, партройка мало обращала внимания на воспитание партийцев и саботировала.

5. Обмен статей стенгазеты с японским кружком, в номере аннексии под предлогом критики кор.компартии не поместил. Дальнейшее содержание статей надо обсуждать и разрешать эти вопросы, с течением времени. Очень жаль, что дружеские отношения между корейским и японским секторами не очень хорошие. Отмечаем неловкость парттройки насчет технической стороны отдавания статьи.

6. В дальнейшем слушая доклад Коминтерна о Корейском вопросе

воспитывать, чтобы получить единую точку зрения.

[РГАСПИ, ф.532, оп.2, д.135, л.15.]

159. РЕЗОЛЮЦИЯ ПО ОТЧЕТУ КПРС С ОКТЯБРЯ 1927 Г. ПО МАЙ 1928 Г.

Заслушав отчет тов. ЗЕЙДА о работе КПРС /Комиссия профкома по работе Спецгруппы/, учитывая слабый состав КПРС на 1-м семестре, и вообще трудности работы среди студентов Спецгруппы, говорящих на разных языках, общее собрание, отмечая положительные и отрицательные стороны работы, проделанную работу за отчетный период считает удовлетворительной :

1. Положительные моменты в работе КПРС: По общей работе.

а/ Вовлечение студентов Спецгруппы в профсоюз.
б/ Вовлечение студентов Спецгруппы в работу общественных реорганизация /Кассу Взаимопомощи, МОПР и др./
в/ По академработе - проделана совместно с учебной чистью организация учебной работы, как-то создание 3-х годичного курса, введение новых предмотов, издание печатных месячных заданий.
г/ По культработе - правильное удовлетворние студентов Спецгруппы кино-театральными билетами, увеличение количества экскурсий, вовлечание студентов в работу клубных кружков, создание комнаты отдыха при клубе, организация вечеров самодеятельности, урегулирование вопроса по выписке сочинения Ленина.
д/ По эконом-работе. Проделана большая работа в общежитиях студентов, как-то : ликвидация дежурств в коридорах, строгое наблюдение за приходящими и уходящими, уменьшение краж в общежитии, выдача писем в общежитии, ликвидация перебросок

студентов из одной комнаты в другую, вовлечение студентов в составление меню, улучшение питания, ликвидация очередей за пищей и вешалкой, вовлечение студентов в экономсовещание, удешевление стрижки.

2. Недочеты в работе.

а/ По общей работе - слабое вовлечение студентов китсектора в члены профсоюза /12%/.

б/ Слабая работа с профделегатами, выразившаяся в слабой связи с массой студентов и КПРС.

в/ По академ. работе смена завкурсами отразилась на работе студентов.

Мало практиковавшийся созыв учебных собраний /курсовых и кружковых/.

Ограниченное количество учебных экскурсий на II курсе.

Недостаточная связь между предметами и курсовыми старостами.

Неравномерное распределение общественно-учебной нагрузки между студентами.

г/ По культработе. Ограниченное количество экскурсий, слабая посещаемость их, слабое вовлечение студентов Спецгруппы в работу кружков /авто, радио, спорт и др.

Незнание русского языка затрудняет работу в кружке, особенно совместно с основниками, недостаток переводчиков, недостаточное оборудование кружков /туфля, трусики и т.п. /

д/ По экономработе. Неприспособленное помещение для общежития /большие комнаты, мало форточек, мало уборных в умывальников/.

Слабость работ сантроек за 1-й семестр.

Отсутствие чистой посуды в столовой /вилки, ложки, кружки/.

Однообразие завтраков последней очереди.

ПРЕДЛОЖЕНИЯ ПО РАБОТЕ КПРС
По общей работе.

Для дальнейшей работы необходимо :

1/ усилить работу с профделегатами, профуполномоченными, клубными уполномоченными, для чего провести ряд систематических бесед о задачах, стоящих перед этим видом проф. актива.

Усилить работу по вовлечению в члены профсоюза студентов китсекора. Усилить работу по вовлечению в члены Кассы взаимопомощи, разъясняя студентам, что содействием кассы пользуются только члены кассы.

По академкомиссии.

Признавая, что академкомиссия является основным рычагом университетской жизни, считать необходимым вовлекать в работу академкомиссии способных, подготовленных и энергичных товарищей студентов.

Считать целесообразным снятие ряда преподавателей и замену их более сильными.

Увеличить количество наглядных пособий и создание специальных аудиторий по разным предметам.

Более тщательно следить за работой кружковых старост.

По культработе.

Считать необходимым качественное и количественное улучшение кино-театральных билетов.

Вовлечение клубных уполномоченных в организационную работу экскурсий.

Считать желательным увеличение помещения комнаты отдыха и приобретение газет и журналов иностранной прессы для пользования студентов Спецгруппы.

Практиковать вечера самодеятельности для студентов Спецгруппы.

Вовлечь клубных уполномоченных в конспиративное обслуживание клуба.

Усилить связь клубных уполномоченных с массой студентов и работой КПРСа.

По экономработе.

Желательно создание библ. в общежитии Спецгруппы.

В будущем учебном году перейти на расселение студентов в комнатах по принципу интернациональному и курсовому.

Систему обмундирования в будущем уч. году /28/29/ провести по системе 26/27 г.

Регулярно высчитывать из стипендий студентов деньги за банные талоны и тщательно следить стиркой белья.

[РГАСПИ, ф.532, оп.1, д.66, лл.16-17.]

160. РЕЗОЛЮЦИЯ

Общее собрание корейского национального кружка студентов КУТВ, заслушав отчетный доклад о работе кружка, отмечает следующее:

1. С обострением кризиса в промышленности, так и в сельском хозяйстве Кореи быстро растет революционный подъем рабоче-крестьянских масс/ забастовки и стачки в промышленных районах, повсеместная борьба крестьян и т.д. Несмотря на такое положение отсутствует организационно и воспитательно руководящая массовым движением корейская компартия. Одной из основных причин отсутствия партии является беспрерывно продолжающаяся беспринципная фракционная борьба и отсутствие основы комдвижения в рабочем классе. Поэтому собрание еще раз подчеркивает полностью правильность последнего решения ИККИ по корейскому вопросу.

2. Борьба с фракционностью, являющаяся препятствием осуществления нашей задачи – создания партии, является для корейских коммунистов /студентов КУТВ/ партийной обязанностью. Поэтому, исходя из современного корейского положения, тот, кто продолжает фракционную борьбу, не только не может находиться в рядах коммунистов, но он является объективно способствующим элементом интересам японского империализма.

3. Несмотря на то, что уже истек один год со времени принятия большевистского решения ИККИ по корейскому вопросу, корнацкружок при КУТВ не смог провести полностью в жизнь это решение.

4. В проведении линии ИККИ в корнацкружке, и особенно, в борьбе с фракционностью, руководство со стороны коминтерна и прикрепленных было правильное.

5. Несмотря на это, в корнацкружке КУТВ до сих пор существует фракционность. Последняя, исходя из новых положений, временами проявляется в новых формах.

6. Выявившаяся в прениях данного собрания действительность вскрыла наряду с продолжавшейся открытой «фракционной борьбой» М.Л. также в скрытых формах, фракционность т.т., принадлежавших раньше Хваехво [···] КУТВ разложены, но полностью еще не ликвидированы.

   Поэтому и впредь сохраняется опасность появления в различных формах фракционной борьбы. Примерами к этому выступления некоторых т.т. с утверждением о том, что группа Хваехво не имеет «платформы» и нет никаких доказательств об их фракционности, также игнорирование с их стороны возрождения фракционности и т.п. Нужно решительно вести борьбу с этими проявлениями и собилизовать все наше внимание и всю нашу силу на эту борьбу. Одновременно с этим для изжития фракционности еще шире развернуть самокритику.

7. Собрание отмечает недостаточность самокритики некоторых т.т. / Марсин, Миронов, Мальцев и т.д./ как своей группы, так и лично самого себя.

8. Собрание корнацкружка, осуждая существующую фракционную борьбу среди корейских коммунистов, обязуется стать активным борцом против всякой фракционности.

   С настоящего момента в кружке должна провестись конкретно следующая работа:

   а/ не меньше одного раза в м-ц созывать собрания, на которых должны быть поставлены и изучены основные задачи, стоящие перед корейским революционным движением.

   б/ Выпускать один раз в м-ц стенгазету и обеспечить 100%-ое участие корейских товарищей.

   в/ Корейский кружок систематически должен прорабатывать вопросы внутрипартийной жизни ВКП/б/.

   г/ Установить впредь еще теснее товарищеское отношение и разрешать по партийному все вопросы кружка, вплоть до лично-политических вопросов в рамках партдисциплины.

   д/ Для полного сохранения конспирации порвать все

нецелесообразные внеуниверситетские связи и одновременно с этим все получаемые извне фракционные письменные материалы должны быть доставлены в соответствующие партийные органы.

Не выполняющих все эти пункты решения исключать из Ун-та, также из наших рядов.

5/XI-1930 г.

[РГАСПИ, ф.532, оп.1, д.426, лл.7-7об.]

161. К КОНГРЕССУ ЛИГИ БОРЬБЫ ПРОТИВ ИМПЕРИАЛИЗМА И КОЛОНИАЛЬНОГО УГНЕТЕНИЯ

Мы приветствуем ваш конгресс, имеющий большое значение в борьбе против империализма и империалистических войн. Мы уверены в том, что ваш конгресс и лига всячески помогут мировой и колониальной полуколониальной революции. Мы уверены в том, что ваша лига надежный и боевой друг в борьбе корейских трудящихся против японского империализма.

Японский империализм, особенно со времени прошлой мировой войны захватил и монополизировал огромные богатства и сокровища Востока и всякими способами и вооруженными силами подавляет революционное движение. Он расстреливает революционные рабоче-крестьянские массы Китая, либо используя милитаристов, либо непосредственной оккупацией Маньчжурии и Шандуня. Одновременно империалистическая японская буржуазия усиливает реакционное наступление на революционное движение своей страны. (Изменение закона об охране порядка, против ком-движения вплоть до введения смертной казни, с марта 1928 года беспрерывные аресты. Число арестов достигает нескольких тысяч чел. и т.д.. Жестокость политики яп[онского] империализма в Корее, которая является важнейшим стратегическим материком для проведения, континентальной политики Японии, не подается описанию. Господство Японии, превратив Корею в "Гинтерланд" для экспорта товаров и капитала, для добычи сырья, приостановило самостоятельное развитие Кореи. Экспроприация земли и переселение японцев в Корею, проводимое "Восточной Колонизационной компанией" и "компанией Фуни" и др. из года в год усиленно выгоняет корейских пауперизированных и пролетаризированных крестьян в Маньчжурию и Японию. Ассимиляционная политика проводится даже среди детей, в первоначальных школах. Ни для кого не секрет, что Японск. империализм в Корее открыто проводит жандармско-полицейский режим, выражающийся в следующем : расстрел I-го марта 1919 года, ииюньские события (событие Ким-Хо-Муна дало 101 (так называемое дело компартии) 1926 года. Никому неизвестно сколько тысяч революционеров с марта 1919 года подвергается варварской, азиатской пытке и направляется к палачам.

Свобода печати, слова, союза и собраний абсолютно отсутствует. Таким образом теперь Корея находится на полном осадном положении. Но революционное движение рабочих, крестьян и учащихся против Японск.-империализма стихийно, непрерывно развивается. Всем известно как произошла всеобщая забастовка двух тысяч рабочих в Гензане и арендаторский конфликт в Ионсчене (в плантации японской компании Фуни") Несмотря на неслыханный нажим со стороны полиции, фашистских организаций и попытки соглашательской политики со стороны нац.-буржуазии, две тысячи Инзамских рабочих продолжали героическую борьбу около двух месяцев. Этим бастующим была оказана морально-материальная помощь трудящимися всей Н/ страны и даже японским пролетариатом. В последние месяцы, по сведениям, бастуют еще тысячи рабочих-строителей железной дороги в южной Корее. Эти рабочие вчера подвергавшиеся грабежу помощников и ростовщиков как крестьяне, сегодня объявили борьбу против эксплуатации и империализма: Несмотря на неурожай 1928-29 года и повсеместный голод экспорт риса из Кореи в Японию увеличивается.

Японский империализм усиленно подготовляет войну вытекающую из них японо-англо-американских противоречий за счет передела Китая (так называемая Тихо-океанская проблема) и для нападения на СССР, являющийся отечеством пролетариата и трудящихся всего мира.

Так же как Англия в Сингапуре, Америка, Гавайских островах и Филиппинах, япония строит крепость и концентрирует военные силы в его западных военных портах Японии. [и на Формозе.] Она имеет чрезвычайно огромный план строительства судов, второстепенных вспомогательных кораблей, проводит подготовку химии, авиации, электричества, специальных военных поездов для войны. Кроме этого правительство снабжает средствами гражданский транспорт для того, чтобы использовать его в грядущей войне. Морские маневры 1-го мая, маневры воздушной охраны 1-го июня сего года в городах Осаки, Киото, Кобе и др. гор. и ни для кого не секрет, не приходится усил[енно] говорить о войне значении войны и завоевании промышленности. Социал-демократия Японии помогая буржуазии в ее подготовке к войне создала так называемую "Паназиатскую Лигу" рабочих. С[оциал]-д[емократы] действуют в противовес антивоенной борьбе революционного японского пролетариата, который уже показал свою силу в солдатских волнениях во время Шандуньской оккупации. В настоящее время 20 разных фашистских организаций насчитывают 4,768,576 членов. Какова роль фашистов в Корее, мы уже знаем из опыта гензанской забастовки. Новое правительство Хамагуци нисколько не ослабит подготовку войны, фашизации страны и колониальной реакции, а наоборот будет усиливать все это.

В военной подготовке особенно против СССР, Япония используя прошлый опыт сибирской оккупации подготовляет специальную

"Снежную" дивизию в Хокайдо, проводит удлинение Северо-Корейской железной дороги через линии Ион-Хой до линии Тянгир в противовес Восточно-Китайской жел. дороге. Эта дорога будет иметь громадное значение не только экономическое, но и военно-стратегическое для оккупации СССР через внутреннюю Монголию и для подавления Китайской революции. Активная Маньчжуро-монгольская политика Японии ярко проявилась в следующих фактах: подкуп монгольских князей, убийство Чжанзолина, захват Восточной Китайской жел. дороги китайскими солдатами, налет на Советское консульство в Харбине и т.д. Японский империализм для осуществления своей цели: - оккупации азиатского континента и СССР подавление революции в этих странах использует и превращает Корею, являющуюся местом проникновения на материк, в комплекс военно-стратегических крепостей и портов. Это можно иллюстрировать следующими фактами: добавление еще одной дивизии к существующим двум дивизиям, отведение специальной площади для пропитания военных лошадей в губернии Хамбук, военно авиационная база в Пеняне, военный телеграф в Северной Корее, вооружение полиции, строительство химических заводов в Сехо, усиление сети железных дорог, военная монополия бездымно-угольных рудников в Пхеньяне, план повышения урожайности риса, имеющий большое значение для снабжения военных частей продовольствием, военное обучение японских учащихся гимназий и университетов в Корее и т.д.

Естественно, что такая военная подготовка не может не усиливать внутреннюю реакцию и хищнический режим над революционным движением трудящихся Кореи. В таком положении свержение яп-империализма, уничтожение всяких реакционных слоев среди корейского населения и создание независимой революционной власти - это коренное желание и стремление революционных масс трудящихся и революционеров Кореи.

Революционные массы высоко поднимая свое знамя героически идут вперед и только они победят в революции.

Как мы должны превратить империалистическую и антисоветскую войну в войну революционную для освобождения Кореи?

Из опыта борьбы Маньчжурской экспедиции и Сибирской оккупации мы поняли значение массовой борьбы.

Борьба корейских трудящихся - пролетариата, крестьянства, городской бедноты и других эксплуатируемых и угнетенных, [слоёв] против империалистических войн, на защиту СССР и револ. движения колоний и за освобождение Кореи от ига Японского империализма должна быть массовой, организованной действительно снизу. Для выполнения этих задач революционным массам и революционерам Кореи необходимо беспощадно бороться против всякого рода узкого национализма, национал-фашизма и за международный революционный единый фронт особенно с пролетариатом и революционными крестьянством Японии. Поэтому ваш конгресс имеет большое историческое значение и для корейского революционного движения.

Мы надеемся, в Корее в ближайшее время создается секция вашей Лиги и ваша Лига всячески поможет нам в этой работе.

Мы надеемся, что все решения вашего конгресса осуществятся и ваша Лига станет авторитетной и в нашей стране.

Мы кончаем с искренним пожеланием успешного проведения вашего конгресса.

Да здравствует конгресс вашей Лиги.

Борьба против империалистических войн, фашистской социал-демократии, за защиту СССР.

Долой японский империализм. Да здравствует международная революция.

Да здравствует корейская революция.

С боевым приветом группа Корейских студентов в КУТВ.

[РГАСПИ, ф.532, оп.1, д.421, лл.18-22.]

엮은이

/

한국외국어대학교 디지털인문한국학연구소

한국외국어대학교 디지털인문한국학연구소는 한국의 어문학, 사상, 역사와 문화 등, 한국의 다양한 문물들을 디지털화해서 국내외에 알리는 사업을 수행하고 있다. 한국의 인문학적 전통과 문화에 대한 심층적 지식을 바탕으로 디지털 매체 및 기술을 활용하는 한국학 지식정보 디지털 분야를 선도하기 위해 다양한 연구를 진행하고 있으며, 보다 실질적이고 효율적인 연구를 위해 교내의 사학과, 언어인지과학과, 철학과, 지식콘텐츠 학부, 한국학과가 상호 연계하여 학술 및 교육 활동을 수행하고 있다.

옮긴이 (가나다순)

/

김혜진 (디지털인문한국학연구소 토대연구단)
방일권 (디지털인문한국학연구소 토대연구단)
배은경 (디지털인문한국학연구소 토대연구단)
송준서 (디지털인문한국학연구소 토대연구단)
신동혁 (디지털인문한국학연구소 토대연구단)
안동진 (디지털인문한국학연구소 토대연구단)
이재훈 (디지털인문한국학연구소 토대연구단)

한울아카데미 2240
한국외대 디지털인문한국학연구소 연구총서 03

러시아문서보관소 자료집 2_문서 모음집
모스크바 동방노력자공산대학(1921~1938)의 한인들

ⓒ 한국외국어대학교 디지털인문한국학연구소, 2020

엮은이_ 한국외국어대학교 디지털인문한국학연구소
옮긴이_ 김혜진·방일권·배은경·송준서·신동혁·안동진·이재훈
펴낸이 _ 김종수
펴낸곳 _ 한울엠플러스(주)
편집책임_최진희
편집_정은선

초판 1쇄 인쇄 _ 2020년 8월 15일
초판 1쇄 발행 _ 2020년 8월 25일

주소 _ 10881 경기도 파주시 광인사길 153 한울시소빌딩 3층
전화 _ 031-955-0655
팩스 _ 031-955-0656
홈페이지 _ www.hanulmplus.kr
등록번호 _ 제406-2015-000143호

Printed in Korea.
ISBN   978-89-460-7240-4 94920
          978-89-460-9007-1 (세트)

* 책값은 겉표지에 표시되어 있습니다.

이 저서는 2017년 대한민국 교육부와 한국연구재단의 지원을 받아 수행된 연구임
(NRF-2017S1A5B4055531)